■ 湖南师范大学出版社重点推荐教材
■ 普通高等教育经济管理类"十三五"规划教材

GONGSHANG QIYE GUANLI

工商企业管理

主　编　和　健　张玉荣

副主编　柳彦君　丁　立　马玉洪

参　编　肖莉琴

湖南师范大学出版社　国家一级出版社
全国百佳图书出版单位

·长沙·

图书在版编目（CIP）数据

工商企业管理 / 和健，张玉荣主编 . —长沙：湖南师范大学出版社，2012.1
（2021.8 重印）
ISBN 978-7-5648-0656-9

Ⅰ.①工…　Ⅱ.①和…　②张…　Ⅲ.①工商企业管理–高等教育–教材　Ⅳ.①C93

中国版本图书馆 CIP 数据核字（2012）第 006060 号

工商企业管理
GONGSHANG QIYE GUANLI

和　健　张玉荣　主编

◇全程策划：刘　伟
◇组稿编辑：杨美荣
◇责任编辑：欧继花　廖　露
◇责任校对：胡晓军
◇出版发行：湖南师范大学出版社
　　　　　　地址/长沙市岳麓山　　邮编/410081
　　　　　　电话/0731-88872751　　传真/0731-88872636
　　　　　　网址/http：//press. hunnu. edu. cn
◇经　　销：全国新华书店
◇印　　刷：北京俊林印刷有限公司

◇开　　本：787mm×1092mm　1/16
◇印　　张：17. 75
◇字　　数：426 千字
◇印　　次：2021 年 8 月第 2 次印刷
◇书　　号：ISBN 978-7-5648-0656-9
◇定　　价：36. 00 元

（教学资料包索取电话：刘老师 13269653338）

前　言

经营和管理是企业永恒的主题。企业效率的提高和企业活力的激发都以良好的经营和管理为基础。然而经营是十分精彩的，管理也是多元的，故有"企业家不是教出来的"一说。管理的应用性、实践性决定了管理教学中的"学"比"教"更为关键，从这个意义上说，工商企业经营与管理更强调应用性、客观性和实践性。

在编写过程中，本书把体现教材特色作为出发点与追求目标，努力从内容到形式上有所突破或创新，比如以足够的篇幅设置了"学习目标"、"重点难点"、"学习内容"、"个案分析"、"关键名词"和"思考与讨论"，努力探索一种"讲、读、研、练"一体化新型教材模式，尽可能适应"教师精讲，学生多练"、"能力本位"的新型教学方式的需要。在编写过程中，我们充分注意了以下几点：

第一，突出学习目标，在内容选取上体现时代特色。我们在进行教材编写时，注意到对现有本课程的内容进行补充和更新，充分吸收世界管理前沿的理论和方法。同时又要围绕学习目标的内容来拓展，因为"学习目标"是每章组织教学的依据。

第二，注重应用性，加强对学生动手能力的培养。在编写过程中，我们首先强调更新教学观念，强调以人为本，加强了对学生素质的培养。通过充实和丰富的各种案例教学，使学生由被动的接收者转变为主动的参与者和积极的研究者。通过分析与互相讨论，调动学生学习的主动性和积极性。另外，我们还结合企业经营与管理应用性较强的特点，在教材教学中，注意收集经济生活中的实例，并根据各章节的内容选择适当的案例服务于教学，使学生在课堂上就能接触到大量的实际问题，努力提高学生综合分析和解决实际问题的能力。

第三，运用案例互动讨论，强调实践能力的培养。"体验式教学"的要求可归纳为"三三制"：教师在全过程中的时间分配在教、学、研三方面大体上各占1/3；教学研内容中知识、问题、方法各占1/3。为此，我们在教材编写中，每章后都选入企业经营与管理的实际案例，在编写中体现"实际怎么做，书中怎么写"的原则，使学生可以以案例为模板，从中受到启示，并分析和解决实际问题。当然，任何案例不存在固定规则，更没有绝对正确的答案。因此，全书虽然在体例上有所规范，但在案例点评上只是参考与建议，目的是激发学生学习热情及科研兴趣，培养学生综合分析能力与口头表达能力，增强学生主动参与课堂教学的意识，从而使学生的创新研究能力得到充分的体现，共同悟出企业经营与管理的真谛。

本书编写分工如下：第一、二、三章由和健撰写，第四、五章由张玉荣撰写，第六、七由章柳彦君、丁立撰写，第八、九、十章由马玉洪撰写，第十一章、十二章由肖莉琴撰写。

本既可作为管理专业管理原理课教材，又可作为非管理专业企业管理概论课的教材，亦可供从事经济管理工作的人员参考阅读。

本书的编写和出版得到了湖南师范大学出版社、中国市场学会市场营销教育中心、校企合作单位——苏州恒润进出口有限公司、南京创一佳集团苏明灯饰连锁的大力协助，在编写过程中还借鉴和吸收了国内外专家和学者的大量研究成果，在此一并表示感谢。

由于编者水平和经验有限，若书中存在疏漏和错误之处，恳请读者和同行批评指正。

编 者

目 录

第一章　现代企业制度

【学习目标】

本章主要讲授现代企业的渊源、内涵和存在使命，现代经济体制下的产权制度构建方法以及由此创造的各种企业类型，阐述现代企业经营的目标、机制和具体经营方式，总结我国现代企业制度的建立过程、不足之处和优化方法。通过学习，学生应能够了解企业的内涵和存在价值，理解各类企业制度的特点，掌握企业经营的理论体系和实践模式，学会分析和思考我国企业制度的构建问题。

【重点难点】

1. 现代企业的产权制度
2. 现代企业的经营机制
3. 我国企业制度的构建难点

学习内容

第一节　企业及其使命

企业是从事商品生产和经营活动的经济组织，是面向市场、以盈利为目的，自主经营、自负盈亏，独立承担民事责任和民事义务的具有法人资格的经济实体。一个企业应具备三个条件：第一，企业必须要有一定的组织机构，有自己的名称、办公和经营场所、组织章程等要素；第二，企业应自主经营、独立核算、自负盈亏，具有法人资格；第三，企业是一个经济组织。

一、企业的产生

企业是社会生产力发展到一定阶段的产物。在原始社会，生产力极端落后，社会分工还没有出现，劳动只有简单的协作。随着分工的发展，个人劳动能力不断增强，出现了独立的自给自足的个体劳动。但在这样的生产方式下，还不存在企业这种生产组织。

5-18世纪的西欧，由于航海技术的发展和新航路的开辟，海外贸易急剧扩大，手工制品大量销往海外，资本积累急剧膨胀，个体劳动和行会制度已经无法满足急剧膨胀的世界市场对工业品的需要，以分工为基础的协作劳动方式迅速发展起来，这就是手工工场。手工工场对劳动过程进行了细分，劳动方式同一家一户的小生产和封建社会时期的小作坊有着本质的不同。手工工场是企业的萌芽形态。

18 世纪中叶发生的工业革命，使纺纱机、机械织机和蒸汽锤代替了纺车、手工织机和手工锻锤。与手工劳动不同，在机器体系中，生产过程按技术的性质分解为各个组成阶段，并按照机器运动的本身规律，形成完整和严密的分工体系，造成了各个局部的操作环节和局部的工人之间全面的相互依赖，产品成为联合劳动的产物。劳动过程的协作性质或团队性质，要求对劳动过程实行有计划、有组织的管理，这种以分工协作为基础并实行严格的集中化管理的组织就是企业。

2. 企业的性质

企业既是生产的一种技术组织形式，又是一种社会组织形式。

从技术关系看，企业是社会化大生产条件下以生产过程内部各工序和操作的专业化为基础的劳动技术组织，企业必须按照社会生产物质技术基础的要求，将劳动与生产资料结合起来。在这个意义上，企业是生产力的微观组织形式。

从经济关系看，企业是生产资料和劳动力相结合的一种社会组织，反映了人们在生产过程中的经济关系。企业不单纯是一种生产组织，它还是生产关系的载体。企业不仅仅是一种将投入转化为产出的技术单位，而且也是一种按一定的社会规则组织起来的制度形态。当人们之间在企业的生产过程中发生劳动变换和分工协作关系的时候，同时也就出现了生产资料归谁占有、劳动过程由谁指挥、劳动产品如何分配、不同劳动的交换如何进行等一系列社会经济问题。在解决这些问题的过程中就形成了生产资料和社会产品的占有以及劳动支配权力的社会规则，即生产关系。企业的性质包括全民所有制企业（国有企业）、集体所有制企业、联营企业、三资企业、私营企业及其他企业。公司种类可分为有限责任公司和股份有限公司两种，其中有限责任公司又分国有独资公司和非国有独资公司，从广义上讲根据国有公司的出资情况来加以区分又可分为国有独资公司、国有控股公司和国有参股公司。

3. 企业的特征

市场经济中企业的基本特征可以概括如下：

第一，自主经营，即企业拥有经营的自主权。企业作为市场经济中的独立的经营主体和交易主体，在法律许可的范围内，有权决定自己的经营方向和经营目标，有权决定经营方式和经营范围，有权按效益最优化原则配置资源等。虽然不同类型的企业程度不同地要接受来自政府的有关调节和干预，但政府不得直接深入企业内部干预企业的合法经营。

第二，自负盈亏，即在扣除成本、税收后的盈利归企业所有，亏损由企业自己负担。只有自负盈亏，企业在市场经济活动中才有足够的经营动力和压力。当然，在市场经济国家，国家对特殊行业中的个别企业也会给予必要的扶持甚至补贴，但这种扶持和补贴是有限的，不会在根本上改变自负盈亏的市场制度。

第三，自我发展，即企业规模的扩展、经营链条的延伸、跨行业甚至跨国经营，都取决于企业自身能力并由企业根据市场状况及其预期的获利空间自主决策。企业投资资金主要靠自我积累，或主要凭借自身能力或信誉通过直接融资、间接融资途径获得。企业规模扩张的预算约束是硬的。

第四，自我约束，即企业自觉地约束自己的行为。市场经济中的企业，除必须接受相关的法律约束、市场交易规则的约束、政府规则的约束、市场道德秩序的约束等来自企业外部的约束外，还必须要有自主、自觉的行为限制。企业作为独立的市场主体，从自身利益出发，要在成本与收益、风险与收益的比较中，形成自觉的约束机制和风险规范机制。

四、企业的使命

企业的使命被划分为企业目标和企业责任两个方面。

（一）企业目标

所谓企业目标，是企业在一定时期内要达到的目的和要求。

企业目标可以定性描述，定性描述一般是阐明目标的性质与范围；企业目标也可以定量描述，定量描述一般阐明目标的数量标准。

企业目标按目标体系分类，可分为主要目标和次要目标、长期目标和短期目标、总体目标和局部目标；企业目标按具体内容可分为对社会贡献目标、市场目标、利益与发展目标；成本目标、技术能力目标、人员培训目标等方面；按具体表现可分为产品品种、产量、质量、固定资产规模、市场占有率、利润额、上缴税金和福利基金等。

（二）企业的责任

1. 企业责任的概念

企业责任是指企业在争取自身的生存发展的过程中，面对社会的需要和各种社会问题，为维护国家、社会和人类的利益所应该履行的义务。企业作为一个商品生产者和经营者，它的义务就是为社会经济的发展提供各种所需要的商品和劳务。

2. 企业责任的内容

（1）企业对员工的责任。

（2）企业对社区的责任。

（3）企业对生态环境的责任。

（4）企业对国家的责任。

（5）企业对消费者的责任。

第二节　产权制度与企业类型

一、企业的产权制度

产权制度是关于产权界定、运营、保护等的一系列体制安排和法律规定的总称，而现代产权制度则是与社会化大生产和现代市场经济相适应的产权制度。其主要特征是：一是归属清晰、各类财产的具体所有者为法律法规的清晰界定；二是权责明确，产权具体实现过程中各相关主体权利到位、责任落实；三是保护严格、保护产权的法律制度完备、各种经济类型、各种形式的产权一律受到法律的严格保护；四是流转顺畅，各类产权可以通过产权交易市场自由流动，以实现产权的最大收益。产权制度是企业制度的基础，它表明了企业资本、财产的来源归属及企业的财产组织形式，反映了企业的所有制性质。产权制度的安排和变化会影响出资人、经营者和生产者的行为，是影响效率的体制关键。企业改革的历程实际上就是产权制度逐渐改革的历程，而以产权清晰为主要内容的产权制度改革，又是构建现代企业制度的重要基础和体制前提。

产权是一种权利，并且是一种排他性的权利。这种权利必须是可以平等交易的法权，而不是不能进入市场的特权，正因如此，产权才构成市场机制的基础和运行内容，否则便没有市场经济。尽管在解释这种权利发生的方式上存在差异，或者强调它是国家法律强制生成的，或者强调它是国家法律强制和市场竞争活动共同生成的；尽管在概述这种权利的具体内容上存在差别，或者是将其概括为人对物的诸种权利，或者将其概括为人对物及非物的诸种权利，或者将其归结为经济权利，或者将其拓展到非经济权利领域，但总的来说，人们不否认它是作为上层建筑而表现的可交易的权利。

二、企业的类型

企业的类型主要有如下几种划分方式：

（一）古典企业制度下的企业类型

1. 业主制企业

业主制企业是由单个个人出资，完全归个人所有和控制的企业，它在法律上被称为自然人企业。业主制企业存在三个缺陷：

（1）企业的信用和资金来源有限，主要依靠企业自身的资本积累来实现企业的扩张，因而发展速度和规模十分有限；

（2）承担无限的清偿责任，如果企业经营失败，出现资不抵债的情况，业主要用全部财产包括家庭财产来清偿债务，因此这种企业的经营有较大风险；

（3）企业的寿命有限，这种自然人企业随着业主退出经营或死亡或家庭无人继承而中止，缺乏连续性和自身独立的生命基础。

2. 合伙制企业

合伙制企业是由多个作为自然人的资本所有者共同投资，共同所有，共同经营，共同承担风险和分享收益的企业。合伙制企业的特点是：

（1）合伙人要承担无限的连带法律责任，即每一个合伙人对整个企业的债务均具有无限责任，而且彼此连带，随着合伙人的增加，这种无限清偿责任所固有的风险也随之增加，这就限制了合伙者的范围，从而也限制了企业的资本规模。

（2）合伙制企业中个人的所有权（股份）无法实现自由转让，因为他们全体共同承担着一切经营责任，包括债务。如果遇到任何一个合伙人死亡或退出，合伙企业就可能自动解体，或者是必须重新组合，因此合伙制企业还是没有独立的生命基础，缺乏连续性和长久的生命力。

（二）现代经济环境下的企业类型

按照企业组织形式可划分为单一企业、多元企业、经济联合体、企业集团；按照企业规模可划分为大型企业、中型企业、小型企业；按照企业所有制关系可划分为国有企业、集体所有制企业、个体私营企业、中外合资经营企业、中外合作经营企业、外资企业；按照企业内部生产力各要素所占比重可划分为劳动密集型企业、资金密集型企业、技术密集型企业。一般来说，最普遍的分类方法是按产权形式将现代企业分为独资企业、合伙企业、公司企业。

1. 独资企业

独资制或称单一业主制，是历史上最早出现的企业制度形式。它是一种最传统、最简单的企业形式，在法律上被认为是自然人企业。它通常由业主直接经营，对经营有绝对权威，业主享有全部经营所得，独立承担企业风险，对债务有完全清偿责任。

其优点是：规模较小，经营方式比较灵活，决策迅速，制约因素较少，业主能够独享利润，企业保密性强。

其缺点是：自然人对企业的影响大，企业没有独立的生命。

独资企业至今仍普遍存在，而且在数量上占大多数，一般适用于零售商业、服务业、家庭农场、开业律师、个人诊所等。

2. 合伙企业

合伙企业的出资创办人（即合伙人）为两人以上，基于合伙合同建立，在法律上被认为是自然人企业。合伙企业的财产归合伙人共同所有，由合伙人统一管理和使用，合伙人都有表决权，不以出资额为限；合伙人经营积累的财产，归合伙人共同所有。合伙人对企业债务负连带无限清偿责任。

其优点是：扩大了资本来源和信用能力，提高了决策能力，增加了企业发展的可能性。

其缺点是：多头领导、重大决策上的延误；合伙人有一人退出或加入都会引起企业的解散和重组，企业存续相对不稳定；企业规模仍存在局限。

合伙企业占全部企业的比重小，一般适合于资本规模较小，管理不复杂，经营者对经营影响较大，个人信誉因素相当重要的企业。

3. 公司企业

现代企业制度的主要形式是公司制。公司是由两个以上的出资者组建，能够独立享有民事权利，承担民事责任的以营利为目的的经济组织。公司制是企业发展的高级形式。

（1）公司企业具有的特征：

①公司是法人。

②公司实现了股东最终财产所有权与法人财产权的分离。

③公司法人财产具有整体性、稳定性和连续性。

④公司实行有限责任制度。

（2）公司制的优点。

公司制企业是商品经济发展和现代化大生产的产物，是适合现代企业经营的一种企业组织形式。

①资本社会化使众多分散的、数量有限的资产所有者通过股份企业的财产组合机制实现资本联合，进行规模化生产；

②有限责任解除了投资者的后顾之忧，鼓励和刺激了投资的欲望和积极性；

③资本所有者在一定条件下可以将自己拥有的股权转让出去，较方便地转移所有权；

④企业管理制度化、科学化，管理效率高，企业寿命长。

（3）公司制企业的主要形式。

最新《公司法》（2006 年 1 月 1 日起施行）。①有限责任公司：指由 50 人以下股东共同出资所设立的企业法人组织。其基本特征是：公司注册资金的最低限额为 3 万元；公司资产不分为等额股份，而是由各股东协调认购，公司不发行股票，以股权证书作为利益凭证；资产由多个出资者投入，股东人数必须在 50 人以下；公司向股东签发出资证明书，不发行股票；公司股份的转让有严格限制；股东人数有一定限额；股东按其出资比例，享受权利，承担义务。

②股份有限公司：指由 2 人以上 200 人以下股东为发起人，须有半数以上发起人在中国境内居住通过发行股票筹集资金所设立的企业法人组织。其基本特征是：公司注册资金最低限额为 2 500 万元；公司的全部资产分为等额股份；公司向股东发行股票，经审定批准少数公司的股票可上市交易和转让；股东人数不得少于规定的发起人数，但无上限；股东持有的股份可以转让，但必须在依法设立的证券交易所进行；发起人持有的公司股份，自公司成立起 3 年内不得转让；每一股有一表决权，股东以其持有的股份享受权利、承担义务。

第三节　企业经营目标和机制

一、企业经营目标

企业经营目标是在一定时期企业生产经营活动预期要达到的成果，是企业生产经营活动目的性的反映与体现。企业经营目标是企业经营机制构建、创新的目的和方向。一个明确的经营目标，应当顺应市场增长的客观要求，与当地 GDP 和整个行业的增长相适应，应符合有利于企业机制持续、稳定、健康、快速发展的精神，符合企业的经营发展战略。

现代企业的经营目标应被描述为：使企业适应市场的要求，成为依法自主经营、自负盈亏、自我发展、自我约束的商品生产和经营单位，成为独立享有民事权利和承担民事义务的企业法人。

（一）经营目标的特点

第一，整体性。企业经营目标既非简单地等同于企业经营者的目标，又非简单地等同于企业职工的目标，而是作为一个统一实体所构成的整体目标。

第二，终极性。企业经营目标不是指生产某一产品在某一阶段上的具体行动目标，而是贯穿于企业各种经营活动中的支配着企业经营的深层目的。

第三，客观性。企业经营目标并不属于主观范畴，而是由企业全部经济关系决定的客观存在。

（二）经营目标的要求

第一，经营目标必须是先进的。如果经营目标不具有先进性，那么人们便失去了为之努力的热情，同时也意味着企业资源的浪费，即企业没有很好地把握能够取得更大成就的机会。

第二，经营目标必须是可实现的。目标的可实现性是目标能够真正起作用的关键。过高的目标会挫伤人们的积极性，影响组织各种功能的发挥。因此，在目标的制定过程中，人们必须全面分析企业自身的条件与企业所处的外部环境，提出可行的、合理的经营目标。

第三，经营目标必须是具体化的。目标的具体性是指目标必须内容明确具体。一般来说，目标应尽可能量化，以便控制。

第四，经营目标必须有明确的时间期限。已经确定的目标必须是限定在一定时间去实现，即在确定目标的同时必须确定实现目标的具体时间限制。

2. 企业经营机制

（一）企业经营机制的组成内容

企业经营机制，是指在基本经济制度既定的前提下，制约企业生产经营的内在关系结构、运行方式和运行规则。在社会主义市场经济体制下企业经营机制的基本特征是：

（1）产权关系明晰，企业拥有包括各方出资者投资形成的全部法人财产权；

（2）企业依法自主经营，对出资者承担资产保值增值的责任，出资者按投入资本享有所有权益并对企业债务负有限责任；

（3）企业按市场经济原则组织生产经营，并建立科学的企业领导体制和组织管理制度、形成激励和约束相结合的经营机制。

1. 决策机制

企业经营的关键在于决策。所谓决策就是面对复杂多变的市场，根据市场信号，在可以实现企业经营目标的多种可行方案中进行分析和抉择。这一活动贯穿于企业生产经营的全过程。其主要内容可分为战略决策、管理决策和业务决策等。所谓决策机制是指企业在享有充分的法人财产权的情况下，对生产、经营等经济活动做出分析和决断的机制。这种机制包括决策主体的确立、决策组织和决策方式等。

2. 激励机制

激励机制是企业激励者和被激励者之间的一种关系。它是激励者根据自己的目标刺激被激励者采取某种经济行为和不采取某种经济行为的机制。激励机制的主要内容有激励主体和激励对象、激励目标、激励的内容及手段等。激励机制涉及到的行为主体有投资者、管理者和企业员工。他们在一定场合是激励主体，在另一场合也是激励的对象。激励机制的本质则是要解决企业的动力问题。

激励机制是企业将其远大理想转化为具体事实的手段。企业应该认真分析当前形势，结合本企业实际，在工作中不断了解职工的需求，及时将职工新的需求反映在政策中。既把物质激励和精神激励有机结合地使用，又要根据不同的员工而有所侧重，并通过合理途径来实现。这样，职工的积极性才会极大提高，企业也才能具有充沛旺盛的活力，在日益激烈的市场竞争中取得优势。

3. 约束机制

约束机制，是一个企业提高效率，增加效益，持续稳定发展的保证。企业只有在搞好约束机制的同时，注重完善激励机制，才能做到鞭策落后，鼓励先进；才能在员工中营造一种学先进、争先进、弘扬正气的氛围，真正调动起员工的工作热情和积极性、创造性。

没有约束机制，员工的步调就不会一致，行为准则就不会统一，就不能遏制那些违规违纪、侵害集体利益的行为。只有约束机制而激励机制不完善、不落实，企业中的见义勇为、助人为乐的好人好事等会无人闻问，自生自灭。那些在企业财产和利益遭受损失和威胁时奋不顾身的牺牲精神就不会成为人们的榜样和表率，这种精神就不会被发扬光大。同时，在企业岗位、薪酬、用人等方面，也应当完善激励机制，鼓励员工学习钻研业务，诚实敬业工作，争取为企业建功立业。实行竞争上岗，打破那种能上不能下，能进不能出，不求有功、但求无过，养尊处优，无所作为、暮气沉沉的状况。

4. 创新机制

企业的创新机制是企业在生产经营和资本经营过程中将各种经济要素进行新组合的机制。对各种生产要素进行新组合，必然要求做出相应的变革，因而，从广义的角度分析，企业创新机制也包括为形成新的组合而引起或促进变革的机制。企业创新机制包括四个方面的内容：体制创新、技术创新、市场创新和管理创新。

所谓"企业自主创新机制"，是一个经济组织高峰状态的良性运行系统，是一个合理配置各类要素，激发生机活力，打破陈规陋习，争取超常效益的运行系统。根据国内外技术创新领先者的启示，根据系统组织规律，作为企业创新机制的运行系统，从结构上，至少可以分为六个子系统，即六个要素：人才、决策、保障、激励、信息、技术。人才、决策、保障、激励、信息、技术这六大要素之间，还有一种瓶颈制约的关系，即当某一要素的创新成为整个系统的薄弱环节，并影响和制约其他要素创新时，其瓶颈作用就突出了，成为需要重点创新的要素。

企业经营机制的转换和创新，主要是依靠企业内部机制的深化改革，挖掘企业内部潜力来实现，具体来说，第一，深化企业改革，建立现代企业制度；第二，调整企业组织结构，优化存量资产，实现规模效益；第三，加快企业技术更新改造的步伐，提高企业技术开发能力；第四，加强企业管理，向管理要质量，要效益，提高企业的管理素质。企业经营机制的转换，还必须有外部条件的配合，即要求改善企业运行的外部环境，比如实行政企分开，转变政府职能；培育和发展社会主义市场体系，保证企业能公开、公正、公平地参与竞争；建立和完善社会监督体系、社会保障体系和社会服务体系等等。

企业构建创新机制，必须依托于各级各类权力机关所营造的文化环境、竞争环境，特别是政策环境，大体包括人才政策、社会保障政策、决策规则、财政激励政策、风险投资政策、政府采购政策、促进中介发展政策以及产业政策，等等。由此，依托于社会性的"技术创新"，特别是体制创新，将为机制创新提供良好的组织结构，提供激励动因，提供市场体系和法律的、行政的及社会的制度框架；使机制和技术保持一种主动创新和持续创新的态势。这样看来，各层领导要运用经济杠杆刺激企业开发、应用创新成果的自觉性；要运用软、硬政策引导科研人员成果转化的主动性；要运用法律法规，创造良好的环境；要协调投资融资；要确定主管部门的责任和权力等等。

构建"企业创新"特有机制的模式可以描述为：根据总体的科学设计，坚定、积极、逐步地对企业领导实行比例淘汰制和公开招标制；每年对企业领导至少进行一次德、能、勤、绩创新性定量化考核，按 5%–10% 的比例进行末位淘汰；新增、空缺的企业领导岗位，要进行公开、公平、公正的招标竞聘，不分官员、平民，不分部门界限，所有合法公民都可以一试身手；严格任期限制。由此，推举、重用创新人才，防止假公济私、黑箱操作和任人唯亲。

第四节　企业经营方式

1. 企业经营方式的含义

所谓经营方式，是指企业经营理念和运作机制的总和。它直接或间接地决定着企业各种经营管理活动的目标、途径、方式、方法，是在企业的一系列经营管理活动中起基础性作用的思想观念和行为模式。

经营方式有些类似于企业文化，也表现为某种理念或行为模式，但它又不是企业文化。企业文化是个性的，每一个企业都有着与其他企业不同的特殊企业文化。经营方式则是共性的，同一时期的大多数企业都将倾向于采用同样的经营方式，或者因固守已经过时的经营方式而被淘汰。

2. 企业经营方式的形式

企业采用什么样的经营方式，取决于一定时期的社会环境，社会环境的性质决定了经营方式的特点。一般来说，企业只有采用这样的经营方式，才能最好地适应环境，发挥自身的资源能力，获得生存和发展的基础；反之，如果环境已经发生了根本性的变化，而企业仍然采用旧的经营方式，则各方面的能力都将大打折扣，很快就会出现严重的生存危机。

就今天的中国企业来说，已经经历过的经营方式有两种形式：一种是生产主导型经营方式，主要存在于改革开放前的国营企业和集体企业中，它与行政命令式的计划经济环境相适应，企业的任务中心是产品生产，企业的价值取向是产值和产量，其他如管理制度、工作方式、思想观念等也是以此为基础而决定的；另一种是销售主导型经营方式，它是在改革开放后逐渐建立起来的，企业的任务中心是市场销售，最高目标是利润增长，价值取向则是产品销售额，其他如管理制度、工作方式、思想观念等也发生了相应的变化。

三、现代企业经营方式的发展趋势

（一）信息化经营

21 世纪是新经济的信息化时代，21 世纪的世界是信息技术广泛应用的世界。信息技术通过信息交换网络渗透到社会各个领域，将导致社会资源配置方式、企业生产及管理方式的重大变革。信息技术使世界越来越小，而互联网的发展又将使企业发展的空间无限扩展。今天，在世界的每一个角落，在几乎任何一个产业里，都有许多企业运用信息技术来改造自己、强化自己、增强自己的竞争力，迎接新经济时代的挑战。

现代信息技术是一股不可抗拒的力量，加速了企业经营方式和管理方式的变革，任何一个企业都无法避开这种变革。企业在生产、流通及服务等各项企业活动中充分利用信息技术，通过创建企业外部的信息网络和内部网，大大优化了企业内部人与人、人与物、物与物之间的传统的沟通方式，大大改善了企业之间、企业与顾客间的沟通方式，从而彻底改变了企业的生产方式、管理方式和组织形式。同时，信息技术也为企业开辟了更为广阔的市场空间。企业可以利用信息技术开展网络经营，从事电子商务，发布网络广告，进行网上市场调研和信息交换、网络营销，等等。与传统方式相比，企业决策、生产、经营、管理效率和水平得以较大提高，从而提高了企业的经济效益。而且，信息网络使企业无论大小都可以平等地走向世界。Internet 把成千上万的企业联系到一起，为企业拓展了市场，创造了机遇。

在新经济时代，信息技术对传统企业的改造是经营模式、经营方式、经营思维的又一次革命。应用信息技术，进行信息化建设已成为企业获取竞争优势的最终选择，是企业在市场竞争中充满生机和活力的起码条件，也是企业经营现代化的主要标志。

（二）虚拟经营

1. 虚拟经营的含义

虚拟经营是 1991 年由美国著名学者罗杰·内格尔首先提出来的。它是指企业在组织上突破有形的界限，将其具有的设计、生产、财务、营销等功能虚拟化，借助外力进行整体弥补，仍能实现总体各项功能，最大效率地发挥其有限的资源的一种经营形式。

作为一种全新的经营模式，虚拟经营是对传统的自给自足生产经营模式的一种革命，是新型的独特的经营模式和管理方式的融合。

传统上，一个全功能的企业要实现自己的设计、生产、营销、财务等管理职能，就得做相应的投资，以形成相应的实物资产作对应，其适应市场的功能比较差。传统企业一般采用的是直线制、职能制、事业部制、矩阵制等金字塔式的层级结构，管理幅度与管理层次是一对需要认真协调的矛盾。在这些结构中，管理幅度被限定在一个很小的范围内，在这种小幅度、多层次的结构中，官僚主义、效率低下等问题的产生，将直接影响企业的竞争力。而虚拟企业则借助现代信息网络系统，将部分管理职能虚拟化，可以实现少层次大幅度的扁平式管理。这样，就可以减少内部管理层次，淡化企业内各部门之间的界限，消除与客户、供应商之间的体制障碍；生产第一线的人员可以直接接触市场动态信息，企业适应市场的能力增强，竞争力提高。

2. 虚拟经营的发展

现今，虚拟经营在世界范围内被广泛应用，并深入到社会与技术经济相关的各个领域中。根据邓百氏公司们 1998 年全球业务外包研究报告》，全球营业额在 500 万美元以上的公司，当年在虚拟经营上的开支上升了 27%，达到了 3 250 亿美元。许多国际知名品牌企业，正是通过虚拟经营创造了辉煌的业绩。比如，全球最大的运动鞋制造商耐克公司，自身并不拥有制鞋工厂，而是全部委托给劳动成本低廉的发展中国家的企业代为加工生产，公司只负责产品的设计和市场营销。又如，美国的波音公司，作为世界知名的飞机制造公司，其本身只生产座舱和翼尖，其他都是靠虚拟经营来完成。还有荷兰的菲利浦公司，企业本身不拥有生产线，主要靠虚拟功能生产，而企业的主要精力是创造品牌和经营市场。

在国内，虚拟经营的理念也逐渐深入人心，为越来越多的企业所重视和采用。浙江温州的美斯特邦威公司，是目前国内成功运用虚拟经营的典型之一。这家创立于 1994 年，以生产休闲系列服饰为主的企业，目前已拥有 1 000 多个品种，年产量达 2 000 多万件。这样一个颇具规模的企业，走的却是外包的路子，即所有的产品均不是自己生产的，而是外包给广东、上海、江苏等地 200 多家企业加工制造，仅此一项就节约了数亿元的生产基地投资和设备购置费用。

3. 虚拟经营的方式

虚拟经营的企业运用核心能力，利用外部优势条件，创造出了高弹性的运作方式。虚拟经营在实际操作中一般有以下几种方式：

（1）虚拟生产。企业通过协议、委托、租赁等方式将生产车间外化，不仅减少了大量的制造费用和资金占用，还能充分利用他人的要素投入，降低自身风险。当初 TCL 准备进入彩电生产领域时，规模与实力都只能算是个正在成长的中小企业，但它瞄准了大屏幕彩电这一切入点，并相信自己专业、灵活的管理技巧及广泛的市场网络能够创立 TCL 强大的品牌知名度和市场占有率。没有资金购买厂房、生产线，他们果断地将产品委托长城电子公司久负盛名的 PC 商，双方在联盟中创造了双赢。

（2）虚拟研发。企业以项目委托、联合开发等形式，借助高等院校、科研机构的研发优势，完成技术创新、技术改造、新产品开发等工作，以弥补自身研发能力之不足。国内知名的 IT 企业清华同方和北大方正，其成功是与背靠清华大学和北京大学这样的研发环境的优势分不开的。

不管采取哪一种方式，虚拟经营的企业必须控制关键性的资源，如专利、品牌、营销网络或研发能力，不能完全借助于外部环境，以免受制于人。

4. 虚拟经营在实际操作中的问题

就中国企业而言，虽然虚拟企业经营成为我国企业组织模式的主流还为时尚早，但实体企业的"虚拟化经营"却已经在我国有了各种形式的存在和发展，各种合作组织尤其是战略联盟近年来发展非常快。但是，很多企业并没有把虚拟经营当作企业长期发展的重大战略去实施，而是作为权宜之计，以解决目前企业经营中的某些能力不足和缺陷。这样很容易在遇到利益矛盾时，各方不能以大局为重，往往会形成"一锤子买卖"，使合作、虚拟经营受到损害。由于多方面的原因，特别是企业虚拟经营组织上的不稳定和管理上的复杂性，因而在实际操作中存在或可能出现一些问题，对此，我们必须要有清醒的认识，尽可能趋利避害。因此，企业要想在实施虚拟经营战略中取得真正意义上的成效，应当注意下面几个方面的问题：

第一，看到参与虚拟化经营体各方利益目标的差异性。各企业在虚拟经营合作中，尽管有着共同的利益，尤其是虚拟化程度较高的合作方式，相互间有相同的战略目标，建立了互补型的合作关系，但在实际过程中仍不可避免地会发生经济利益上的冲突，这种现象会削弱虚拟化经营方式的生命力，参与虚拟经营的企业对此必须要有足够的重视。

第二，要防止核心技术优势的流失。参与虚拟经营的有关各方，互相之间总有一定的对于双方来讲存在相对优势地位的能力和技术方面的优势。但随着时间的推移，技术优势、高新技术在合作中的推广运用，会逐渐扩散，当技术处于劣势的一方企业完全熟悉了生产工艺，掌握了技术诀窍后，就可能出现这一企业脱离合作群体而单独经营，以取得更大利益的情况。

第三，要尽力避免企业文化的冲突。企业文化是一个企业长期形成和积淀起来的能体现企业风格、特性的有关的企业经营思想、理念、管理技术、价值观念等内容，它有鲜明的个性。企业间的合作，其物质性资源的合作相对好处理，而像企业文化这类软资源的合作就很困难，有时会出现不同企业不同价值观和经营理念的冲突，最后往往由于文化上的不和谐而导致合作失败。

第四，要摒弃"大而全"、"小而全"的企业组织结构和地区经济结构。现在我国有一些企业专业化协作水平低，同类产品生产厂家多等问题仍然较为突出。而且，还有一些地区由于热衷于"填补空白"项目，把建立健全自己的生产体系作为发展的重要目标，因而缺乏重要的分工，盲目发展，重复建设现象时常发生，使得地区部门结构有很强的趋同性。这些都是与虚拟经营的要求相悖的。

第五，要注重人才的使用和培养。实施虚拟经营的企业，其上下游的合作者大都不是依靠产权关系来维系，而是靠无形资产来整合。企业如果没有很强的统率能力和协调能力，就很难保证产品及服务的质量以及合作与协调的高效率、高水平。虚拟经营实际上是一种更高生产。TCL 在产品设计中灵活运用价值工程原理，大胆取消了彩电中的国内无用的国际线路设计和一些不必要的功能，大幅度降低了成本，将国内实用性强的线路设计、造型款式、全功能遥控等技术作为主攻方向，同时精耕细作销售网络和品牌经营。如今TCL 已经成为知名的家电企业。

（3）虚拟营销。这是指公司总部借用独立的销售公司的广泛联系和分销渠道，销售自己的产品。这样，公司不但可以节省一大笔管理成本和市场开拓费用，而且使本公司能专心致力于新产品开发和技术革新，从而保持公司的核心竞争优势。比如青岛啤酒公司在美国的销售就完全借助一家美国本土的知名经销商，利用对方的销售网络打出了企业及品牌的知名度。

（4）战略联盟。这是指几家公司拥有不同的关键资源，而彼此的市场有某种程度的间隔，为了彼此的利益，进行战略联盟，交换彼此的资源，以创造竞争优势。微软公司将它的"视窗"与 IBM 公司进行战略联盟。"视窗"是优秀的面向用户的友好操作界面，IBM 则是层次的实态经营，对企业应变能力、调控能力、整合能力、创新能力提出了更高的要求，对企业的竞争战略、企业文化、营销方式等提出了新的挑战。因此，虚拟经营一定要由高素质的管理人员来实施才能获得成效。

虚拟经营是知识经济时代的产物，具有对市场全球化、经营一体化和商品经营微利化竞争的适应性。它在经营与竞争中通过企业间的合理分工和相互配合，充分发挥各自的特征和优势，分散企业经营与投资风险，更好地利用了社会资源。在知识经济时代的经营与竞争中，我们的企业要更新传统管理思维，创新经营模式，充分认识虚拟经营对企业现代化经营的启发作用和借鉴意义，注重虚拟经营模式和理念的创新运用。在不断推进技术创新的同时，也要不断地实施管理创新、组织创新，实现在生产模式、管理机制上的飞跃，从而不断地发展和壮大企业。可以预见的是，未来时代必然是以虚拟经营为主导的经营时代，企业多元化发展战略也必将借助于虚拟经营这个"利器"。

第五节　我国现代企业制度的建立

现代企业制度是反映社会化大生产特点的、适应市场经济需要的、产权明晰、权责清楚、政企分开、管理科学的企业制度，是以企业法人制度为主体、以有限责任制度为核心、以专业经理经营为特征的新型的企业制度。建立现代企业制度是社会化大生产和市场经济发展的必然要求，是社会主义市场经济体制的基础，也是我国国有企业改革的惟一出路。

一、传统国有企业的内在缺陷

（一）产权不清

虽然计划经济体制中国有企业的所有权在宪法中明确界定为归全体人民所有，采取国家所有制的形式，但在实际经济运行中，具体由谁承担责任是不具体、不确定的。由于在这个基本层次上的产权主体不确定，没有得到具体落实，因而，就不具备作为市场经济微观基础的企业那样的投资主体责任，不能形成有效的委托—代理关系，从而也不能形成有效的克服代理问题的激励—约束机制。

（二）政企不分

市场经济中的企业应是自主经营的，但在计划经济体制下，国有企业缺乏基本的经营自主权。企业的基本权利分散地集中在与企业发生直接和间接关系的各级政府部门手中。企业运营的行政化体现在各个方面：

（1）要素供给的行政配给制。企业所需的各种生产资料由物资部门调拨；企业的用工指标需由主管的劳动部门决定；企业的资金由财政或行政性的银行拨付等。

（2）经营管理者的行政任命制。企业的经营管理者按行政级别享受待遇。

（3）企业产品的调拨制。企业的产品一般不直接面向市场，而是由物资部门统一调拨。

（4）企业利润的统收统支制。企业利润由财政部门统收统支。

（三）责权利不明

市场经济中的企业不论是与政府之间，还是企业与企业之间，尤其是企业内部的相关利益者之间，不仅责、权、利应该分明，而且对于每一主体。责、权、利既要具有统一性，又要具有对称性，这样才能保证企业具有竞争动力和约束力。而计划经济体制中的国有企业在各个方面的主体之间不仅权、责、利的界区不明确，而且不统一、不对称。普遍存在有权无责、有责无权或者有责有权而无利等情况。同时，在分配中存在严重的平均主义，企业吃国家的"大锅饭"，职工吃企业的"大锅饭"。

（四）管理不科学

市场经济中的企业在利润动力和市场竞争压力的双重驱动下，不断地进行制度创新，加强管理。而计划经济体制中的国有企业由于产权不清、政企不分和权责利不明，导致行政管理替代企业管理，尤其是企业缺乏进行制度创新和加强管理的动力，因而，不可能形成科学的管理制度。

二、国有企业改革深化面临的主要难点

国有企业改革是一个艰巨的、不断深化的过程，不仅要设计出一种可行的目标模式，而且要解决从旧体制留下的一系列的难题。其中最主要的有：

（一）国有产权代理难

建立有效的公司治理结构，是公司改制的核心。但首要条件是股东必须在位，统筹全局。国有成分在大公司资本总额中还占相当比重，因此，国有股权由谁代表就成为一个十分重要的问题。在国有产权与企业经营之间，关键是解决政府与企业的"界面"问题。组建持股公司并没有最终解决这个问题。因为在一级持股公司——二级持股公司——运作公司的"嵌套关系"中，持股公司的建立解决了运作公司的"业主在位"的问题，但是，持股公司作为一个法人制组织，也有一个所有者是否在位的问题。

（二）现行干部制度与法人治理结构相冲突

在国家控股和持股的公司解决了主要股东即国家股的产权代理问题之后，公司法人治理结构的建立本来是明确的：召开股东会，选举董事组成董事会，由董事会决定公司高层经理人员聘任，由高层经理人员负责公司的日常经营。但是，这一习惯做法，同现行的干部人事制度存在矛盾，不少公司制企业的主要领导甚至中层领导，仍然由组织部门任命。不改变这种组织人事制度，整个公司治理结构就无法正常运转。

（三）国有企业历史包袱重

在计划经济体制时期，国有企业的离退休人员、职工医疗费用、职工住房等支出是由企业负担的。如果不解脱由传统体制带来的历史性包袱，企业就很难搞活，难以提升企业的市场竞争力。

（四）国有企业冗员严重

至今，国有企业中存在大量富余人员的状况还没有根本改变。这种状况与劳动人事制度相结合，导致企业经营困难重重。国有企业的过量冗员是由多种因素造成的，公司制改革的一个重要内容就是要把富余职工从经营项目中分离出来。但分离出来后的安置又是一件困难的事情。如果不解决国有企业的冗员问题，企业资源配置就难以实现。

（五）国有企业的资产负债率普遍过高

据有关部门统计，我国国有工商企业的资产负债率很高，其中半数企业超过80%，甚至还有一些企业是全额负债经营。这一状况不仅加重了企业的负担，弱化了企业的偿债能力，还导致国有商业银行不良资产比例的居高不下。"债转股"的改革没能从根本上改变这一状况。

三、中国的国有企业改革历程

（一）放权让利阶段（1979-1983年）：

针对计划经济体制下政企不分，政府对企业统得过死过多，致使企业缺乏应有活力的弊端，国有企业改革首先是从放权让利的改革开始的。所谓"放权"，就是主管政府部门向所管企业下放部分权力，扩大企业自主权；所谓"让利"，就是提高企业利润留成比例，以扩大企业自主支配的财力，增强企业的动力。改革的核心内容是简政放权、放权让利，重点在放权让利。在传统体制下，国有企业不仅利润全部上缴，而且提取的折旧费也全部上缴，因而企业自身不仅对于扩大再生产，而且对于简单再生产都无独立决策权，极大地抑制了企业自身的积极性。从党的十一届三中全会召开之后，自1979年起我国农村全面展开以家庭联产承包责任制为基本内容的改革的同时，城市经济也开始进行改革。就企业改革而言，主要采取的措施便是放权让利，允许进行改革试点的企业留利3%，以调动企业的积极性。

（二）税利改革和进一步扩大企业自主权阶段（重983–1985年）

这一阶段改革的主要内容是调整和规范国有企业与政府间的利益关系，重点是实行"利改税"和"拨改贷"。"利改税"即国有企业将原来的以上缴利润的形式改为上缴税赋的形式；所谓"拨改贷"就是企业资金来源由原来的财政无偿拨付改为向银行借贷。在利益分配体制上，对国有企业自1983年开始采取第一步利改税，即把国有企业应上缴利润和税合并，采取利税合一的方式，按照统一确定的比例上缴财政，其余则属于企业。开始时，只是对国有企业利润的50%采取"利税合一，按章纳税"的方式，其余50%则仍全部上缴财政；到1984年采取第二步利改税，即把国有企业利润的100%全部纳入"利税合一，按章纳税"的轨道。在采取利改税的同时，为了减轻财政对国有企业固定资产投资的支出压力，也为了提高对国有企业的约束力度，采用了"拨改贷"，即对国有企业固定资产投资，由原来的财政注资拨款，改为通过银行贷款。

（三）推行承包经营责任制阶段（丑985–1992年）

1984年10月召开党的十二届三中全会，提出要建立自觉运用价值规律，要使企业真正成为相对独立的经济实体，成为自主经营、自负盈亏的社会主义商品生产者和经营者，具有自我改造和自我发展能力，成为具有一定权利和义务的法人。围绕着这一改革目标，按照当时理论界提出的"两权分离"理论（即在国家对生产资料所有权不变的前提下，所有权与经营权分离），试图以此实现政企职责分开和促进国有企业向市场主体的转变。改革的核心内容是实行国有企业承包制。承包制的宗旨是所有权和企业经营管理权两权分离，承包的对象是企业上缴的利税，承包制的性质是政府与国有企业围绕上缴的利税这一核心目标形成的一种行政契约关系。自1987年下半年开始，在当时的国家经委等有关部门的倡导下，国有企业，特别是国有工业企业大多开始采取承包制，到1992年，经历了两个承包期（三年为一期），全国大中型国有企业几乎都采取了各种不同形式的承包。在实行企业承包制的同时，财政体制上采取"包税制"，即国有企业对地方政府或主管部门承包上缴利税指标，地方政府对中央政府承包上缴财税指标，而地方政府完成包税任务之后的税收，则属于地方政府支配，若超收，则由中央与地方政府分成，分成的原则是75%以上留给地方财政，然后，中央财政和地方财政分别各自支出应当支出的部分，即所谓"分灶吃饭"。

（四）建立现代企业制度阶段（1993–2002年）

1992年10月，党的十四大明确提出，我国经济体制改革的目标是建立社会主义市场经济体制。1993年11月，党的十四届三中全会通过了《关于建立社会主义市场经济体制若干问题的决定》，提出国有企业改革的目标是建立现代企业制度，并把现代企业制度概括为适应市场经济和社会化大生产要求的、产权清晰、权责明确、政企分开、管理科学的企业制度，要求通过建立现代企业制度，使企业成为自主经营、自负盈亏、自我发展、自我约束的法人实体和市场竞争主体。以中共十四大召开作为标志，整个改革的目标明确为建立社会主义市场经济体制，与之相适应，国有企业的改革明确为以建立适应市场经济要求的现代企业制度为基本目标，国有企业的改革从以往主要在分配关系上，特别是在企业与政府间的利益分配关系上进行调整，转向从产权制度上进行改革。党的十四届三中全会做出了关于建立现代企业制度的决定，特别强调了国有企业必须从企业产权制度和管理制度上进行根本改造，以适应市场经济的要求，提出国有企业制度改造的目标是建立起"产权明晰，权责明确，政企分离，管理科学"的企业制度。党的十五大又进一步提出所有制结构调整，即建立公有制为主体，国有制为主导，多种所有制经济共同发展的基本经济制度，从而把国有企业的改革纳入整个社会经济所有制结构改革之中。与之相适应，自1994年起开始贯彻"分税制"，即不再以总量上承包的方式确定中央与地方的财政收入比例，而是根据税种来划分哪些属于中央财税税源，将以往33种税合并调整为18种，又进一步将这18个税种划分为国税、地税和中央与地方共享税三大类。

（五）建立现代公司的治理结构阶段（2002年至今）

以2002年中共十六大召开作为标志，国有企业改革从外部环境到改革本身的深入程度都发生了新的变化。应当说，这一阶段国有企业改革的基本任务自中共十四大之后，并无根本变化，还是两方面：一方面是对大型和特大型同时又是关系国民经济命脉的国有企业进行股份制改造，培育现代企业制度，建立现代公司的治理结构；另一方面是对大量的中小型，同时又处于一般竞争性领域中的国有企业，进行各种形式的非国有化改造，使之真正脱离政府行政控制，进入市场机制。不同的是，经过十四大之后的十年时间，上述两方面国有企业改革任务推进的程度及面临的外部条件发生了深刻的变化。其特点可以描述为：

第一，国有企业在国民经济中比重发生了深刻的变化，国有企业资产比重由改革初期的近90%下降为40%左右，国有企业的产值比重由改革初期70%以上，下降为25%左右。

第二，国有企业在国民经济中的分布结构发生了深刻的变化，国有经济的结构性转移和战略调整取得了相当大的进展，一方面国有经济从一般竞争性领域大规模退出，另一方面在铁路、航空、电信等交通、通讯基础性产业，石油、电力等能源动力产业，钢铁等重要原材料产业，汽车、电子等重要的制造业、金融、保险等命脉性产业，以及相应的公共品领域和涉及国家安全的重要经济部门，国有制不仅继续保持垄断性地位，而且，其企业的竞争力和对国际市场的开放程度及进入程度都有极大的提高。

第三，国有企业，尤其是大型及特大型国有企业股份公司制改造进展显著，基本上实现了公司制改造，同时公司内部治理结构的改造取得了显著进展，至少在制度形式上实现了现代股份公司的治理结构的构建。

第四，政府与国有企业的相互关系发生了重要变化，一是政府由以往对国有企业生产、经营全面干预逐渐转为集中代表国家行使出资人的权利；二是以往国有企业的财产权、生产经营权、领导人选择权等相互分离的状况有所改变，相对集中于同一政府部门；三是政府代表国家对国有企业行使出资人权利的方式有所变化，由以往的中央集中代表并集中行使出资人权利转变为中央和地方政府分级行使出资人权利。

第五，企业与外部经济联系的方式发生了重要变化，一方面伴随中国市场进程的加深，整个国民经济中绝大部分资源是由计划调控转变为市场调控，市场已成为资源配置的基础性力量，因而，国有企业相互之间，国有企业与非国有企业之间的联系方式越来越是市场化方式；另一方面伴随中国经济对外开放和经济全球化程度的提高，尤其伴随中国加入世贸组织之后，中国国有企业对外开放程度以及与国际市场的联系程度显著提高，约束国有企业行为的规则越来越是市场竞争性和国际开放性规则。

四、国有企业改革的特点分析

回顾我国国有企业改革的历史进程，两方面的特点极为突出。

一方面，在国有企业改革的内容上，30多年来，经历了从主要改变分配关系向集中改造产权关系的深刻转变，从改革初期的放权让利到利改税，从利改税到承包制，可以说在相当长的时期里，国有企业改革是围绕如何改变并协调企业收入目标和政府财政收入目标的关系而展开的，能改的主要是国家、企业及与职工个人的利益分配关系。中共十四大明确提出建立社会主义市场经济体制目标之后，尤其是十四届三中全会提出现代企业制度建设任务之后，国有企业改革的重心才真正转移到企业所有制上，转移到企业产权构造上。

另一方面，在改革的方式上，国有企业改革经历了从自上而下的政府行政性推动向自下而上的企业自身市场性推动的转变。这种改革方式的转变是与改革内容的转变相适应的，当国有企业改革并触动产权关系只是以分配关系为重点时，只能由政府行政性地自上而下地行使改革权，这种改革权既是行政权力的一部分，同时也是政府作为国有企业资产所有权的代表所行使的产权，在企业产权与政府行政权融为一体的制度中，企业产权的行使只能是行政性地逐级行使。但当企业产权制度本身发生改革之后，包括采取非国有制改造和股份制的产权主体多元化改造以及国际资本进入等产权变革之后，企业产权的行使便不能不日益提高其市场化程度和程序化程度，政府的行政性干预和直接性干预在企业产权制度上不能不受到限制，从而使得企业改革本身越来越成为企业本身展开的并通过市场机制来实现的过程。

五、国有企业改革的方向是建立现代企业制度

对于中国的经济改革来说，国有企业改革成败与否有着至关重要的意义。伴随中国经济改革的进程，中国国有企业改革至今已有30多年的历程。可以说，30多年的经济改革之所以较以往的体制调整更为深刻，更富于革命性意义，重要的一点便在于这场改革不仅真正触及了企业制度，而且随着改革的深入，越来越从根本上触及了国有企业的产权制度。以往计划经济时代虽然也有若干次较大的体制调整，但处理的核心问题是协调所谓"条块之争"的矛盾，即在经济体制上调整中央与地方政府的利益关系，并未触及企业。国有企业无论是收归中央政府（条条管理），还是下放给地方政府（块块管理），其本身的权、责、利是没有变化的，只是变更了主管的行政单位。而这场改革则不同，从改革伊始便提出以企业改革，特别是国有企业改革为中心，从企业责、权、利机制改革入手，引导和推动其他方面的改革，从而使这场改革无论是深度还是广度均是以往的体制调整所无法比拟的。

既然以企业改革为核心，那么，无论人们主观上愿意与否，最终改革不可能仅仅停留在分配关系和管理方式的改变上，必然深入到企业的产权制度，尤其是在明确了整个改革的目标是建立社会主义市场经济体制之后，适应市场经济的基本要求而改造以往与计划经济相吻合的传统国有制企业产权制度，就成为不可避免的命题。目前，国有企业现代企业

制度的基本框架已初步建立，但用规范的公司制标准来衡量，国有企业的改制还不够彻底、不够完全，如有些企业的公司章程还没有得到全面有效的贯彻落实；企业法人治理结构还不完善；母公司对子公司实施管理、监督、控制和协调的功能尚未有效形成；股东会、董事会、监事会之间的相互制衡关系在实践中还有待进一步理顺等等。

六、深化国有企业改革的发展方向

深化国有企业改革的发展方向主要有：

第一，除极少数必须由国家垄断经营的企业外，继续推动效益好的国有大中型企业，尤其是国家重点企业进行股份制改革。改革必须坚持先重组改制、后上市的原则。中小企业可以采取多种形式放开搞活，资不抵债、扭亏无望的企业要实施破产。在企业重组、改制过程中，要切实防止国有资产流失和逃避银行债务。

第二，继续做好债转股企业的转机建制工作。对已经注册成立的新公司要帮助它们做好分离企业办社会的职能和分流富余人员的工作，切实转换经营机制；对新办企业，要按照现代企业制度的要求，组建新公司。

第三，加强和改善企业管理制度。一方面，坚持不懈地推进人事、劳动、分配三项制度改革；另一方面，要大力推进企业管理信息化，鼓励企业在资源计划、供应链管理、客户关系管理等方面采用先进信息化管理技术，努力实现企业人力、物力、财力和信息资源的优化和管理创新。

第四，推进分配制度改革。在中央直接管理的大型企业集团中，选择一批监管到位、内部管理规范、资产经营责任制度健全的企业集团进行分配制度改革试点，重点探索企业经营者分配制度和工资总额管理制度改革，建立起与市场经济相适应的激励和约束机制。

【个案分析】

奇瑞计划与美国梦幻汽车合资

1月26日上午，《第一财经日报》记者随马尔科姆·布里克林率领的20令人的商务代表团走进了奇瑞公司的会议室。

"成立合资公司是一个有效方案，"美国嘉勒斯（Galaxaco）集团中国总代表夏东说，"奇瑞计划投资3亿美元，梦幻（投资）2亿美元，还有1.5亿美元的缺口正在寻找融资渠道。"夏东所在的公司是作为梦幻汽车的商务顾问参与这次谈判的。

夏东告诉记者，双方在上年12月16日草签那份媒体广泛报道的出口协议时，奇瑞是以旗下一家注册于芜湖的贸易公司的名义签署的，当时的主要考虑就是和梦幻汽车合资后，可以将合同转到这家未来成立的合资公司去。他还向记者证实，目前奇瑞已邀请了普华永道进行资产评估，奇瑞将把旗下部分资产注入这家合资公司，梦幻汽车将向这家合资公司投入现金两亿美元，奇瑞则主要以5款车型的知识产权、部分厂房、设备作价出资。奇瑞将在新公司中占60%的股权，处于控股地位。此后，奇瑞向美国出口的车型都将由这家合资公司生产。

马尔科姆·布里克林接受记者越洋采访时曾表示，未来出口美国的奇瑞汽车将不使用目前"Chery"的品牌。对此，夏东说，这些车型将使用新的合资企业的品牌，未来奇瑞在向其他地区销售这些车型时也必须获得新公司的同意。据称，全新设计的新品牌将包含"Chery"的因素。

"我目前不能对这个说法有什么评价。"奇瑞国际公司总经理张林告诉记者。夏东则表示："合资细节还在谈判，草约可能要到这次谈判结束时签署，并且还要中国政府的批准。但我想批准的问题不太大。"中国人民大学教授邹正方认为："奇瑞拥有车型的知识产权，而梦幻汽车则在美国拥有250家经销网点，利益上的双赢在合资公司里可以得到体现。在合资公司里，奇瑞有主导权，同时获得了市场和发展的资金；梦幻汽车则绑紧了奇瑞，投资奇瑞，从而分享它的成长。"

一位汽车技术人员则告诉记者："以前都是别人拿技术换我们的市场，现在倒过来了。我没想到这一天会来得这么早。"

马尔科姆·布里克林认为，其此行主要目的是让美国顶尖的贸易、技术、设计和法律顾问与中方相关人员沟通，商讨奇瑞进入美国市场的具体方案。他希望7年后在美国市场上每年销售100万辆奇瑞汽车。他还透露，奇瑞计划出口美国的5款新车型价格在1 100～28 000美元之间，比市场同类车价格低30%，"我们带给美国消费者的不是廉价中国车，而是优质优价的中国车。"

此次，布里克林带来了包括商务、设计、技术在内的20多名专家，与奇瑞方面的相关部门进行详细洽谈。记者当天得到的一份会谈话题纪要显示，美国方面对奇瑞的开发、故障处理机制提出了不少问题。

1月26日中午，为梦幻汽车提供技术咨询的意昂神州（北京）科技有限公司总经理史国军博士告诉记者，当天的会谈主要集中在技术层面，美国专家组对奇瑞自主研发的发动机评价较高，在排放方面通过美国法规难度不大；奇瑞计划出口美国的5款车型外观设计已经达到了相当成熟的水平，但要符合美国的市场需求以及安全性能要求仍需改进。"目前，我们正积极帮助奇瑞对生产能力和技术进行改进，我有信心奇瑞能符合美国市场要求。"他曾在美国通用汽车公司工作多年，专长在于发动机技术方面。据马尔科姆·布里克林介绍，奇瑞已先后送900多名研发人员去意大利、日本等国学习，掌握了最先进的汽车生产技术并应用到了奇瑞的设计生产上。梦幻汽车的法律顾问、毕业于哈佛法学院的罗纳德·沃尼科（Ronald War-nicke）认为，"西方公司与东方公司合作通常会碰到沟通问题，但奇瑞很多管理、技术人员却很了解西方文化。这将有助于双方的合作。"

"我给美国消费者的质量担保是10万英里，这是向韩国现代学习的，"马尔科姆·布里克林说，"尽管这成本很大，但现代都能做到我们为什么做不到？"

1月26日中午，他带着记者参观了奇瑞汽车研究院里的新款NEWCROSSER，这款MPV将在改进后出口美国。当记者问及"如此的高里程保证会不会使奇瑞成本太高"时，马尔科姆·布里克林说："质量不好的话，我们都死定了。"

中国的低价商品出口经常引起美国反倾销诉讼，布里克林对此也表示了自己的顾虑。但是，他又称："只要我们降低成本，创造足够的可盈利空间，熟练掌握法律武器，还有什么可担心的呢？奇瑞正在计划上市，要进入一个自由贸易市场，这也是对付反倾销诉讼的有利武器。"

问题：

1. 奇瑞汽车与美国梦幻汽车公司合资经营的意图何在？
2. 新成立合资企业的未来发展战略如何？
3. 世界贸易组织反倾销措施对奇瑞汽车与美国梦幻汽车公司合资经营的影响何在？

【关键名词】

合资企业　融资渠道　资产评估　企业成本　自由贸易市场　反倾销

【思考与讨论】

1. 什么是企业责任？怎样理解企业对消费者的责任？
2. 合伙制企业的特点是什么？
3. 企业经营机制是什么？包括哪些内容？
4. 如何理解虚拟经营是新型的独特的经营模式和管理方式的融合？
5. 为什么说国有企业改革的方向是现代企业制度？

第二章　工商企业经营管理概论

课前准备

【学习目标】

　章主要讲授工商企业经营的概念及其职能、现代企业经营的思想和哲学观念、现代企业经营的目标和经营计划以及企业创新经营的方法和运作模式。通过本章内容的学习，学生应能够了解现代企业运作管理的理念和途径，理解现代企业经营目标的制订方法，掌握现代企业经营计划的制订和执行技巧，学会初步具备企业创新型经营的能力。

【重点难点】

1. 现代企业经营的思想和哲学观念
2. 现代企业经营的目标和经营计划
3. 企业创新经营的方法和运作模式

学习内容

第一节　经营管理及其职能

一、经营的概念

　经营（operation），是指商品生产者以市场为对象，以商品生产和商品交换为手段，为了实现企业的目标，使企业的生产技术经济活动与企业的外部环境达成动态均衡的一系列有组织的活动。

二、经营与管理

　经营与管理既有联系，又有区别。

　经营、管理的联系在于：都有决策，经营决策是经济决策，直接追求最大投入产出比；管理决策不是经济决策，间接追求最大投入产出比。另外，经营是管理职能的延伸与发展，二者是不可分割的整体。在商品经济高度发达的市场经济条件下，企业管理由以生产为中心转变为以交换和流通过程为中心，经营的功能日益重要而为人们所重视。企业管理的职能自然要延伸到研究市场需要，开发适销产品，制定市场战略等方面，从而使企业管理必然地发展为企业经营管理。

　而二者的主要区别是：（1）管理是劳动社会化的产物，而经营则是商品经济的产物；

（2）管理适用于一切组织，而经营则只适用于企业；（3）管理旨在提高作业效率，而经营则以提高经济效益为目标；（4）经营是市场功，管理是内功；（5）经营的内容分类是商品经营、资产经营、资本经营；管理的内容分类是制度管理、机制管理、企业文化管理；（6）搞好经营的关键是以市场为纲，搞好管理的关键是以人为本；（7）经营随市场的变化而始终动态变化，管理则相对稳定，只能随企业经营发展阶段的变化而变化；（8）经营更加趋向于艺术，管理更加趋向于科学；（9）经营解决企业的方向问题、市场问题、战略问题、效益问题，经营的指标是效益，管理解决企业的秩序问题、纪律问题、积极性问题、效率问题，管理的指标是效率；（10）经营与管理的对象、目的、原理与文化不同。

三、经营管理的职能

（一）经营管理职能的含义

经营管理职能的含义是两个层面含义的集合。一方面，经营管理职能是指企业工作，即如何根据管理工作任务的要求和人员的特点，设计职务、进行授权和委派，并用制度规范组织中各成员、各职位的职责，使之形成一个有机的结构体系；另一方面，经营管理职能还包括如何构建、运行和发展组织实体，以及对其目标、功能、结构和运作机制的分析研究。

（二）经营管理职能的内容

经营管理职能包括五个方面的内容，即战略职能、决策职能、开发职能、财务职能和公共关系职能。

1. 战略职能

战略职能是企业经营管理的首要职能。因为，企业所面对的经营环境是一个非常复杂的环境。影响这个环境的因素很多，变化很快，而且竞争激烈。在这样一个环境里，企业欲求长期稳定的生存与发展，就必须高瞻远瞩，审时度势，随机应变。经营管理的战略职能包括五项内容：经营环境分析、制定战略目标、选择战略重点、制定战略方针和对策、制定战略实施规划。

2. 决策职能

经营职能的中心内容是决策。企业经营的优劣与成败，完全取决于决策职能。决策正确，企业的优势能够得到充分的发挥；决策失误，将使企业长期陷于困境之中。

3. 开发职能

开发不仅仅限于人、财、物，经营管理的开发职能的重点在于产品的开发、市场的开发、技术的开发，以及能力的开发。企业要在激烈的市场竞争中稳操胜券，企业就必须拥有一流的人才，一流的技术，制造一流的产品，创造出一流的市场竞争力。只有企业在技术、人才、产品、服务、市场适应性方面都出类拔萃，企业才能在瞬息万变的市场竞争中得心应手，应付自如。

4. 财务职能

财务过程，是指资金的筹措、运用与增值的过程。财务职能集中表现为资金筹措职能、资金运用职能、增值价值分配职能以及经营分析职能。企业经营的战略职能、决策职能、开发职能，都必须以财务职能为基础，并通过财务职能做出最终的评价。

5. 公共关系职能

企业须同它赖以存在的社会经济系统的诸环节保持协调，这种同外部环境保持协调的职能，被称为社会关系职能或公共关系职能。公共关系的内容包括：企业与投资者的关系、与往来厂商的关系、与竞争者的关系、与顾客的关系、与职工的关系、与地区社会居民的关系、与公共团体的关系、与政府机关的关系。

第二节　经营思想与经营哲学

一、经营思想

经营思想，是指贯穿企业军营活动全过程的指导思想，它是由一系列观念或观点构成的对经营过程中发生的各种关系的认识和态度的总和。

（一）经营思想的六个观念

第一，市场观念。市场是企业实现商品价值的场所。树立市场观念，就是要以市场为导向，面向市场、适应市场；创造需求、培育市场。或者理解为不能孤立于社会，而应永远着眼于市场的变化，永远保持了社会的思想。

第二，用户观念。树立顾客至上，用户第一的服务观念。使全体员工成为敏感地能感觉到其顾客如何想及有何意愿的具有高度感受性的组织。

第三，竞争观念。现代企业所面临的竞争外部环境变化莫测，因此企业经营者必须建立起竞争经营的观念。

第四，创新观念。否定已往的经验及维持现状的思想，创造具有挑战与革新精神的风气。

第五，开发观念。社会在发展，在进步，客户的需求也在变化。某个产品或某种服务很可能在某个时期或阶段很受客户青睐，但是客户不可能永远都会喜欢或青睐你所提供的这个产品或服务。因此如果不及时发现和满足客户需求的变化，就会丢失客户和市场。要满足客户的需求变化就必须有开发新技术的思想。

第六，效益观念。没有效益的企业没有任何价值。盈利是企业家的天职，所有的品牌打造及营销设计都是建立在"盈利是可见的"这一前提下的。

（二）经营思想的影响因素

企业的经营思想是在一定的社会经济条件下，在企业经营实践中不断演变而成的指导企业经营活动的一系列指导观念。它会受到当时的生产力、生产关系和上层建筑等因素的制约。也就是说，企业的经营思想必须顺应当时的社会经济发展水平、国家政策、法律、法规以及人与人、人与社会、人与企业、企业与社会之间的关系。

企业经营思想所受的制约因素对于所有企业是基本相同的，但在事实上，不同企业的经营思想是有差别的。即使是同一企业，在不同的经营时期其经营思想也会发生变化。原因有两个：一是不同企业的自身面临经营形势的差别、同一企业在不同时期面临经营形势的差别；二是企业领导者素质的差别。这两个差别影响着企业经营思想的表现方式和强度。所以，决定和影响企业经营思想的因素，概括起来有社会制度、商品经济规律、企业的经营形势和企业领导者的素质。

1. 社会制度

企业所在国家的根本制度是企业经营思想的冰定因素，企业的经营思想必须符合社会制度的基本要求。企业所在国家的政治制度及经济制度规范着人与人的关系、人与企业的关系、企业与国家的关系，并通过方针、政策、法律、法规来规范企业的行为。企业在处理各种关系时，不能违背这些基本准则。

2. 商品经济规律

商品经济规律也是企业经营思想的决定因素。企业是商品的生产者和经营者，企业的生产经营活动应该按商品经济的规律办事。企业经营思想中的市场观念、竞争观念、效益观念、长远观念、创新观念等都要反映价值规律、供求规律和竞争规律的要求。企业的经营思想只有符合这些要求，才能在经营活动中具有指导意义。

3. 企业的经营形势

企业经营思想的表现形式和程度受着企业所处经营形势的影响。在环境有利时，企业的各种观念与不利时的表现形式是不一样的，程度上也是有差别的。如"买方市场"和"卖方市场"下企业市场观念的差别。另一方面，在相同的外部条件下，不同竞争实力的企业的各种观念的表现形式和强度也是不同的，如领先企业和中游企业的长远观念是不一样的。

4. 企业领导者的素质

企业的经营思想实际上是企业领导者通过对外部环境因素和内部条件因素的综合认识的基础上，在自己头脑中形成的一个具有创造性的产物。所以，企业领导者的价值观念、政策水平、科学知识、实践经验、思想方法、工作作风等素质直接影响着企业的经营思想的表现形式和程度。这就是为什么同样一个企业，在同样的条件下，有的领导者能取得成功，而有的却失败的原因。

二、经营哲学

经营哲学，是指经营者对经营过程中发生的各种关系发展变化的规律隆认识和树立的信念。

（一）经营哲学的内容

企业不论规模大小都应有自己的"经营哲学"，并把它当作是企业的栋梁之柱，并把抽象的经营理念"具体化"，作为员工行声做人的座右铭。日本经营专家上野明说："能使经济增长经常保持辉煌业绩这并不容易。如果企业家掌握独特的经营哲学，并将其渗透到企业组织最底层的话，在经济低潮时就会有很强的抵抗力，景气时期发展的能力便会更加出类拔萃。"因此可以说，企业独特的经营哲学是企业将来迅速发展的潜在动力。

企业哲学的主要内容通常由处理企业经营过程中各种关系的指导思想、基本观点和行为准则所构成。如关于企业（跨国公司）与所在国关系的观点,，关于企业与社会和国家关系的观点，关于企业与外部关系（顾客、竞争对手、供应商、销售商等）的观点，关于企业与雇员关系的观点，以及关于企业内部工作关系的观点等。

（二）经营哲学的表现形式

企业的经营哲学通常被高度概括和浓缩在企业理念、企业精神中。比如在日本，企业的经营哲学通常是以"社是、社训"的形式表示出来的。如TDK的经营哲学是：用创造为世界的文化产业做出贡献。本田的经营哲学是：下搞模仿，坚持独立；用世界性眼光考虑问题。王子制纸的经营哲学是：《论语》中有算盘，算盘中有《论语》，强调的是"义利合一"的经营。

（三）经营哲学的核心

经营哲学的核心是价值观。人们往往以为企业既然是一个以盈利为目的的商品生产者，其价值观当然应当是追求最高利润，这是不全面的。利润是企业维持其生存和发展所不可缺少的，但不是其惟一的目标。

每个企业都会有自己的经营哲学。我国长安汽车集团的经营哲学是：岗位上永远有创造的余地，长安人永远有更高的追求。联想集团则从攀登珠穆朗玛峰的辩证哲学中总结出了一套自己的经营理念：这有点像攀登珠穆朗玛峰，从南坡上，还是从北坡上，都是上到山顶，但一个登山队不能一半在南坡上，一半在北坡上。在管理上一定要有一套统一的理念，联想的经营哲学强调的正是一种团队的整体意识。

第三节　经营目标与经营计划

一、经营目标

（一）经营目标的种类

企业的经营目标，按其重要性来说，可分为战略目标和战术目标。

1. 战略目标的基本内容

每个企业在其发展的不同历史时期，均有其不同的战略目标。其基本内容，不外有三个方面：

（1）成长性目标。它是表明企业进步和发展水平的目标。这种目标的实现，标志着企业的经营能力有了明显的提高。成长性指标包括：销售额及其增长率、利润额及其增长率、资产总额、设备能力、品种、生产量。其中销售额与利润额是最重要的成长性指标。销售额是企业实力地位的象征，而利润额不仅反映了企业的现实经营能力，同时也表明了企业未来发展的潜力。

（2）稳定性目标。它表明企业经营状况是否安全，有没有亏损甚至倒闭的危险。稳定性指标包括经营安全率、利润率、支付能力。

（3）竞争性目标。它表明企业的竞争能力和企业形象。具体包括市场占有率、产品质量名次。

2. 战略目标的特点

（1）实现的时间较长，一般能够分阶段实行。

（2）对企业的生存和发展影响大。战略目标的实现，往往标志着企业经营达到了某一个新的境界，与过去有明显的变化。

（3）其实现有较大的难度和风险。

（4）对各级经营管理层有很大的激励作用。

（5）实现这一目标需要大量的费用开支。

3. 战术性目标的特点

（1）实现的期限较短，反映企业的眼前利益。

（2）具有渐进性。

（3）目标数量较多。

（4）其实现有一定的紧迫性。

（二）经营目标的要求

1. 目标必须是先进的

目标是人们努力的方向和要取得的成果。如果目标不具备先进性，那么人们便失去了为之努力的热情，甚至可能出现看似很容易实现的目标却没有人去完成的现象。另外，如果目标不具有先进性，则意味着企业的资源可能被浪费。也就是说，企业没有很好地把握能够取得更大成就的机会。

2. 目标必须是可实现的

目标的可实现性是目标能够真实起作用的关键。一切过高或过低的目标都会破坏其作用的发挥。过高的目标不仅无法实现，而且会造成计划的失效，严重地挫伤人们的积极性。同时还会大大影响企业各种功能的发挥。因此在目标的制定过程中必须全面地分析组织自身的条件与组织所处的外部环境，以及这些条件与环境可能会出现的变化，在分析与预测的基础上制定企业自己的目标。

3. 目标必须是具体化的

目标的具体性是指目标必须明确具体，不能含糊其辞。目标应尽可能量化，以便在实现过程中能够度量和控制。一般情况下，目标的具体化体现在构成目标体系的一系列指标上。

这些指标不但应有数量指标，还应有质量指标；不仅应有绝对数指标，还应有相对数指标、平均数指标和指数指标等，并且由它们构成企业目标的具体指标体系。当然，有些目标难以具体量化，只能用文字予以描述。

4. 目标必须有明确的时间期限

已确定的目标必须是限定在一定时间去实现，即在确定目标的同时必须确定实现目标的具体时间限制。实际上从管理的角度上说，既定目标是一个企业在一定时期内所作的一种自我"承诺"，即承诺在既定时间内所要完成的任务。

（三）经营目标体系

企业的经营目标体系是分层次的。具体可以阐述如下：

第一层是决定企业长期发展方向、规模、速度的总目标或基本目标。

第二层是中间目标，分为对外与对内目标。对外目标包括产品、服务及其对象的选择、定量化，如产品结构、新产品比例、出口产品比例等；对内目标就是改善企业素质的目标，如设备目标、人员数量、比例目标，材料利用、成本目标等。

第三层是具体目标，即生产和市场销售的合理化与效率目标。如劳动生产率、合理库存、费用预算以及质量指标等。

（四）制定经营目标的作用与原则

1. 经营目标的作用

（1）突出重点，抓主要矛盾：它能指明企业在各个时期的经营方向和奋斗目标，使企业的全部经营活动突出重点，抓住主要矛盾。而且也为评价企业各个时期经营活动的成果确定了一个标准，以便减少盲目性，使企业的决策层能够保持清醒的头脑，把压力变成动力，引导企业一步一步地前进。

（2）协调各项经营活动：通过总目标、中间目标、具体目标的纵横衔接与平衡，能够以企业总体战略目标为中心，把全部生产经营活动联成一个有机整体，产生出一种"向心力"，使各项生产经营活动达到最有效的协调，有利于提高管理效率和经营效果。

（3）团结全体职工：通过自上而下和自下而上地层层制定目标和组织目标的实施，能够把每个职工的具体工作同实现企业总战略目标联系起来，提高人们的主动性和创造性，开创出"全员经营"的新局面。

2. 制定经营目标的原则

（1）抓关键，即目标的关键性原则。这一原则要求企业确定的总体目标必须突出企业经营成败的重要问题和关键性问题，关系到企业全局的问题，切不可把企业的次要目标或小目标列为企业的总体目标，以免滥用资源而因小失大。

（2）可行性，即目标的可行性原则。总体目标的确定必须保证如期能够实现。因此在制定目标时必须全面分析企业各种资源条件和主观努力能够达到的程度，既不能脱离实际，仅凭主观愿望把目标订得过高，也不可妄自菲薄、不求进取把目标订得过低。

（3）定量化，即目标定量化原则。订立目标是为了实现它。因此，目标必须具有可行性，以便检查和评价其实现程度。所以，总体经营目标必须用数量或质量指标来表示，而且最好具有可比性。

（4）一致性，即目标的一致性原则。总体目标要与中间目标和具体目标协调一致，形成系统，而不能相互矛盾，相互脱节，以免部门之间各行其是，互相掣肘。

（5）激励，即目标的激励性原则。经营目标要有激发全体职工积极性的强大力量。因此，目标要非常明确，非常明显，非常突出，具有鼓舞的作用，使每个人对目标的实现都寄予很大的希望，从而愿意把自己的全部力量贡献出来。

（6）灵活性，即目标的灵活性原则。经营目标要有刚性，但是，企业经营的外部环境和内部条件是不断变化的，因此，企业的经营目标也不应该是一成不变的，而应根据客观条件的变化，改变不切时宜的目标，根据新形势的要求，及时调整与修正企业的经营目标。

（五）制定经营目标的步骤

经营目标的制定一般可以分为以下几个步骤：

1. 收集信息、调查研究、制定企业总目标

收集信息、调查研究是确保目标制定既先进又可行的基础。调查工作和收集信息工作

可从三个层次展开，首先要掌握国家指令、指导性计划和企业长远发展规划，保证目标的一致性；然后要搞好市场调查、市场预测和经营环境的分析，保证目标可靠性和适应性；再次要运用上期情况、目前发展状况和近期计划的信息，保证目标的可行性和激励性。经过这样的详细调查研究之后，企业领导层可以反复酝酿，提出企业的总目标。要注意的是，在制定企业总目标时，一定要注意处理好局部和整体的关系、当前和长远利益的衔接问题，以及上下左右的综合平衡。

2. 确定目标的结构和内容

目标的结构一般由企业总目标、各部门各环节的分目标、班组个人的子目标及保证实施的措施等构成，使企业自上而下形成一个较完整的目标体系网络。目标的内容大体上有整体的社会目标和局部性的企业经营目标两部分。前者考虑国家计划、企业长远规划、中短期计划的要求，后者着重考虑企业经营的主客观条件、市场情报信息等的要求。目标体系的制定顺序自上而下按目标管理体系进行，将目标展开与分解落实。

3. 目标的商定和展开

企业方针目标确定后可按顺序绘成进度图表，从最高层领导到各部门和每个职工，都规定具体指标要求和达标期限，通过这样的层层落实，使各部门各职工都明确在实现企业目标中自己应干什么、怎么干、干到什么程度。同时，目标展开后，下一级为保证上一级目标的实现，要找出本部门的问题，采取措施加以解决，尤其要解决关键问题，确定本部门的活动目标，从而切实保证目标实现。企业方针目标展开后，要编制方针目标展开图，公布于众，以便于共同监督执行。

（六）经营目标的实施过程

经营目标的实施一般包括三个阶段：

1. 目标体系的确立阶段

目标体系确立的过程和程序可分述如下：

（1）最高管理部门提出组织的总经营目标。最理想的目标体系是从组织的最高管理部门开始的，这容易得到最高管理部门的支持。但是，由最高管理部门确定的目标只能是初步的和暂定的，下属把整套目标都制定出来以后，一般还需要对其进行修正和调整。

（2）进行有关组织人事决策。即根据主要目标和次目标的要求，对组织与人事进行分析，建立或调整组织机构和人员配置，以便使每个目标都有人明确负责。

（3）确定下属目标。即根据组织的总目标要求，组织下属部门和人员进行学习和讨论，并依此设定下级自己的目标，进而把组织的总目标分解成具体的工作目标，层层落实到科室、车间、班组和每个职工身上。

（4）目标的平衡和调整，目标体系的整理和确立。

2. 目标实施阶段

这一阶段的工作内容主要包括：

（1）对下级按照目标体系的要求进行授权，以保证每个部门和职工能独立地实现各自的目标。

（2）加强与下属交流意见，进行必要的指导，最大限度地发挥下属的积极性和创造性。

（3）严格按目标及保证措施的要求从事工作，定期或不定期地进行检查等。

3. 成果评价阶段

在达到预定期限时，上下级一起对目标的实施情况进行考核，客观地评价目标的完成情况，以目标完成情况为依据，按绩效状况奖惩，并找出取得成绩的原因和出现问题的教训，总结经验，为下一期目标管理工作的改进和提高奠定基础。

二、经营计划

企业的经营计划，是指为实现企业经营目标而编制和执行的，指导企业全部生产经营活动的综合性计划。它是企业经营思想、经营目标、经营方针的进一步具体化，是企业全体职工的行动纲领。它在国民经济计划指导下、根据市场需求和企业内外环境和条件变化并结合长远和当前的发展需要，合理地利用人力、物力和财力资源、组织筹谋企业全部经营活动、以达到预期的目标和提高经济效益。

（一）经营计划的特点

第一，经营计划具有决策性。它是以企业作为相对独立的商品生产者和经营者为前提，根据企业外部环境和内部实力制定和编制的，它直接关系到企业的生存与发展。

第二，经营计划具有外向性。它与社会、市场和用户有着密切的联系，其基本目的就是实现企业与外部环境的动态平衡，并获得良好的经济效益和社会效益。

第三，经营计划具有综合性。它的基本内容既包括市场调查、预测、生产、销售，也包括技术、财务和后勤，是指导企业全部生产经营活动的纲领。

第四，经营计划具有激励性。它把国家利益、企业利益和职工个人利益有机结合起来，形成一股强大的动力，能激励企业全体职工为之奋斗。

（二）企业经营计划的任务

第一，把经营目标具体化。

第二，分配各种资源。

第三，协调生产经营活动。

第四，提高经济效益。

（三）经营计划的制定程序

第一，公司要了解企业存在的价值是什么。要从最原始简单的获利，进而提高到对地区社会有所贡献，提高员工的生活水平及提供更好的商品给消费者等根本思想。

第二，"恭自省"，即清楚地了解并分析公司本身的优劣点，例如销售能力欠佳，技术人员研究开发能力强等。

第三，"观外情"，了解自己公司的外部环境有何变化，包括消费者习性的改变，政府法令变迁，劳工及环保等问题是否会为公司本身创造出可能的机会与威胁。

第四，在明确掌握外在环境的机会与威胁及详细明了本身之优缺点后订立一个非常清楚的目标及方针，同时尽可能地量化。

第五，明确目标之后寻找可能的执行计划方案。

第六，彻底执行计划方案。

第七，检查成果并改进。

（四）经营计划的构架

做成计划，有一个重要的关键，那就是处理好目标和对策之间的关系。不论何种企业都有基本目标，有了基本目标便有基本计划，而这个基本计划便设定了各部门或各功能的个别目标以及个别计划。同样地，有了长期目标便有长期计划，这可作为年度（短期）目标短期计划的基础，也可和更具体的、短期的目标计划相联系。

第四节　创新经营

一、创新经营的特征和内容

与传统经营方式相比，创新经营属于软经营。软经营比硬经营更重要，全社会都应该重视软经营。

（一）创新经营与传统经营的主要区别

第一，传统经营是生产型、管理型，而且都是小生产；创新经营是市场型、经营型，而且都是大生产。大生产的关键在于社会专业化分工。传统经营企业的人事结构基本上都是橄榄型；创新经营企业的人事结构应该是哑铃型。

第二，传统经营可以一不读书、二不看报；创新经营的企业必须是学习型组织。

第三，传统经营是能人经济，搞小生产决策；创新经营是智囊团经济，搞大生产决策；小生产决策是独断专行，个人说了算；大生产决策是众谋独断。智囊团经济由三部分组成：独立董事、企划部、企业外的各类专家。

第四，传统经营就一个企业思考搞好、搞活；创新经营必须优势互补，联合起来共同把市场做大、做好；市场经济既是竞争经济，又是合作经济，不是你死我活，而是应该追求双赢。

第五，传统经营只重视硬件、有形资产；创新经营更重视软件、无形资产。

第六，传统经营是先搞生产，后打市场；创新经营是先打市场，后搞生产，甚至不搞生产。

第七，传统经营框框很多，不是僵化，就是模仿；创新经营没有任何框框，不僵化、不模仿，而是不断创新、全面创新；经营决策不能"有市场就应该干"，应该是"最适合我干的，投入产出比最大的，最有市场前景的。"这三句话不可缺一，这才是正确的经营决策。

（二）创新经营的特征

第一，它所强调的并不是"改变"的内容，例如新产品、新制度等，而是创新精神和变革的实践，是促成、实现新事物的过程。

第二，经营创新依赖于企业中人的能力与素质。经营创新的初始阶段通常只是一种思想，甚至只是人的一种灵感或直觉，要依赖创新者的不断探索与实践，才能逐渐成熟，形成创新成果。具有创造性思维和实践精神的人才是企业经营创新的基本力量和因素。

第三，经营创新是企业管理能力的综合体现。管理者担负着经营创新的重大责任，他要能够将创新培育成企业精神，形成有利于创新的环境和气氛，以激发、引导并实现有效的创新。

第四，经营创新包括企业经营管理活动的各个方面的创造和变革。它并非都是大型研究项目，整体的改造和重大的技术突破，也不一定需要严密的科学论证、系统设计或完整的计划。有时只是针对经营中存在的问题，通过创新思维，采用别人意想不到的新点子，不必耗费多少人力物力也能进行有效的创新。

（三）创新经营的主要内容

1. 企业经营的目标创新

企业是在一定的经济环境中从事经营活动的，特定的环境要求企业按照特定的方式提供特定的产品。一旦环境发生变化，要求企业的生产方向、经营目标以及企业在生产过程中与其他社会经济组织的关系进行相应的调整。在新的经济背景中，企业的目标必须调整为："通过满足社会需要来获得利润。"至于企业在各个时期的具体的经营目标，则更需要适时地根据市场环境和消费需要的特点及变化趋势加以整合，每一次调整都是一种创新。

2. 企业经营的观念创新

（1）市场观念。市场是龙头，要摆正市场与一切因素的关系。①摆正市场与企业的关系。以销定产并不先进。②摆正市场与资金的关系。资金只是现象，市场才是本质。③摆正市场与资源的关系。靠山可以吃水。④摆正市场与技术的关系。技术只是工具。⑤摆正市场与生产的关系。生产不是一线。

（2）开放观念。对内开放是开放的基础，是最重要的开放。①对中观层次：要抛弃诸侯经济、条块分割、山头主义和地方保护。②对微观层次：要反对"同行是冤家"、"万事不求人"、"肥水不流外人田"、"宁为鸡头，不为凤尾"及联合中的"你的、我的、他的"、"面子、牌子、位子"，实行对内开放，把过度竞争变为适度竞争。市场经济是开放系统，一个企业无法搞活，要通过跨行业、跨地域、跨所有制、跨国界的战略重组来整体搞活社会经济。

3. 商品经营的主要环节与思路创新

（1）正确定位。企业必须找到最适合自己的，投入产出比最大的，最有市场前景的具体的目标市场。为此，必须研究市场、细分市场。研究市场的本质内涵是研究需求，研究需求的诀窍是换位思考，换位思考的重点应该是潜在需求。研究定位在战略上应该从大到小，在战术上必须从小到大。定位还必须按市场的变化而变化。企业的定位还应该让目标顾客知道。

（2）目标和战略。有目标才有压力、动力，才需要战略。不想当老大就不是企业家。企业战略包括六要素：战略指导思想、战略环境分析、战略目标制定、战略目标分解、战略措施对策、战略控制管理。其中战略指导思想最重要，因为思路决定出路。

（3）创造特色。没有特色的企业无法竞争，所以"没有特色别开店"。没有特色则必须创造特色，创造特色应先从产品的概念设计抓起。

（4）结构调整。企业的产业结构、行业结构、产品结构、地理结构、管理结构、所有制结构、人事结构、资金负债结构等都必须合理而优化。结构调整应该先搞好结构分析报告，再抓住影响结构不合理的主要因素逐个解决。

（5）积极促销。其基础工作是销售队伍建设，包括数量与质量。扩大销售队伍的诀窍是销售队伍当地化。销售队伍质量建设的关键是抓好竞争机制与培训机制、激励机制与约束机制、选拔机制与淘汰机制。促销包括广告促销、公共关系促销、新闻报道促销、价格促销、服务促销、文化促销、信誉促销、形象促销等。促销是通过提高企业的知名度、信誉度、美誉度、忠诚度来促进销售。广告促销是基础，但广告只能提高知名度，故仅靠广告不够。

（6）慎重发展。凡是上项目、搞基建，必须慎之又慎。应该先有市场，再搞基建，且起步就应该搞股份制；凡是多元化经营必须慎之又慎。多元化经营能分散部分风险，也会因分散资金、分散精力及进入不熟悉的领域而增加风险。必须懂得多元化经营的原则、种类、要求和策略，并尽量做到"优生优育"；对于股票上市必须慎之又慎。优秀企业不一定都该上市，更不能包装上市。必须先有经营目标，再搞融资策划。

4. 技术创新

技术创新是企业创新的主要内容，企业中出现的大量创新活动是有关技术方面的，因此，有人甚至把技术创新视为企业创新的同义语。

技术水平是反映企业经营实力的一个重要指标，企业要在激烈的市场竞争中处于主动地位，就必须顺应甚至引导社会技术进步的方面，不断地进行技术创新。由于一定的技术都是通过一定的物质载体和利用这些载体的方法来体现的，因此，企业的技术创新主要表现在要素创新、要素组合方法的创新以及产品的创新。

（1）要素创新。

要素创新包括材料创新、手段创新两方面。

材料既是产品和物质生产手段的基础，也是生产工艺和加工方法作用的对象。因此，在技术创新的各种类型中，材料创新可能是影响最为重要、意义最为深远的。材料创新或迟或早会引发整个技术水平的提高。

直到今天，作为工业生产基础的材料主要是大自然提供的，因此材料创新的主要内容是寻找和发现现有材料，特别是大自然提供的原材料的新用途，以使人类从大自然的恩赐中得到更多的实惠。随着科学的发展，人们对材料的认识渐趋充分，利用新知识和新技术制造的合成材料不断出现，材料创新的内容也在逐渐地向合成材料的创造这个方向转移。

手段创新主要指生产的物质手段的改造和更新。任何产品的制造都需要借助一定的机器设备等物质生产条件才能完成。生产手段的技术状况是企业生产力水平具有决定性意义的标志。

生产手段的创新主要包括两个方面的内容：一方面，将先进的科学技术成果用于改造和革新原有的设备，以延长其技术寿命或提高其效能，比如：用单板机改装成自动控制的机床，用计算机把老式的织布机改装成计算机控制的织布机等；另一方面，用更先进、更经济的生产手段取代陈旧、落后、过时的机器设备，以使企业生产建立在更加先进的物质基础之上，比如：用电视卫星传播系统取代原有的电视地面传播系统等等。

（2）要素组合方法创新。

包括生产工艺和生产过程时空组织创新。

工艺创新包括生产工艺的改革和操作方法的改进。生产工艺是企业制造产品的总体流程和方法，包括工艺过程、工艺参数和工艺配方等；操作方法是劳动者利用生产设备在具体生产环节对原材料、零部件或半成品的加工方法，生产工艺和操作方法的创新既要求在设备创新的基础上，改变产品制造的工艺、过程和具体方法，也要求在不改变现有物质生产条件的同时，不断研究和改进具体的操作技术，调整工艺顺序和工艺配方，使生产过程更加合理，现有设备得到充分的利用，现有材料得到更充分的加工。

生产过程的组织包括设备、工艺装备、在制品以及劳动在空间上的布置和时间上的组合。空间布置不仅影响设备、工艺装备和空间的利用效率，而且影响人机配合，从而直接影响工人的劳动生产率；各生产要素在时空上的组合，不仅影响在制品、设备、工艺装备的占用数量，从而影响生产成果，而且影响产品的生产周期。因此，企业应不断地研究和采用更合理的空间布置和时间组合方式，以提高劳动生产率、缩短生产周期，从而在不增加要素投入的前提下，提高要素的利用效率。

（3）产品创新。

生产过程中各种要素组合的结果是形成企业向社会贡献的产品。企业是通过生产和提供产品来求得社会承认，证明其存在的价值，也是通过销售产品来抵减生产消耗、取得盈余，实现其社会存在的。产品创新包括许多内容，这里主要分析物质产品本身的创新。物质产品创新主要包括品种和结构的创新。

品种创新要求企业根据市场需要的变化，根据消费者偏好的转移，及时地调整企业的生产方向和生产结构，不断开发出用户欢迎的适销对路的产品。

产品结构的创新，在于不改变原有品种的基本性能，对现在生产的各种产品进行改进和改造，找出更加合理的产品结构，使其生产成果更低、性能更完善、使用更安全，从而更具有市场竞争力。产品创新是企业技术创新的核心内容，它既受制于技术创新的其他方面，又影响其他技术创新效果的发挥：新的产品、产品的新的结构，往往要求企业利用新的机器设备和新的工艺方法；而新设备、新工艺的运用又为产品的创新提供了更优越的物质条件。

上述几个方面的创新，既是相互区别，又是相互联系、相互促进的。材料创新不仅会带来产品制造基础的革命，而且会导致产品物质结构的调整；产品的创新不仅是产品功能的增加、完整或更趋完善，而且必须要求产品制造工艺的改革；工艺的创新不仅导致生产方法的更加成熟，而且必须要求生产过程中利用这些新的工艺方法的各种物质生产手段的改进。反过来，机器设备的创新也会带来加工方法的调整或促进产品功能的更加完善；工艺或产品的创新也会对材料的种类、性能或质地提出更高的要求。各类创新虽然侧重点各有不同，但任何一种创新的组织都必须会促进整个生产过程的技术改进，从而带来企业整体技术水平的提高。

5. 制度创新

要素组合的创新主要是从技术角度分析了人、机、料各种结合方式的改进和更新，而制度创新则需要从社会经济角度来分析企业各成员间的正式关系的调整和变革，制度是组织运作方式的原则规定

产权制度是决定企业其他制度的根本性制度，它规定着企业最重要的生产要素的所有者对企业的权利、利益和责任。不同的时期，企业各种生产要素的相对重要性是不一样的。在主流经济学的分析中，生产资料是企业生产的首要因素，因此，产权制度主要指企

业生产资料的所有制。目前存在两大生产资料所有制：私有制和公有（或更准确地说是社会成员共同所有的"共有"）制。这两种所有制在实践中都不是纯粹的。企业产权制度的创新也许应朝向寻求生产资料的社会成员"个人所有"与"共同所有"的最适度组合的方向发展。

经营制度是有关经营权的归属及行使条件及其先例条件、范围、限制等方面的原则规定。它表明企业的经营方式，确定谁是经营者，谁来组织企业生产方向、生产内容、生产形式，谁来保证企业生产资料的完整性及增值，谁来向企业生产资料的所有者负责以及负何种责任。经营制度的创新应是不断寻求企业生产资料最有效利用的方式。

管理制度是行使经营权、组织企业日常经营的各种具体规则的总称，包括对材料、设备、人员及资金等各种要素的取得和使用的规定。在管理制度的众多内容中，分配制度是极重要的内容之一。分配制度涉及如何正确地评价成员对组织的贡献并在此基础上如何提供足以维持这种贡献的报酬。由于劳动者是企业诸要素的利用效率的决定性因素，因此，提供合理的报酬以激发劳动者的工作热情对企业的经营就有着非常重要的意义。分配制度的创新在于不断地寻求和实现报酬与贡献的更高层次上的平衡。

产权制度、经营制度、管理制度这三者之间的关系是错综复杂的（实践中相邻的两种制度之间的划分甚至很难界定）。一般来说，一定的产权制度决定相应的经营制度。但是，在产权制度不变的情况下，企业具体的经营方式可以不断进行调整；同样，在经营制度不变时，具体的管理规则和方法也可以不断改进。而管理制度的改进一旦发展到一定程度，则会要求经营制度作相应的调整，经营制度的不断调整，则必然会引起产权制度的革命。因此，反过来，管理制度的变化会反作用于经营制度；经营制度的变化会反作用于产权制度。

企业制度创新的方向是不断调整和优化企业所有者、经营者、劳动者三者之间的关系，使各个方面的权利和义务得到充分的体现，使组织的各种成员的作用得到充分的发挥。

6. 组织机构和结构的创新

企业系统的正常运行，既要求具有符合企业及其环境特点的运行制度，又要求具有相应的运行载体，即合理的组织形式。因此，企业制度创新要求组织形式的变革和发展。

从组织理论的角度来考虑，企业系统是由不同的成员担任的不同职务和岗位的结合体。这个结合体可以从结构和机构这两个不同层次去考察。所谓机构是指企业在构建组织时，根据一定的标准，将那些类似的或为实现同一目标有密切关系的职务或岗位归并到一起，形成不同的管理部门。它主要涉及管理劳动的横向分工的问题，即把对企业生产经营业务的管理活动分成不同部门的任务；而结构则与各管理部门之间，特别是与不同层次的管理部门之间的关系有关，它主要涉及管理劳动的纵向分工问题，即所谓的集权和要权（管理权力的集中或分散）问题。不同的机构设置，要求不同的结构形式；组织机构完全相同，但机构之间的关系不一样，也会形成不同的结构形式。

由于机构设置和结构的形成要受企业活动的内容、特点、规模、环境等因素的影响，因此，不同的企业有不同的组织形式，同一企业，在不同的时期，随着经营活动的变化，也要求组织的机构和结构不断调整。组织创新的目的在于更合理地组织管理人员提高管理劳动的效率。

7. 环境创新

环境是企业经营的土壤，同时也制约着企业的经营。企业与市场环境的关系，不是单纯地去适应，而是在适应的同时去改造，去引导、甚至去创造。环境创新不是指企业为适应外界变化而调整内部结构或活动，而是指通过企业积极的创新活动去发现环境，去引导环境朝着有利于企业经营的方向变化。例如：通过企业的公关活动，影响社区政府的政策制定；通过企业的技术创新，影响社会技术进步的方向等等。就企业来说，环境创新的主要内容是市场创新。

市场创新主要是指通过企业的活动去引导消费，创造需要。成功的企业经营不仅要适应消费者自己可能还没有意识到的市场需求。新产品的开发往往被认为是企业创造市场需求的主要途径。其实，市场创新的更多内容是通过企业的营销活动来进行的，即在产品的材料、结构、性能不变的前提下，或通过市场的物理转移，或通过揭示产品新的使用价值，来寻找新用户，再或通过广告宣传等促销工作，来赋予产品以一定的心理使用价值，影响人们对某种消费行为的社会评价，从而诱发和强化消费者的购买动机，增加产品的销售量。

8. 广义资产经营的思路创新

（1）广义资产经营的内涵及其对立面：资产与资本。

$$资产 = 资本 + 负债 = 有效资产 + 无效资产$$
$$= （高效资产 + 低效资产） + （闲置资产 + 流失资产）$$

（2）广义资产经营的作用与意义：一是企业成长发展的重要方式，二是企业家与一般经营者的重要区别。三是企业竞争的重要取胜手段。四是企业扭亏解困的重要途径。五是集约型经营方式的必由之路。六是面对 WTO 的重要对策。七是企业管理思想的大飞跃。

（3）广义资产经营的主要方式：合并与兼并、参股与控股、股份制组合与股票上市、破产、拍卖、资产互换、资产分立、委托经营、租赁经营、承包经营、特许经营、战略联盟、无形资产的经营、企业内生产要素的优化重组。

二、创新经营的条件

（一）创新型的领导者

创新型领导者必备的素质主要有：

第一，预见技能。对经常不断变化的内外环境能深谋远虑。

第二，想象技能。运用说服和榜样诱导下属按领导者或整个组织的意图行事。

第三，价值综合技能。把员工在经济、安全、心理、精神等方面的需求统合起来，使大家有共同的动机、价值观和目标。

第四，授权技能。乐意并且有效地与下属分享权力。

第五，自知或反省技能。既明了自己的需求与目标，也了解下属的需求与目标。

（二）创新性人才

一般认为成功的创新者大多具有以下特征：

第一，思想活跃，具有丰富的想象力。他们对新事物反应敏锐，，或者说是一些"追求梦想"的人。

第二，果敢坚毅，富于冒险精神。他们偏爱挑战性的工作，不怕失败和挫折，能够坚持不懈地追求目标和成就，是一些"不达目的，决不罢休"的人。

第三，满腔热情，充满献身精神。他们干劲十足，能够全力以赴地投入探索与试验，对工作执着，常常被人称为"工作狂"。

第四，突出自己，富有竞争精神。他们喜欢自行其是，厌恶循规蹈矩，或者说是一些"蔑视直接的命令、刻板式的计划、程序，酷爱按自己的构想办事"的人。

（三）创新的环境

第一，树立职工的主人翁地位感。

第二，放松控制，鼓励创新。

第三，容忍失败，鼓励试验和冒险。

第四，建立鼓励创新的机制。

三、创新的过程

要有效地组织系统的创新活动，就必须研究和揭示创新的规律。创新是对旧事物的否定，是对新事物的探索。对旧事物的否定，创新必定要突破原先的制度，破坏原先的秩序，必须不遵守原先的章程；对新事物的探索，创新者只能在不断的尝试中去寻找新的程序、新的方法，在最终的成果取得之前，可能要经历无数次反复，无数次失败，因此，它看上去可能是杂乱的。但这种"杂乱无章"是相对于旧制度、旧秩序而言的，是相对于个别创新而言的。就创新的总体来说，它们必须依据一定的步骤、程序和规律。

总结众多成功企业的经验，成功的创新要经历"寻找机会、提出构思、迅速行动、韧而坚持"这样几个阶段的努力。

（一）寻找机会

创新是对原有秩序的破坏。原有秩序之所以要打破，是因为其内部存着或出现了某种不协调的现象。这些不协调对系统的发展提供了有利的机会或造成了某种不利的威胁。创新活动正是从发现和利用旧秩序内部的这些不协调现象开始的，并为创新提供了契机。旧秩序中的不协调既可存在于系统的内部，也可产生于对系统有影响的外部。

1. 就系统的外部说，有可能成为创新契机的主要变化

（1）技术的变化，从而可能影响企业资料的获得，生产设备和产品的技术水平。

（2）人口的变化，从而可能影响劳动市场的供给和产品销售市场的需求。

（3）宏观经济环境的变化。迅速增长的经济背景可能给企业带来不断扩大的市场，而整个国民经济的萧条则可能降低企业产品需求者的购买能力。

（4）文化与价值观念的转变，从而可能改变消费者的消费偏好或劳动者对工作及其报酬的态度。

2. 就系统内部而言，引发创新的不协调现象主要有：

（1）生产经营中的瓶颈，可能影响了劳动生产率的提高或劳动积极性的发挥，因而始终困扰着企业的管理人员。这种卡壳环节，既可能是某种材料的质地不够理想，且始终找不到替代品，也可能是某种工艺加工方法的不完善，再或是某种分配政策的不合理。

（2）企业意外的成功和失败。例如：派生产品的销售额、其利润贡献出人预料地超过了企业的主营产品；老产品经过精心整改后，结构更合理、性能更完善、质量更优异，但往往可以把企业从原先的思维模式中驱赶出来，从而可以成为企业创新的一个重要源泉。

企业的创新，往往是从密切的注视、奉统的分析社会经济组织在运行过程中出现的不协调现象开始的。

（二）提出构想

敏锐地观察到了不协调现象的产生以后，还要透过现象究其原因，并据此分析和预测不协调的未来变化趋势，估计它们可能给组织带来的积极或消极后果；并在此基础上，努力利用机会或将威胁转换为机会，采用头脑风暴、畅谈会等方法提出多种解决问题、消除不协调、使系统在更高层次实现平衡的创新构想。

（三）迅速行动

创新成功的秘密主要在于迅速行动。提出的构想可能还不完善，甚至可能很不完善，但这种并非十全十美的构想必须立即付诸行动才有意义。一味寻求完美，以减少受攻击的机会，就可能坐失良机，把创新的机会白白地送给自己的竞争对手。T·彼得斯和W·奥斯卡曾介绍了这样一个例子：20世纪70年代，施乐公司为了把产品搞得十全十美，在罗彻斯特建造了一座全由工商管理硕士（MBA）占用的29层高楼。这些MBA们在大楼里对每一件可能开发的产品都设计了拥有数百个变量的模型，编写了一份又一份的市场调查报告……。然而，当这些人继续不着边际地分析时，当产品研制工作被搞得越来越复杂时，竞争者已经把施乐公司的市场抢走50%以上。创新的构想只有在不断地尝试中才能逐渐完善，企业只有迅速行动才能有效地利用"不协调"提供的机会。

（四）坚持不懈

构想经过尝试才能成熟，而尝试是有风险的，是不可能"一打就中"的，是可能失败的。创新的过程是不断尝试、不断失败、不断提高的过程。因此，创新者在开始行动以后，为取得最终的成功，必须坚定不移地继续下去，决不能半途而废，否则便会前功尽弃。要在创新中坚持下去，创新者必须有足够的自信心，有较强的忍耐力，能正确对待尝试过程中出现的失败。既为减少失误或消除失误后的影响采取必要的预防或纠正措施，又不把一次"战役"的失利看成整个"战争"的失败，知道创新的成功只能在屡屡失败后才姗姗来迟。

【个案分析】

微软战略悄然转型：从单枪匹马到合作共赢

在过去10年中，微软董事长比尔·盖茨几乎每年的第一个星期都在同一个地方度过：拉斯维加斯。今年也不例外。"2006年国际消费者电子产品展"不久前刚刚在这座城市落帷幕，像往年一样，盖茨再次登台做了主题演讲，但这次他似乎多了些"自夸"的成分。

盖茨每年都要利用消费者电子产品展的机会提醒世人，微软公司在高科技和消费电子类产品占据统治地位。在今年的演讲中，盖茨强调的一个重要主题是：尽管微软面临的挑战越来越严峻——不管是搜索领域的 Google、音乐领域的苹果、游戏领域的索尼，还是 Java 软件领域的太阳微电子系统——但微软视窗仍将是功能强大的操作系统平台。

美国《财富》杂志点评说，在过去看来，盖茨的这一举动是没有必要的，这一方面是因为盖茨本人并不是个巧舌如簧的演说家，另一方面更是因为微软的强势地位是世人皆知、毋庸置疑的事实；然而，今年这种情况就发生了变化，变化的起因在于微软自身竞争优势的逐渐丧失。

在过去 12 个月中，微软感受到了前所未有的巨大生存压力。以竞争对手 Google 为例，这家靠搜索引擎起家的公司不仅"挖走"了微软 100 多位科技精英，而且最近还在对美国在线的竞购战中成功击败了微软，进一步巩固了自身在网络广告市场的领先地位。在这样的竞争压力下，微软也开始着手改变自身的经营战略：从单枪匹马、垄断技术到求同存异、合作共赢。

在此次消费者电子产品展上，盖茨简要描述了与维亚康姆的 MTV Networks、数字视频录影机先锋 TiV Inc、雅虎等公司达成的协议，这些公司将为微软网站以及基于微软软件的备制作更多音乐和电视节目。

据了解，微软还正为实现其在数字娱乐领域的雄心壮志广结盟友，公司甚至可能会与另一个吃尽苹果苦头的行业巨头日本索尼公司联手。盖茨表示，微软和索尼可能会从数字娱乐领域的全面合作中同时受益，两家公司尤其在数字音乐"基础设施"方面，包括网上音乐服务和防盗版有强大的合作动力。

尽管盖茨在此次电子产品展上十分中肯地表示了锐意革新的态度，但是业内人士仍对微软公司今年参展的产品提出了批评，认为其中没有一样产品体现了创新理念。

以新型 Vista 操作系统的图片编辑功能为例，尽管这一软件在微软的相关产品中属于功能强大且便于使用的种类，但苹果公司的类似产品 OSX 软件早已推出多年并且已经被业内人士所接受。顾问及投资公司 Peter S. Cohan & Associates 的总裁彼特·科安批评说，微软仅靠宣传搜索和照片编辑工具这些新特性是很难让消费者接受 Vista 的，因为用户可以从其他地方免费获得这些工具，因此将于今年年底发售的 Windows Vista 操作系统前景堪忧。

问题：
1. 试论述企业联盟经营战略与市场经济环境的匹配性程度。
2. 面对微软的战略转型，其竞争对手将采取何种应对措施？

【关键名词】
经营　经营管理职能　经营计划　创新经营

【思考与讨论】
1. 经营与管理的联系与区别是什么？
2. 请举例说明经营哲学是如何在企业应用的？
3. 什么是经营目标？如何确立企业经营目标？
4. 你认为创新经营需要具备哪些必要条件？

第三章 经营环境分析

【学习目标】

本章主要讲授现代企业经营的环境分析模式和途措，具体就宏观环境分析、行业结构分析和经营机会分析展开阐述，最后研究现代企业经营的风险管理方法。通过学习，学生应能够了解企业内外部环境的特征和区分方法，理解现代行业的分类和分析方法，掌握经营机会分析方法，学会现代企业经营风险的管理方法。

【重点难点】

1. 宏观环境分析
2. 行业结构分析和经营机会分析
3. 现代企业经营的风险管理方法

学习内容

第一节 经营环境

一、经营环境的含义

企业经营环境是企业生存发展的场所，是企业实现其产品价值，获得盈利的基础。企业经营环境是企业经营决策系统中最活跃、最富于变化的因素，企业经营环境的变化或多或少必然地影响企业的生产经营活动与企业的生存与发展。企业从事经营活动，就必须分清有利和不利，避开风险，把握机会，扬长避短，发挥优势。

每个企业作为一个开放系统，在企业内部以及在企业和它之外的环境要素之间都发生着物质和信息的交换，通常企业的活动受到它内部和外部环境的影响。因此，管理者的一项重要工作就是弄清楚管理环境能够给组织提供机会或造成威胁的因素，并分析组织内部环境所带来的优势与隐忧，从而为科学决策提供依据。

二、企业经营环境分析的基本方法

企业经营环境分析的基本方法是 SWOT 分析。分析内部环境主要要找出企业经营的优势（Strengths）和隐忧（Weaknesses）；分析外部环境主要要找出经营的机会（Opportunities）和威胁（Threats）。将这四种因素综合起来进行分析，就简称 SWOT 分析，如表 3-1 所示。

表 3-1　SWOT 分析表

	潜在优势	潜在劣势
优势与劣势	设计良好的战略、强大的产品线、宽的市场覆盖面、良好的营销技巧、品牌知名度、研发能力与领导水平、信息处理能力……	不良战略、过时、过窄的产品线、不良营销计划、丧失信誉、研发创新下降、部门之间争斗、公司控制力量薄弱……
	潜在机会	潜在威胁
机会与威胁	核心业务拓展、开发新的细分市场、扩大产品系列、将研发导入新领域、打破进入堡垒、寻找快速增长的市场……	公司核心业务受到攻击、国内外市场竞争加剧、为进入设置堡垒、被兼并的可能、新产品或替代晶的出现、经济形势的下滑……

三、企业经营环境分析的内容

企业经营环境分析，包括外部环境分析与内部环境分析两大部分。企业外部环境的分析，包括对一般环境的分析和任务环境的分析；企业内部环境的分析，主要包括对营运因素、企业的组织结构、组织文化进行分析（见表 3-2）。

表 3-2　企业外部经营环境分析的类型

序号	类型	具体内容
1	一般环境分析	企业外部经营环境中的一般环境，是我国企业经营所共同面对的环境。对企业经营影响较大的一般环境主要有：（1）社会经济环境；（2）宏观技术环境；（3）社会政治与法律环境；（4）宏观社会与心理环境；等
2	任务环境分析	任务环境是某一个或某一类企业开展经营活动所直接面临的环境，任务环境主要包括：（1）产品市场；（2）顾客；（3）竞争者；（4）供应商；（5）金融机构与融资渠道；（6）相关法律与法规；（7）政府主管部门；等

外部环境分析的关键是要找出企业发展的机会与面临的威胁：发现并抓住机会；发现并规避威胁。

（一）企业外部环境分析

在分析企业经营的任务环境的过程中，应侧重分析两个方面的内容：（1）产业环境；（2）本企业所处的地位。

美国学者迈克尔·波特提出了产业竞争结构的分析模型，通过对五种竞争力的研究分析任务环境。他认为，一个产业的竞争状态取决于五种基本的竞争力量，即新加入者的威胁、购买者的议价能力、替代品或服务的威胁、供应者的议价能力、行业现有企业的竞争力。

这五种竞争力反映丁一般产业的竞争构成因素，具有普遍性。

（二）企业内部经营环境分析

企业内部经营环境是企业开展经营活动的基础，对企业的战略决策及经营绩效具有重要意义，如表 3-3 所示。

表 3-3　　企业内部经营环境分析

序号	内容	具体说明
1	分析企业的内部经营环境的基本方法	分析企业的内部经营环境的 4 种基本方法
2	分析模型与方法——价值链分析	价值链分析是分析企业内部经营环境的重要方法。价值链是由一系列生产经营活动构成的，主要包括基本活动和支援活动
3	建立竞争优势的基础	企业建立竞争优势的基础主要有质量、效率、创新、顾客回应四个方面
4	建立竞争优势的策略	构建企业竞争优势的策略主要有三种，分别是成本领先策略、产品差异化策略、专一化策略
5	隐忧分析	导致企业失败的隐忧与劣势主要有 5 方面的原因
6	企业隐忧的消除	消除的方法主要有 4 方面

第二节　宏观环境分析

宏观环境因素分析，是确认和评价政治、法律、经济、技术和社会、人文等宏观因素对企业战略目标和战略选择的影响。一般而言，宏观环境分析的主要因素有：政治因素、经济因素、技术因素、社会文化环境分析、人口因素等五种类型。

一、政治因素

政治因素是指对企业经营活动具有现存的和潜在作用与影响的政治力量，同时也包括对企业经营活动加以限制和要求的法律和法规等。

具体来说，政治因素分析包括：

(一) 企业所在地区的政局稳定状况

政局的稳定直接影响到企业的安全，是每个企业都关心的宏观环境问题。政局的稳定性主要由执政党和在野党的力量对比决定。

一般来说，政局的稳定程度可划分为七个等级进行评价。一是长期稳定；二是稳定，不过要依赖某一重要人物；三是稳定，但依赖邻国的政策；四是内部有纠纷，但政府有控制局势的能力；五是来自国内外强大压力从而对政策产生影响；六是有政变或发生根本性变化的可能；七是不稳定，极有可能发生政变。

(二) 执政党所要推行的基本政策

这些政策包括产业政策、税收政策、政府订货及补贴政策等的连续性和稳定性。就产业政策来说，国家确定的重点产业总是处于优先发展的地位。因此，处于重点行业的企业增长机会就多，发展空间就大。那些非重点发展的行业，发展速度就较缓慢，甚至停滞不前，因而处于这种行业的企业很难有所发展。另外，政府的税收政策影响到企业的财务结构和投资决策，资本持有者总是愿意将资金投向那些具有较高需求，且税率较低的产业部门。

1. 政府对企业行为的影响

政府因素对企业行为的影响是比较复杂的。有些政府行为对企业的活动有限制性的作用，但有些政府政策对企业有着指导和积极的影响。政府有时以资源供给者的身份出现，如政府对自然资源和产品国家储备的政策和立场，将对一些企业的战略选择产生重大的影响。另一方面，政府有时以顾客的身份出现，扮演消费者的角色。例如：政府订货对军事工业、航空航天等国防工业有重大的影响，同时也间接地影响着其他工业的消费走向。此外，政府贷款和补贴对某些行业的发展也有着积极的影响。

2. 法律对企业的影响

法律是政府用来管理企业的一种手段。一些政治因素对企业行为有直接的影响，但是一般来说，政府主要是通过制定法律和法规来间接影响企业的活动。为了促进和指导企业的发展，国家颁布了经济合同法、企业破产法、商标法、质量法、专利法和中外合资企业法等法律。此外，国家还有对工业污染程度的规定、卫生要求、产品安全要求、对某些产品定价的规定等，而这些法律和法规对企业的活动有着限制性的影响。法律制度对企业的管理行为有不同的要求。针对企业管理的法律政策很多，这些法律政策的主要目的有四个：一是反对不正当竞争，保护企业利益；二是反对不正当商业活动，保护消费者利益；三是保护社会整体利益不受损害；四是促进整个社会经济全面发展。

3. 各种政治利益集团对企业活动产生影响

一方面，这些集团会通过议员或代表来发挥自己的影响，政府的决策要适应这些力量；另一方面，这些团体也可以对企业施加影响，如通过诉诸法律、利用传播媒介等。因此，企业必须花费时间、财力与各种利益集团抗争。

此外，政治环境因素中还包括国际政治形势及其变化，主要包括国际政治局势、国际关系、目标国的国内政治环境等。对一个开放的国家来说，国际政治形势的影响是显而易见的。

政治环境因素对企业影响的特点主要有：直接性，即国家政治环境直接影响着企业的经营状况，以及企业高层领导者的战略决策和企业整体的经营模式构建和优化；难于预测性，对于企业来说，很难预测国家政治环境的变化趋势；不可逆转性，政治环境因素一旦影响到企业，就会使企业发生十分迅速和明显的变化，而这一变化是企业驾驭不了的。企业领导者只有主动地适应该种变化，及时做出应对措施。

二、经济因素

经济环境因素，是指一个国家或地区的经济制度、经济结构、物质资源状况、经济发展水平、消费结构与消费水平，及未来的发展趋势等状况。一般来说，在宏观经济大发展的情况下，市场扩大，需要增加，企业发展机会就多。如国民经济处于繁荣时期，建筑业、汽车制造、机械制造以及轮船制造业等都会有较大的发展。而上述行业的增长必然会带动钢铁业的繁荣，增加对各种钢材的需求量。反之，在宏观经济低速发展或停滞或倒退的情况下，市场需求增长很小甚至不增加，这样企业发展机会也就少。反映宏观经济总体状况的关键指标是国内生产总值（GDP）增长率。比较高的、健康的国内生产总值增长率表明国民经济的良好运行状态。

除上述宏观经济总体状况外，企业还应考虑中央银行或各专业银行的利率水平、劳动力的供给（失业率）、消费者收入水平、价格指数的变化（通货膨胀率）等。这些因素将影响企业的投资决策，定价决策以及人员录用政策等等。值得指出的是，从2003年开始，我国中央政府的宏观调控目标主要集中在四个方面：①国内生产的增长速度；②物价总水平；③城镇失业率或就业水平；④国际收支平衡状态。

产业集群的存在与否对于一个地区的竞争力具有重要的影响。所谓产业集群，是指在特定领域中，同时具有竞争与合作关系，且在地理上集中，有交互关联性的企业、专业化供应商、服务供应商、相关产业的厂商，以及相关的机构（如大学、制定标准化的机构、产业公会等）的经济集聚现象。归纳而言，产业集群为一个区域所带来的竞争性主要表现在下列三个方面：

（一）外部经济效应

集群区域内企业数量众多，从单个企业来看，规模也许并不大，但集群区内的企业彼此实行高度的分工协作，生产率极高，产品不断出口到区域外的国内市场和国际市场，从而使整个产业集群区域获得一种外部规模经济。

（二）空间交易成本的节约

空间交易成本包括运输成本、信息成本、寻找成本以及合约的谈判成本与执行成本。产业集群区内企业地理距离较近，容易建立信用机制和相互信赖关系，从而大大减少机会主义行为。区内拥有专业化人才库，还能吸引最优秀的人才来工作。这就减少了在雇佣专业人才方面的交易成本。集群区域有大量的专业信息，个人关系及种种社区联系使信息流动很快，这样就减少了企业的信息成本。重要投入晶大多可以从集群区内其他企业就近获得，可以节省用输成本和库存成本，还能享受供应商的辅助服务。因此，集群区域企业之间保持着一种充满活力和灵活性的非正式关系。在一个环境快速变化的动态环境里，这种产业集群现象相对垂直一体化安排和远距离的企业联盟安排，更加具有效率。

（三）学习与创新效应

产业集群是培育企业学习能力与创新能力的温床。企业彼此接近，激烈竞争的压力，不甘人后的自尊需要，当地高级顾客的需要，迫使企业不断进行技术创新和组织管理创新。一家企业的知识创新很容易外溢到区内的其他企业，因为这些企业通过实地参观访问和经常性的面对面的交流，能够较快地学习到新的知识和技术。这种创新的外部效应是产业集群获得竞争优势的一个重要原因。此外，产业集群也刺激了企业家才能的培育和新企业的不断诞生。

对于从事跨国经营的企业来说，还必须考虑的经济因素包括关税种类及水平、国际贸易的支持方式、东道国政府对利润的控制、税收制度等。外国政府有时限制外方企业从该国提走的利润额，有时还要对外方企业所占有的股份比例加以限制。

现在，由多个国家组成的经济—政治联盟已经成为影响企业活动的一支重要经济力量，其中比较重要的是石油输出国组织（又称欧佩克）和欧洲联盟。石油输出国组织是一个包括世界上最主要的石油和天然气生产国的卡特尔。，它的宗旨是控制成员国的石油价格和生产水平，由这一组织的定价决策和生产数量，将会对世界经济和石油消费工业产生极大的影响。欧洲联盟最早成立于 1958 年，随着时间的推移和影响力的不断扩大，其成员国也在不断地扩展。它早期主要由发达的西欧国家组成，目前则吸引了北欧和中欧的一些国家，并且还在继续扩大。欧洲联盟的最初宗旨是取消配额和建立无关税的关税同盟以推进和成员国之间的合作。1993 年 1 月 1 日实施的欧洲共同市场，实际上消除了各成员国企业间的经济合作的所有障碍，允许产品、服务、资金以及人员的自由流动。除上述两个经济力量外，比较成型的经济一政治组织还有美国、加拿大和墨西哥三国成立的北美自由贸易区（于 1994 年实施）和东盟自由贸易区。上述的所有经济组织对企业的战略管理都会有潜在的影响。为了取得成功，企业的经营者必须识别出那些最能影响战略决策的关键的经济力量。

三、技术因素

技术因素不但指那些引起时代革命性变化的发明，而且还包括与企业生产有关的新技术、新工艺、新材料的出现、发展趋势及应用前景。技术的变革在为企业提供机遇的同时，也对它构成了威胁。因此，技术力量主要从两个方面影响企业战略的选择。一方面技术革新为企业创造了机遇。表现在：第一，新技术的出现使得社会和新兴行业增加对本行业产品的需求，从而使得企业可以开辟新的市场和新的经营范围；第二，技术进步可能使得企业通过利用新的生产方法、新的生产工艺过程或新材料等各种途径，生产出高质量、高性能的产品，同时也可能会使得产品成本大大降低。例如：连铸技术的出现，简化了钢铁加工工艺过程，提高了生产效率，也节约了大量的能源，从而降低了产品成本；互联网技术的广泛应用可以使企业在全球范围内实现最优成本采购和全球物流配送，同时也可使企业在不同的地点完成产品研发、设计、生产、销售和售后服务等不同的活动，以寻求产品的不断增值。另一方面，新技术的出现也使企业面临着挑战。技术进步会使社会对企业产品和服务的需求发生重大变化。技术进步对某一个产业形成了机遇，可能会对另一个产业构成威胁。塑料制品业的发展就在一定程度上对钢铁业形成了威胁，许多塑料制品成为钢铁产品的代用品。此外，竞争对手的技术进步可能使得本企业的产品或服务陈旧过时，也有可能使得本企业的产品价格过高，从而失去竞争力。在国际贸易中，某个国家在产品生产中采用了先进技术，就会导致另一个国家的同类产品价格偏高。因此，要认真分析技术革命对企业带来的影响，认清本企业和竞争对手在技术上的优势和劣势。

四、社会文化环境分析

社会文化环境包括一个国家或地区的社会性质、人们共享的价值观、文化传统、生活方式、人口状况、教育程度、风俗习惯、宗教信仰等几个方面。这些因素是人类在长期的生活和成长过程中逐渐形成的，人们总是自觉不自觉地接受这些准则。

（一）文化传统

文化传统是一个国家或地区在较长的历史时期内所形成的一种社会习惯，它是影响人们活动的一个重要性因素。文化环境对企业的影响尽间接的、潜在的和持久的。文化的基本要素包括哲学、宗教、语言文字、文学艺术等。它们共同构筑成文化系统，对企业文化有着重大的影响。哲学是文化的核心部分，在整个文化中起着主导作用；宗教作为文化的一个侧面，在长期发展过程中与传统文化有着密切的联系；语言文字和文化艺术是文化的具体表现，是社会现实生活的反映，它对企业职工的心理、人生观、价值观、性格、道德及审美观的影响是不容忽视的。

（二）价值观

价值观是指社会公众评价各种行为的观念标准。不同的国家和地区，其价值观是不同的。例如：西方国家价值观的核心是个人的能力与事业心；东方国家价值观的核心是强调集体利益，日本、韩国等国的企业注重内部关系的融洽、协调与合作，形成了东方企业自己的高效率模式。

（三）社会发展趋向

近年来，社会环境方面的变化日趋显著。这些变化打破了传统习惯，使得人们重新审视自己的信仰与生活方式，影响着人们对穿着款式、消费倾向、业务爱好，以及对产品与服务的需求，从而使企业面临着严峻的挑战。现代社会发展的主要倾向之一，就是人们对物质生活的要求越来越高。一方面，人们已经从"重义轻利"转向注重功利、注重实惠，有些人甚至走到唯利是图的地步。产品的更新换代日益加速，无止境的物质需求给企业发展创造了外部条件。另一方面，随着物质水平的提高，人们正在产生更加强烈的社交、自尊、信仰、求知、审美、成就等较高层次的需要。人们希望从事能够充分发挥自己才能的工作，使自己的个人潜力得到充分的发挥。

（四）社会各阶层对企业的期望

社会各阶层包括股东、董事会成员、原材料供应者、产品销售机构人员及其与企业有关的阶层。这些阶层对企业的期望是各不相同的。例如：股东集团评价战略的标准主要是看投资回收率、股东权益增长率等；企业工作人员评价战略的标准主要是看工资收益、福利待遇及其工作环境的舒适程度等；而消费者则主要关心企业产品的价格、质量、服务态度等；至于政府机构，它们评价企业的立足点，主要看企业经营活动是否符合国家的政策、法规和各项有关的行政规章制度。

（五）人口因素

人口因素主要包括人口总数、年龄构成、人口分布、人口密度、教育水平、家庭状况、居住条件、死亡率、结婚率、离婚率、民族结构以及年龄发展趋势、家庭结构变化等。

人口因素对企业战略的制定有重大影响。人口总数直接影响着社会生产总规模；人口的地理分布影响着企业的厂址选择；人口的性别比例和年龄结构在一定程度上决定了社会需求结构，进而影响社会供给结构和企业生产结构；人口的教育文化水平直接影响着企业的人力资源状况；家庭户数及其结构的变化与耐用消费品的需求和变化趋势密切相关，因而也就影响到耐用消费品的生产规模。

第三节　行业结构分析

一、行业结构的含义

行业结构也称产业结构或市场结构，是指在特定市场中，企业间在数量、份额、规模上的关系，以及由引此而决定的竞争形式。行业结构的划分依据是：交易者数目；交易商品的单一性，即交易商品的质量是否相同；进入市场有无障碍；交易者所得到的信息是否完全。

行业结构主要包括三个要素：市场集中度、产品差别和进入壁垒。市场集中度主要包括绝对集中度和相对集中度。绝对集中度以特定市场内几家大企业的生产、销售、员工、资金等的投入与产出指标的累计数占整个市场相应指标的总数份额比例表示。应该说，行业内产品是可以相互替代的，否则就不构成一个行业，不过，行业内产品在绝大多数情况下是有差异的，这种产品差别是厂商争夺市场份额的重要手段。进人壁垒是限制、影响进入行业的一些因素，如日本的大店法就让国际零售巨头无法轻松地进入日本零售市场，中国近些年来也正在积极制定相应的大店经营方法。

二、主要的行业结构类型

根据西方经济学的观点，行业结构大致可以分为四类：完全竞争市场、垄断竞争市场、寡头市场和垄断市场。微观经济学认为，不同市场结构，经济效率不同。这种经济效率上的差别，源于市场竞争程度的不同。竞争程度越高，经济效率越高；竞争程度越低，经济效率也就越低。因此，从理论上讲经济效率最高的是完全竞争市场，其次是垄断竞争市场，再次是寡头市场，效率最低的是垄断市场。以上所述四种行业结构的特点可以归纳如下：

（一）完全竞争市场

现代经济学规定，具有以下特征的市场为完全竞争市场：（1）市场上存在着大量的买者和卖者，由于他们单个的交易量在供求总量中占很小的比重，因而任何单个的买者和卖者都不能影响市场价格，而只能是既定价格的接受者；（2）任何厂商都可以自由地并且非常容易地进入市场；（3）所有卖者向市场提供的产品或服务都是同质的，对买者来说没有差别；（4）生产和经营某种商品的所有资源都可以自由进入或退出市场。

在现实生活中，完全意义上的完全竞争市场是没有的，不过我们通常可以把集市上的鸡蛋零售市场作为完全竞争市场。需要说明的是，由完全竞争市场的四大特征推导出来的结论却不只在完全竞争市场中才会出现。事实上包括很多消费晶在内的市场虽然并不符合完全竞争市场的定义，但是这些市场却同样面临价格竞争，从而使价格趋于边际成本。

（二）纯粹垄断市场

微观经济学将垄断市场定义为一个厂商控制一个全部供给的市场结构。在垄断市场下，不存在产品相近的替代品的竞争，也就是说，市场上只有一个卖者，而又没有其他替代品的竞争。在纯粹垄断市场结构下，厂商与行业（或市场）是完全重合的两个概念，行业中惟一的厂商就是垄断企业，这个垄断企业也就构成了二个行业或市场，如铁道部下属的中国铁路运输。

（三）垄断竞争市场

完全竞争和纯粹垄断是两种极端情况，现实中普遍存在的是所谓垄断竞争市场。垄断竞争又叫不完全竞争，是指一种既有垄断因素又有竞争因素的市场结构。微观经济学对垄断竞争市场有如下的假设：（1）市场上存在着大量的卖者和买者，以至于某一卖者（或买者）可以忽视其他卖者（或买者）的行为对自己利益的影响；（2）卖者（厂商）的产品存在着差异，但同属一类产品，相互间有着密切的技术替代关系（指它们都满足同样的需求）和经济替代关系（指它们有类似的价格）；（3）一个生产集团中各个厂商具有相同的需求和成本曲线；（4）厂商能够比较容易地进入或退出市场（生产集团）。

垄断竞争市场有着这样的一个特征：在一个市场中许多厂商生产和销售有着差异的同种产品。一方面他们生产的是同种产品，这意味着他们的特点与完全竞争市场比较相近；另一方面，他们生产的产品是有差异的。这里，垄断竞争与完全竞争的差别就在于产品的差异性。

产品的差异性是研究市场结构与市场竞争的一个重要的概念。一种商品通常可以用质量、区位、时间、适用性及质量信息来概括，一般消费者都会在选择产品时对这些系数进行排序。根据商品的特性和消费者特定偏好之间的关系，这里的差异我们可以将其分为两种类型：纵向差异和横向差异。纵向差异是指所有消费者对所提及的大多数特性组合是一致的，即偏好次序是一致的。横向差异就是由于人们的喜好不同，对于商品的排序也不一定相同。

（四）寡头垄断市场

寡头垄断市场是指少数几家厂商控制整个市场的产品和销售的这样一种市场组织。寡头垄断市场被认为是一种较为普遍的市场组织，不少产业都表现出了寡头垄断的特点。例如：计算机行业的中央处理器就只被英特尔、AMD、VIA 等少数几家企业所控制。

三、行业结构分析

产业竞争结构中有五种竞争力来源，即潜在进入者、购买者和供应者的讨价还价能力、替代品的威胁以及产业现有企业之间的竞争。行业结构分析的重点就是对这五种竞争作用力进行分析，得到的结构将为企业定位于行业价值链的哪个环节奠定基础。

（一）如何分析潜在进入者的威胁

高额利润永远是企业追求的主题，当某个企业，尤其是某一个新兴的行业获得高额利润的时候，不仅会刺激行业内的现有企业增加投资来提高生产能力，而且会吸引行业外的潜在进入者进入该行业。潜在进入者进入将在两个方面减少现有厂商的利润：一方面，进入者会瓜分原有的市场份额；另一方面，进入者减少了行业的集中程度，从而激发现有企业的竞争，从而减少了价格—成本差。对于一个产业来说，进入威胁的大小取决于其呈现出的进入障碍与准备进入者可能遇到的现有在位者的反击强度。如果进入障碍高，原有的企业激烈反击，进入者难以进入本行业，那么威胁就会小。

一般来说，行业进入障碍的大小主要取决于以下几个方面：

1. 规模经济

规模经济是指在一定时期内，企业所生产产品或劳务的绝对量增加时，其单位成本趋于下降。当产业规模经济很显著时，处于最佳规模或者超过最佳规模经营的企业就对新进入者相比较有成本优势，这就构成进入障碍。例如：在汽车产业中规模效益显著，而我国汽车厂商正在这里成为了进军国际市场的瓶颈。

2. 产品差异优势

产品差异优势是指原有企业所具有的商标信誉和用户的忠诚性等，它是通过长期以来的广告、服务、产品差异、行业悠久的历史形成的差异优势。进入者进入行业必须要用很大的代价来树立自己的信誉和克服现有用户对原有的产品的忠诚。例如：在保健品行业，产品差异化是最主要的进入障碍。

3. 资金需求

如果生产某种产品需要大量的资金，或者因为竞争需要而要投入大量的资金，那么这种资金的需要就是一种进入障碍。例如：进入 CPU 行业的资金需要的门槛很高。

4. 转换成本

这里的转换成本是指购买者变换供应者所需要支付的一次性成本，包括重新训练业务人员、增加新设备、调整检测工具等引起的成本，这一切会造成购买者对供应者的抵制。例如：微软的 WINDOWS 操作系统可能不是最好的操作系统，但转换操作系统的成本可能是很高昂的。

5. 销售渠道

产品或服务的差异化及其是否对潜在进入者构成障碍与最终的消费者对产品的选择偏好有关系。然而对于一个新的产品生产厂商而言，它必须改变原有经销商的偏好，使自己的商品能够通过原经销商进入销售渠道，这样就形成了进入障碍。那种与原有的企业建立专营的销售渠道所形成的障碍，对于新的进入者而言，障碍是极大的，它们很难利用到这些销售渠道。例如：我国的成品油市场就是如此。

（二）如何分析替代品的威胁

替代品是指那些与本行业的产品具有同样功能或者说功能可以相互替代的产品。替代品往往是新技术与社会新需求的产品。对于现有的产业来说，替代品的威胁是不言而喻的。例如：我国当年有 13 家企业联合成立了"华录集团"，雄心勃勃地要发展中国的录像机产业。但是由于我国 VCD 影碟机的快速发展，使得华录集团彻底失败了。可以说替代品与本行业的产品是一个淘汰和反淘汰的过程。正因为如此，本行业与生产替代品的其他行业进行竞争常常使本行业采取共同措施与集体行动。当然，如果替代品是一种顺应时代发展潮流的东西，并且具有强大的实力时，此时与替代品竞争是不现实的，那么，在这种情况下还不如采取积极引进的态度来依托原有的品牌、服务等形式跟上时代的潮流，谋求新的发展。

当然，替代品也不一定能够完全取代原有的产品，例如：汽车、火车、飞机等交通工具相互共存、共同发展是一个很常见的现象。

（三）如何分析供应者和购买者的讨价还价能力

五种竞争力量模型的分析是对产业价值链的描述，反映的是产品或服务从获取原材料到最终的产品分配和销售的过程。企业战略分析的一个中心问题就是如何组织纵向链条。作为产业价值链上的每个环节，都具有双重的身份，对其上游单位，它是购买者，对其下游单位，它是供应者。购买者和供应者的讨价还价能力主要围绕着价值增值的两个方面：功能与成本。讨价还价的双方都希望自己能够在交易中获得更多的价值增值。因此，购买者希望买到物美价廉的产品，而供应者则希望提供质次价高的产品。

购买者和供应者讨价还价能力的大小取决于以下几个方面：

1. 买方（或卖方）的集中程度或业务量的大小

当购买者购买力集中，或者说对卖方来说是一笔很可观的交易，则购买者讨价还价的能力会增加。而反之，当少数几家供应商控制供应时，则在价格和服务质量方面给买方施加了很大的压力。这就是我国电信行业受到消费者诸多非议的原因。

2. 产品差异化程度与资产专用性程度

资产专用性是资产只适用于一种产品和技术的生产。资产专用性是社会分工的产物。企业资产专用性程度越高，生产效率和质量越高。但是资产专用性也使资产的生产适应性下降，当企业转产时会成为一种损失成本。资产专用性不仅体现在有形资产上，还体现在各种无形资产上。例如：管理系统、品牌、供应与销售关系以及研发、生产制造、实际操作的知识和技能等。

当供应者的产品存着差异性，而替代品又不能与供应者的产品相竞争，那么供应者讨价还价的能力就加强了。在过去，我国的+些家电产品在质量上无法与国外的著名品牌家电相比，因此国外的家电价格始终居高不下，但是随着我国家电产品的崛起，国外的一些家用电器产品不得不加入我国市场竞争中来，例如：我国的彩电行业就是一个典型的使国外供应商的态度发生转变的例子。

3. 纵向一体化程度

若购买者已经实现了向后一体化，就会使供应者处于不利地位。若供应者实现了前向一体化，就会使购买者处于不利地位。

4. 信息掌握程度

当购买者充分了解需求、实际市场价格，甚至供应商成本等方面的信息，要比在信息贫乏情况下掌握了更多的讨价还价的筹码。同样道理，如果供应者掌握的信息较多的话，那么它将在讨价还价中占得主动地位。

（四）如何分析产业内现有企业的竞争

产业内现有企业的竞争是指一个产业内的企业为市场占有率而进行的竞争。不同的行业现有的企业间的竞争激烈程度是不一样的。有的比较缓和，有的比较激烈。产生这种竞争的原因是多方面的，主要有以下几个方面：

1. 产业内有众多的或势均力敌的竞争对手

当一个行业中的企业为数众多时，必须会有一些企业为了占领更大的市场份额获得更高的利润而采取一些独立的行动来打击和排斥竞争对手，例如我国彩电行业就是如此。

2. 产业增长缓慢

在行业快速增长时，企业可以发挥自己的优势和资源来发展自己。但是，如果行业发展得比较缓慢，有限的发展空间使得企业必须自己寻求出路，把力量放在了争夺现有市场的占有率上，那么就将使企业间的竞争激化。我国纺织业大致如此，不仅厂商众多，生产能力过剩，设备落后，而且竞争激烈，利润水平低下。

3. 规模经济的要求

当一个行业的固定成本较高时，企业为降低单位产品的固定成本，就必须扩大生产来降低成本，新的生产能力不断增加，最终导致供大于求，就必然使竞争激化。

4. 产品的统一性高和转换成本低

如果行业内产品之间的差异性高，那么，消费者大都会根据偏好或忠诚度来购买，但是，如果产品同质性高，消费者就会在价格和服务上进行选择，这样就会使生产者在价格和服务上进行选择，从而使生产者在价格和服务上形成竞争，使竞争者之间的直接对抗激化。同样，转换成本低时，购买者在选择上有更大自由，也会使竞争趋向更加激烈。

5. 不同性质的竞争者采用多种竞争方式和手段

任何企业都会根据自己的目标、条件制定自己的战略，并设法在竞争中取胜，所以，竞争者的性质不同，采取的竞争方式和手段也不同。

6. 退出障碍较高

这是由于专业化的固定资产清算和转化成本高，退出费用高，与其他企业和战略关系密切，员工在情感上难以接受或者是政府和社会的限制等原因引起的。当退出障碍较高时，经营不好的企业只有继续经营下去，这样也就使现有的竞争者竞争激化。

第四节　经营机会分析

评价一家的企业经营机会，要评价该企业进入行业的吸引力，评估企业业务的竞争力量和业绩潜力，决定下一步采取什么样的战略行动。

一、识别当前的企业战略

企业需要考虑是否再寻求相关或不相关多元化，或二者混合；最近的购并和剥离行动的本质和目的是什么；试图创建的多元化经营公司的种类等问题。具体讲，企业要考虑以下问题：

其一，公司多元化的程度。这可以通过每一项经营业务的销售额和总经营利润占总销售额和经营利润的比例来衡量，并要看多元化的基础是宽还是窄。

其二，公司的经营范围是以国内为主，还是考虑多国化、全球化。在企业中增加新业务的决策和在新行业中建立地位的任何决策。

其三，剥离已经失去吸引力的经营业务的决策。

其四，最近采取的增加关键经营业务的业绩，或加强现存业务经营地位的决策。

其五，管理人员为获取战略匹配利益和利用业务间的价值链关系创建竞争优势。

企业对当前的战略和其合理性有了清楚的了解，可以弄清业务组合中的强势和弱势，决定是否要对战略进行适当的细微改进或重大变动。

二、检验行业吸引力

这是要评价公司所在的某一行业的长期吸引力。在评价一个多元化经营公司的业务构成和战略时，考虑的一个首要因素是其进入的行业的吸引力。这些行业越具有吸引力，公司的长期利润前景越好。

企业必须评价所进入的某一行业，判断它是否是较好的经营领域。这一行业长期增长的前景是怎样的？竞争条件和显现的市场机会是否为长期获利提供了好的前景？该行业的资本、技术和其他资源需求是否能与公司的能力有很好的匹配？

影响行业长期吸引力的因素有：

第一，市场规模和表现出的增长率：当然，大的行业比小的行业更有吸引力，快速增长行业比缓慢增长行业更具有吸引力。

第二，竞争强度：竞争压力相对较弱的行业比竞争压力较大的行业更具有吸引力。

第三，显现的机会和威胁：不远的将来有着明确的机会和最小威胁的行业比有着不明确的机会和较大的威胁的行业更具有吸引力。

第四，季节和周期性因素：需求相对稳定的行业比购买者需求在年内或几年间有较大波动的行业更具有吸引力。

第五，资本需求和其他特殊资源的需求：资本需求低的行业比投资需求可能抑制公司财务资源的行业相对更有吸引力。同样，不需要专门技术或独特的生产能力的行业比资源需求超过公司拥有的资源和生产能力的行业更具吸引力。

第六，与公司现在的业务存在战略匹配和资源匹配关系：如果一个行业的价值链和资源需求与公司进入的其他行业的价值链活动，以及公司的资源能力存在很好的匹配关系，那么，这个行业更有吸引力。

第七，行业获利能力：有相当高的利润和高的投资回报率的行业通常比一直是低利润、高风险的行业更有吸引力。

第八，社会、政治、法规和环境因素：在消费者健康、安全或环境污染等这类领域存在重大问题或者违反严格规章的行业，其行业吸引力小。

第九，风险和不确定程度：有着较小的不确定性和经营风险的行业比未来不确定、经营常常失败的行业更具有吸引力。多元化的公司需要在所从事生产经营活动的各个行业的吸引力做出比较，将资源配置给那些有着最大长期机遇的行业，剥离掉不盈利的行业。

三、评估竞争力

企业要评估自己的各个经营单位的竞争力，了解它们在各自所处的行业中的状态，以便了解它们在行业中的定位是否正确，是否已经能够成为一名强有力的市场竞争者。企业可以采用类似于衡量行业吸引力的方法，来评估每个经营单位的竞争力。

（一）相对市场份额

经营单位的相对市场份额，是指其市场份额与该行业中最大对手的市场份额的比值。例如，如果 A 业务在其行业的全部产量中占 15%，其最大对手 B 占 30%，那么 A 的相对市场份额就是 0.5。如果业务 A 拥有着 40% 的市场份额，其最大对手 B 占 30%，则 A 的相对市场份额为 1.33。

根据这个定义，只有在各自行业中市场份额占领先地位的经营业务才会有大于 1.0 的相对市场份额；落后于领先对手的经营业务的相对市场份额则会小于 1.0。经营单位的相对市场份额越是比 1.0 小，其竞争力和在该行业的市场地位就越弱。从经济学的角度讲，相对市场份额可以反映出产品的相对成本和大规模生产的经济性。相对市场份额较大的企业可以以更低的单位成本进行生产经营。

（二）成本的竞争能力

企业的经营业务在成本方面非常具有竞争力，可以在行业中比那些想要达到与主要对手相同的成本水平的经营业务处于更强的地位。

（三）质量和服务上的能力

公司的竞争能力还取决于产品在性能、可靠度、服务等重要属性方面是否能满足购买者的期望值。

（四）讨价还价的能力

企业能够对供应者或购买者具有讨价还价的能力，本身就是一个竞争优势的源泉。

（五）技术和革新能力

在企业里有着技术领先地位和革新能力的经营业务在各自的行业中通常是强有力的竞争者。

（六）经营业务与行业成功关键因素的匹配能力

企业的经营业务的各项资源与行业的关键成功因素越是相匹配，其竞争地位越有力。

（七）品牌与信誉

企业具有很好的产品品牌及声誉，也是一项有价值的竞争性资产。

（八）相对于竞争对手的获利能力

企业经营业务连续获得高于平均水平的投资回报，并比对手有着更高的利润率，通常处于强有力的竞争地位。

评估竞争力的方法与评价行业吸引力的方法类似，要对每个竞争力衡量标准设置一个权数，表明其相对重要性。权数的总和必须为1.0。可以用1—5或1—10的标准，对每个经营业务进行评估。评估值高表示竞争力强，评估值低表示竞争力弱。每项指标再与所设定权数相乘，得到加权的竞争力评估值。例如：竞争力评估的分值6乘以权数0.25，得到加权评估值1.5。所有标准的加权评估值的总和就是该经营业务的整体竞争力。

有些研究表明，竞争力评估值高于6.7，该经营业务在其行业中就是强有力的市场竞争者。而竞争力评估值低于3.3，该业务则处于较弱的市场地位。（如表3-4）

表3-4　经营业务竞争力评估

竞争力衡量标准	权数	评估值	加权评估值
相对市场份额	0.20	5	1.00
相对竞争对手的成本	0.25	8	2.00
关键产品与竞争对手抗衡的能力	0.10	2	0.20
与供应商/购买者的讨价还价能力 *	0.10	6	0.60
技术和革新能力	0.05	4	0.20
资源与行业关键成功因素的匹配状况	0.15	7	1.05
品牌与信誉	0.05	4	0.20
相对竞争对手的获利能力	0.10	5	0.50
总和	1.00		
竞争力评估值			5.75

多元化的公司正在将资源集中于能够使其成为强有力的市场竞争者的行业上，并将不太可能成为市场领先者的业务进行剥离。例如：在通用电气公司，战略和资源配置的重点就是使通用电气的业务在美国和全球处于第一或第二的位置上。它们只考虑这样五种类型的经营业务：（1）值得进行优先投资的，具有高增长潜力业务；（2）值得进行再投资，以保持其竞争地位的业务；（3）值得进行定期投资的支持性业务；（4）需要减少投资的业务；（5）需要大量 R&D 投资的风险业务。

四、检验战略匹配

企业通过检验战略匹配来考察各种经营业务价值链中的匹配关系，以及其所形成的竞争优势潜力。一般是从两个方面来看匹配关系：

其一，企业内部有多少经营业务与公司多元化进入的其他业务间有着战略匹配关系；

其二，每个经营业务是否与公司的长期战略很好地吻合。

当相关多元化公司的各项业务组都具有相关的技术、相似的价值链活动、交叉的分销渠道、共同的顾客或其他一些有价值的联系时，这个公司就可以获得完全不相关多元化的公司所无法得到的竞争优势。多元化经营公司具有战略匹配关系的业务越多，就越能在实现范围经济、增强特殊经营业务的竞争能力、提高其产品和业务的竞争力等方面获得很好的绩效。

五、检验资源匹配

企业检验自身的资源力量，是为了更好地了解现有的资源是否能满足公司现在业务的需求。为此，多元化经营公司各项业务间需要具有很好的资源与战略的匹配关系。

（一）财务资源的匹配关系

多元化公司中不同的经营业务会有着不同的现金流量和投资特点。公司分析财务资源的战略匹配关系，首先要从现金流量与现金需求方面来把握。处于迅速增长行业中的经营业务经常是"明星"业务。它们每年的现金流量不能满足它们每年的资本需求。为了满足明星业务不断增长的需求，保证它成为行业的领先者时，企业则需要向其注入所需要的财务资源。

"现金牛"业务处在缓慢增长的行业中，但居于领先地位，而且对资本的需求不大。它们本身能够产生较大的现金流量剩余，足以超过资本再投资以及维持其领导地位等方面的需求。当然，从增长的角度看，"现金牛"业务常常缺乏吸引力，但从财务资源方面来看，却是有价值的业务。多元化公司要保证"现金牛"业务具有长期的现金增值能力，从而支持其他类型的经营业务。为此，公司需要认真考察哪些业务是明星业务，哪些"现金牛"业务使公司的资源可以很好地在各项业务之间转移，形成最好的投资组合。

其次，公司除了从现金流量方面进行考虑以外，还应该看到如果一项经营业务对于实现公司业绩目标有所贡献，并且能够增加股东价值，它就具有很好的财务匹配关系。

（二）管理资源的匹配关系

多元化经营公司在制定战略时，必须考虑如何使其资源更好地满足其业务在竞争和管理的需求，并在两者之间形成很好的匹配关系。

在公司所进入的行业中，其业务已经能够成功地开发出所需的竞争力和管理能力时，这种多元化就会增加股东价值。如果这种新的经营业务没有很好的资源匹配关系，公司就需要考虑对它们进行剥离。

在多元化的进程中，公司对资源和能力的补充状况也决定了它的竞争能力。公司多元化战略越是集中在将资源和能力投入到新的业务上，就越需要建立足够的资源贮备，保证这些业务能够创建竞争优势。否则，公司的资源就会被分散，从而失去创建竞争优势的机会。

值得注意的是，很多多元化战略是以将资源能力转移到新业务为基础的。但这种转移过程并不是那么容易。很多新业务很少能如预期的那样进行发展，其原因主要是：

其一，企业将一种资源能力由一项业务转移到另一项业务需要一个学习过程。员工需要很好地把握新业务的知识，并建立相应的团队，保证将新业务所需要的资源能力更好地转移过去。

其二，企业在某些经营业务上已经取得了成功，再进入具有同样资源需求的类似的新业务时，往往对成功的希望过于乐观，结果导致失败。

其三，企业在新的业务中，错误地估计了自己与竞争对手在资源和能力上的差异，不能突破竞争对手形成的进入障碍。

六、根据历史业绩与未来业绩排序

多元化经营公司在对行业吸引力、竞争力量、战略匹配和资源匹配等方面进行评估以后，需要进一步评价哪些业务业绩前景最佳，哪些业务的业绩前景最差，并进行排序。

排序的标准主要是销售增长、利润增长、投资于某项业务的回报以及现金流量增值等。一些企业也可以考虑采用经济附加值作为排序的标准。

七、确定资源配置顺序与战略方向

根据前面的评价过程所得到的信息和结果，公司可以决定在各种经营业务中进行资源配置的优先顺序，并为每一经营业务设定一个一般的战略方向。在将业务从最高到最低进行排序的过程中，公司应弄清每个经营业务的基本战略途径，或是采用投资和扩张呢，还是积极防御，或者是彻底调整和重新定位等。当公司在决定是否要剥离一个经营业务时，应该通过行业吸引力、竞争力量、与其他业务的战略匹配关系、资源匹配关系、业绩潜力（利润、资本回报、经济附加值、对现金流量的贡献）等评价标准，分析该业务是否与公司战略远景和使命保持一致。如果不能保持一致，企业领导者就需要尽早剥离此业务。

八、制定新的公司战略

在前面工作的基础上，企业可以完成新的公司战略，在制定公司战略时，没有一个无所不包的万能的法则可以遵循。企业需要通过对未来的研究、试验，收集更多信息，发现各种选择的可能性，确定新的机会，对危机做出分析，充分认识战略相关因素及其重要性。

值得注意的是，战略分析并不是多元化经营公司的管理者们马上能够完成的一件事件。研究表明，重大的战略决策通常是逐渐形成的，而不是进行定期、全面的分析，然后迅速决策的结果。最典型的情况是，高层管理者常常先有一个过于宽泛的、直觉的概念，随着信息的收集，正规的分析进一步肯定或修正了他们对形势的判断，并且对下一步战略行动建立起了信心和共识，使他们的最初思路逐渐得到调整、修正和完善。

经营风险是指公司的决策人员和管理人员在经营管理中出现失误而导致公司盈利水平发生变化而产生投资者预期收益下降的风险或由于汇率的变动而导致未来收益下降和成本增加。

第五节　经营风险分析

市场犹如战场，机遇与风险并存。在市场竞争中，风险在所难免，谁也不敢称自己为常胜将军。然而面对风险，有的经营者惊惶失措，使企业走向亏损和倒闭；有的经营者则镇定自若，化风险为良机，反败为胜。因此，现代企业经营管理不仅要认识和捕捉市场发展的会，而且要防微杜渐，排除潜在和面临的风险，对企业的风险进行有效的管理。经营风险分析已经成为现代企业管理的一个重要研究课题。

一、企业风险及其研究意义

（一）企业风险的研究内容

企业风险管理是对应风险情境而产生的。根据 20 世纪 70 年代以来西方学者对风险管理的研究，企业组织面临的风险主要有以下几种：

第一，信息风险。市场的瞬息万变、消费者的需求变化、商品供求关系的变动、竞争对策的变换等综合地反映为商情变换。企业家必须准确、及时、灵敏地掌握商情信息，信息失误会给企业带来损失或使企业处于竞争劣势。

第二。产品风险。企业家在生产经营决策中，对产品的品种、质量、包装、结构，生产经营的程序、技术、布局、规模等方面，与市场需求脱节，使企业产品缺乏竞争力，造成产品积压，蒙受损失。

第三，价格风险。一方面，由于受国家政策性价格调整、市场供求关系变动引起价格涨跌，竞争对手间的价格战、相关产品或替代产品的价格波动等外部因素影响，价格制定偏高，使企业产品销售困难，造成价格决策失误。

第四，商誉风险。企业商誉是指社会公众对企业的整体印象和信誉评价。企业家在组织企业生产经营活动中，由于某种环节失误或处理不当，如产品售后服务、商品合同恪守、广告宣传、公关活动等方面的疏忽或过失，损失企业商誉，造成企业难以估计的机遇损失。

第五，财务风险。企业家在筹资、融资和投资的财务决策中，由于资金市场的变化，利率、汇率的调整变动，债务发行费用、股票市场的波动，投资单位经营状况等诸多因素的影响，使企业财务费用增加，投资收益减少，财务紧张。

第六，资产风险。企业家在生产经营活动中，遭受意外事故和人为失职或破坏造成企业资产损失。意外事故指地震、水灾等不可抗拒的自然灾害给企业造成的资产损失。人为失职指由于玩忽职守造成火灾、交通事故等不应有的财产损失。人为破坏指采取不正当竞争手段如窃取商业秘密、诋毁商誉、假冒商标制售伪劣产品而造成的破坏性损失。

第七，人才风险。企业生产经营的骨干人才跳槽、下海带走本企业业务关系和经营机密，或不辞而别使企业生产经营活动难以为继而造成巨大损失。

（二）企业风险的特点

企业风险的特点有：突发性、威胁性、紧迫性、公开性。

正是上述特点，使得风险情境的认识与处理显得十分重要。正确认识和及时处理风险，不仅可以化解风险，而且可以利用其中的潜在机遇；反之，则会削弱企业竞争力，损害企业的利益。目前发达国家都很重视风险管理。据统计，美国各公司雇佣了约3 000名专业的风险管理人员，美国、加拿大还有50家独立的风险管理咨询公司，专门进行风险管理咨询工作。不仅如此，风险管理的教育也得到重视和发展，现在美国各大学的管理学院、商学院都普遍讲授风险管理课程，并把风险管理贯穿于各门经济类课程中。相比之下，我国的风险管理无论在理论研究上还是在企业实践中，都显得十分薄弱。因此，加强企业风险管理，对我国企业健康发展显得十分重要和迫切。

二、企业风险管理的理论与方法

所谓风险管理，是指企业为应付各种风险情境所进行的规划决策、动态调整、化解与处理及员工训练等活动过程，其目的在于消除或降低风险所带来的威胁和损失，因势利导，把坏事变好事。根据风险的发展过程，通常可将风险管理分为两部分，即风险来临前的预测防范管理和风险来临后的应急善后管理。

（一）风险来临前的预测防范管理

防范管理过程主要包括三个重要环节：

1. 居安思危，分析预测可能发生的风险情境

为此，首先需要进行广泛的情报收集工作，然后对已收集的情报进行详细的分析和评估，并将结果迅速上报或分送有关决策者。

2. 超前决策，精心策划一项全面的风险防范计划

良好的风险防范管理不仅能够预测可能发生的风险情境，而且要为可能发生的风险做好准备，拟好计划，从而自如应付。制定全面的风险防范计划，主要包括以下工作内容：针对引发企业经营风险可能性因素，制定各种风险预案；组建风险管理小组，以便在短时间内集中处理风险；培训专业人员，进行"模拟风险"演习。

3. 采取灵活多样的避险经营策略

（1）多角化经营策略：改变单一品种行业经营方式，实行多元化，以分散市场风险。

（2）联合经营策略：生产与销售企业、产地与销地企业联合经营，实行农工商、产供销、内外贸一体化，风险共担，改变独家承担经营风险的局面。

（3）市场多域化策略：扩大产品销售辐射面，以避免某一市场出现危机而对企业造成的损失。

（4）多渠道经营策略：防止单一渠道受阻后，产生购进或销售流通不畅等现象。

（5）研制产品开发市场策略：运用新技术、新材料，使产品不断升级换代，防范原产品被淘汰而使产品断档的经营风险。

（二）风险来临后的应急善后管理

1. 企业经营风险处理的一般规则

要有效地进行风险管理，就必须研究风险管理的一般规则。尽管企业危机多种多样，似乎杂乱无章，但就总体而言，我们仍然可以发现一些一般规则，这些规则包括：将公众利益置于首位，以企业长远发展为风险管理的出发点；迅速成立风险控制中心；加强与公众沟通，争取公众谅解和支持是风险管理的基本对策；总结经验教训，改善企业体系是风险管理的重要内容。

2. 企业风险处理的主要策略方法

（1）经营风险中止策略。企业要根据风险发展的趋势，审时度势，主动中止承担某种风险损失。如关闭亏损工厂、部门，停止生产滞销产品等。

（2）风险隔离策略。由于风险发生具有连带效应，一种风险处理不当，往往会引发另一种风险。因此，当某一风险产生之后，企业应迅速采取措施，切断这一风险对企业其他经营方面的联系，及时将爆发的危机予以隔离，以防扩散。

（3）风险利用策略。在综合考虑风险的危害程度之后，会得到有利于企业方面的结果。例如：在市场疲软的情况下，有些企业不是忙着推销、降价，而是眼睛向内，利用风险造成的危机感，发动职工提出合理化建议，搞技术革新，降低生产成本，开发新产品。

（4）风险排除策略。采取措施，消除危机。排除风险的措施按其性质有"工程物理法"和"员工行为法"。"工程物理法"以物质措施排除风险，如通过投资建新工厂和购置新设备改变生产经营方向，提高生产效益。"员工行为法"是通过企业文化、行为规范来提高士气，激发员工创造性。

（5）风险分担策略。将风险承受主体由企业单一主体改变为由多个主体共同承受。如采用合资经营、合作经营、发行股票等办法，由合作者、股东来分担企业风险。

（6）避强就弱策略。由于风险损害程度强弱有别，在风险一时不能根除的情况下，要选择风险损害小的策略。上述风险处理策略，其内容及作用不尽相同，企业风险管理人员应从实际出发，择优选用，其标准应是"以最少的费用，获得最好的风险管理效果"。

【个案分析】

烟草公司生存环境

美国烟草公司的经理一直感觉自己就像弹球机里的小金属球，永远不知道下一次会被谁击到。烟草行业在正当或不正当地遭受来自各方面的打击。例如：许多行业都在禁止吸烟；许多快餐连锁店，包括麦当劳，Taco Bell，Arby's 和 Jack-in-the Box 都禁止吸烟。打击也有来自州政府的，很多州都增加了香烟税，用来支付各种项目的费用。在新泽西州，允许城镇取消售烟机，甚至联邦政府也给这个行业施加了限制。比尔·克林顿总统签署了一项禁止在学校吸烟的法律。职业健康和安全管理局正在考虑是否在全国范围内禁止在工作场所吸烟。

食品和药物管理局正在考虑增加关于烟草管理的法规。还有，在未来全国卫生保健计划的争论中，很多支持者正在观察这个计划从烟草税中得到基金的可能性。在华盛顿地区是烟草行业重点游说的地区，说客公布了烟草行业对竞选运动和慈善事业的贡献。

某些烟草公司对妇女和少数民族运动曾给予支持，有的公司向政党捐款，其他公司对一些关键委员会的重要事件也进行了捐款。这些说客非常小心谨慎地保持他们的活动的合法性。然而，无疑这些说客的活动会影响关于烟草的法规和税收政策的制定以及对烟草行业不利的法规、税收制度和其他法律的重要的投票。，烟草行业还存在另外一方，各个烟草农场主，因为税收政策、禁烟法令和规定所受到的影响和拥有数十亿美元资产的烟草公司一样严重，这些烟草种植者有理由关心他们的生计和未来。

烟草行业是如何易受攻击呢？例如：如果宣布香烟和其他烟草产品非法或加紧管制，政府（地方和联邦政府）的税收可能会怎样，这些失去的税收能在哪里弥补？政府会热衷于烟草税的收入吗？这是一个不容易回答的问题。但是烟草行业，从庞大的公司实体到小的个体烟草种植者，无论何时都不会免于环境施加的诸多限制。

问题：
1. 请结合环境不确定性矩阵的构架模式，对烟草行业的特点进行比较分析。
2. 请结合企业的战略运作模式和外部环境的契合度的分析方式，对烟草公司管理者应付周围环境的各种限制的方式进行分析。

【关键名词】
经营环境　经营环境分析　行业结构　风险管理

【思考与讨论】
1. 什么是 SWOT 分析法？如何运用 SWOT 分析法对企业环境进行分析？
2. 试结合本章内容，综合分析人口因素对企业经营的影响？
3. 行业进入的障碍有哪几个方面？企业应如何认识这些障碍？
4. 企业应如何分析相对竞争力？分析相对竞争力有什么作用？
5. 企业风险有哪几种？都有什么特点？

第四章　市场信息与市场预测

课前准备

【学习目标】

本章主要讲授市场信息的处理及预测方法，以及市场调查的基本原理和方法。通过学习，学生应能够了解市场信息、市场调查、市场预测的基本原理，理解市场预测及其方法，运用定量与定性的方法进行市场预测，学会灵活运用市场调查的方法。

【重点难点】

1. 市场信息的处理
2. 市场预测及其方法

学习内容

第一节　市场信息及其特点

一、市场信息的定义

在市场经济条件下，企业面对的基本环境是市场竞争，而市场信息对企业在竞争中的成败与否起着至关重要的作用。

广义的信息，是指由发生源发出的、被某一接收体所接收和理解的信号、消息及各种内容情报的总称。

一般来说，市场信息是商品经济的产物，是指在一定时间和条件下，同商品交换以及与之相联系的生产与服务等从事市场活动所需的各种消息、情报、数据和资料的总称。市场信息由市场各组成要素发出的被人们理解和认识并经过加工整理形成，是企业的重要资源，包括供求信息、价格信息、新产品信息及新技术采用信息等。

市场信息也是一种经济信息，是市场决策所必需的知识，对于消费者而言是关于产品的信息，对于生产者则包括生产条件和消费者的需求信息。

二、市场信息的作用

市场信息在企业经营活动中具有重要的甚至是决定性的作用。随着社会生产力的发展和技术水平的提高，以及社会分工的细密与市场的扩大，市场信息数量与日俱增，市场信息在企业经营活动的成败中所起的作用越来越大，甚至起决定性的作用。在市场经济环境中，企业的经营活动要根据社会需要、市场供求关系的变化来进行，因而经营活动要以市场为依据，及时掌握市场动态，根据市场信息做出判断。

市场信息的作用具体还表现在：首先，市场信息是经营决策的前提。企业经营决策直接关系到企业的兴衰，而如果没有市场信息，企业就无法做出正确的决策，就会失去许多市场机会，使企业遭受损失。其次，市场信息是企业进行综合平衡的依据。企业的生产经营活动，实质上是寻求经营目标、自身条件与企业外部环境三者的平衡，只有通过市场信息的收集，才能进行综合平衡。第三，市场信息是企业搞好内外协调的工具。企业必须使自身的生产经营活动与市场变化相协调，只有及时掌握市场信息，才能有效地改变与外界变化不相适应的环节，使企业在协调中发展。重视市场信息是企业提高经济效益的有效途径，是企业挖掘经营机会的源泉，经营机会来源于企业主观条件的改变和客观环境的变化。

三、市场信息的特点

一般来说，信息具有普遍性、无限性、客观性等特点，其中知识性、传递性和时效性是比较显著而重要的属性。当今时代为信息爆炸时代，人们每时每刻在接触大量的和分散的各类信息，因此信息量具有膨胀性，信息源还呈现出分散性。而市场信息作为企业的重要资源，与其他资源相比，具有自己的特点：

第一，市场信息资源是一种动态资源，时效性很强。随时间的变化而变化，当市场信息超过一定时间界限后就会自然而然地失去作用，因而要长期占有市场信息资源，就必须不断搜集和不断更新信息。一般来说，市场信息的有效使用价值与它提供、利用的时间成正比。

第二，市场信息是一种可以扩散和共享的资源。市场信息的扩散可以通过各种渠道进行，如大众媒体等，而其他资源的扩散必须借助于交通工具等。市场信息资源又是可以共享的，而其他资源的转移性使资源不可共享。

第三，市场信息资源是一种可供重复使用而不消耗的资源。其他资源随着资源的利用而逐渐消耗，而信息资源可重复使用、同时使用，还可以互相交换。

第四，市场信息资源是一种伸缩性很强的资源。市场信息既可以不断充实、扩展，又可以经过加工、处理、归纳和整理。

第五，市场信息资源既具有客体性，又具有主体性。其他资源都是客体资源，都是被开发的对象，市场信息资源既是被开发的对象，又能帮助人们去开发其他资源，或者用已知的信息资源去开发信息资源，因而具有一定的主动性。

第六，市场信息具有与生俱来的经济性。信息与商品、人员、技术、财力共同构成企业的重要资源与经济基础。它可使企业获得更为出色的经济效益。

从以上这些特点可以看出：市场信息资源是企业重要资源，如果不能广泛占有，企业生产规模、新生产品开发、商品价格的制定将是盲目的和无的放矢的，在市场竞争中将失去竞争能力，企业不会有长足的发展。因此，我们要充分利用好市场信息资源，为企业各种决策作咨询服务。

四、市场信息收集与处理的原则

市场信息对于处于激烈市场竞争中的企业来说是至关重要的，它对企业对市场做出快速反应和保持高效作用起到关键的作用。而且，信息的获得和对其的管理也是整个市场策划和销售工作的源头和目的。企业对收集到的信息，应进行分析和评价，以便更有效地利用。市场信息的分析评价，就是把涉及有关市场和营销活动的事物、现象和程度等归纳成相对独立的部分，分析出部分之间的相互关系并评价信息的可靠程度，以便对这些信息加以应用。企业对市场信息收集与处理应该坚持以下原则：

第一，及时。企业获得信息和利用信息要及时，企业信息管理要有紧迫感，以最迅速、最灵敏、最简捷的方式和方法进行收集、加工、传送和反馈。在竞争条件下，市场信息生成速度快，更新频繁，时效性很强，因而要求市场信息应是最新、最及时的。

第二，准确。一方面是质的要求，收集、处理信息要去伪存真。另一方面是量的要求，要对信息去粗存精，不能让谬误的信息进入经营管理过程中。市场信息的准确性一方面是指信息的客观性，它是否真实反映了市场的客观实际；另一方面是指信息的科学分类，其信息是否重复、多余或遗漏，是否便于查询。

第三，适用。一是强调有用性，强调信息对当前经济活动的影响。二是强调针对性，信息部门按各生产、经营要素部门所需信息进行及时的输送和反馈。市场信息是为企业经营服务的，因而要考虑市场信息对企业经营工作的相关性，相关性越强，信息价值越大。

第四，经济合理。这里的经济性是强调信息管理的经济性。市场信息的经济性要求考虑获取信息的代价。企业用于信息收集处理的费用应低于信息所能带来的经济效益。企业信息管理要以为企业提供经济效益为原则。

另外，由于市场环境比较复杂，各种信息交织在一起，因而要求信息完整、统一，从中可找出变化规律，即要求市场信息的系统性；由于市场信息受时间及环境因素影响较多，很多信息不可比，如不可比，便无法应用，因而要使用一定的标准和换算办法使之口径统一，以便于评价和应用，即要求市场信息的可比性。

五、收集市场信息的方法

企业收集市场信息的方法是获取市场信息的手段，而收集技术是获取市场信息的保证。企业收集市场信息的方法主要有两种：一种是原始信息的收集方法，即通过观察市场环境各因素的状态，进行分析判断，从而获取信息；通过追踪全面、完整地掌握产品作用或市场发展的动态信息；通过公共关系协调和改善企业内外关系，建立和疏通更多的信息渠道以及通过调查方法获得信息。另一种是加工信息的收集方法：首先是购买，即通过预订、现购以及邮购方式来获取信息，收集与企业技术、经济活动有密切联系的文献性信息、样品信息；其次是交换，即企业相互之间、企业信息机构或有关部门之间通过互利条件所进行的信息交流；第三是利用信息流通网络来收集市场信息，企业通过市场信息网络和市场信息渠道，采用一定的方法运用相关技术，有组织、有计划、有目的和有系统地调查收集各种市场信息。

目前企业收集市场信息运用的相关技术有：点型收集，这是一种非连续的收集方法，间隔的时间较长，带有一定的突击性；线型收集，是连续不断收集信息方法，主要是为了完整地反映研究对象的变化，探索事物发展的规律；预期在事物发展变化之前进行收集，了解事物变化的先兆；全面收集，对研究对象进行全面调查，了解事物发展的全貌，其优点是信量大、准确度高，但工作量大、时间周期较长；典型收集，在众多的调查对象中，选择有代表性事物进行信息收集，以点带面。

六、企业信息系统的运作过程

企业信息系统的运作，即根据企业经营管理活动的客观需要，按照一定的原则和方法，对有关信息进行收集、加工、传递、存贮、检索和输出的管理过程。信息收集是信息管理的基础工作，也是信息处理的第一个环节。收集到信息以后，要使其成为具有明确目的性和特定使用价值的企业资源和管理手段，必须经过以下五个环节：信息加工、信息传递、信息贮存、信息检索、信息输出。

（一）信息加工

信息加工是按照一定的原则和程序，采用适当的方法，将收集到的信息进行筛选、分类、计算、分析、编排，使企业所需要的信息标准化、系列化、实用化。信息加工是信息处理的重要环节，因为，信息加工使繁杂的信息资料转变为具有使用价值的信息。

（二）信息传递

信息传递是企业根据经营管理的客观需要，面向既定目标，通过特定的渠道，将加工后的信息有效输送到信息使用者手中的自觉活动过程。信息传递是实现信息价值的前提条件，因为，信息传递为信息管理目的的实现提供了保证。企业信息处理不是目的，而是手段。

（三）信息贮存

大量的信息重复使用，或在前次使用后再加工，形成新的信息。如果没有信息贮存，就不能充分利用已收集、加工的信息，同时还要耗资、耗人、耗物来组织信息的重新收集、加工。有了信息贮存，就可以保证随用随取，为单位信息的多功能利用创造条件，从而大大减低费用。

（四）信息检索

信息检索是通过建立科学的制度，拟定有效的手段，采用简捷的方法，达到能够对所贮存的信息随时查询、使用的信息处理手段。信息检索的关键是正确使用检索工具。检索工具应该能够明确信息贮存的地点，指示查找的线索，概括信息的内容，为查询者和使用者提供选择和鉴别的依据。目前中国企业信息检索工具主要有索引、文摘、目录、名录等。

（五）信息输出

信息输出是采用适当的形式将处理完毕的信息输送到使用者手中的过程。信息输出是信息处理的最后一个环节。如果从管理的信息系统看，信息输出标志着信息中心完成了信息处理的一次循环，将信息推向了企业经营管理过程。如果从企业运用信息从事经营管理活动看，信息输出则表明一次经营管理活动的结束，将经营管理的成果转换成一定的信息形式，输送到有关部门。

第二节　市场的分类及其特点

一、市场的分类及其特点

（一）市场的概念

市场最原始的含义是买卖双方聚集的以交换商品与服务为目的的实际场所。它是一个空间概念，在这个场所集中了各种货物，有卖主和顾客。市场就是由一切有特定需求或欲求并且愿意和可能从事交换来使需求和欲望得到满足的潜在顾客所组成。一般说来，市场是买卖双方进行交换的场所。生产商到资源市场购买资源（包括劳动力、资本及原材料），转换成商品和服务之后卖给中间商，再由中间商出售给消费者。消费者则到资源市场上出售劳动力而获取货币来购买产品和服务。政府从资源市场、生产商及中间商购买产品，支付货币，再向这些市场征税及提供服务。因此，整个国家的经济及世界经济都是由交换过程所联结而形成的复杂的相互影响的各类市场所组成的。

现代营销学大师菲利普·科特勒认为市场是社会成员供求关系的总和，是交换关系的总和，是买卖关系的总和。市场是一种互动互适的关系。市场关系反映了社会生产与社会消费之间的关系，反映了人与自然、人与社会、人与人之间的种种联系。市场关系具有多重性、多变性。把握市场关系是把握市场本质的关键所在。

应该说市场不仅仅是一群顾客，更重要的还在于市场是一种现实的社会需求。市场不仅仅是一种抽象的需求，而是与社会生产条件相适应的现实需求。市场发展水平与状况不仅取决于社会需求发展水平与状况，而且取决于社会供应发展水平与状况。

（二）市场的分类

市场分类的标准和方法很多，主要有以下几种：

第一，按交换对象不同可分为商品市场、服务市场、技术市场、金融市场、劳动力市场和信息市场。

（1）商品市场。广义的商品市场是指交换过程中形成的各种关系的总和。狭义的商品市场是指有形的物质产品的交换场所，主要包括消费资料市场和生产资料市场。商品市场的主体是参与商品交换的卖者和买者，商品市场的客体是各类有形商品。

市场是商品交换的产物，只要存在商品生产和商品交换，就必然存在市场。随着生产力的发展和社会的进步，商品交换关系也发展到相当高的程度，市场也获得了全面发展，形成了完整的市场体系。商品交换是市场交换的主要内容，商品市场在市场体系中处于基础地位，其他市场从某种意义上说是为商品市场服务的；资本市场在市场体系中占有极其重要的地位，因为在现代市场经济中货币是所有资源的一般代表形式；劳动力市场则是劳动资源交易和分配的场所。所以，商品市场、资本市场、劳动力市场是市场体系的最基本内容，是市场体系的三大支柱。

（2）服务市场或称服务产品市场，是服务产品交换关系的集合；它既是市场体系的一个组成部分，又是商品市场形成、发展和完善的条件或经济环境。服务市场包括：产业服务市场、生活服务市场、流通服务市场、金融服务市场、知识服务市场、社会服务市场。

服务市场供求分散，产品需求多样化，差异性大，产品销售方式单一，产品需求弹性大。

（3）金融市场，即货币资金融通的市场。金融市场的涵义有广义和狭义之分。广义的金融市场泛指资金供求双方运用各种金融工具通过各种途径进行的全部金融性交易活动。金融市场是市场体系的重要组成部分。金融是指货币资金的融通，包括货币的发行、流通和回笼，存款的吸收和提取，贷款的发放和收回，投资资金的筹集等一切与货币流通有关的活动。

金融市场可按照不同的标准划分。按偿还期限的长短来划分，可分为资本市场和货币市场；按照营业的性质的不同，又可分为资金市场、外汇市场和黄金市场；按金融交易的性质不同来划分，可分为一级市场和二级市场；按活动范围的大小分，可分为地方性金融市场、全国性金融市场、区域性金融市场和国际性金融市场；按金融交易对象的种类不同来划分，可以分为票据市场、证券市场、CD 市场、黄金市场、外汇市场等。

金融市场交易对象为金融资产，交易价格表现为资金的利率，交易工具和交易方式的多样性，高收益和高风险并存。

（4）技术市场是指技术商品交换的场所及其交换关系的总和。由于技术商品的特殊性质，技术市场在时间和空间的概念上被大大地拓宽了。技术商品的交换是在技术持有者和技术购买者之间随时随地发生的。

技术市场也可按照不同的标准分类。按技术商品的性质和具体形态不同，可分为硬件技术市场、软件技术市场和科技服务市场；按技术商品的所有权关系和所有权的法律效应不同，可分为专利技术市场和专有技术市场。技术市场需求弹性较小，购买方式灵活多样，交易人员专业性较强，交易方式比较特殊。

（5）劳动力市场是指劳动力进行流动和交流的场所。其作用就是运用市场机制调节劳动力供求关系，推动人才的合理流动，实现劳动力资源的合理配置。劳动力市场上流通的是人的劳动能力，包括体力和智力两个方面。劳动力市场的特点主要有：①具有很强的地域性。由于劳动者受国家、民族以及地理条件、交通运输等限制，决定了劳动力市场的地域性很强。②具有流动性。影响劳动力流动的因素很多，其中一个主要的原因是经济发展不平衡。一般来说，劳动力主要流向经济发达地区。③具有相对稳定性。④具有双向选择性。

劳动力的流动是社会化大生产的要求。在我国开放劳动力市场，是促进市场经济发展的重要条件，有利于产业结构的调整，使流动的劳动力和流动的生产要素及时地、有效地结合起来，形成新的产业部门；有利于调动劳动者的积极性，通过市场机制的作用，让劳动者去竞争有限的岗位，让企业去竞争有限的人才，这将有利于调动劳动者的积极性，不断提高经济效益。

（6）信息市场是指专门进行信息交换的场所。现在人类已进入信息时代，各项活动都离不开信息，信息的生产、储存、分配和交换日益成为一个专门的部门和行业。信息市场提供的商品是信息，信息的使用价值最终表现为通过信息提高企业的经济效益，并且其经济效益更大于信息自身的价值。信息商品是不固定的物质形态商品，同一个信息可以同时为多种部门、多个企业服务。信息产业是一种知识密集型产业，其生产需大量的知识和技术，要消耗人们大量的劳动。所以，信息市场是同商品市场联系在一起的。信息作为重要的生产力，通过其市场，把科研、信息和生产部门较好地结合起来，加快了科技和信息向社会生产力转化。通过必要的信息交流，可以将社会多部门、多企业联系在一起。

第二，按商品的属性不同可分为一般商品市场和特殊商品市场。

第三，按购买者不同可分为消费者市场和组织市场。组织市场是由各种组织机构形成的对企业产品和劳务需求的总和，它包括产业市场（生产者市场）、专卖者市场和政府市场三种类型。其中以产业市场最具代表性。

第四，按营销区域划分，有国际市场和国内市场等。

第五，按营销商品的供求态势区分，有买方市场和卖方市场。

第六，按营销成交方式与交货期限分，有现货市场和期货市场。

二、消费品市场及其特点

消费品市场也就是生活资料市场，在消费品市场内，消费者购买商品的目的是为了满足个人或家庭的需要而不是为了获取利润。这就是说，消费者购买商品是为了个人的最终生活消费。消费品市场上的卖方是生产企业或商业经营者，买方是消费者，流通的商品是各类消费品。消费品市场是由个人或家庭所构成的市场，它是和组织市场相对的一个概念。

（一）消费品市场的分类

按消费品的性质、用途划分，可将消费品市场分为耐用消费品市场、装饰品市场，玉器、字画、古玩、工艺美术品等市场、服装市场、家具用品市场、日用百货市场、食品市场、粮食制品市场、文化用品市场、医药用品市场、住宅市场。

按消费者的购买特征划分，可将消费品市场分为日用品、选购品和特殊品市场。

（二）消费品市场的特点

消费品市场是五光十色的。由于消费者人数众多以及性别、年龄、文化、地理环境、收入水平等差别的影响，使得消费者的需要和购买行为有很大的差异。但是，生活消费品市场又有若干共同特点。

1. 消费品市场是一个广泛而复杂的市场

这主要表现在构成消费品市场的购买者是数量庞大的个别的消费者个体，他们在地域上的分布是广泛的，他们的需求是多样又多变的。这就要求企业要能根据不同消费者的不同需求开发不同的产品，应采取比较长的销售渠道和比较多的中间商。

2. 消费品市场的需求弹性比较大

消费需求是原生的并按层次发展的。人类需求基本上分为三个层次，即生存需求、享乐需求和发展需求。消费品市场是最终市场，是一切其他市场需求的基础。相对于生产资料市场而言，消费者对消费品的需求受商品价格的影响比较大。这表明对于消费晶市场来说，价格策略的影响作用比较大；消费需求是有弹性的。在消费需求的三个层次中，只有生存需求是必须立即满足的，但是这种生存需求也有一定的弹性，既可以得到低水平的满足，也可以得到高水平的满足。享受需求和发展需求的弹性更大。消费需求是有弹性的需求，具体表现为：品级数量弹性、时间弹性、替代弹性。

3. 购买行为是非专家购买

购买行为受心理影响较大，是随机性的。绝大多数消费者一般对其所要购买的物品都缺乏专门的知识，对消费品的购买更多地受商品的外观、参照群体的意见及企业的促销信息的影响；这就要求企业能根据这些特点开展相应的营销活动。比如：这种非专家购买行为，非常容易受外界因素的影响，也容易受心理因素的左右。就外界因素来说，厂牌、价格、广告、推销员、零售商的介绍，亲友的推荐，都会影响到购买行为；就心理因素来说，好胜心，好奇心，友情，乃至售货员的服务态度都会影响购买行为。外界影响与心理因素的综合作用，使得购买行为的随机性很大。

三、生产资料市场及其特点

生产资料市场，是指买卖生产资料的市场，是直接为企业的生产和服务的市场。购买行为是为了满足生产和服务的需要。

（一）生产资料市场的分类

生产资料市场范围十分广泛。从企业经营的角度出发，可以按其市场需求的特点划分为以下五类：

第一，主要设备。凡在工厂生产过程中起主要作用的设备均为主要设备。如发电机、机床、纺纱机等。这类产品一般都通过直接订货销售。对于提供零件和技术性服务的要求严格，购买次数少、批量小。

第二，次要设备，又称附属设备。如工具、小型电机、仪表、仪器等。这类产品一般价格较低，大多数经中间商出售。

第三，原材料。用量大、价格低、运费大，用户比较固定，由企业直接销售较有利。

第四，半成品或元器件。如棉纱、标准件、电子元器件等，这类产品需求量的大小，在很大程度上取决于产品质量和价格。质量好，价格低，用户会广为使用；否则，用户会另选厂家，甚至自行生产。

第五，易耗品。即低值易耗品，或不构成产品实体的一些材料、促媒剂，如润滑油、涂料、包装纸、办公用品等，都是生产资料市场的日用品，需要经常购买，要广开销售网点，通过零售商进行推销。

生产资料市场也叫生产者市场，是买卖生产资料的市场，是直接为企业生产服务的市场。购买行为是为了满足生产和服务的需要。

（二）生产资料市场的特点

1. 生产资料市场需求是派生性的，即生产资料的需要是以最终产品的需要为前提的

钢板、铝板的需要，是因为消费者需要汽车、电冰箱、洗衣机。只有最终消费品的需要增加了，生产资料需求才会增加。经营生产资料的企业着眼点不能只盯着生产资料的直接用户，而是要透过中间隔层看到最终消费者的需求动向，为满足生活消费的新需求向消费品生产企业提供最适宜的装备和材料。显而易见，生产资料市场的需求可以通过统计消费晶的销售情况反向推算出来。

2. 生产资料市场需求缺乏弹性，一般是定向、定质、定量购买

其原因有三：

（1）生产资料国家计划调节的范围较大，市场调节比例较小；

（2）生产资料的替代性差，少了不足，多了没用；

（3）生产资料的需求受价格影响较小。农业原料涨价，市场总需求量并不减少，个别厂家若想以提价牟取暴利，只会失去用户。个别厂家降价，只能刺激用户一次多买，市场总需求量不会增加。

3. 生产资料市场的购买行为受理性支配，是专业化购买

选择何种材料、设备，何时进货，购买多少，完全是根据生产需要，而且购买者都是专职采购人员，对所需商品的性能、规格、用途，有较充分的专门知识，其购买行为基本上是以能给企业买到最适用的廉价优质产品为宗旨。生产资料多数采用直接销售的方式。因此，要求推销人员具有较多的专门知识，以便有针对性地开展推销活动。

第三节　市场调查及其步骤

市场调查是指运用科学的方法有目的地、有系统地搜集、记录、整理有关市场营销信息和资料，分析市场情况，了解市场的现状及其发展趋势为市场预测和营销决策提供客观的、正确的资料（M 扯 ketingResearch）。

一、市场调查的内容

市场调查的内容极其广泛。工商企业的市场调查主要包括市场环境调查、消费者的调查、市场需求调查、市场营销事务调查与促销和服务调查等。

（一）市场环境调查

1. 从市场的定义来看，市场环境调查主要包括市场容量调查，市场占有率调查，销售趋势（市场变化趋势）调查

（1）市场容量。这是指市场对某种商品在一定期间内需求量的最大限度。一定期间可以是一年，一个季度。任何商品在一定期间内可能销售的数量都有一个限度。就工业生产资料来说，这一限度主要受用户生产计划需要量的限制；就消费资料来说，则受普及率和购买力的限制，普及率越高，市场容量越小。有的季节性商品，旺季市场容量远远大于淡季。市场容量受价格与购买力的影响，价格低则市场容量要大一些，价格高则市场容量要小一些。企业制定产销计划，必须考虑到市场容量，超过市场容量必然造成滞销积压。

（2）市场占有率分为绝对市场占有率和相对市场占有率。绝对市场占有率，是指企业生产的某种产品在一定期间内的销售量占同类产品市场销售总量的份额；相对市场占有率，是指本企业某种产品销售额与同行业销售额最高的企业同类产品销售额的比值。通过市场占有率的调查能够反映出本企业产品在市场上的地位和竞争能力。有些企业只知道自己的产品远销多少国家和地区，而不知道在那里的市场占有率，从而不能真正了解产品在国外市场上的竞争能力。一个面向世界市场的经营者必须树立强烈的市场占有率的观念，及时掌握这方面的信息和动向。

（3）市场变化趋势。市场是一个动态的变量，必须时刻研究它的变化趋势。市场变化趋势是通过销售趋势反映的。销售趋势的变化有稳定形态、升降倾向形态、季节形态和抛物线形态四种形态。

2. 从社会环境的角度出发，又可以把市场环境调查分为政治法律环境、经济与技术环境、社会文化环境等方面的调查

企业的经营活动是在复杂的社会环境中进行的，企业的生存和发展要受企业本身条件和外部环境的制约。社会环境的变化，既可以给企业带来市场机会，也可以形成某种威胁，所以对企业所在的社会环境的调查研究，是企业有效开展经营活动的基本前提。

（1）政治法律环境。

①政治环境。政治环境指企业外部的政治形势和状况，分为国内政治形势和国际政治形势两部分。对国内政治形势的调查，主要是分析研究党和政府的路线和各项方针、政策的制定和调整及其对市场、对企业产生的影响。对国际政治形势的调查，主要是分析研究相关国家的社会性质和政治体制，了解其政局稳定情况。国际政治形势的变化，如国家政权的更迭、地区冲突的爆发、国家政策的调查，必然会促进或破坏国际间的经济往来，从而影响到企业能否进行国际市场、如何进入，以及进入国际市场的方向。

②法律环境。企业总是在一定的法律环境中运行的，企业法律环境的调查，就是要分析国家的各项法规、法令、条例等，尤其是其中的经济立法，如经济合同法、进出口关税条例、专利法、商标法、环境保护法等，在从事国际贸易交往过程中，除了解相应国家的法令、法规外，还要熟悉相应的国际贸易惯例和要求。它们会从不同角度对企业经营活动产生影响，要求企业经营管理者不但要熟悉，而且要善于加以运用。

（2）经济与技术环境。

①经济环境。经济环境是指企业所面临的社会经济条件及其运行状况和发展趋势。经济环境的调查，主要是对社会购买力水平、消费者收入状况、消费者支出模式、消费者储蓄和信贷以及通货膨胀、税收、关税等情况变化的调查。

②技术环境。新技术革命的兴起影响着社会经济的各个方面迅速发展，使商品从适销到成熟的时间距离不断缩短，生产的增长也越来越多地依赖技术进步。以电子技术、信息处技术、光技术、新材料技术、生物技术为主要特征的新技术革命，不断改造着传统产业，使产品的数量、质量、品种和规格有了新的飞跃，同时也带来了与电子、信息、新材料、生物有关的新兴产业的建立和发展。新兴技术的兴起与发展，可能给某些企业带来新的营销机会，也可能给某些企业造成环境威胁，要求企业必须密切注意科技革命的新动向，不断研制新产品，利用新技术改善营销管理，提高企业服务质量和工作效率，重视新技术给人民生活方式带来的变化以及对企业营销活动的影响，更多地依赖科学技术的进步，推动社会生产和社会需求的不断发展。

（3）社会文化环境。文化包括知识、信仰、艺术、道德、风俗习惯以及人作为社会成员一分子所获得的任何观念与习惯。文化使一个社会的规范、观念更为系统化，在不同的国家、民族或地区之间，文化解释着一个社会的全部价值观和规范体系，它决定了人们独特的生活方式和行为规范。文化环境也形成了市场国家或市场地区消费者态度和购买动机的取向模式。所以，企业在营销活动中应该"入境问俗"，注意不同国家、不同地区的文化环境对企业经商方式的重要影响。如果主观假定一个国家或一个地区的商业文化背景，盲目地进入市场，风险必然很大。

（二）消费者调查，主要包括价格敏感度、广告影响度、购买动机与购买行为调查

1. 价格敏感度

这是指消费者对定价高低的接受程度及价格变动的敏感程度。生产资料的用户对价格变动的敏感度一般不太高，而生活消费品的消费者对价格变动往往十分敏感。价格敏感度可用需求弹性系数来衡量。所谓需求弹性系数，是因价格上升或下降的比率造成的销售量减少或增加的比率。由于价格同需求量成反比关系，所以对需求弹性系数应取绝对值。价

格敏感度，用需求弹性系数来衡量。

需求弹性系数(E)=需求变动百分比/价格变动百分比=$(\Delta Q/Q)/(\Delta P/P)$

价格与需求成反比关系。应用需求弹性系数时用其绝对值。

$E>1$：称为产品价格需求弹性大。即价格变动对需求变动影响大（如消费品）。

$E<1$：称为产品价格需求弹性小。即价格变动对需求变动影响小（如生产资料）。

需求弹性系数（E）是企业制定和调整价格的重要依据。

2. 广告影响度

一般讲，生活消费品比生产资料的广告影响度要大，非耐用消费品比耐用消费品的广告影响度更大。价格低的商品比价格昂贵的产品广告影响度也要大。企业必须依据广告影响度的大小确定其广告策略。

3. 购买动机

这是指引起消费者购买某种商品的念头，是一种心理活动，是消费者购买商品的心理驱动活动。它可分为理智动机和感情动机两大类。市场上常见的消费动机有求廉动机，求实动机，求新动机，求异动机，求名动机，惠顾动机等。研究购买动机，可以告诉企业什么是买主确实需要的，促使买主购买的主要因素是什么，从而能更好地决定向市场提供什么样的产品、采用什么样的推销方式购买动机也是一种欲望，从购买动机转化为购买行为还有一个过程。这个过程分五个阶段：①需求引起注意；②发生兴趣并收集信息；③购买决策；④购买行动；⑤需求满足。

4. 购买行为

这是指消费者为满足个人或家庭的需要而购买商品或者劳务的行为。购买行为看起来似乎比较简单，实际上相当复杂，受多方面因素的影响。一般地说，是由于消费者首先受到了某种（内部的或外部的）刺激而产生某种需要，由于需要而产生购买某种商品的动机，最后导致产生某种购买行为。

在第一阶段，广告、展销等有很大作用；第二阶段，先行购买的人的影响是举足轻重的；第三阶段是购买力与需求次序平衡的结果；第四阶段的决定性因素是产品款式、质量、价格以及企业信誉；第五阶段则取决于商品的性能和服务是否周到。掌握了这些规律，经营者就可以采取相应的经营策略，把消费者的潜在需求引导到购买行为上来。

（三）市场需求调查

市场需求调查主要包括市场商品需求量、需求结构和需求时间的调查等。即了解消费者在何时何地需要什么，需要多少。

1. 市场商品需求量

市场商品需求量主要取决于社会购买力水平。调查市场商品需求量主要是调查社会购买力，是一种有支付能力的消费需求。对企业来说，调查市场需求量，不仅要了解企业所在地区的需求总量、已满足的需求量和潜在的需求量，而且还必须了解本企业的市场销售量在市场商品需求量中所占的比重，即本企业销售的市场占有率，以及开拓地区市场的可能性。

2. 调查需求结构

调查需求结构主要是了解购买力的投向。通常是按消费者收入水平、职业类型、居住地区等标准分类，然后测算每类消费者的购买力投向，即对吃、穿、用、住、行商品的需求结构。需求结构调查不仅要了解需求商品的总量结构。而且还必须了解每类商品的品种、花色、规格、质量、价格、数量等具体结构；同时，需要了解市场和商品细分的动向、引起需求变化的因素及其影响的程度和方向、城乡需求变化的特点、开拓新消费领域的可能性等等。

3. 需求时间调查

需求时间调查主要是了解消费者需求的季节、月份、具体购买时间，以及需求内的品种和数量结构等。

4. 市场需求总量及结构的调查

市场需求总量及结构的调查是综合性调查，通常是由国家相应的经济管理部门组织进行，企业是利用间接资料。而各类具体商品数量、质量、品种、规格、需求时间等方面的需求情况及其满足程度的调查，是企业市场商品需求的重要内容。为了准确把握消费者的需求情况，通常需要对人口构成、家庭、职业与教育、收入、购买心理、购买行为等方面进行调查分析，然后再得出结论。

5. 市场营销实务调查

营销实务调查是围绕营销活动而展开的市场调查，主要包括产品调查、销售渠道调查、促销和服务调查、竞争对手调查几个方面。

（1）产品调查。即对生产者可能提供的产品品种、数量、质量、包装、产品生产周期以及生产者产品的可能性和途径。

（2）流通渠道调查。商品从生产者向消费者转移的过程中，要经过若干流通环节或中间层次。流通渠道调查就是对商品在流通过程中所经过的流通环节或中间层次进行调查。

商品从生产者向消费者转移的典型模式为：生产者—代理商—批发商业—零售商业—消费者。企业可以根据消费者特点、产品性质、企业自身状况以及具体的市场环境进行选择，从而形成流通渠道的多样化。流通渠道的具体形式决定了流通渠道调查的具体内容。

①批发商业调查。其主要内容有：批发商品流通渠道的参加者以及市场占有率的变化；批发商品流转环节的具体层次，了解、掌握流转环节形成的客观因素的变化，如商品生产力布局的变化以及由此而引起的商品流向的变化；铁路、水路、公路、航空、民间运输等各类交通运输条件变化；批发商业网点和零售商业网点布局的变化；商品花色品种和新产品发展方向的变化，鲜活易腐商品的保管、销售条件的变化；企业经营管理条件的变化；调查批发商业的商品购销形式；不同购销形式所起的作用以及影响商品购销形式的因素。

②零售商业调查。其内容主要有：零售商业市场上从事商品交易活动的参加者；不同所有制零售商品流转额中的比重变化；零售商业企业的类型、零售商业网点的分布情况；零售商业市场的商品产销服务形式等。

③生产者自销市场调查。生产者自销市场是指由生产者将商品销售给直接消费者的产销合一的形式。通过市场调查，要了解税收、物价等政策法规情况；生产者自销市场商品流转额；生产者自销市场商品流转额和商品结构、比例的变化。

④流通渠道调查。市场流转额同商业饮食服务业人员、网点之间的比例关系，是市场

商品流通发展的基本比例关系。因此，流通渠道调查，需要对社会零售商品流转额同商业、饮食服务业人员之间比例关系的变化趋势，商业、饮食服务业网点平均服务人口的增减变化情况进行调查研究。

（四）促销和服务调查

1. 促销调查

促销是企业把生产经营的商品及所提供的服务向消费者进行宣传，促进和影响消费者购买行为和消费方式的活动。促销的主要任务，是向消费者传递商品和服务信息，扩大销售。促销活动的方式很多，既有人员推销，又有非人员推销，在非人员推销中又有广告、营业推广、公共关系等具体促销形式。对促销活动，应着重调查消费者对促销活动的反映，了解消费者最喜爱的促销形式。具体内容包括：调查各种促销形式的特点，促销活动是否独具一格，具有创新性；是否突出了产品和服务特点，消费者接受程度如何；能否给消费者留下深刻印象，效果与投入比有无不良反映；是否最终起到了吸引顾客，争取潜在消费者的作用。

2. 销售服务调查

销售服务，从促销角度讲，也是一种重要的促销方式。这是企业为吸引消费者，保证消费者所购商品发挥作用，了解消费要求和商品质量等信息，建立企业信誉的一种促销方式。销售服务分为售前服务、售中服务和售后服务。对销售服务调查，应了解消费者服务需要的具体内容和形式；了解企业目前所提供服务在网点数量、服务质量上能否满足消费者的要求，消费者对目前服务的意见反映；调查了解竞争者所提供服务的内容、形式和质量情况。

另外有市场就有竞争，企业要想在市场上站稳脚跟，必须重视对竞争对手的了解，真正做到知己知彼。对竞争对手的调查，应主要了解以下几方面内容：竞争对手的数量，是否具有潜在的竞争者，主要的竞争对手是谁；竞争对手的经营规模、人员组成以及营销组织机构情况；竞争对手经营商品的品种、数量、价格、费用水平和营利能力；竞争对手的供货渠道情况；是否建立了稳定的供货关系网；竞争对手对销售渠道的控制程度，是否拥有特定的消费群体，所占有的市场份额情况；竞争对手所采取的促销方式有哪些，提供了哪些服务项目，消费者反映如何。

二、市场调查的种类

根据市场商品消费的目的不同，市场调查分为消费者市场调查和生产者市场调查。

根据需要市场调查提供信息目的的不同，市场调查分为探测性、描述性、因果性和预测性市场调查。

探测性市场调查，是收集一些有关资料，以确定经营管理需要研究的问题的症结所在。描述性市场调查，是为进一步研究问题症结的事实，收集必要的资料，以说明其"什么"、"何时"、"如何"等问题。

因果性市场调查，是收集研究对象事物发展过撑中的变化与影响因素的广泛资料，分清原因与结果，并指明何者为决定性的变量。

预测性市场调查，是收集研究对象事物过去和现在的各种市场情报资料，掌握其发展变化的规律，运用一定方法估计未来一定时期内市场对某种商品的需求量及其变化趋势。

按组织市场调查的时间层次不同，市场调查有经常性市场调查、定期市场调查和临时性市场调查。

经常性市场调查又称不定期市场调查，是指根据实际需要而组织的连续调查。

定期市场调查，是指企业针对市场情况和经营决策的要求，按时间定期进行的市场调查。

临时性市场调查，又称一次性调查。它是指只进行一次或只能进行一次的调查。

三、市场调查的步骤

市场调查工作涉及面广，是一项较为复杂、细致的工作。我们要做好市场调查，就必须遵循这些要求，市场调查要有计划性、针对性、时效性、系统性、科学性。同时为了确保不同类型市场调查的质量，使整个调查工作有节奏、高效率地进行，必须加强组织工作，合理安排调查的程序。不同类型的市场调查，虽然程序不尽相同，但从基本方面分析，大致要经过以下步骤：明确调查目的；制定实施计划；整理资料并提出调查报告。

（一）明确调查目的

明确调查目的，是进行市场调查必须首先解决的问题。主要是明确为什么要进行此项调查；通过调查要了解哪些问题；调查结果的具体用途。经验证明，市场调研人员设想的市场调查，开始往往涉及面很宽，提出的问题也比较笼统，因此，应先进行初步调查，通过初步调查，找出市场的主要问题。如某商业企业在经营过程中，出现商品销售额持续下降现象，需要分析发现问题的原因是商品货源不足，还是经营商品结构不合理？是服务质量下降，还是消费者购买力发生转移？是企业资金不足，周转缓慢，还是企业促销不利？这些要考虑的问题，涉及面较宽，问题也比较笼统，需要有一个初步调查的过程，找出主要原因，进而选择市场调查要解决的主要问题。

在初步调查过程中，首先要对市场的初步情况进行分析，即市场调查人员对所掌握的有关资料，如企业业务活动记录、统计报表、会计报表、产品质量、消费者的消费习惯、流通渠道情况、经销单位合同数量，以及同类新产品情况等资料，进行认真的研究分析，把握与了解其间的因果关系。其次要进行某些非正式调查，即试验性的访问调查，如访问有经验的专业人员，听取他们对市场的分析结果，找出症结所在。在此基础上，最后还需要确定市场调查的范围。

（二）制定实施计划

制定实施计划，是整个市场调查过程中最复杂的阶段。它主要包括选择与调查项目、调查方法、调查人员、调查费用等内容。

1. 调查项目

选择调查项目取决于调查目的和调查目标，即根据调查目的和调查目标，对各项问题进行分类，规定每项问题应调查收集的资料。调查项目正是为了取得所需的资料而设置的。

2. 调查方法

它包括在什么地点，找什么人，用什么方法进行调查。市场调查的方法很多，根据调查对象的多少可分别采用普查法和抽查法；根据所取得的资料的方法可采用访问法、观察法和实验法。

确定调查地点首先要从市场调查的范围出发，如果是调查一个城市的市场情况，还要考虑是在一个区调查还是在几个区调查；其次是考虑调查对象的居住地点，是平均分布还是分布在不同地区，还是可以集中于某些地区。

确定调查对象，主要是确定调查对象应具备的条件。如有关性别、文化水平、收入水平、职业等方面的选择要求。确定调查对象，就是根据市场调查目的选择符合条件的市场活动参与者，选定样本的数目，主要是确定调查对象的数目。

确定调查地点、调查对象条件、调查对象样本数目都不能孤立进行，它们同调查目的和要求达到的调查目标有密切的关系。例如：如果对调查结果的可信度要求一般。那么，所选的调查地区、调查对象的居住地点则可适当集中些，调查对象具备的条件也可以调整，以利于在满足调查需要的前提下合理节约调查费用。样本数目的确定，也与调查目标、调查费用有直接关系。样本数目的多少直接影响调查结果的可信水平。一般情况下，样本越多，样本平均数就越接近市场调查母体的平均数。也就是说，要求调查结果可信度高，就必须增大样本数目。但是，随着样本数目的增大，调查费用也会加大。

确定用什么方法进行调查，主要应从调查的具体条件出发，以有利于搜集到调查需要的第一手原始资料为原则。一般地讲，如果直接面对消费者进行调查，直接搜集第一手材料，可以分别采取访问法、观察法和实验法；如果调查内容较多，可以考虑留置问卷法。

3. 调查人员

确定调查人员，主要是确定参加市场调查人员的条件和人数，包括对调查人员的必要培训。由于调查对象是社会各阶层的生产者和消费者，思想认识、文化水平差异较大，因此，要求市场调查人员必须具备一定的思想水平、工作业务技术水平。具体地讲，首先要求市场调查人员应具备一定的文化基础知识，能正确理解调查提纲、表格、问卷内容，能比较准确地记录调查对象反映出来的实际情况和内容，能作一些简单的数字运算和初步的统计分析。其次，要求市场调查人员应具备一定的市场学、管理学、经济学方面的知识，对调查过程中涉及到的专业性概念、术语、指标应有正确的理解。要具备一定的社会经验，要有文明的举止，大方、开朗的性格，善于和不同类型的人打交道，取得他们对调查工作的配合。最后，参加市场调查，不但工作任务复杂繁忙，有时工作也单调枯燥，要求调查人员必须具有严肃、认真、踏实的工作态度。

4. 调查费用

每次市场调查活动都需要支出一定的费用。因此，在制定计划时，应编制调查费用预算，合理估计调查的各项开支。编制费用预算的基本原则是：在坚持调查费用有限的条件下，力求取得最好的调查效果。或者是在保证实现调查目标的前提下，力求使调查费用支出最少。调查费用以总额表示，至于费用支出的细目，如人员劳务费、问卷印刷费、资料费、交通费、问卷处理费、杂费等，应根据每次调查的具体情况而定。

5. 工作进度日程和工作进度的监督检查

工作进度日程，是对各类调查项目、调查方法的工作程序、时间、工作方法等要求作出的具体规定。如何时做好准备工作，由谁负责；何时开始培训工作，由谁主持；通过什么方式进行等。切合实际的工作进度日程，可以使整个调查活动有节奏地进行。

6. 调查人员的综合考核

对调查人员工作表现的考核，也是保证整个调查活动顺利进行的重要条件。对调查人员工作表现的考核，应注意结合工作成果大小提出具体的标准。例如：考核百分比，拒绝访问的少，工作表现好；反之，工作中存在问题。还可以结合调查过程，考核在询问、记录、资料整理、分析等活动中发生错误的次数。

（三）整理资料并提出报告

1. 整理资料

市场调查获得的资料，大多数是分散的、零乱的，难免出现虚假、冗余等现象，甚至加上调查人员的偏见，难以反映调查特征和本质。因此，必须对资料进行整理加工，使之真实、准确、完整、统一。

（1）整理资料，就是运用科学方法，对调查资料进行编校、分类和分析，使之系统化、条理化，并以简明的方式准确反映调查问题的真实情况。

（2）编校，就是对收集到的资料进行检验、检查，验证各种资料是否真实可靠，合乎要求，剔除调查中取得的不符合实际的资料。具体做法是：首先，检查调查资料的真实性和准确程度；其次，要检查记录的一致性，口径的统一性。

（3）资料分类，就是把经过编校检验的资料，分析归人适当的类别，并制作成有关的统计表或统计图，以便于观察分析运用。资料的分类有两种方法：气是在设计调查提纲、调查问卷时，按照调查项目的不同，设计调查指标，调查时即按分类指标搜集资料、整理资料；二是在调查资料收集起来之后，再根据资料的性质、内容或特征将相异的资料区别开来，将相同或相近的资料合为一类。

（4）对资料的分析，应注意计算各类资料的百分率，以便人们对调查结果产生清楚的概念。

2. 提出调查报告

资料的整理和分析是提出调查报告的基础，而提出调查报告则是市场调查的必然过程和结果。调查报告应包括以下几方面的内容：

（1）序言，主要说明调查的目的，调查过程及采用的方法。

（2）主体部分，根据调查的目的，分析情况，作出结论与工作建议。

（3）附件，主要是报告主体部分引用过的重要数据和资料，必要时可以把详细的统计图表和调查资料作为附件。

第四节　市场预测及其方法

一、市场预测的定义及其分类

市场预测是在市场调查的基础上，运用科学的方法对市场需求和企业需求以及影响市场需求变化的诸因素进行分析研究，对未来的发展趋势作出判断和推测，为企业制定正确的市场营销决策提供依据。企业市场预测方法主要有定性预测法和定量预测法。

定性预测法也称为直观判断法，是市场预测中经常使用的方法。定性预测主要依靠预测人员所掌握的信息、经验和综合判断能力，预测市场未来的状况和发展趋势。这类预测方法简单易行，特别适用于那些难以获取全面的资料进行统计分析的问题。因此，定性预测方法在市场预测中得到广泛的应用。定性预测方法又包括：专家会议法，德尔菲法，销售人员意见汇集法，顾客需求意向调查法。

定量预测是利用比较完备的历史资料，运用数学模型和计量方法，来预测未来的市场需求。定量预测基本上分为两类：一类是时间序列模式；另一类是因果关系模式。

二、市场预测的内容与步骤

（一）市场预测的内容

市场预测的内容按照预测的层次可以分成以下三个方面：

1. 环境预测

环境预测也称为宏观预测或经济预测，它是通过对各种环境因素如国家财政开支、进出口贸易、通货膨胀、失业状况、企业投资及消费者支出等因素的分析，对国民生产总值和有关的总量指标的预测。环境预测是市场潜量与企业潜量预测、市场预测和企业预测的基础。

2. 市场潜量与企业潜量预测

市场潜量和企业潜量预测是市场需求预测的重要内容。市场潜量是从行业的角度考虑某一产品的市场需求的极限值，企业潜量则是从企业角度考虑某一产品在市场上所占的最大的市场份额。市场潜量和企业潜量的预测是企业制定营销决策的前提，也是进行市场预测和业销售预测的基础。

3. 市场预测与企业预测

市场预测是在一定营销环境下和一定营销力量下，某产品的市场需求水平的估计。企业预测是在一定的环境下和一定的营销方案下，企业预期的销售水平。企业预测不是企业制定营销决策的基础或前提，相反它是受企业营销方案影响的一个函数。

（二）市场预测的步骤

市场预测要遵循一定的程序和步骤，一般而言它有以下几个步骤：

1. 确定预测目标

市场预测首先要确定预测目标，明确目标之后，才能根据预测的目标去选择预测的方法、决定收集资料的范围与内容，做到有的放矢。

2. 选择预测方法

预测的方法很多，各种方法都有其优点和缺点，有各自的适用场合，因此必须在预测开始根据预测的目标和目的，根据企业的人力、财力以及企业可以获得的资料，确定预测的方法。

3. 收集市场资料

按照预测方法的不同确定要收集的资料，这是市场预测的一个重要阶段。

4. 进行预测

此阶段就是按照选定的预测方法，利用已经获得的资料进行预测，计算预测结果。

5. 预测结果评价

预测结果得到以后，还要通过对预测数字与实际数字的差距分析比较以及对预测模型进行理论分析，对预测结果的准确和可靠程度给出评价。

6. 预测结果报告

预测结果的报告从结果的表述形式上看，可以分成点值预测和区间预测。点值预测的结果就是一个数值，例如：某行业市场潜量预计达到 5 个亿，就属于点值预测。区间预测不是给出预测对象的一个具体的数值，而是给出预测值的一个可能的区间范围和预测结果的可靠程度。例如：95% 的置信度下，某企业产品销售额的预测值在 5 500 万元至 6 500 万元之间。

三、德尔菲法

德尔菲法即专家预测分析法，是以系统的方法得出专家对未来意见的一种方法，是应用较广的一种定性预测或决策方法。这种方法首先由组织者就拟定的问题设计调查表，通过函件分别向选定的专家组成员征询调查，按照规定程序，专家组成员之间通过组织者的反馈材料匿名地交流意见，通过几轮征询和反馈，专家们的意见逐渐集中，最后获得具有统计意义的专家集体判断结果。

德尔菲法既可以用于预测，也可以用于评估。国内外经验表明，德尔菲法能够充分利用专家的知识、经验和智慧，成为解决非结构化问题的有效手段，对于实现决策科学化、民主化具有重要价值。例如：美国麦格劳—希尔公司关于商人对工厂和设备开支计划的述评，定期在《商业周刊》上发表并广泛地被用作预测的依据。这种预测是根据各小组集体的判断企作出，但是人们常常发现，依据汇总的小组意见作出的预测代表的是妥协而并非一致，因为像个人的威望或个性这类事情会无限制地影响小组的判断。

德尔菲法包括一系列步骤：

第一，每个专家提出预测；

第二，中立的调研人员进行整理阐述；

第三，经过其他专家的反馈，专家再提问。安排这个再提问程序是为了排除曲解，并使每个专家注意到未为全体所知的因素。

典型的德尔菲法分析会议第一轮要求每个参加者预测技术发展何时可能出现。各个参加者的数据被列表整理后，在第二轮会议上反馈给参加者。要求他们根据其他参加者的预测来审查他们第一次的预测。还要求那些作出极端评价（在第一轮会议上两头各占 25% 的少数派）的参加者解释这些极端的见解。这个过程可以继续进行若干次，每个参加者都有机会根据其他参加者的预测和他们的理论重新评价自己的预测。有时，原来是极端的见解经过充分论证，结果达到了一致意见；有时，提极端意见者修正了他们的预测。不管怎样，这都避免了面对面预测的困难，实现了专家判断的好处。

对基本的德尔菲法的修正为数众多，难以细说。然而几乎所有修正了的德尔菲法都旨在达到三个特点：预测者匿名、统计预测资料、通过反馈影响预测投票。这样有助于取得真正的一致性和正确的结果。

但是，德尔菲法隐含了这样一个前提，即建立在满足一致性条件的专家群体意见的统计结果才是有意义的。这种方法通过"专家意见形成—统计反馈—意见调整"这样一个多次与专家交互的循环过程，使分散的意见逐次收敛在协调一致的结果上，充分发挥了信息反馈和信息控制的作用。但正是由于这一"统计–反馈"过程的潜在暗示作用，可能会使专家将自己的意见向有利于统计结果的方向调整，从而削弱了专家原有见解的独立性；而且，典型的德尔菲法并未对群体意见的一致性给出一个判断标准，实际使用当中一般根据四分位图进行主观判断，可塑性较大；同时，对集成结果的可信性难以把握，缺乏有效的量度；而且，由于过程繁杂（一般要经过四到五轮的调查统计），存在不收敛的风险，如果个别专家坚持自己的意见，可能会使群体意见分歧，难以协调，因此实际应用当中会降低权威性和有效性。

四、时间序列预测分析法

时间序列预测分析法，是把历史统计资料按年或按月排列成一个统计数列，根据其发展趋势，向前外延进行预测。这类预测方法，适用于市场比较稳定、价格弹性较小的商品，特别是对短期预测更为适用。

（一）简单移动平均法

这种方法是将近期的实销值按规定的期数进行平均，随着时间的推移，不断引进新的数据来修改平均值，以消除偶然变动因素的影响，使时间序列数据修匀并呈某种趋势，求得下期预测值。

按照以上原理，就可以从历史上 m 个实销值的统计数据中取最近的 n 个实销值作为下一期的预测值。简单移动平均法的计算公式为：

$$M = （D_{t+1}+D_{t+2}+\cdots+D_{t+n}）/n$$

式中：t——资料的时间期数（年、季、月）；

M——预测值；

D——实际值；

n——预测资料期（n 小于 t，即移动平均的时段长。

（二）加权移动平均法

所谓加权移动平均法，就是在计算平均值时，对实际值不予同等对待，根据实际值距预测期的远近，分别赋予它们一个不同的权数。近期数据对预测值的影响较大，其权数应大些，反之，远期数据的影响相对较小，其权数可小一些。

加权移动平均法数学模型为：

$$M_t = W_{t-1}D_{t-1}+W_{t-2}D_{t-2}+\cdots+W_{t-n}D_{t-n}$$

式中：M_t——第 t 期的预测值；

W——各期资料的权数，$W_{t-1} \geq W_{t-2} \geq \cdots \geq W_{t-n}$，$\sum W = 1$；

D——实际值。

（三）指数平滑法

指数平滑法是在移动平均法的基础上发展起来的一种时间序列预测方法。其特点是以前期的实际值和前期的预测值为根据，经过修匀后得出本期的预测值。指数平滑法实质上是一种加权平均法，只不过它的权数是由实际值与预测值的误差来确定，而且它在整个时间序列中是有规律排列的。

指数平滑法数学模型为：

$$M_t = M_{t-1} + \alpha \ (D_{t-1} - M_{t-1}) \ = \ (1-\alpha) \ M_{t-1} + \alpha D_{t-1}$$

式中：M_t——第 t 期的预测值；

M_{t-1}——第 $t-1$ 期的预测值；

D_{t-1}——第 $t-1$ 期的实际值；

α——平滑系数（$0 \leqslant o \leqslant 1$）。

指数平滑法没有像加权移动平均法中固定的分段数。平滑系数 α 一般是由预测人员根据经验判断选定，通常可以按照历史的实际值与预测值相比较来确定。当时间序列的波动幅度比较大时，α 可取较大值，当时间序列的波动幅度比较平稳时，α 可取较小值。用指数平滑法数学模型计算的预测值，其大小主要取决于前期的预测误差 $D_{t-1} - M_{t-1}$，以及权数 α。

尽管某因变量的确定与诸多因素有关，但却并非简单的因果关系。因此，在作分析预测时不宜选用因果回归分析法，而以时间序列分析法比较恰当。时间序列分析法也就是依据预测对象过去的统计数据 Y_t，找出其随时间（t）变化的规律，建立时序模型，以推断预测对象未来数值的一种预测方法。

如果该变量 Q 是在时间上展开的，随着时间的推移可以得到一系列依赖于时间（t）而变化的数据：Y_1、$Y_2 \cdots Y_t$ 并可在时间坐标上得到 $Y_t = f(t)$ 时序曲线图，利用方程，依据 Y_1、$Y_2 \cdots Y_t$ 对（$t+1$）、（$t+2$）、……（$t+m$）进行预测时可选用的方法很多，并且该变量往往受季节性、周期性和一些不规则因素的影响，经分析比较，在这种情况下，就可以用时间序列分解和分离这些因素。

假定时间序列的各因子间是乘法关系，即：

$$Q = T \cdot S \cdot C \cdot I \tag{　}$$

式中：Q——因变量预期值；

T——长期趋势值；

S——季节性因子；

C——周期性因子；

I——不规则因子。

长期趋势一般可以在 Q 数据消除季节性因素后，以线性函数形式，用回归分析法来估计。季节性因子反映在年内数据重复、有规则的变动，而且以后每年的情况都类似。一般它们或者随季度的变化，或者随月度的变化。周期性因子反映数据围绕长期趋势线的上、下波动。不规则因子是由随机事件引起的，随着时间的推移，它不再重复（至少不是有规则的）。例如战争、特别恶劣的天气等等。这些事件由于具有随机性质，所以无法正式列入模型。

五、回归分析法预测

社会经济系统是由许多因素相互作用而形成的复杂的动态系统。各因素之间的作用可能是双向的，也可能是单向的。双向作用的两个因素构成一个闭合反馈环，几个单向作用的因素也可能构成一个反馈环。若某个因素只受某些因素的作用，而不作用于这些因素，即该因素不与作用因素构成反馈环，则该因素称为因变量，作用因素称为自变量。

通过收集这些因素的样本数据，利用统计分析的方法，可以找出因变量随自变量变化的关系式。这样，只要知道自变量的未来值（可以通过趋势预测或其他预测方法，有时也可以认为是控制指标，如固定资产投资额等），就可以根据关系式计算出因变量的未来值。这种方法称为回归预测，只考虑一个自变量的回归预测称为一元回归预测，考虑多个自变量的回归预测称为多元回归预测。

我们首先通过一个例子说明如何建立一元线性回归方程。

一元线性回归是指事物发展的自变量与因变量之间是单因素间的简单线性关系，它的模型可以表示为：

$$y = \alpha + bx$$

其中 y 是因变量，x 是自变量，a 是常数，b 是回归系数。

多元线性回归是指一个因变量与多个自变量之间的线性关系。模型的一般型式为：

$$y = \alpha + b_1 x_1 + b_2 x_2 + \cdots + b_n x_n$$

其中，y 是因变量，x_1、$x_2 \cdots x_n$ 是自变量；α 是常数；b_1、$b_2 \cdots b_n$ 是回归系数。

回归分析法不但可用于时间序列分析，而且也可用于因果分析。当回归线反映因果关系时，X 轴就不代表时间，而是代表某种影响因素，即影响预测值 Y 的因素。

例 1　采用某市 1978-2002 年共 25 年的历史资料作为样本系列，进行该市人均国内生产总值 G_i 和人均用电量 Q_i 之间的回归计算，基础数据见表 4-1。

1. 某市人均用电量回归模型建立

考虑到该市各历史时期产业结构和用电水平的差异，在回归计算过程中，将 25 年的样本系列分为 6 组，分别是：1978 ~ 2002 年共 25 年为第 1 组；1983 ~ 2002 年共 20 年为第 2 组；1988 ~ 2002 年共 15 年为第 3 组；1993 ~ 2002 年共 10 年为第 4 组；1995 ~ 2002 年共 8 年为第 5 组；1998 ~ 2002 年共 5 年为第 6 组。

采用一元线性回归模型：$y_i = \alpha + b x_i$　$i = 1, 2, \cdots\cdots, n$。

其中，Y_i 为因变量 Q_i，X_i 为自变量 G_i，α 和 b 为回归系数。

按 6 组样本系列分别对回归系数 a、b 进行估算，其中：

$$b = \frac{n \sum x_i y_i - \sum x_i \sum y_i}{n \sum x_i^2 - \left(\sum x_i \right)^2}$$

$$\hat{a} = \frac{\sum y_i}{n} - \hat{b} \frac{\sum x_i}{n}$$

这里，x_i 和 y_i（$i = 1, 2, \cdots\cdots, n$）均是该市已有人均国内生产总值 G_i 和人均用电量 Q_i 历史数据。

表 4-1　某市 1978-2002 年人均用电量与人均国内生产总值等基础数据

数据项 年份	总耗电/ 亿 kW·h	电力消费 增长/%	GDP /亿元	GDP 增长 /%	总人口 /万人	人均用电 /kW·h	GDP/元	电力消费 弹性系数
1978	162.59	10.80	272.81	15.80	1 098.28	1 480.5	2 483.97	0.68
1979	167.47	3.00	286.43	7.40	1 132.14	1 479.3	2 529.99	0.41

数据项 年份	总耗电/ 亿 kW·h	电力消费 增长/%	GDP /亿元	GDP 增长 /%	总人口 /万人	人均用电 /kW·h	GDP/元	电力消费 弹性系数
1980	173.17	3.40	311.89	8.40	1 146.52	1 510.4	2 720.32	0.40
1981	184.25	6.40	324.76	5.60	1 162.84	1 584.5	2 792.82	1.14
1982	192.36	4.40	337.07	7.20	1 180.51	1 629.4	2 855.29	0.61
1983	200.44	4.20	351.81	7.80	1 194.01	1 678.7	2 946.46	0.54
1984	208.65	4.10	390.85	11.60	1 204.78	1 731.9	3 244.16	0.35
1985	216.79	3.90	466.75	13.40	1 216.69	1 781.8	3 836.23	0.29
1986	231.53	6.80	490.83	4.40	1 232.33	1 878.8	3 982.94	1.55
1987	241.03	4.10	545.46	7.50	1 249.51	1 929.0	4 365.39	0.55
1988	247.05	2.50	648.30	10.10	1 262.42	1 957.0	5 135.37	0.25
1989	250.26	1.30	696.54	3.00	1 276.45	1 960.6	5 456.85	0.42
1990	264.78	5.80	756.45	3.50	1 283.35	2 063.2	5 894.34	1.66
1991	288.61	9.00	893.77	7.10	1 287.20	2 242.1	6 943.52	1.27
1992	317.47	10.00	1 114.32	14.80	1 289.37	2 462.2	8 642.36	0.68
1993	346.04	9.00	1 511.61	14.90	1 294.74	2 672.7	11 675.01	0.61
1994	377.53	9.10	1 971.92	14.30	1 298.81	2 906.7	15 182.51	0.64
1995	403.58	6.90	2 462.57	14.10	1 301.37	3 101.2	18 922.90	0.49
1996	430.62	6.70	2 902.20	13.00	1 304.43	3 301.2	22 248.80	0.52
1997	454.30	5.50	3 360.21	12.70	1 305.46	3 480.0	25 739.66	0.43
1998	482.93	6.30	3 688.20	10.10	1 306.58	3 696.1	28 227.89	0.62
1999	501.28	3.80	4 034.96	10.20	1 313.12	3 817.4	30 728.04	0.37
2000	559.42	11.60	4 551.15	10.80	1 321.63	4 232.8	34 435.89	1.07
2001	592.99	6.00	4 950.84	10.20	1 327.14	4 468.2	37 304.58	0.59
2002	645.71	8.90	5 408.76	10.90	1 334.70	4 837.9	40 524.16	0.82

回归模型计算结果见表 4-2。

表 4-2 回归系数及相关系数计算结果表

系数 选取年份（m）	25 年	20 年	15 年	10 年	8 年	5 年
系数 α	1 490.6025	1 589.2518	1 669.0821	1 728.7352	1 487.1884	972.5760
系数 b	0.0810	0.0774	0.0746	0.0726	0.0799	0.0946
相关系数 R	0.9919	0.9946	0.9942	0.9907	0.9902	0.9955

2. 回归模型检验

利用相关系数（R）验法，对建立的回归模型进行显著性检验，其中：

$$R = \sqrt{\frac{\sum (\hat{y_i} - \bar{y})^2}{\sum (y_i - \bar{y})^2}}$$

$\hat{y_i}$ 为 y_i 的估计值，$\bar{y}$ 为因变量的观念值的算术平均数。

检验结果见表4-2相关系数 R，表4-2 中的只值均达到了 0.99 以上，说明该市人均用电量 Q_i 与人均国内生产总值 G_i 之间具有高度的相关性。

六、直线趋势法

直线趋势法是预测要素随时间变化呈现直线发展趋势，利用直线延伸来预测未来发展量。应用一元回归方程：$y = \alpha + bx$。y 是预测要素量；x 是时间变量；

$$a = \sum yi/n; \quad b = \sum xi \times yi/\sum xi^2$$

本类题计算关键是理解时间变量 x 的设定，有两种情况：

（1）预测要素为奇数数列，以最中间一项为0，往前推为负数，往后推为正值，$\sum x = 0$；

如：由 1-7 月的数据预测 8 月份的量：

表4-3　由1-7月的数据预测8月份的量

月份	1	2	3	4	5	6	7	8 月份
x	-3	-2	-1	0	1	2	3	4

（2）预测要素为偶数数列，也以中间一分为二，往前推为-1、3…，往后推为1、3…，$\sum x$：0

如：由 1-6 月的数据预测 7 月份的量：

表4-4　由1-6月的数据预测7月份的量

月份	1	2	3	4	5	6	7 月份
x	-5	-3	-1	1	3	5	7

例2：某电视机厂1-5月份在市场上的销售量如下表，试预测6月份的销售量：

表4-5　1-5月份在市场上的销售量

月份	1	2	3	4	5
销售量（台）	3 800	4 100	4 600	4 300	4 700

解：设6月份的销售量为了则 $y = \alpha + bx$；

列表计算有关参数：

表4-6 计算结果

月份	x_i	y_i	$x_i * y_i$	x_i^2
1	−2	3 800	−7 600	4
2	−1	4 100	−4 100	1
3	0	4 600	−0	0
4	1	4 300	4 300	1
5	2	4 700	9 400	4
Σ	0	21 500	2 000	10

$\alpha = 21\,500/5 = 4\,300$；$b = 2\,000/10 = 200$；

则 $y = 4\,300 + 200x$ 6 月份时间序列编号为 3

$y_6 = 43\,00 + 200 \times 3 = 4\,900$（台）

答：6 月份预测销售量为 4 900 台。

例 3：根据列表有关参数建立回归模型。

表4-7 相关参数表

年份	新增住宅面积 x_i（万平方米）	家具销售额 y_i（万元）	$x_i \times y_i$	x_i^2
1986	55	10	550	3 025
1987	60	9	540	3 600
1988	62	13	806	3 844
1989	75	14	1 050	5 625
1990	100	16	1 600	10 000
Σ	352	62	4 546	26 094

解：设家具销售额 y，新建住宅面积为 x，则：$y = a + bx$

$x = 352/5 = 70.4$；$y = 62/5 = 12.4$

$b = (4\,546 - 70.4 \times 62) / (26\,094 - 70.4 \times 352) = 0.138$

$a = y - bx = 12.4 - 0.138 \times 70.4 = 2.7$

则：$y = 2.7 + 0.138x$；1991 年的新增住宅面积为 120 万平方米。

$y_{1991} = 2.7 + 0.138 \times 120 = 19.3$（万元）

答：1991 年家具销售额预测为 19.3 万元。

【个案分析】

赶制酒桶迎"新政"

1931 年，美国的哈默从苏联回来，此时，正是富兰克林·罗斯福逐渐走近白宫总统宝座的时候。罗斯福提出的解决美国经济危机的"新政"，获得了一些人的赞许，但仍有一些人对"新政"能否成功持怀疑态度。哈默潜心研究了当时美国国内的政治形势和经济状况，认为罗斯福肯定会掌握美国政权，"新政"定会成功。

正是从这点出发，具有商人头脑的哈默找到了一条可以发财的新路。他以敏锐的眼光预见到，一旦罗斯福新政得势，1920 年公布的禁酒令就会被废除。为了解决全国对啤酒和威士忌酒的需求，那时将需要空前数量的酒桶，特别是需要用经过处理的白橡木制成的酒桶，而当时市场上却没有酒桶。哈默在原苏联住了多年，他知道原苏联人有制作酒桶用的桶板可供出口，于是，他向原苏联订购了几船桶板，并在纽约码头原苏联货轮靠岸的泊位上设立了一个临时性的桶板加工厂。酒桶由于供不应求，他又在新泽西洲的米尔敦建造了一个现代化的酒桶工厂，造桶厂就以他自己的名字命名。当酒桶从哈默的造桶厂滚滚而出的时候，恰好赶上"新政"废除禁酒令，人们对啤酒和威士忌酒等的需求量大大增加，各酒厂生产量急剧增加，这就需要大量酒桶。这时，一个是造桶厂有大量的酒桶供应，一个需要大量的酒桶盛酒，这真是弯刀遇到了瓢切菜。于是，哈默的酒桶被那些最大的威士忌和啤酒制造厂以高价抢购一空。哈默获得了空前的成功。随后的 25 年，哈默的经营愈加活跃，最终成了美国的巨富。

问题：
1. 哈默对酒桶预测的根据是什么？
2. 结合实际分析政策法令的变化给市场带来的影响。

【关键名词】
市场信息　市场调查　市场预测　消费品市场　德尔菲法　回归分析法

【思考与讨论】
1. 什么是市场信息，它有什么特点？
2. 简述市场的分类及其特点。
3. 简述市场调查及其步骤。
4. 如何进行市场信息的处理，它遵循什么原则？
5. 常见的市场预测方法有哪些？
6. 什么是德尔菲法？什么是回归分析法？

第五章　企业经营战略及其选择

【学习目标】

本章主要讲授企业如何在环境分析的基础上制定战略目标，选择战略重点，制定实战略目标的方针、对策以及战略实施的规划，引导企业在激烈的竞争环境里取得长期稳定的发展。通过学习，学生应能够了解经营战略的内容、特点、结构等主要内容，理解战略选择过程与方法，掌握各种经营战略方法的操作要点，学会分析和评价企业对经营战略的选择和实施。

【重点难点】

1. 经营战略的选择与过程
2. 经营战略类型

学习内容

第一节　经营战略及其特点

一、经营战略的概念

"战略"一词来源于希腊词 strategos，其含义是"将军"。当时，这个词的意义是指挥军队的艺术和科学。今天，在经营中运用这个词，是用来描述一个组织打算如何实现它的目标和使命。大多数组织为实现自己的目标和使命，可以有若干种选择，战略就与决定选用何种方案有关。战略包括对实现组织目标和使命的各种方案的拟定和评价，以及最终选定将要行的方案。企业要在复杂多变的环境中求得生存和发展，必须对自己的行为进行通盘谋划。20 世纪 60 年代以前，在某些企业中虽然也存在着类似于这种谋划的活动，但所使用的概念不是经营战略，而是长期计划、公司计划、企业政策或企业家活动等。直到 20 世纪 60 年代，经营战略才以一种具有科学性的概念开始在企业管理学中使用。

现代经营战略理论开始于安瑟夫，他将决策理论发展到了战略决策理论的阶段，并提出了企业成长向量的概念。此时，美国波士顿咨询公司（BCG）也从与管理学者不同的角度，提出了经验曲线的新概念。20 世纪 60 年代，有些管理学家和咨询人员指出，赢得企业竞争胜利要看综合成本，而不能仅仅看制造成本，要快速降低综合成本，就必须尽可能地增加产量，提高市场占有率。波士顿咨询公司以此为基础，开发了被称为产品资源配置

（PPM）的战略计划技术，即对某一产品或事业领域的投资决策由市场成长率与市场占有率的综合评价来决定。

波特是经营战略论方面最知名的学者之一。他开创了解决企业如何维持竞争优势问题的竞争战略理论框架。他将 PPM 模型中的市场成长率换成产业吸引力，将市场占有率换成产业中本公司的地位，认为企业制定战略时必须对这两个要素进行选择。波特提出了所谓"五种力模型"来帮助人们理解某个产业的结构与变化。这五种力就是决定市场竞争状态的力。包括进入壁垒、买方交涉力、供应商交涉力、替代品威胁和既成竞争对手五个方面。

经营战略又称"经营单位战略"。根据人们对经营战略的认识，我们把经营战略定义为：经营战略是企业面对竞争激烈的市场环境，为求得长期生存和不断发展而进行的总体性谋划。它是企业战略思想的集中体现，是企业经营范，围的科学规定，同时又是制定规划（计划）的基础。更具体地说，经营战略是在符合和保证实现企业使命条件下，在充分利用环境中存在的各种机会和创造新机会的基础上，确定企业同环境的关系，规定企业从事的事业范围、成长方向和竞争对策，合理地调整企业结构和分配企业的全部资源。从其制定要求看，经营战略就是用机会和威胁评价现在和未来的环境，用优势和劣势评价企业现状，进而选择和确定企业的总体、长远目标，制定和抉择实现目标的行动方案。

二、经营战略的作用

经营战略直接关系着企业的生死存亡。经营战略是企业为求得长期的生存和发展，在充分分析企业外部环境和内部条件的基础上，以正确的经营思想为指导，依据企业经营目标，对企业较长时期全局的发展做出纲要性、方向性的决策和谋划。经营战略的制定是一个相当复杂的过程，它既是动态的、连续的过程，也是一个探索和创新的过程，需要决策者积极探索，大胆创新，在进行充分的理性分析基础上，判定出符合本企业实际情况的战略。

企业管理的重心在经营，经营的重心在决策。经营战略决策关系到企业发展前途，决定企业发展方向，直至决定着企业的成败。决策失误，全盘皆输。因此，我们必须慎之又慎，经过严格而科学的论证，才能付诸实施。具体地说，当企业起步之初就要准确地把握好市场定位，当企业有了一定积累以后是向专业化方向发展，还是向多元化发展，企业究竟是纵向发展，还是横向扩张，就必须考虑企业的核心竞争力。只有牢牢把握自身优势，扬长避短，才能在危机四伏的商战中立于不败之地。毫无疑问，企业经营的成功与辉煌无不与其牢牢把握自身优势，通过稳步实施多样化的正确经营决策有密切关系。具体来讲，经营战略对企业生存发展的重要性体现在：

第一，为企业确定一项经营理念。

第二，提供特定的准则，使企业在探寻经营机会时有所依据。

第三，弥补企业目标的不足，为企业提供必要的决策规划。

第四，便于国家和有关部门对企业进行指导、有利于客观经济和微观经济的有机结合和协调发展、有利于全面推进企业管理现代化。

三、经营战略的类型

经营战略是企业总体战略的具体化，其目的是使企业的经营结构、资源和经营目标等要素，在可以接受的风险限度内，与市场环境所提供的各种机会取得动态的平衡，实现经营目标。

人们按照不同的标准对企业的经营战略进行了许多不同的分类。经营战略有多种分类，为企业选择经营战略提供了广阔途径。

按照战略的目的性，可把企业经营战略划分为成长战略和竞争战略。成长战略是指企业为了适应企业外部环境的变化，有效地利用企业的资源，研究企业为了实现成长目标如何选择经营领域的战略。成长战略的重点是产品和市场战略，即选择具体的产品和市场领域，规定产品和市场的开拓方向和幅度。竞争战略是企业在特定的产品与市场范围内，为了取得差别优势，维持和扩大市场占有率所采取的战略。竞争战略的重点是提高市场占有率和销售利润率。企业经营战略归根到底是竞争战略。从企业的一般竞争角度看，竞争战略大致有三种可供选择的战略：低成本战略、产品差异战略和集中重点战略。

按照战略的领域，可以把企业的经营战略划分为产品战略、市场战略和投资战略。产品战略主要包括产品的扩展战略、维持战略、收缩战略、更新换代战略、多样化战略、产品组合战略等。市场战略主要有市场渗透战略、市场开拓战略、新产品市场战略、混合市场战略、产品寿命周期战略、市场细分战略和市场营销组合战略等。投资战略是一种资源分配战略，主要包括产品投资战略、市场投资战略、技术发展投资战略、规模化投资战略和企业联合与兼并战略等。

按照战略对市场环境变化的适应程度，可以把企业经营战略划分为进攻战略、防守战略和撤退战略。进攻战略又可分为：技术开发战略，产品发展战略，市场拓展战略，生产拓展战略。进攻战略的特点是企业不断地开发新产品和新市场，力图掌握市场竞争的主动权，不断地提高市场占有率。进攻战略的着眼点是技术、产品、质量、市场和规模。防守战略也称维持战略，其特点是以守为攻，后发制人。所采取的战略是避实就虚，不与对手正面竞争；在技术上实行拿来主义，以购买专利为主；在产品开发上实行紧跟主义，后发制人；在生产方面着眼于提高效率，降低成本。撤退战略是一种收缩战略，目的是积蓄优势力量，以保证重点进攻方向取得胜利。

按照战略的层次性，可把企业经营战略划分为公司战略、事业部战略和职能战略。公司战略是企业最高层次的战略，其侧重点是确定企业经营的范围和在企业内部各项事业间进行资源分配。事业部战略是企业在分散经营的条件下，各事业部根据企业战略赋予的任务而确定的。职能战略是各职能部门根据各自的性质、职能制定的部门战略，其目的在于保证企业战略的实现。

四、经营战略的特点

（一）目的性，纲领性

企业战略规定的是企业总体的长远的目标、发展方向和重点、前进道路，以及所采取的基本行动方针、重大措施和基本步骤，这些都是原则性的、概括性的规定，具有行动纲领的意义。战略的制定与实施必须服务于一个明确的目的，它必须通过展开、分解和落实等过程，才能变为具体的行动计划，从而引导企业在变化着的竞争环境里生存和发展。

（二）全局性，系统性

企业的经营战略是以企业的全局为对象，根据企业总体发展的需要而制定的。它所规定的是企业的总体行动，它所追求的是企业的总体效果。虽然它必然包括企业的局部活动，但是，这些局部活动是作为总体行动的有机组成部分在战略中出现的。这样也就使经营战略具有综合性和系统性。并且，企业战略是指导企业全局的对策与谋划，其本身就是一个系统，也应该是分层次的。

（三）长远性，长期性

战略不是着眼于解决企业眼前遇到的麻烦，而是迎接未来的挑战，是在环境分析和科学预测的基础上，展望未来，为企业谋求长期发展的目标与对策。凡是为适应环境条件的变化所确定的长期基本不变的行动目标和实现目标的行动方案，都是战略。而那种针对当前形势灵活地适应短期变化，解决局部问题的方法都是战术。企业的经营战略，既是企业谋取长远发展要求的反映，又是企业对未来较长时期（五年以上）内如何生存和发展的统盘筹划。虽然它的制定要以企业外部环境和内部条件的当前情况为出发点，并且对企业当前的生产经营活动有指导、限制作用，但是，这一切也都是为了企业更长远的发展。

（四）对策性，对抗性

这里有两种含义：一是面对环境变化的挑战，设计走向未来的对策；二是根据同行业竞争者的战略设计企业的战略以保持企业的竞争优势，从而使战略具有对抗性。企业经营战略是关于企业在激烈的竞争中如何与竞争对手抗衡的行动方案，同时也是针对来自各方面的许多冲击、压力、威胁和困难，迎接这些挑战的行动方案。它与那些不考虑竞争、挑战而单纯为了改善企业现状、增加经济效益、提高管理水平等为目的的行动方案不同。只有当这些工作与强化企业竞争力量和迎接挑战直接相关、具有战略意义时，才能构成经营战略的内容。应当明确，市场如战场，现代的市场总是与激烈的竞争密切相关的。经营战略之所以产生和发展，就是因为企业面临着激烈的竞争、严峻的挑战，企业制定经营战略就是为了取得优势地位，战胜对手，保证自己的生存和发展。

经营战略的上述特性，决定了经营战略与其他决策方式、计划形式的区别。根据上述经营战略的特性，我们又可以说，经营战略是企业对具有长远性、全局性、竞争性和纲领性的经营方案的谋划。

经营战略的上述四种特性，也决定了经营战略决策的特点：

第一，其决策的对象是复杂的，很难把握它的结构，并且是没有先例的，对其处理上也没有经验可循。

第二，其面对的问题常常是突发性的、难以预料的。所依靠的是来自外部的关于未来如何变化的很少的情报。

第三，其决策的性质直接涉及到企业的前途。进行这种决策不仅要有长时间的准备，而且其效果所持续的时间也长，风险也大。

第四，评价困难，难以标准化。

第二节　经营战略决策的步骤

一、经营战略决策的基础

经营理念是制定经营战略的基础。经营理念或称企业理念，是指企业的基本信念、价值观、抱负和哲学选择，是企业的行为准则，企业可以据此对自己的行为进行自我控制和自我约束。它反映了战略决策者的经营意识和价值观念。企业领导者的战略思想是在一系列战略观念和经营理念的基础上形成的，没有战略观念的指导，战略思想就难以形成。战略观念包括系统的观念、长远的观念、创新的观念、超前的观念、风险的观念和应变的观念等。企业领导者只有在这些战略观念和理念的指导下，才能正确地分析所处的内外环境，较好地处理企业所面临的问题，才能在动荡不安的经营环境中寻找到企业生存和发展的机会，从而为企业制定出正确的战略。企业决策者应从三个方面重塑和创新经营理念：

第一，创新观。未来竞争是不断创造与把握不断出现的商机的竞争，也即重划新的竞争空间的竞争。

第二，竞争观。企业不仅要在现有产业范围内竞争，还要在塑造未来产业构架方面竞争。

第三，开拓观。扩充可利用资源的范围，并不断优化组合。创造性地不懈追求，如何更好地利用各种资源去克服资源限制的困难，形成自己的拳头产品。

市场经济条件下企业之间的竞争，从表面上看是市场份额的竞争，是人财物以及信息等资源的竞争，但实质上是理念、产品、资本、管理和营销五种要素的竞争。其中，理念是战略基础，产品是竞争的武器，资本是竞争的能量，管理是竞争的体制，营销是竞争的手段。五个要素相互关联，缺一不可，忽略五要素的任何一个，企业就不可避免地走向失败。

二、经营战略决策的步骤

第一，要全面分析经营战略构成要素。一般从以下四个方面入手：

（1）产品与经营领域。明确现有的产品与市场范围以及未来有可能发展的产品与市场范围。它是说明企业使命属于什么特定的行业和寻求新机会的领域。

（2）企业的成长方向。它是说明企业从现有产品与市场组合向未来产品与市场组合转移的方向。

（3）竞争优势。这是指企业应选择具有优势的产品与市场领域，如技术优势、品牌优势等。

（4）协同作用。是指企业若干因素互助的有效组合，可以产生更大的效果，如销售上的协同效应（共用销售渠道）、管理的协同效应等。

第二，在全面分析企业经营战略的构成要素上，要重点把握好经营战略制定过程中的每个步骤。

（1）战略思想的形成过程。战略思想是企业制定和实施经营战略的指导思想，它是经营战略的灵魂。树立起正确的战略思想，是企业制定经营战略的首要条件。战略思想是战略思维的结果，它是决策者头脑中一种深层次的分析、判断、思考和探索的过程。综观改革开放以来企业界成功人士如海尔的张瑞敏、长虹的倪润峰等，他们之所以能脱颖而出，能在较短时间内把企业做强做大，关键就在于他们有较强的战略观念和战略思维能力，有明确的战略思想。

（2）对战略环境的分析过程。在战略思想确立之后，应对战略环境进行认真分析、研究和预测，这是企业制定经营战略的前提和依据。企业的战略环境由外部环境和内部环境构成。企业的外部环境包括两个方面：一是宏观环境。如国际政治及经济形势变化，国家有关政策的出台与调整等。二是行业环境。包括行业结构、行业现状与发展前景、行业动态等。以上两个外部因素，是企业不可控制因素。分析外部环境的目的，就是为了弄清企业在外部环境发展变化中存在着哪些成功的机会和制约因素，以便抓住机会，避开威胁、寻求机遇，使企业更好地生存和发展下去。在分析外部环境的同时，对企业自身的经营实力和竞争优势与劣势要充分了解，知己知彼，扬长避短，以优势取胜。

（3）战略决策过程。在进行了充分、全面、详尽地战略研究分析的基础上，才能进入企业经营战略的制定这一非常重要的环节，战略决策的制定一般由企业的高层管理者亲自参加并承担责任。其主要内容包括：①确立企业使命。②规定战略目标。③选择战略方案。④规划战略行动。

其中，企业使命指明了企业的经营领域、业务范围和服务对象，使企业能够集中精力，沿着正确的方向从事生产经营活动。

战略目标规定了企业在经营上应当达到的经营成果和水平，是指导企业各项工作的准绳，也是衡量企业经营成就的标准。战略方案是完成企业使命，实现战略目标的途径。规划战略行动是对战略方案的具体化过程，根据战略目标和战略方案的要求，制定出具体行动计划，把战略目标等分解为企业内部各部门、各单位的目标，使人人都明确自己在战略实施中应承担的任务、应履行的职责等，以便确保战略的顺利实施。

（4）战略的实施与调整过程。经营战略方案确定后，必须通过具体化实施才能转化为实际行动，才能达到战略目标。而在实施过程中，由于内外环境的变化和制定过程中的判断失误，需要在总体战略稳定的基础上，对战略方案随时修正和完善，从而更好地指导企业走向成功。

第三节　经营战略决策的方法

一、经营战略选择的影响因素

合理选择经营战略是管理者提高管理水平所必须行使的重要职能。但是，进行合理决策经常会受到诸多因素的影响。其中主要有以下几个方面的因素，应该引起决策者的注意。

（一）环境因素

环境因素对经营战略选择的影响作用是十分明显的，具体表现在各种环境条件对组织决策的制约性。例如：优势环境与劣势环境；硬件环境与软件环境；内部环境与外部环境等方面不同的特点，都对经营战略选择产生一定的制约作用。环境是经营战略方案产生的载体，也是经营战略方案得以实现的保障。关键是取决于管理者能否全面有效地把握和利用有关的环境信息，能否根据环境信息的各种不同情况作出相关的反应。所以，管理者在行使决策职能时，首先应该对组织的所有环境条件进行详尽的调查和分析，并合理确定组织在未来活动中的起点和预期目标，使组织决策保持良好的连续性和发展性。

（二）决策者

决策者是影响经营战略选择过程的关键因素。决策者对经营战略决策的影响，主要是通过决策者的知识、心理、观念、能力等各种因素对决策产生作用。这就是说，决策的过程就是对决策者的一种全面的检验。

在决策时，无论是确定目的还是选择手段，都要对各种目的和手段进行比较。为了全面决策，还需要全面预测，而全面预测要求收集全面的情报和掌握全面的知识。在决策时，决策者还需要调动心理因素，克服各种心理障碍。此外，决策者还必须具备承担决策风险的心理承受能力。因为，任何决策都在不同程度上有一定的风险，组织及其决策者对待风险的不同态度会影响决策方案的选择。愿意承担风险的决策者，通常会在被迫对环境作出反应之前就已采取进攻性的行动，并经常会进行新的探索；而不愿意承担风险的决策者，通常只对环境作出被动的反应，并习惯于过去的限制，按过去的规则策划将来的活动。对于决策者，行使决策职能经常会受到自身的知识条件、心理条件和其他一些能力条件的限制，所以，管理者在学习决策的过程中，尤其要注意提升自身的知识水平和心理素质。

（三）组织

作为经营战略的决策，都会受到组织的影响和制约。因为任何决策，都是对过去在某种程度上的否定；任何决策的实施，都会给组织带来某种程度的变化。组织成员对这种可能产生的变化会怀有抵御或欢迎两种截然不同的态度，这种不同的态度会直接影响组织的决策。

组织对决策的影响，主要是通过组织的文化来制约组织及其成员的行为及行为方式，并通过组织文化来影响人们改变态度而发生作用的。如果在偏向保守、怀旧的组织中，人们总是根据过去的标准来判断现在的决策，总是担心在变化中会失去什么，从而对将要发生的变化产生怀疑、抵御的心理与行为；而在具有开拓和创新气氛的组织中，人们总是以发展的眼光来分析决策的合理性，总是希望在可能产生的变化中得到什么，因此渴望变化、欢迎变化、支持变化。由此可见，欢迎变化的组织文化有利于新决策的实施，而抵御变化的组织文化则可能给新决策带来种种阻抗。所以，建立一种有利于变化与发展的组织文化是有效实施新决策的重要内容。

（四）时间

时间本身就是经营战略选择的重要组成部分，同时又是限制决策的重要因素。美国学者威廉·R.金和大卫·克里兰把决策分为时间敏感决策和知识敏感决策。知识敏感决策着重于未来，而不是现在；着重于机会的运用，而不是避开威胁。所以决策时，在时间上相对宽裕，并不一定要求在某一日期以前完成。而时间敏感决策是指那些必须迅速、尽量准确的决策，这种决策对速度的要求超过对质量的要求。相对知识敏感决策，时间敏感决策对时间的要求比较严格，这类决策的执行效果主要取决于速度，所以管理者应该充分认识时间对决策的影响作用，并充分利用有限的时间作出正确的决策。

二、经营战略决策的过程

经营战略决策是一个过程，其主要表现在决策的制定是一个完整的过程。经营战略决策的有效性取决于决策制定过程的完整性。决策制定的过程主要由以下四个阶段所构成。

第一，情报活动阶段。主要是通过调查研究，分析环境条件和寻求决策的条件，收集有关决策的资料与信息，为决策提供充足的信息依据。

第二，设计活动阶段。主要是创造、分析和制定可能采取的行动方案，而且形成的方案，不只是一套，应该是数套行动方案。

第三，抉择活动阶段。主要是从设计活动阶段形成的多套行动方案中，通过比较、分析，最后选择出可资利用的一套方案。

第四，审查活动阶段。主要是对过去的抉择进行评价，对已经选出的行动方案进行最终的审核。这个活动阶段，一般还可以由有关领导与专家参与，由他们从专业的角度对行动方案进行审定，以此确保决策的先进性与合理性。

由此可见，经营战略决策制定的过程是以"找出制定决策的依据；找到可能的行动方案；在诸多的行动方案中进行抉择；对已进行的抉择进行评价"这四个阶段进行的。这四个阶段在操作时各自所占的份量与时间也是不同的。一般说来，决策者应该将大部分时间用来进行调查和分析形势，用较大部分的时间进行创造、分析和制定可能的行动方案，用较少的时间选择方案，用适量的时间去进行评价。实际上，这些阶段在具体的操作过程中，经常是相互交织在一起的，各个阶段的运行次序也会根据情况的不同而发生变化。

三、经营战略决策方法：波士顿矩阵评价法

为了使公司的发展能够与千变万化的市场机会之间取得切实可行的适应，就必须合理地在各项业务之间分配资源。在此过程中不能仅凭印象，认为哪项业务有前途，就将资源投向哪里，而是应该根据潜在利润分析各项业务在企业中所处的地位来决定，波士顿矩阵法就是一种著名的用于评估公司投资组合的有效模式。

（一）波士顿矩阵法的内容

波士顿矩阵法是美国波士顿咨询公司（BCG）在 1960 年时提出的一种产品结构分析的方法。这种方法是把企业生产经营的全部产品或业务的组合作为一个整体进行分析，常常用来分析企业相关经营业务之间现金流量的平衡问题。通过这种方法，企业可以找到企业资源的产生单位和这些资源的最佳使用单位。下面我们就来具体介绍一下波士顿矩阵，其矩阵图如图 5-1。

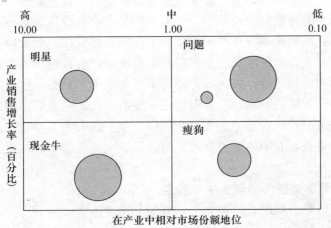

图 5-1　波世顿矩阵

在图 5-1 中，矩阵的横轴表示企业在行业中的相对市场份额地位，是指企业某项业务的市场份额与这个市场中最大的竞争对手的市场份额的比。用数字 0.1（该企业销售量是最大竞争对手销售量的 10%）-10（该企业销售量是最大竞争对手销售量的 10 倍）表示，并以相对市场份额 1.0 为分界线。需要注意的是，这些数字范围可能在运用中根据实际情况的不同进行修改。纵轴表示市场增长率，是指企业所在的行业某项业务最近两年的市场销售额增长的百分比。这一增长率表示每一经营业务所在市场的相对吸引力。在分析中，通常用 10% 的增长率作为增长高低的界限。最近两年平均增长率超过 10% 的为高增长业务，低于 10% 的为低增长业务。

一般来说，企业都会有一个或几个经营业务，如何对这些业务进行投资组合分析是企业管理者在战略制定时要重点考虑的问题。矩阵图中的八个圆圈代表公司的八个业务单位，它们的位置表示这个业务的市场成长率和相对市场份额的高低；面积的大小表示各业务的销售额大小。波士顿矩阵法将一个公司的业务分成四种类型：问题、明星、现金牛和瘦狗。下面介绍如何利用这一矩阵进行分析。

1. 高增长/低竞争地位的问题型业务

这类业务通常处于最差的现金流状态。一方面，所在行业市场增长率极高，企业需要大量的投资支持其生产经营活动；另一方面，该业务市场份额较低，能够生成的资金较少。因此，企业对于"问题"业务的投资需要进一步分析，判断使其转移到"明星"业务所需要的投资量，分析其未来是否盈利，研究是否值得投资的问题。这类业务往往是一个公司的新业务，为发展问题业务，公司必须建立工厂，增加设备和人员，以便跟上迅速发展的市场，并超过竞争对手，这些意味着需要大量的资金投入。"问题"非常贴切地描述了公司对待这类业务的态度，因为这时公司必须慎重回答"是否继续投资，发展该业务？"这个问题。只有那些符合企业发展长远目标、企业具有资源优势、能够增强企业核心竞争能力的业务才能得到肯定的回答。图中所示的公司有三项问题业务，不可能全部投资发展，只能选择其中的一项或两项，集中投资发展。

2. 高增长/强竞争地位的"明星"业务

这类业务处于迅速增长的市场，具有很大的市场份额。在企业的全部业务中，"明星"业务在增长和盈利上有着极好的长期机会，但它们是企业资源的主要消费者，需要大量的投资。为了保护或扩展明星业务在增长的市场中占据主导地位，企业应在短期内优先供给它们所需要的资源，支持其继续发展。明星业务是由问题业务继续投资发展起来的，可以视为高速成长市场中的领导者，它将成为公司未来的现金牛业务。但这并不意味着明星业务一定可以给企业带来巨大利润，因为市场还在高速成长，企业必须继续投资，以保持与市场同步增长，并击退竞争对手。企业没有明星业务，就失去了希望，但如果没有识别行星和恒星的能力，将企业有限的资源投入在能够发展成为现金牛的恒星上，就可能导致做出错误的决策。

3. 低增长/强竞争地位的"现金牛"业务

这类业务处于成熟的低增长市场中，市场地位有利，盈利率很高，本身不需要投资，反而能为企业提供大量资金，用以支持其他业务的发展。现金牛业务是成熟市场中的领导者，它是企业现金的来源。由于市场已经成熟，企业不必大量投资来扩展市场规模，同时作为市场中的领导者，该业务享有规模经济和高边际利润的优势，因而给企业带来大量财源。企业往往用现金牛业务来支付账款并支持其他三种需要大量现金的业务。图中所示的公司只有一个现金牛业务，说明它的财务状况是很脆弱的。因为如果市场环境一旦变化导致这项业务的市场份额下降，公司就不得不从其他业务单位中抽回现金来维持现金牛的领导地位，否则这个强壮的现金牛可能就会变弱，甚至成为瘦狗。

4. 低增长/弱竞争地位的"瘦狗"型业务

这类业务处于饱和的市场当中，竞争激烈，可获利润极小，不能成为企业主要资金的来源。如果这类业务还能自我维持，则应缩小经营范围，加强内部管理。如果这类业务已彻底失败，企业应当及时采取措施，清理业务或退出经营领域。一般情况下，瘦狗业务常常是微利甚至是亏损的。瘦狗业务存在的原因更多是由于感情上的因素，虽然一直微利经营，但像人对养了多年的狗一样恋恋不舍而不忍放弃。其实，瘦狗业务通常要占用很多资源，如资金、管理部门的时间等，多数时候是得不偿失的。图中的公司有两项瘦狗业务，可以说，这是沉重的负担。

（二）波士顿矩阵法的作用

波士顿矩阵法分析的目的在于帮助企业确定自己的总体战略。在总体战略的选择上，波士顿矩阵有着重要的贡献：

1. 该矩阵指出了每个经营业务在竞争中的市场地位，使企业了解了它的作用或任务，从而有选择地和集中地运用企业优先的资金

例如：企业要把现金牛业务作为重要的资金来源，并放在优先的位置上；同样，企业可以考虑把资金集中在未来有希望的明星业务问题业务上，并根罐情况，有选择地抛弃"瘦狗"业务和无希望的"问题"业务。如果企业对经营的业务不加区分，采取一刀切的办法，规定同样的目标，按相同的比例分配资金，配备相同数量的机器和人员等，结果往往是对"现金牛"和"瘦狗"投入了太多的资金，而对明星和问题业务投资不足。这样的企业难以获得长期的发展。

2. 波士顿矩阵将企业不同经营领域内的业务综合到一个矩阵中，具有简单明了的效果

在其他战略没有发生变化的前提下企业可以通过波士顿矩阵判断自己各经营业务的机会和威胁、优势和劣势，判断当前的主要战略问题和企业未来的竞争地位。比较理想的投资组合要使企业有较多的明星和现金牛业务、少数的问题业务和极少的瘦狗业务。

3. 波士顿矩阵法可以帮助我们分析一个公司的投资业务组合是否合理

如果一个公司没有现金牛业务，说明它当前的发展中缺乏现金来源；如果没有明星业务，说明在未来的发展中缺乏希望。一个公司的业务投资组合必须是合理的，否则必须加以调整。在明确了各项业务单位在公司中的不同地位后，就需要进一步明确其战略目标。

通常有四种战略目标分别适用于不同的业务：

（1）发展。继续大量投资，目的是扩大战略业务单位的市场份额。主要针对有发展前途的问题业务和明星中的恒星业务。

（2）维持。投资维持现状，目标是保持业务单位现有的市场份额。主要针对强大稳定的现金牛业务。

（3）收获。实质上是一种榨取，目标是在短期内尽可能地得到最大限度的现金收入。

主要针对处境不佳的现金牛业务及没有发展前途的问题业务和瘦狗业务。

（4）放弃。目标在于出售和清理某些业务，将资源转移到更有利的领域。这种目标适用于无利可图的瘦狗和问题业务。

（三）波士顿矩阵法的局限性

波士顿矩阵作为一种分析方法时，也有它的局限性，其局限性如下：

第一，在实践中，企业要确定各业务的市场增长率和相对市场份额是困难的。有时，数据与现实不符。

第二，波士顿矩阵按照市场增长率和相对市场份额，把企业的市场业务分为四种类型，相对来说，有些过于简单。实际上，市场中还存在着很难确切归入某个象限中的业务。

第三，波士顿矩阵中市场地位和获利之间的关系会受行业细分市场的不同而发生变化。在有些行业里，企业的市场份额大，会在单位成本上形成优势；而有些行业则不然，过于庞大的市场份额可能会导致企业成本的增加。实际上，市场占有率小的企业，如果采用创新和产品差异化的策略，仍然能获得很高的利润。

第四，企业要对自己一系列的经营业务进行战略评价，仅仅依靠市场增长率和相对市场份额是不够的，还需要行业的技术等其他指标。

四、迈克尔·波特的竞争战略理论

迈克尔·波特被誉为"现代竞争战略之父"，也是现代最伟大的商业思想家之一。他的四部著作是企业高层制定战略的指针。即，1980年出版的《竞争战略》、1985年出版的《竞争优势》、1990年出版的《国家竞争优势》、1998年出版的《竞争论》。波特的竞争战略理论重点主要有：五力模型、三大一般性战略、价值链、钻石体系、产业集群。

（一）五力模型

迈克尔·波特认为行业或企业外部存在五种竞争力，包括：新加入者的威胁、客户的议价能力、替代品或服务的威胁、供货商的议价能力及既有竞争者。这五种竞争力能够决定产业的获利能力，它们会影响产品的价格、成本与必要的投资，也决定了产业结构。企业如果要想却有长期的获利能力，就必须先了解所处的产业结构，并塑造对企业有利的产业结构。决定企业获利能力的首要因素是"产业吸引力"。企业在拟定竞争战略时，必须要深入了解决定产业吸引力的竞争法则。

（二）三大一般性战略

竞争战略的中心问题之一是：企业在产业中的相对位置。竞争位置决定了企业的获利能力是高出还是低于产业的平均水平。即使在产业结构不佳、平均获利水平差的产业中，竞争位置较好的企业，仍能获得较高的投资回报。

每个企业都会有许多优点或缺点，任何优点或缺点都会对相对成本优势和相对差异化产生作用。成本优势和差异化都是企业比竞争对手更擅长运用五种竞争力的结果。它将这两种基本的竞争优势与企业相应的活动相结合，就可导出让企业获得较好竞争位置的三种一般性战略：总成本领先战略、差异化战略及专一化战略。

竞争优势是所有战略的核心，企业要获得竞争优势就必须作出选择，必须决定希望在哪个范畴取得优势。全面出击的想法既无战略特色，也会导致低水平的表现，它意味着企业毫无竞争优势可言。

（三）价值链

竞争优势源自于企业内部的产品设计、生产、营销、销售、运输、支援等多项独立的活动。这些活动对企业的相对成本地位都有贡献，同时也是构成差异化的基础。因此，分析竞争优势的来源时，必须要有一套系统化的方法来检视企业内部的所有活动及活动间的相互关系。

价值链就是一套分析优势来源的基本工具。它可将企业的各种活动以价值传递的方式分解开来，藉以了解企业的成本特性，以及现有与潜在的差异化来源。企业的各种活动既是独立的，也是互相连结的。

企业应该根据竞争优势的来源了解组织结构与价值链，价值链内部的链结，以及它与供应商或营销渠道间的链结关系，制订一套适当的协调形式。根据价值链需要设计的组织结构，有助于形成企业创造并保持竞争优势的能力。

公司的价值链，进一步可与上游供应商与下游买主的价值链相连，构成一个产业的价值链。

（四）钻石体系

在企业竞争方面，国家扮演了重要的角色。因此，波特将他的研究更延伸到了国家竞争力上。针对这个主题，波特提出"钻石体系"（又称菱形理论）的分析架构。他认为可能会加强本国企业创造竞争优势的因素，包括：

1. 生产要素能力

它是指一个国家将基本条件（如天然资源、教育、基础建设）转换成特殊优势的能力。如高度的专业技巧与应用科技。例如：荷兰的花卉业很发达，它并不是因为它位居热带而有了首屈一指的花卉业，而是因为它在花卉的培育、包装及运送上具有高度专业的研究机构。

2. 需求状况

它是指本国市场对该项产业所提供或服务的需求数量和成熟度。例如：日本家庭因为地狭人稠，所以，日本的家电都朝小型、可携带的方向发展。正是因为日本国内市场拥有一群最挑剔的消费者，这使得日本拥有全球最精致、最高价值的家电产业。

3. 企业的战略、结构和竞争对手

这是最后一个影响竞争优势的因素。企业的组织方式、管理方式、竞争方式都取决于所在地的环境与历史。若一个企业所在地鼓励创新，有政策与规则刺激企业向训练技术、提升能力与固定资产投资的方向去努力，企业就会有竞争力。另外，当地若有很强的竞争对手，也会刺激企业不断地提升与改进竞争优势。

4. 相关产业和支持产业表现

一个产业想要登峰造极，就必须有世界一流的供货商，并且从相关产业的企业竞争中获益，这些制造商及供货商形成了一个能促进创新的产业"族群"。例如：意大利具有领导世界的金银首饰业，就是因为意大利的机械业已经占领了全球珠宝生产机械60%的市

场，而且意大利回收有价金属的机械也领先全球。

钻石体系是一个动态的体系，它内部的每个因素都会相互拉推，从而影响到其他因素的表现，同时，政府政策、文化因素与领导魅力等都会对各项因素产生很大的影响，如果掌握这些影响因素，将能塑造一个国家的竞争优势。

（五）产业集群

区域的竞争力对企业的竞争力有很大的影响，波特通过对 10 个工业化国家的考察发现，产业集群是工业化过程中的普遍现象，在所有发达的经济体中，都可以明显看到各种产业集群。产业集群是指在特定区域中，具有竞争与合作关系，且在地理上集中，有交互关联性的企业、专业化供应商、服务供应商、金融机构、相关产业的厂商及其他相关机构等组成的群体。不同产业集群的纵深程度和复杂性相异。

许多产业集群还包括由于延伸而涉及到的销售渠道、顾客、辅助产品制造商、专业化基础设施供应商等，政府及其他提供专业化培训、信息、研究开发、标准制定等的机构，以及同业公会和其他相关的民间团体。因此，产业集群超越了一般产业范围，形成特定地理范围内多个产业相互融合、众多类型机构相互联结的共生体，构成这一区域特色的竞争优势。产业集群发展状况已经成为考察一个经济体或其中某个区域和地区发展水平的重要指标。

第四节　经营战略的选择

一、总体战略

企业的总体战略有发展型战略、稳定型战略、撤退战略、紧缩型战略和组合战略等等。

（一）发展型战略

发展型战略具有以下几种基本类型：

1. 集中发展型战略

它要求集中企业的资源，以快于过去的增长速度来增加现有产品或劳力的销售额、利润额或市场占有率。优点是经营目标集中，容易实现生产专业化、实现规模经济效益。缺点是当外部环境发生变化时，经营的风险很大。因此，应考虑实施一段时间后向其他类型发展的战略转移。

集中发展型资本经营战略的资本投向是集中的，问题是如何满足资本增长的需要。其战略重点是资本的融通和加快资本的运营速度，选择能够满足发展需要的资金融通方案。

2. 同心多样化发展战略

它要求增加同企业现有产品或服务相类似的新产品或新服务。同心多样化资本经营战略需要制定资本分配的方案，保证资源有效的利用。它避免了集中投入单一产品或服务的风险，但也增加了资本多方面投向的运作难度，也增加了资本短缺的风险。

3. 纵（横）向一体化发展战略

纵向一体化发展战略是指在两个可能的方向上扩大企业现有经营业务的一种战略；同

样，横向一体化资本经营战略也是有效的资本战略。这两种一体化战略都可以实现规模经济，但各自都有风险。纵向一体化价格收益比率显著地低于同心多样化战略的企业；横向一体化具有机构臃肿、效率低下的弊病。

4. 复合多样化发展战略

它是指增加与组织现有产品或服务大不相同的新产品或服务。新产品或服务可以在组织内部或外部产生，但更多的是通过对其他组织的合并及合资经营方案产生。

通过向不同产业的渗透和向不同的市场提供服务可以分散企业经营的风险。但一个企业在选择复合多样化时，应采取慎重的态度，不要为多样化而多样化，实践中许多企业在进行多种经营时会面临决策失误、资金短缺、不熟悉业务等风险因素。

要使复合多样化战略得以成功，要注意以下几点：

第一，要有明确的组织目标；

第二，一个企业至少必须利用它的三个基本实力（生产能力、特定市场的分销渠道和技术能力）之一；

第三，必须正确评价自己实行多样化的能力，包括对企业现状及其可用于多样化的资源条件的分析。

（二）稳定型资本经营战略

稳定型资本经营战略具有如下特点：企业满足于它过去的经济效益水平，决定继续追求与过去相同或相似的目标；每年所期望取得的成就，按大体相同的比率增长；企业继续用基本相同的产品或服务为它的顾客服务。它的战略风险较小，避免开发新产品和新市场所必需的巨大资金投入，容易保持经营规模，但对外部环境应变性能较差。

（三）紧缩型资本经营战略

当企业的经营状况、资源条件不能适应外部环境的变化，难以为企业带来满意的收益，以致威胁企业的自下而上和发展时，企业常常采取紧缩型战略。这种战略只是企业在短期内实施的过渡性战略，分为抽资、转向、放弃、清算等四种战略。

（四）撤退战略

战略当然是具有对抗性的，制定战略的实质就是要研究如何以弱胜强，以小胜大，后来居上。但有时企业的发展并不是一如人意的。扬长固然必要，但同时也要注意避短；当企业进入战略规划的领域但又没有得到预想的效益时，就应当快刀斩乱麻，应用撤退战略从容全身而退。

撤退战略的主旨是成功地保证企业主力投入到自己的核心优势产业中去，从无法获利的失误领域或正在全行业衰退的产业中毫发无伤地退出来。

除了市场摊子过大，企业撤退的原因还有诸如技术替代、人口变动、需求变动等。

1. 领导战略

其目标是从某类预撤退产业中获利。这类产业的结构使剩余企业有潜力获取超出平均水平的利润，而且在面对面的竞争者中领导地位是可以实现的。企业的目标是成为产业中仅存的一个或少数几个企业之一。一旦达到这个地位，企业就转而执行保持地位或有控制的收割战略。

2. 局部领导战略

这种战略的目标是辨识预撤退产业中某个细分市场（或某种需求），这种细分市场不但将保持稳定的市场需求或需求缓慢下降，而且拥有特色，能带来高收益。企业在这一细分市场中采取部分的领导战略是必要的。

3. 收割战略

执行收割战略时，企业力图优化业务的现金流，取消或大幅度削减新的投资，减少设备投资，甚至广告和研究经费也被削减，在后续的销售中从业务拥有的任何残留优势上谋取利益，以提高价格或从过去的商誉中获利。

4. 迅速撤资战略

其前提是企业只有在衰退早期出售业务才能使净投资的回收最大化，而不是实施收割战略之后再出售或再采用其他战略。及早出售业务通常使企业能从出售中实现价值最大化，因为出售得越早，需求是否随后下降的不确定性越大，资产市场未饱和的可能性越大。

如果公司能够预计到撤退的情况，就应在成熟期间采取措施提高自己的地位，从而大大提高在衰退期的地位。

（五）组合战略

许多大型企业并不局限于实施单一的战略，而是将战略组合起来，比如一些可能的战略组合是：

1. 同时组合

在增加其他战略经营单位、产品线或事业部的同时放弃某个战略经营单位、产品线或事业部，在其他领域或产品奉行发展战略的同时，紧缩某些领域或产品；对某些产品实行抽资战略，而对其他产品采用发展战略。

2. 顺序组合

在一定时期内采用发展战略，然后在一定时期内实施稳定战略；先使用转向战略，待条件改善后再采用发展战略。

总之，企业可采用的战略方案是多种多样的，鉴别可用的战略方案则是一个企业选择最适宜战略的前提条件。

二、一般竞争战略

要长期维持高于平均水平的经济效益，其根本基础就是持之以久地拥有竞争优势。虽然一个企业与其竞争厂商相比可能有无数个优点和弱点，但它仍可以拥有两种基本的竞争优势，即低成本和别具一格。低成本和别具一格来源于产业结构。它们是由一个企业比其竞争对手更擅长于应付五种竞争力量所决定的。

两种基本的战略优势与企业获得战略优势的活动相结合，就使我们得出了在产业中取得高于平均水平的经济效益的三种一般竞争战略：成本领先、差异化、目标集中。它们分别对应于迈克尔·波特所讲的"总成本领先战略"、"差异化战略"、"专一化战略"。

（一）成本领先战略

成本领先战略要求企业必须建立起高效、规模化的生产设施，全力以赴地降低成本，严格控制成本、管理费用及研发、服务、推销、广告等方面的成本费用。为了达到这些目标，企业需要在管理方面对成本给予高度的重视，确实使总成本低于竞争对手。

它是三种战略中最清楚明了的。在此战略的指导下，企业决定成为所在行业中实行尽量低成本生产的那一类竞争者，因此，企业的经营面往往对其成本优势举足轻重。成本优势的来源因行业结构不同而异，它们包括追求规模经济、专利和专有权技术、原材料的内部购买优惠和其他因素。追求低成本的企业必须寻找和探索成本优势的一切来源。

成本领先战略一般必然要求一个企业成为独一无二的成本领先者，而不是争夺这个位置的若干厂商企业中的一份子。许多企业未能认识到这一点，从而在战略上铸成大错。当渴望成为成本领先者的厂商不止一家时，他们之间的竞争通常是十分激烈的，因为每一个百分点的市场份额都是至关重要的。除非出现这种情况：一个企业在成本上能够出现独有性的新优势并说服其他厂商放弃其战略，否则对盈利能力及企业长期运营体系所带来的结果将是灾难性的。所以，只有重大的技术突破才能使一个企业得以彻底改变其成本地位。

成本领先战略的成功取决于企业日复一日地实施该战略的技能。成本自身不会缩小，也不会忽起忽落，它的降低只有刻苦努力工作和持久地重视才能达致。企业降低成本能力各有不同，甚至当它们具有相似的规模、相似的产品与产量时也表现出不同。要改善成本优势的地位，更需要决策人把握住方向，策划战略时更为仔细，更加细分每一项可以开源节流的分战略。

（二）差异化战略

差异化战略是将公司提供的产品或服务差异化，树立起一些全产业范围中具有独特性的东西。实现差异化战略可以有许多方式，如设计名牌形象，保持技术、性能特点、顾客服务、商业网络及其他方面的独特性，等等。最理想的状况是公司在几个方面都具有差异化的特点。但这一战略与提高市场份额的目标不可兼顾，在建立公司的差异化战略的活动中总是伴随着很高的成本代价，有时即便全产业范围的顾客都了解公司的独特优点，也并不是所有顾客都将愿意或有能力支付公司要求的高价格。

这种战略要求企业在全行业范围中形成一些独特的性质或具独特性的东西。应当说明一点的是，差异化战略并不是使公司全然不顾成本，而只是把成本置于稍后的位置。如果企业能成功实现标新立异战略，它将成为行业中的至尊；因为它能建立起对付五种竞争力量的防御工事"。差异化战略利用客户对晶牌的忠诚以及由此产生的价格敏感性下降使公司得以避开激烈的竞争。它可以使利润增加而不必付出追求成本的代价。产品差异带来较高较广的收益，不仅可以用来应付供应商压力，同时也可减轻卜游企业的价格压力，当客户缺乏选择余地，其价格敏感程度也就不高了。采取此项战略赢得客户忠诚的企业，在面对替代品威胁时其所处地位比其他竞争者更为有利。

当然，实现产品差异有时会与争取更大的市场份额相矛盾。它要求公司对于这一战略的排他性有各项准备，此战略与市场份额是不可兼得的。因为即使全行业范围内的顾客都了解本公司产品的独特品质，也并不是全部顾客都愿意出高价买人的。

（三）目标集中战略

目标集中战略是主攻某个特殊的顾客群、某产品线的一个细分区段或某一地区市场。

低成本与差异化战略都是要在全产业范围内实现其目标。专一化战略的前提思想是：公司业务的专一化能够以较高的效率、更好的效果为某一狭窄的战略对象服务，从而超过在较广阔范围内竞争的对手。公司或者通过满足特殊对象的需要而实现了差异化，或者在为这一对象服时实现了低成本，或者二者兼得。这样的公司可以使其赢利的潜力超过产业的平均水平。

它是主攻某个特定的顾客群、某产品系列的细分区段或某个地区市场。低成本和差异化战略是要在全行业范围内实现的目标，集中战略的整体目标却是围绕着某一特定目标范围的全方位服务而建立的。

目标集中战略的前提是：企业能够以更高的效率、更好的效果为某一狭窄领域的战略对象服务，从而超过宽领域内的竞争对手。结果往往是，企业通过较好满足特定对象的需求而实现战略目标，或者实现低成本，或者实现了差异性，或者二者兼得，或者在整个市场领域中虽显现不出，但企业将依靠一两种优势占领特定狭窄市场的巨大市场份额。

采用目标集中战略的企业具有超产业平均收益水平的潜力。目标集中意味着公司对于其战略实施对象或者有低成本优势，或者具有高差异优势，或者兼而有之。这些优势保护公司不受各个竞争作用力的威胁。

目标集中战略通常意味着对进军整体市场份额的限制。目标集中战略必然包含着利润率与销售量之间互为代价的关系。

三、不同行业地位战略

处于不同市场地位的企业在企业创新中应该采取不同的市场战略。根据企业对市场影响程度及进入先后顺序，可将企业的市场战略分为四种类型：即市场领先者战略、市场挑战者战略、市场追随者战略、市场补缺者战略。

（一）市场领先者战略

在行业中处于平均水平之上的企业，可以称为领先企业或主导企业。这类企业通常应将战略重点置于如何巩固已有地位和保持现有优势。一般可以采取三种不同的姿态：继续采取进攻战略，不断发动攻势，积极主动出击，使对手穷于应付，从而保持自身的优势地位并巩固自己在行业中的领先地位；采取坚守战略，通过各种预防措施，保护现有市场地位，使对手难以参与竞争，从而保证企业的丰厚利润；采取骚扰与对抗战略，对行业中的对手的市场活动采取积极严厉的反击行动，使得这些企业不敢或不愿轻举妄动，甘当跟随者。

（二）市场挑战者战略

该战略是市场战略中十分重要的一环，每个成长起来的大型企业组织集团无一不是经历了这个阶段战略而成功的。

一个市场挑战者首先必须确定它的战略目标。绝大多数市场挑战者的战略目标是增加其市场份额。另外，无论是为了击败竞争对手，还是为了减少其份额，都必须明确市场领先者是谁。

清楚了解战略对象和目标之后，企业就应该考虑采用何种战略来战胜领先者，达到目标市场份额。市场挑战者所采用的战略有以下几种方案可供选择：

第一，正面市场进攻。挑战者发起攻击时集中力量正面指向对手；向对手的实力发起进攻，并非攻其弱项，其结果取决于双方的实力和持久力。在一个纯粹的正面进攻中，挑战者往往针对领先者的产品、广告、价格等发起攻势。为了使正面进攻取得成功，挑战者需要向超过领先者的产品、广告、价格等发起攻势。为了使正面进攻取得成功，挑战者需要具有超过领先者的实力优势。

第二，从旁进攻。现代进攻战略的主要原则是"集中优势力量打击对方弱点"。挑战者佯攻正面，但实际在侧翼或后方发动真正的进攻。这类进攻在营销上具有重大意义，特别适用于那些资源少于领先者的挑战者，他们不能用实力来压倒对方，就可以用避实就虚的战术来取胜。

第三，包围进攻。包围战略与从旁战略不同，它试图涉及好几条战线同时发动一场大的攻势，使对手疲于奔命。挑战者可以向市场提供比对手多得多的产品或广告促销费用。当一个挑战者比对手具有资源的能力优势，并相信包围将有可能完全和快速地击破对方的抵抗意志时，这样的包围战略才有意义。

第四，绕道进攻。绕道进攻是最间接的进攻战略，它避开任何直接的冲突，而是绕过对手及攻击较易进入的市场，扩大自己的资源和能力基础。它通常可有三种途径：多角化经营无关联的产品；用现有产品进入新的地区市场；采用新技术以取代现有产品。在高技术行业中优先使用新技术是一个很合适的绕道战略，它比不断模仿产品要主动得多。

第五，游击进攻。游击进攻是适用于竞争者的另一种战略，它对资本不足的小企业特别适用。它包括对领先者的不同领域进行小的、断断续续的攻击。常用方法有：有选择地减价、供应干预、密集的促销扩张等一系列短、平、快的措施。

(三) 市场追随者战略

并非所有的在行业中屈居第二、第三的企业都会采取市场挑战者战略。因为市场领先者必定会对挑战者发起反击，这样一场恶战难免会使双方两败俱伤，而且领先者在一场大的市场战中往往可能会有更好的持久力。因此，许多企业采用了市场追随者战略，从而保持了一种稳定的市场秩序。

一个市场追随者必须知道的是：如何保持现有的顾客和如何争取有新顾客加入的一个较高的市场份额。追随战略并非是被动的，追随必须确定一条不会引起竞争性服务的成功路线。这种战略大多可分为三类：

第一，紧迫不舍，在多个细分市场中模仿领先者，往往以一个挑战者的面貌出现，但是并不十分妨碍领先者，因而不会发生正面大规模冲突。

第二，若即若离，保持某些距离，但又在主要市场和主要产品创新、一般价格水平和分销上追随领先者，因为它使领先者认为市场计划很少受到干预，而且乐意让出部分市场以免遭到独占市场的指责。

第三，选择性追随。实行这部分战略的企业在某些方面紧跟领先者，但有时又走自己的路。他们可能具有完全的创新性，但又避免了直接冲突，他们只应在有明显好处时追随领先者的许多战略。

(四) 市场补缺者战略

几乎每一个行业中都有小企业为市场的某些部分提供专门的服务，他们避免也无力同大企业冲突。他们占据大市场的小角落，通过十分专业化而为大企业忽略或放弃的市场进行有效的服务，这些企业的战略被称之为市场补缺者战略。

市场补缺者战略的实施需要首先寻找一个或更高的、有利可图的市场补缺基点。同时市场补缺者必须在市场、顾客、产品或营销组合上实行专业化。企业专门为某一类顾客市场某一地区市场服务等。

由于市场补缺基点往往会枯竭，有时也会受到攻击，因此，市场补缺的风险有时也较大。为了求得生存，小企业应采取补缺战略，拥有多个补缺基点。

【个案分析】

方太——永当老二

"不拿第一，永当老二"是方太的口号。董事长的茅理翔的理解是能永当老二就是一种胜利，同时也是一种战略，既不会成为众矢之的，又总是面d缶一定的挑战。方太在竞争中总结了自己的三个战略特点：不参与价格战；用新品、服务、品牌竞争；并且甘当老二，对老大采取同情和保护的态度，努力维护整个市场的稳定。

其实，这与方太的市场定位也有很大关系。方太的市场定位是中高档，从市场占有率来说，中高档是永远当不了第一的，方太可以争第一品牌，但不可以争第一销量。

1998年开始，方太开始坐上了抽油烟机行业的第二把交椅，而且一坐就是四年，直到今天。这在中国企业界是很少见的。这靠的就是方太的法宝——"不做松散的大蛋糕，宁做坚硬的金刚钻"。具体来说就是方太的三大战略：行业定位——专业化，市场定位——中高档，质量定位——出精品。

为什么选择专业化？国际经济大分工，一个厂商不能太贪，什么都想生产。生产门类太多了，投资分散了，精力分散了，竞争对手也多了，你会应付不过来。最后什么都做不好，从而彻底失败。

为什么选择中高档定位？市场很大，但一个厂商要选择属于自己的目标市场。当今独家垄断的时代已经结束。方太选择中高档市场、中高档客户，使自己服务方向明确、精力集中，有利于新品开发与市场定位。

为什么选择精品定位？既然用户对象是中高档的，那么方太的产品必须搞成精品，不能搞粗品。用精品厨具，是中高档用户身份的体现。

问题：

1. 方太永当老二的经营思路体现了什么经营战略？这种经营战略方式有什么优点和缺点？

2. 结合案例分析，说明市场追随者企业可以选择哪些追随战略？

【关键名词】

经营战略概念　经营战略类型　波士顿矩阵　总体战略　一般竞争战略　不同行业地位战略

【思考与讨论】

1. 什么是经营战略，它包括哪些类型？
2. 什么是波士顿矩阵评价法，它的作用是什么？
3. 简述影响经营战略因素和决策过程。
4. 简述总体战略、一般竞争战略和不同行业地位战略的类型及其适应范围。

第六章　经营决策原理

【学习目标】

本章主要讲授经营决策的原理与方法。通过学习，学生应能够了解经营决策的基本理论与各种基本方法，理解确定型决策、非确定型决策的含义及运用条件，掌握决策树和线性规划方法的具体应用，学会进行科学决策。

【重点难点】

1. 科学决策原理的内容与类型以及科学决策的基本要素
2. 经营决策的基本方法

学习内容

企业要在复杂的市场竞争中稳操胜券，在瞬息万变的社会经济体系中求得自我发展，经营决策的正确性是最关键的，经营决策已成为企业经营管理的中心问题，决定着企业的兴衰成败。只要经营决策是正确的，即使企业的生产、技术、组织等条件不是令人十分满意，企业也可以逐渐地变被动为主动，转危为安；相反，如果企业的经营决策是错误的，即使企业的经营条件很好，也只能事与愿违，甚至还会出现经营条件越好，企业积压越多，企业损失越大的可怕局面。因此，企业经营者必须审时度势，善于从企业内外多维关系的联系和综合作用中，发现对企业有利的契机，制定出正确的经营决策，以利于企业的长期稳定发展。

科学的经营决策与传统的经验式决策之间存在着质的差别，这些差别表现为以下特征：①决策指导思想的科学性；②决策程序的完整性；③决策内容的复杂性；④决策方法的多样性。

第一节　经营决策原理

一、经营决策的内涵

科学决策，就是指决策者在拥有大量信息和个人丰富经验的基础上，对未来行为确定目标，并借助一定的科学方法和手段，对影响因素进行分析研究后，从两个以上可行方案中选择一个合理方案的分析判断过程。对企业经营重大问题的决策，通常就叫企业经营决策。企业经营决策与一般管理决策和业务决策相比具有全局性、长期性、战略性的特点。

　　从决策的概念可见，它包含着：第一，决策具有明确的目标。没有目标，就无从决策。第二，决策具有多种可行性方案。如果只有一个方案，就不存在决策。所谓可行性方案，一般应具备下述条件：能够实现预定目标；各种影响因素均能进行定性和定量分析比较；对不确定性因素可进行预测估计；在现行条件下能实施。第三，决策要通过科学分析判断，选择合理方案。

　　所谓经营决策，就是企业等经济组织决定企业的生产经营目标和达到生产经营目标的战略和策略，即决定做什么和如何去做的过程。

二、经济决策的原则

　　为了使决策获得令人满意的经济效益，在作出决策时，必须坚持党的领导和社会主义方向，贯彻党和国家的各项路线、方针、政策，在邓小平理论及"三个代表"的重要思想指导下遵循以下基本原则：

（一）信息准全原则

　　经济决策是使用大量经济信息对未来行动做出的决定。因此，经济信息是经济决策的基础。没有准确、全面、及时、适用的经济信息，决策便没有基础，易发生主观臆断，陷入盲目性，导致决策失误，给经济管理带来严重后果。所以，科学的经济决策，首先要求信息准确，要能真实地反映经济发展过程。其次要求信息全面，从多源头、多渠道搜集适用的信息，进行综合、整理、比较、筛选，以期能够全面反映所要研究的经济问题。因此，经济决策必须遵循信息准全原则，只有以及时、适用、大量准确的信息为基础，才能提高决策科学和成功的把握程度。

（二）未来预测原则

　　决策的关键在预测。经济决策以经济预测为依据，才能提高可靠程度。经济预测遵循客观经济规律，对经济发展前景进行测定，可以为经济决策提供未来的经济信息，能够减少未、来行动的不确定性。因此，经济预测是经济决策的依据，是科学决策过程不可缺少的环节。经济决策只有以经济预测为依据，总结过去，掌握现状，判断经济未来的发展趋势，才能减少主观盲目性，增强科学预见性。如果不进行经济预测就进行经济决策，就容易主观片面，脱离实际，不可能成为未来行动的指南。所以经济决策必须遵循未来预测原则。

（三）可行性原则

　　经济决策所选定的方案，所决定的行动，不能超越主客观具备的条件。应从实际出发，在对各种方案进行定性、定量分析，对可行性进行科学论证和评价的基础上进行筛选。只有经过可行性分析论证后选定的决策方案，才有较大的实现和成功的可能。

　　经济决策的可行性论证分析包括：经济决策方案是否从实际出发，符合我国的国情、国力；是否符合客观经济规律的要求；是否符合党和国家的路线、方针、政策；企业决策还要考虑本单位所具备的主客观条件。如果主客观条件不足，可行性分析论证不够，贸然作出决策，则易遭受失败，难以达到预定目标。因此，经济决策应遵循可行性原则。

（四）系统原则

　　经济决策的系统分析观点，是指国民经济是一个由若干相互联系、相互作用的要素构成的有机整体，就应从整体出发，全面地看问题和处理问题。国民经济由部门组成，部门由企业组成，企业由内部的职能单位组成，它们相互依存组成国民经济体系、部门系统和企业系统。整体以局部为基础，支配局部；局部是整体的构成要素，局部要服从整体。任何经济部门和企业的经济决策，都不能违背国民经济战略决策目标，在部门与企业之间、企业内部各职能单位之间的决策目标发生矛盾时，必须按局部服从全局的原则加以解决，才能做到国家、集体和个人的利益相统一。因此，经济决策必须遵循系统原则，进行系统分析、比较，找出能够统筹安排人、财、物，在各种约束条件下达到预期目标的方案。

（五）对比优选原则

对比优选原则，是指从可供选取的方案中，择优选取能实现目标的令人满意的方案。如果只有一个方案，无从选优，就失去科学决策的意义。经济决策可供选取方案的优劣，关键在于经济效益的高低。优选令人满意的方案，就是在达到同样目标条件下，从有限个可供选择的方案中，选取耗费人力、物力、财力最少，费用最省，速度最快，达到目标需要的时间最短，经济效益最高的方案。盈利"小中求大"，损失"大中取小"是对比优选原则的具体体现。优化要注意局部利益与整体利益相结合，当前利益和长远利益相结合。从全局和长远看不经济，则决策方案是不可取的。

（六）经济性原则

经济性原则，就是要研究经济决策所花的代价和取得收益的关系，研究投入和产出的关系。选取花费最少，收入最大，投入最少，产出最多的方案，是获得令人满意的经济效益以达到预期目标的充分条件。如果经济决策和改进决策所花费的代价大、所得到的收益小，就是不科学的决策，无实现的必要。因此，经济决策遵循经济性原则必须分析决策的经济效益。

遵循经济性原则，要从经济效益方面考虑决策本身的必要性。在决策的技术方法上，技术越先进则耗费就越大。如果经济决策所要解决的问题较小、较简单，用经验决策就可以解决问题，就不必要用电子计算技术和复杂的数学模型来制定决策方案。总之，决策坚持经济性原则，就必须以最小的人力、物力、财力获得令人满意的经济效益。

（七）民主集中制原则

在现代化社会大生产条件下，一些情况复杂多变，关系全局性重大问题决策，仅凭个人经验决策，成功之望甚微，必须组织一个决策集团，包括领导机构与所属机构，领导、管理人员和专家形成智囊团、思想库、参谋部进行集体决策。它有利于宏观经济决策与微观经济决策相结合；国民经济、部门的经济发展规划与企业单位的具体落实相结合。

在集体决策时，应贯彻民主集中制原则，将统一领导者与分级负责相结合。就一个经济组织管理系统来说，上、中、下层的管理机构决策权限应与各级机构的职能相适应。凡涉及整个组织系统的决策，应由上层管理机构在发扬民主的基础上集中决定。中、下层管理机构对其职权范围内的的问题，应分级负责，有权作出决策，但是应服从整个组织系统的总目标。这样，既加强子集中统一领导，又能集思广益，调动各级机构参与决策的积极性，使决策更加正确合理。因此，经济决策必须坚持民主集中制原则。

（八）追踪与监控原则

选定经济决策方案，付诸实现，向预定目标推进时，往往会产生差距。决策部门为了保证预定．目标的实现，必须追踪与监控决策的执行情况，掌握反映决策的进程、实际情况与目标要求差距的反馈信息。以便根据情况的变化进行必要的调整或追踪决策，减少或消除目标差距，使决策沿着预定方向执行，使目标得以实现。因此，为了使决策合理化、科学化及决策方案能够兑现，必须坚持追踪与监控原则。

三、决策者素质

决策者素质就是决策者个人从事决策工作应具备的德、识、才、学。它是决策者在一定的职位上行使权力、履行职责、发挥职能作用的基础。具体来说包括：

（一）道德伦理素质

1. 正确的世界观和价值观

作为社会主义企业的决策者，必须树立正确的、科学的马克思主义世界观和人生价值观。企业的目的是赢利，但赢利不等于惟利是图，不等于置国家利益和社会责任于不顾，甚至为了小团体的利益而损害集体、国家的利益。具有正确的世界观和价值观，要求企业决策者必须加强理论知识的学习和理论素养的提高，用马克思主义思想去武装自己的头脑。也许有人会提出，我们搞经济的、搞企业的，只要不违法，也用不着去进行理论学习和提高理论修养，或者，我们不是共产党员，只要踏实做事就可以了。其实，这种认识是对人生观和价值观的误解。人生观和价值观的重大作用体现在决策者对关系到大是大非问题的重大抉择的取舍上。近年出现了一大批企业高管和部分知名企业家纷纷落马，从一定程度也反映了决策者放弃了对价值观和世界观的修练，最后竟落为"阶下囚"，该现象值得深思。

2. 高尚的道德情操和修养

道德是为了社会建立良好的伦理秩序而形成的行为规范。孔老夫子教导其得意门生颜渊非礼勿视，非礼勿听，非礼勿言，非礼勿动"，"非礼"者，即不符合社会的道德规范。做企业与道德修养有什么关系呢？其实，这里面也是有学问的。企业决策者是企业的竺竺个物，是企业"上行下效"的对象，我们很难想象，一个道德败坏的决策者能在企业管理中施展才华。近年来，一些迅速发展的民营企业遇到了管理上的瓶颈，在寻求"职业经理人：的过程中，第一个担心的问题就是职业经理人的人品问题，也就是道德问题。对民营企业家来讲，道德风险是最大的风险。

3. 良好的职、胆道德和信誉

职业道德是道德的一部分，但它更明确地对企业决策者提出了职业上的要求。伞业决竺者是企业者的中坚，也是社会的重要阶层，中国社科院发表的《当代中国社会阶层研竺竺告》专门对经理人阶层，也就是企业中高层管理人员阶层进行了论述。如果没有职业道德；梧誉，将是对企业管理基石的最大侵蚀，对企业决策者个体来说，也将是一条自我毁灭之路。

（二）心理人格素质

1. 宽广的胸怀

企业决策者在企业的领导过程中，必须有宽广的胸怀。企业决策者在工作中将面临着内外环境方面不同的声音、不同的观点，甚至是批评的声音和压力。企业决策者在面对来自于行业、媒体、其他组织的批评与指责，一定要以"有则改之，无则加勉"的态度来苎产以正常心态处理。对来自内部不同的观点，企业决策者一定要能有海纳百川的气魄，营造二个广进贤言的良好局面。法国社会心理学家 H·M·托利得有一句名言被称为"托利于苎理"：测验一个人的智力是否上乘，只看脑子里能否同时容纳两种相反的思想，而无碍其处世行事。企业决策者应该达到此境界。

2. 开放的心态

面临不断发展的社会和日新月异的科技，决策者应具有开放的心态，去积极了解新事物，接纳新事物。不仅要在企业中建立起吐故纳新的机制，决策者个人也应建立起相应的早维习惯、行为习惯，及时跟上外界的变化，与时俱进。开放的心态要求决策者改变固步自封和安于现状的守旧心理，不断实现自我的突破和发展。

3. 坚韧的毅力和意志力

企业管理不是坐下顷风船"，能一帆风顺地达到设定的目的。企业的经营存在着争苎苎样的风险，如商业风险、市场风险、政策风险、信用风险、管理风险等等，企业经营本身就是与风险同在。这要求企业决策者必须对风险有清醒的认识，在遭遇风险时，必须有坚韧苎毅力去对待，积极采取措施，解决问题。企业决策者在经营实践中必须锤炼出坚忍不拔的精神，去体会"笑到最后才是胜利者"境界。

4. 个人的自我控制力

企业决策者是企业和社会的中坚力量，是具有一定社会地位的人。在工作与生活中，苎业决策者都会遇见各种不正常、不正当甚至是违反道德、违反法律的诱惑。权钱交苎，严苎交易、钱色交易、黑幕交易、幕后操作等都是近些年来沉渣泛起的表现。企业决策者在面对诱惑时一定要正确对待，必须要有良好的自制力。"无欲则刚"当然是至高境界，但"取±有道"未尝不是明智的选择。

（三）基础知识素质

1. 扎实的基础知识

基础知识是指对社会、对世界的基本认识方面的知识。基础知识包括自然科学知识、人文社科知识两个方面。自然科学知识包括地理、生物、物理、化学、天文、数学等方面的内容；人文社科知识包括哲学、政治、历史、心理、语言、军事等方面的内容。目前，社会上仍存在着重自然科学、轻人文科学的倾向，认为自然科学才能直接地促进社会进步，才能提高人民生活水平。其实，我们纵观成功的人物，不管是科学家，还是政治家或者管理大师，他们都具有良好的人文科学知识。作为在一个企业中承担着重大决策、协调、管理的企业决策者，更应该高度重视包括人文社科知识在内的基础知识。

2. 完善的知识结构

知识结构是指个人拥有的各种知识的组成情况，比如说：前面所述的自然科学、社会科学的组成情况及它们内部的组成情况。当然，完善的知识结构不是对决策者求全责备，必须成为大学问家。完善的知识结构要求决策者在知识方面应相对均衡，不能有重大的知识缺陷。

此外还要有健康的体魄。

基本素质是决策者的最基本要求；专业素质是决策者履行职责的专业要求；特质素质是不同决策者所体现的个体管理优势。三者从整体上构成了决策者素质的有机体，三者缺一不可。用结构图来表示，就如同一个金字塔，基本素质为塔底，为基础；专业素质为塔身，是决策者的根本；特质素质为塔尖，体现了个人特点和优势。

不同素质结构的企业决策者体现不同的管理风格和管理能力。一般来说，一名合格的决策者在素质结构的组成应为：良好的基本素质、扎实的专业素质、具有竞争优势的特质性素质。因个体差异，不同的决策者在素质结构中也会有不同的结构，不同的结构就会构成不同的管理风格和管理能力。作为企业决策者，如果发现自己在素质结构中有缺陷或有差距，就应从学习中、实践中尽快提升自己，做一名优秀的企业决策者。

第二节　科学决策原理的内容与类型

一、科学决策的内容

科学决策的主要内容包括：

第一，决策原理的研究。主要研究决策的基本原理，决策在管理活动中的地位，决策活动中人、财、物等因素的关系等。

第二，决策情报信息研究。主要研究如何收集、整理、分析决策所需要的情报信息，使其达到较准确的程度。

第三，决策步骤和方法的研究，主要研究决策过程中每个阶段问题应采取的步骤和方法，包括正确的数据处理方法、定性分析和定量方法等，以达到最理想的数量界限。

第四，决策组织机构的研究。主要研究组织机构的正确设置，决策在各个系统之间的分工、协调、矛盾的解决等。

第五，决策对象规律性的研究。主要研究决策对象的特殊规律，为实际作出某种决策提供科学依据。研究目的是为了使人们在主观上能正确认识、掌握和控制客观事物的运动、变化、发展的规律性，为科学决策服务。决策科学的理论在决策活动中占有重要的地位，它既是指导科学决策的理论基础，也是掌握决策技术的指南，只有在现代决策理论的指导下进行决策，使决策建立在科学的基础上，才能避免和减少决策的失误，实现正确决策的目的。决策科学化是当代社会、经济、科技发展的需要，也是促进社会、经济、科技不断发展的重要条件。

因此，决策是否达到了科学化是评价领导素质的重要标志。要实现决策科学化，就必须遵循科学的决策程序，运用科学的决策技术和方法完成决策工作。科学的决策程序包括：发现问题、确定目标、收集信息、制定方案、评估和优选等重要环节。实行决策科学化的目的在于避免和减少决策的失误，使决策立于不败之地。这就要求决策者必须站在战略的高度，具有全局的观点，采用系统工程的方法，运用好专家智囊的集体知识、智慧力量共同完成决策工作。

二、企业经营决策的分类

企业经营决策涉及到企业经营管理活动的各个方面，所以其内容较为广泛，可以按以下五种情况分类：

第一，按决策目标的广度和深度，分战略决策、战术决策和业务决策。

战略决策是指与确定企业发展方向和远景有关的决策，如企业经营目标、技术革新方向、市场开拓和潜在市场开发方针的确定等，其特点是：时间长、范围广、影响大。

战术决策又称管理决策，是指为执行企业战略决策，在管理和组织工作中合理选择和使用人力、物力、财力等方面的决策，合理组织生产过程的决策，合理选择和使用能源和物资的决策，劳动力素质的提高和平衡方面的决策等。

业务决策又称作业决策，是指为提高业务效率以及更好地执行管理决策在日常作业中所实行的具体决策，如原材料、外购件和库存管理、生产控制、销售工作以及劳动组织调配等方面的日常生活决策。

第二，按照决策者所处的管理层次分为高层决策、中层决策、基层决策。

高层决策是指企业最高领导层所负责作出的决策，一般为经营决策。

中层决策是指企业中层领导所负责进行的管理决策，多是执行性决策。

基层决策是指企业基层所进行的作业性决策，持续性强，时间紧。

第三，按照决策目标与所用方法的类别分为计量决策和非计量决策。

计量决策是指决策目标有准确的数量，容易采取数学方法作出决策。

非计量决策是指难以用数字准确表示目标，主要依靠决策者的分析判断进行决策。

第四，按照决策的方法或进行决策时条件的充分情况，分为确定型决策、非确定型决策、风险型决策。

确定型决策是指事件未来的自然状态已经确定情况下的决策，它属于程序化或规范化的决策，例如：订货程序、材料出入处理程序等。这些决策经常是反复的，而且是在一定明确的结构条件下发生的，为此设立一定的方式或程序，在每一个问题发生时，只需根据规范加以调整，无需重新作出新的决策。

非确定型决策是指对未来事件的自然状态与否不能肯定，而且这个事件发生的概率也无法估计。因此，在其问题的解决上，没有一定可循的决策方式存在。或者，由于其决策的结构条件复杂且不稳定，因此，决策不能以程序和定型化来表示，只能针对具体问题具体分析和决定。

风险型决策是指未来事件不能肯定发生何种自然状态，但对其发展变化知道成败的概率。在企业的经营活动中，在量方面的决策多属于这种决策。例如：能源和材料的供应、市场对产品的需求量、市场占有率、产品销售价格等方面的决策都属于风险型决策。

第五，按照决策事件发生的频率，分为程序性决策和非程序性决策。

程序性决策是指对经常重复出现的问题的决策。如订货、材料和零配件的存放、工资的发放和日常的生产等。一般来说，这类决策主要适用于企业内部的日常业务或管理工作，所以也称日常经营管理决策或生产技术决策，它应用定量分析法和运筹学方法进行数学计算，为选取最优方案提供数据。人们往往把日常的业务工作和管理工作经过数据处理，编为程序，输入计算机进行运算，就能获得所需的决策。由于技术的发展，程序化决策工作更加趋于自动化。程序化决策工作，主要由中层管理人员来处理。

非程序性决策是指解决企业在过去尚未发生过的问题的决策，人们对这样的问题的性质和特点一时难以捉摸，而解决它的经验又不完善。如产品结构的调整、某产品进入新的市场、企业中新机构的建立等。企业处理这类问题时没有以往经验可以借鉴，需要从头做起。而且影响这类问题的因素极大部分来自外部环境。因此，它比解决程序化决策困难得多。对这类问题的决策，不仅要求企业内部能够保持协调，还要求企业能适应瞬息万变的外部环境。对这类问题，一般采用定性分析，有时也采用部分定量分析。非程序化决策往往是对企业中重大问题的决策，对企业的成败关系很大。因此，非程序哇决策通常由企业的最高层管理人员来担任。

第三节　科学决策及其基本要素

决策活动形形色色，但不论哪一种决策，都有几项共同的构成要素。根据这些构成要素的性质和表现不同，我们相应地将决策区分为不同的类型。下面围绕决策的各构成要素来逐一介绍。

一、决策者：个体决策与群体决策

组织中的决策制定者，可能是单独的个人（个体），也可能是组成群体的机构（如委员会）。个体决策与群体决策各有优缺点，两者都不可能适用于所有的情况。

比较而言，群体通常能比个体作出质量更高的决策，这是群体决策的一个主要优点。原因主要是：由群体来制定决策有利于提供更完整的信息，能产生更多的备选方案，并从更广泛的角度对方案进行评价和论证，从而作出更准确、更富有创造性的决策。群体决策的第二个优点是，以群体方式作出决策有利于增加有关人员对决策方案的接受性。现实中许多决策在作出最终决定后所以没被付诸实施，在很大程度上是因为人们并没有接受所决定的方案。但是，如果让受到决策影响或负责实施决策的人们参与了决策制定，他们将更可能接受所做出的决策，并更可能鼓励他人也接受决策。毕竟人们不会轻易违背他们自己所制定的决策。

当然，群体决策的效果如何也受到群体大小、成员从众现象等的影响。要是决策群体成员不能够真正地集思广益，而都以一个声音说话，那决策的质量就难以得到提高。再从决策群体的规模来看，参与制定决策的人员越多，提出不同意见的可能性增大，群体就需要花更多的时间和更多的协调来达成相对一致的意见。这样，群体决策的效率性或时效性就比较低。因此，组织在决定是否采用群体决策方式时，必须考虑其决策质量和可接受性的提高是否足以抵消决策效率方面的损失。

相对说来，个体决策的效率性要高于群体决策方式，但效果一般要低于群体决策。因此，对于复杂、重要和需有关人员广泛接受的决策问题，组织最好要采取群体的方式来制定决策。反之，简单、次要和不需体现共同意志的决策，采取个体决策方式可能更适宜。

二、决策目标：理性决策与非理性决策、单目标决策与多目标决策

决策目标，是指决策行动所期望达到的成果和价值。根据决策是否围绕特定的目标来

进行，决策是否要力图实现某种预期的结果，我们可以将决策分为理性决策和非理性决策两大类。

所谓理性决策，就是完全着眼于组织所要实现的目标而进行的决策。所谓非理性决策，就是随意的、无目的的决策，它不考虑这次的决策会对组织带来什么样的影响，完全凭决策者自己个人的爱好或一时的喜怒哀乐来行事。这种决策行为，毫无疑问，是不符合组织生活需要的，因而不应该在组织中实施。但现实中有不少管理人员的决策行为就表现出这种非理性的特征。对这些人，必须强化组织目标对其行为的约束力。

决策目标作为组织决策中不容忽视的要素，它往往是与决策者的价值判断联系在一起的。组织决策中应该贯彻什么样的目标，有时很难有统一的标准。在这一时期或者这部分人看来是"恰当"的目标，可能在另一时期或被另一部分人看来是"不恰当"的。比如：管理者关于"方案A为最好"的选择，实际上就可能包括如下两种前提假设：一是企业应当追求利润最大化（或其他）目标，或者说追求利润最大化（或其他）目标是好的；二是方案A将能实现利润最大化（或其他）目标。第一个假设涉及企业的最终目标是应当追求利润还是其他，"利"与"义"之间如何平衡、取舍，这些无疑都是不可一概而论的，只能以伦理道德和价值观为基准进行价值判断；至于方案A是否比方案B或C更有助于导向最终目标，则是手段、性质的事实判断问题，只要分析评价方法得当，就可以形成一个比较明确的肯定的结论。

根据一项决策过程中所选定的决策目标的多寡，决策可分为单目标决策与多目标决策。在单目标决策中，决策行为只力求实现一种目标，因而是相对比较简单的决策。多目标决策，顾名思义，就是决策行为需要力图实现多个目标。比如：私人购买小汽车的决策，就需考虑购价、性能、舒适性、耐用性、操作便利性、维修情况等。这些多重目标很难在某一品牌车型中完全实现，所以，购买者作出购车决策时需要妥善地处理多目标的冲突问题。给每一个目标规定相对重要的程度，即权重，然后进行加权平均，是处理多目标决策的一种常用方法。比如：购买"经济车"与购买"豪华车"的人，前者肯定会给车的"购价"以更高的权重，后者则会更注重车的"舒适性"等。不难看出，权重的确定实际上也体现了决策者的价值判断成分。

三、决策准则：最优决策与满意决策、保守决策与冒险决策

所谓决策准则，是指决策者选择方案所依据的原则和对待风险的态度或方针。在决策目标确定了以后，决策者在评判某个决策方案中既定的目标要实现到何种程度时，就需要遵循某种预先设定的决策准则。

一般而言，决策方案的抉择有最优化和满意化两种准则。采用最优化决策准则，意味着决策者必须在给定的约束条件下选出一个能产生最优后果（如利润最大化、成本最小化或其他目标最好）的行动方案，以求一次性地从根本上解决问题。但最优化是一种理想化的要求，在现实中只有为数很少的情况才用得上这种最优化决策准则。而大多数的情况之下，通常只能采用满意化决策准则，也即只要求将既定目标实现到足够好的、令人满意的程度即可。以"较优"而不是"最优"，以"满意"而不是"优化"，作为评判某决策方案是否可取的准则，在客观上会促使复杂问题的决策得以简化、时效化的处理。比如，某工厂其预定的目标是要增加50%的生产能力，但最后采用的A决策方案实际只能提高

35%生产能力，因而并不是最优的方案，但如果按照满意准则进行决策，却可以成为合理的、可取的方案。这说明了决策准则的确定同样也是个有赖于"价值判断"的问题；从现实的决策实践来看，在企业经营决策中，满意性决策准则的使用要更为普遍一些。

另外，决策制定不能单看收益性目标，还必须同时考虑到风险性因素。在绝大多数情况下，企业经营中的高收益往往会与高风险相伴随。对待风险，决策者是采取"君子不立于危墙之下"的躲避风险的态度，还是"不入虎穴，焉得虎子"的敢冒风险的态度，这会影响他对决策方案的选择。美国金融联合公司就是在极不确定的条件下，冒险作出了进入投资与贷款市场的决策，从而使自己得到了飞快的发展。到1982年，该公司的资产值增加了65%，而别的储蓄银行和贷款银行在同期的资产值却降低了75%。可以看出，越是不确定性、风险性的环境，决策者的胆识和决策果断程度就越易见出分晓。面对风险，决策者既要有决断的胆略、魄力和勇气，不可优柔寡断、贻误战机，但又不能草率决定、盲目行动，而应该正确掌握决策的科学和艺术。冒险并不等于轻率，谨慎也不意味着可以不做决定。就像理性的决策者所意识到的，非确定条件下的决策总是难免要发生失误的，但可以肯定，掌握一定的科学决策方法及提高决策者的决策艺术，这些都会有助于改进和提高决策的可靠性和质量。

四、决策备选方案

决策的本质是选择。决策质量的高低，与能否穷尽可行性备选方案直接相关。拟定方案要注意的问题：

（1）要先粗后细。要把各种重要的发展前景都考虑周到。先宏观，后具体，还要考虑后果。

（2）可替代不可兼容。可替代，是反映目标的一致性；不可兼容，是指有资格被比较。

（3）集思广益。尽可能穷尽可供选择的方案，提出尽可能多的设想。

方案拟定的过程不是一个简单的一次性过程。拟定的过程其实就是一个比较选择的过程。对备选方案进行评价比较的思路：

（1）看实施方案的条件、成本、自己的承受力。

（2）看实施方案的成效预测，分析各方案的近期影响和长远影响。

（3）看实施方案的风险，预计困难、失败的可能性，及失败造成的影响。

比较选择时要注意的问题：

（1）要统筹兼顾全面看问题。

（2）要吸取多方面的意见。意见过分一致是可怕的，要特别注意反对意见。

（3）要有决断的魄力。决策是众说纷纭下的最终选择。

（4）要注意决策的弹性。目标、实施方案都要留有余地。对重大问题的决策，要有预案（第二实施方案）。

决策过程是一个无起始点的动态循环提升的过程，要及时了解决策执行过程中出现的问题或决策不当之处。这就有了追踪决策。追踪决策是指当原有的决策方案实施时，在决策追踪的过程中发现了危及决策目标的情况，而对目标或决策方案所进行的一种根本性的修正。究其实质而言，追踪决策是一种战略转移，或者说是重新进行一次决策。

追踪决策的特征有：

（1）回溯分析。对原来决策产生的机制和产生的环境进行客观分析，对产生失误、出现问题的原因进行分析，以便找到有效的对策。

（2）非零起点追踪决策所面对的已经不是无决策前的初始状态，不论是客观环境还是主观心理都受到了前决策过程及决策方案实施的干扰与影响。追踪决策的两个基本要求为：一是必须慎之又慎，不能一误再误；二是必须尽力抓紧，不能一拖再拖。

（3）双重优化。追踪决策中最终选择的方案应当具备双重优化的特征，既要优于原有决策方案，又要是新方案中的最优方案。另外，"害中取小，即为大利"，是追踪决策中常见的情况。也就是说，如果一项决策已经给工作带来了损失，而追踪决策能使损失减少到最小，这项追踪决策就是正确的。

（4）心理效应。在进行追踪决策时，要注意人们的心理反应，做好各方面人员的思想工作，适当调整人员，控制他们参与追踪决策的程度。

五、决策情势

所谓决策情势是指决策所面临的时空状态，即我们平常所说的决策环境。决策环境是指影响决策产生、存在和发展的一切因素的总和。包括外部环境和内部环境两种。

（一）外部环境

外部环境分析通常是对可能机会与可能威胁的分析。外部环境包括任务环境和社会环境。

任务环境是组织任务直接作用或被作用的部分，包括相关利益者或受众、竞争对手、政府控制、替代产品的威胁等。

社会环境则包括国家的经济形势、社会技术水平、社会价值观、社会文化和政治法律制库等因素。

（二）内部环境

内部环境是组织内部自身的因素，包括组织结构、组织文化和组织资源。

组织结构是"将劳动划分成不同工作并协调这些工作的方式总和"，包括工作和角色的专门化、部门与权限的划分和多重分工的形式，以及那些工作协调和信息沟通的各种结构。

组织核心文化就是组织的共享价值观，是被组织成员分享的信仰、期待和基本假设。它能使组织成员对组织产生强烈情感认知和归属感。

组织资源是战略的物质基础，包括物资、财政、人力等内容。

内部环境分析是对自己组织的优势与缺陷的分析。

六、决策后果

决策后果是指一项决策实施后所产生的效果和影响。

人们要对各种各样的事情做出决策，而决策往往带有一定的风险。所谓风险就是决策具有多种可能的后果，包括不同程度的损失和盈利。决策风险主要与三个方面的因素有关：决策后果的种类、后果的严重程度和各种后果发生的概率。一般而言，决策后果的种类越多，后果的严重程度越大，后果发生的概率越小，相应的风险水平就越大。另外后果发生的不确性也会对决策者带来风险。对待风险的态度，不同的决策者存在着明显的个体差异。有的决策者为了收益，哪怕是丁点的收益，也会冒很大的损失风险去追寻。而有的决策者为了防止损失，哪怕他面前有很大一笔收益，而且获得这笔收益的可能性是相当大的，他也不愿去冒丁点损失的风险。还有一些人既不一味地追寻风险，也不一味地回避风险，而是对具有一定水平的风险特别喜爱。另外，即便是同一个人对待同一项决策任务，在不同的时间、不同的地点、不同的情境条件下，对待风险的态度也会有很大差别。

第四节 科学决策的基本方法

一、确定型决策的方法

如果决策者面对的决策问题是每一个抉择行动只能产生一个确定的结果，那么就可以根据完全确定的情况，选择最满意的方案或最优行动，这种决策就是确定型决策。确定型决策的一般准则是：所选行动方案能使收益（或损失）函数达到最大值（或最小值）。确定最优方案有以下两种方法：第一，单纯选优决策法；第二．模型选优决策法。模型选优决策法，就是建立一定的经济数学模型来解决确定情况下最优方案的抉择问题。例如：设备更新决策，根据生产的数量和成本进行决策时，如果更新后成本减少，就更新，否则就不更新。

单纯选优决策法是一种较简单的决策方法。如果决策者遇到的是这样一类决策问题，其行动方案仅是有限个，而且掌握的数据资料也无须加工计算，就可以逐个比较，直接选出最优方案或最优行动，这种在确定情况下的决策就是单纯选优决策法。

（一）量本利分析法

量本利分析法就是通过产量（销售量）、成本和利润的关系来分析企业的盈亏情况，是确定型决策方法中的一种，也称盈亏分析法。

1. 量本利分析法的基本原理

其基本原理是：将总成本划分为固定成本和变动成本。固定成本是指不随产量变化而变化的成本，如固定资产折旧费、管理人员的工资等。变动成本是随着产量的变化而变化的成本。如产品成本中的原材料费、燃料动力费、计件工资等，均属于变动成本。企业产品销售收入与产品销售量成本成比例关系。当取得的销售收入与产生的总成本相等时，即实现了盈亏平衡。盈亏平衡时，利润为零。

设某企业生产某种产品销售价格每台为 500 元，固定费用为 800 万元，售价为每件 125 元，单位变动成本为 250（元/台）。

将销售收入、总成本、固定成本、变动成本的关系用图表示出来，可以绘制成盈亏平衡图。

如图 6-1 所示：

2. 盈亏平衡点的确定

盈亏平衡点是总费用和销售收入相等的点。确定盈亏平衡点就是计算这一点所对应的产量或销售额。计算方法有以下几种：

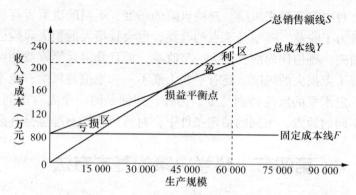

图 6-1 销售收入、总成本、固定成本、变动成本关系

（1）产量（销售量）法。即以某一产量之固定费用和变动费用确定盈亏平衡点。

设固定成本 F，变动成本为 V，总成本为 Y，销售收入为 S，销售价格为 W，产量为 X，单位产品变动成本为 C_v，盈亏平衡点产量为 X_0，则计算公式如下：

$$S = WX \qquad Y = F + y = F + C_v X$$

在盈亏平衡点上，$S = Y$ 即得：

$$WX_o = F + C_v X_o \quad \text{整理得：} \quad X_o = F / (W - C_v)$$

其中：S=销售额；Y=总费用。

（2）销售额法，即以某一销售额之固定费用和变动费用确定盈亏平衡点。计算公式如下：

$$S_o = F / (1 - V / S)$$

式中：S_o——盈亏平衡点的销售额；

V——变动费用总额。

此法适用于企业的固定费用和变动费用难以按产品种类加以区分的多品种生产的企业。

（3）临界收益法。临界收益指销售收入减去变动费用后余下的部分，即固定费用加利润。它适用于企业费用能够按产品种类区分的多品种生产的企业。计算方法如下：

首先计算各产品的临界收益率（M）：

$$M = M_1 / S_i \ (i \text{ 为不同产品})$$

其中：M——临界收益；S——销售额。

其次，按各产品临界收益率由高到低顺序排列，并按顺序计算临界收益的累计值。

再次，确定盈亏平衡点所在产品区。按顺序用 M 的累计数和 F 比较，在比较过程中，当 M 累计数首次大于或等于 F 时，则这时相对应的产品，就是盈亏平衡点（a）所在产品区。

最后，计算与盈亏平衡点（a）对应的销售额。设 a 所在产品区之产品序号为 n，计算公式如下：

$$S_0 = \sum_{i=1}^{n-1} S_i + \left[F - \sum_{i=1}^{n-1} (S_i m_i) \right] / m_n$$

举例：某厂 1995 年的资料如表 6-1 所列，求盈亏平衡点的上的销售额。

表 6-1　1995 年的资料　　　　　　　　　　（单位：万元）

产品	销售额	临界收益（M）	固定费用（F）
A	600	300	
B	400	180	500
C	500	200	
D	500	150	

计算见表 6-2 所示。

表 6-2　计算结果　　　　　　　　　　　　（单位：万元）

产品	序号	M	S 累计	M 累计	M 累计 $-F$
A	1	50%	600	300	−200
B	2	45%	1 000	480	−20
C	3	40%	1 500	680	+180
D	4	30%	2 000	830	+330

从表中看出：M 累计值首先大于 F 的是 C 产品。故 a 点在 C 产品区，产品序号为 3。则：

$$S_0 = S_1 + S_2 + \left[F - (S_1 M_1 + S_2 M_2) \right] / M_3$$
$$= 600 + 400 + \left[500 - (600 \times 50\% + 400 \times 45\%) \right] / 40\%$$
$$= 1\,000 + 50 = 1\,050$$

3. 企业经营情况的判定

（1）判定企业现实产量是在盈利区还是在亏损区。如果现实产量低于 X0 表示亏损。企业在决策中必须采取措施认真解决这一问题。

（2）确定企业经营安全率。见图 6-2：

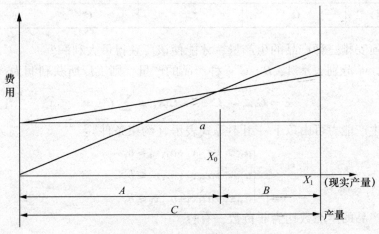

图 6-2　经营安全变化情况图

其计算公式为：$(X_1 - X_0) / X_1$

经营安全率为：C/S

经营安全率是反映企业经营状况的一个重要指标。当它接近 0 时，经营状况就越差。采取增产措施，可以增大经营安全率。向低产量移动盈亏平衡点，也可以增加经营安全率。

一般可根据以下数值来判定经营安全状况，见表 6-3。

表 6-3　经营安全率

经营安全率	30% 以上	25% –30%	15% –25%	10% –15%	10% 以下
经营安全状况	安全	较安全	不太好	要警惕	危险

（二）线性规划决策法

线性规划决策也属于确定型决策。它就是在线性等式和线性不等式等约束条件下极值的求解问题。在现代决策中，已被广泛应用于管理工作中的各个方面。

1. 线性规划模型的建立

线性规划模型的建立，就是将实际决策问题转化为数学问题来处理。

设某企业生产三种不同的产品 A、B、C。生产的各种产品在各车间所需加工的工时、利润以及各车间的生产能力如表 6-4 所示：

表 6-4　各车间生产各产品的能力、工时及利润表

工时/辆　　产品 车间	A	B	C	可使用的总工时
甲	α_{11}	α_{12}	α_{13}	b_1
乙	α_{21}	α_{22}	α_{23}	b_2
丙	α_{31}	α_{32}	α_{33}	b_3
利润（元/辆）	C_1	C_2	C_3	

问该厂如何安排三种产品的生产量，才能使该厂获得最大利润？

设 x_1、x_2、x_3 分别表示 A、B、C 三种产品的产量，则工厂所获利润为：

$$Z = C_1 x_1 + C_2 x_2 + C_3 x_3 = \sum_{j=1}^{3} C_j x_j$$

各车间的生产能力可由以下一组不等式表示（约束条件）：

$$\begin{cases} a_{11}x_1 + a_{12}x_2 + a_{13}x_3 \leqslant b_1 \\ a_{21}x_1 + a_{22}x_2 + a_{23}x_3 \leqslant b_2 \\ a_{31}x_1 + a_{32}x_2 + a_{33}x_3 \leqslant b_3 \end{cases}$$

由题知，产品的生产数均为非负数，有：

$$x_1, \ x_2, \ x_3 \geqslant 0$$

到此，我们就得到了该厂各种产品生产量问题的线性规划模型：

$$\max z = \sum_{j=1}^{3} c_j x_j$$

$$\sum_{j=1}^{3} a_{ij} x_j \leqslant b_i (i = 1, 2, 3)$$

$$x_j \geqslant 0 (j = 1, 2, 3)$$

利用线性规划进行决策，就其模型的建立而言，一般分为以下几个步骤：

（1）确立目标函数：

$$\binom{\max}{\min} z = f(x_1, x_2 \cdots, x_n) = c_1 x_1 + c_2 x_2 + \cdots + c_n x_n = \sum_{j=1}^{3} c_j x_j$$

（2）建立变量 $x_j (j = 1, 2, 3 \cdots, n)$ 的约束条件：

$$\sum_{j=1}^{n} a_{ij} x_j \leqslant b_i$$

$$（或 \geqslant =）$$

$$i = 1, 2, \cdots, m$$

$$x_j \geqslant 0 (j = 1, 2, \cdots n)$$ （就一般的决策来说此约束都将存在）。

2. 问题的求解

当线性规划模型建立以后，下一步所要进行的就是找出问题的合理解。如何求得问题的合理解，有以下两种方法：

（1）图解法：

在解决只有两个变量的线性规划问题时，可用几何法（图解法）求得满足约束条件的合理解。

例：某机床厂生产甲、乙两种机床，每台销售后的利润分别为 4 000 元与 3 000 元。生产甲机床需用 A、B 机器加工，加工时间分别为每台 2 小时和 1 小时；生产乙机床需用 A、B、C 三种机器加工，加工时间为每台各一小时。若每天可用于加工的机器时数分别为 A 机器 10 小时、B 机器 8 小时和 C 机器 7 小时，问该厂应生产甲、乙机床各几台，才能使总利润最大？

上述问题的数学模型：设该厂生产 x_1 台甲机床和 x_2 乙机床时总利润最大，则 x_1，x_2 应满足：

（目标函数）

$$\max z = 4x_1 + 3x_2$$

约束条件 $\begin{cases} 2x_1 + x_2 \leqslant 10 \\ x_1 + x_2 \leqslant 8 \\ x_2 \leqslant 7 \\ x_1, \ x_2 \geqslant 0 \end{cases}$

解方程组：$\begin{cases} 2x_1 + x_2 = 10 \\ x_1 + x_2 = 8 \end{cases}$

得坐标为（2，6），它使目标函数值达到最大，$\max z = 26$（元）。

即该厂应生产甲机床 2 台，乙机床 6 台，就能获得最大利润 26 元。

（2）单纯型法：

函数存在最优值，总可以在可行集解的某一极点达到，而极点的个数是有限的，这样便可以从第一个极点（即可行解集中的第一个基本可行解）出发，转换（进行换基迭代）到另一个极点（另一个基本可行解），并且使目标函数的值逐步优化，经过有限次的换基迭代步骤，就可获得目标函数的最优值或得到最优决策方案。

例：某公司欲投资生产 B_1，B_2，B_3 三种产品，公司生产每吨成品所需原料 A_1、A_2 的数量和现有原料数量及每吨成品可获利润数详见表6-5：

表6-5　相关数据表

单位成本（吨）原料　＼　产品	B_1	B_2	B_3	现有原料（吨）
A_1	2	1	0	30
A_2	0	2	4	50
每吨成品可获利润（万元）	3	2	1/2	

问：公司在现有条件下应如何确定 B_1、B_2、B_3 的产量才能实现投资利润最大化目标？

解：根据题意，可确定的产量 x_1、x_2、x_3，为决策变量，这是一个求最大值问题，可建立目标函数 Max $z = 3x_1 + 2x_2 + x_3/2$，另可确定其约束条件是：

$$\begin{cases} 2x_1 + x_2 \leqslant 30 \\ 2x_2 + 4x_3 \leqslant 50 \\ x_1 \geqslant 0, \ x_2 \geqslant 0, \ x_3 \geqslant 0 \end{cases}$$

化为标准形式：

$$\text{Max } z = 3x_1 + 2x_1 + \frac{1}{2}x_3 + 0x_4 + 0x_5$$

$$\begin{cases} 2x_1 + x_2 + x_4 = 30 \\ 2x_2 + 4x_3 + x_5 = 50 \\ x_j \geqslant 0 \ (j = 1, 2, 3, 4, 5) \end{cases}$$

取基 $B = (P4, P5) = E$，作 $T(B)$ 并换基迭代（见表6-6），可得：最优解 $x = (2.5, 25, 0, 0, 0)^T$

最优解 Max $s = 57.5$

所以，公司应生产2.5吨 B_1 产品，25吨 B_2 产品，不生产 B_3 产品，可使投资利润达到最大值57.5万元。

表6-6　计算结果表

轮次		Cj	3	2	0.5	0	0	常数
	Cb	Xb	x_1	x_2	x_3	x_4	x_5	
初始	0	x_4	[2]	1	0	1	0	30
	0	x_5	0	2	4	0	1	50
		$-Cj$	-3	-2	-1/2	0	0	0

续表

轮次		C_j	3	2	0.5	0	0	常数
	C_b	X_b	x_1	x_2	x_3	x_4	x_5	
迭代一	3	x_1	1	1/2	0	1/2	0	15
	0	x_2	0	[2]	4	0	1	50
		$-C_j$	0	−1/2	−1/2	3/2	0	45
迭代二	3	x_1	1	0	−1	1/2	−1/4	2.5
	2	x_2	0	1	2	0	1/2	25
		$-C_j$	0	0	1/2	3/2	1/4	57.5

二、不确定型决策方法

不确定型决策所面临的问题是决策目标、备选方案尚可知，但很难估计各种自然状态发生的概率。因此，此类决策主要靠决策者的经验、智力，以及对承担风险的态度，其决策准则，带有某种程度上的主观随意性。其主要方法有：悲观决策法、乐观决策法、赫威斯决策法、等概率决策法、最小后悔决策法。

例：某厂准备投产一种新产品，对未来销售状况及企业拟订的方案等情况如表6-7：

表6-7 相关数据表 （单位：万元）

效益 方案	自然状态 高需求	中需求	低需求
新建	600	200	−160
扩建	400	250	0
改建	300	150	80

决策者根据不同的标准或原则选择一个他满意的方案。

（1）悲观决策。这是一个小中取大的决策标准，决策者宁可把情况估计得坏一些，力求决策稳妥可靠。按此准则，在低需求状态下，新建方案亏损160万元，扩建方案不亏不盈，改建方案获利80万元，则选取改建方案。

（2）乐观决策。决策者对未来情况保持乐观态度。在本例中，高需求状态下收益最高的是新建方案，达600万元，所以选取新建方案。

（3）赫威斯决策。又称为乐观系数决策，它是介于悲观决策与乐观决策之间的一种决策准则，其特点是对客观条件的估计既不那么乐观，但也不悲观，主张折衷平衡，是一种折衷决策方法。在运用这种准则进行决策时，首先要确定一个乐观系数（对乐观程度的一个基本估计），通常用a表示，$0 \leq a \leq 1$。

$$CV_i = a \times （最大收益值） + (1-a) \times （最小收益值）（i=1, 2, \cdots, n）$$

然后进行比较，选择现实估计收益最大的方案为最优决策方案。即若$CV_R = \max_{1 \leq i \leq n}(cv_i)$，则选取$CV_R$为最优方案。

步骤：①计算各方案的折衷值。②选择折衷值中的最大值所对应的方案。例如，我们取乐观系数为 a=0.7，则计算各方案的折衷值如下：

新建方案：$CV = a×$（最大收益值）$+$（$1-a$）$×$（最小收益值）

$= 0.7×600+$（$1-0.7$）$×$（-300）

$= 330$（万元）

扩建方案：$CV = a×$（最大收益值）$+$（$1-a$）$×$（最小收益值）

$= 0.7×400+$（$1-0.7$）$×0$

$= 280$（万元）

改建方案：$CV = a×$（最大收益值）$+$（$1-a$）$×$（最小收益值）

$= 0.7×300+$（$1-0.7$）$×80$

$= 234$（万元）

通过计算可知，新建方案可获得 330 万元的收益，为最大，所以选择新建方案。

（4）等概率决策。这是由拉普拉斯（Laplace）提出的一种决策准则。运用这种准则进行决策时，应作这样一个假定，即当决策者在决策过程中不能肯定哪种状态容易出现，哪种状态不容易出现时，就"一视同仁"，认为它们出现的可能性（概率）是相等的。在这种假定条件下再利用同等概率来计算各个行动方案的期望收益．具有最大收益期望值的方案就是最优方案。同样，如果我们所计算的是等概率条件下的损失值，那么具有最最小损失值的方案就是最优方案。

步骤：①计算各方案的平均收益值。②从平均收益值中选择最大的值所对应的方案。

同样，计算上例的等概率条件下收益值如下：

新建方案：等概率期望收益值 $= [600+200+$（-160）$] ×\frac{1}{3}=213.33$（万元）

扩建方案：等概率期望收益值 $=$（$400+250+0$）$×\frac{1}{3}=216.67$（万元）

改建方案：等概率期望收益值 $=$（$300+150+80$）$×\frac{1}{3}=176.67$（万元）

通过计算可知，扩建方案可获得 216.67 万元的收益，为最大，所以选择扩建方案。

（5）最小后悔决策。也叫最小最大后悔值法。前例如发生高需求，决策者采取新建方案可获利 600 万元，如取扩建方案或改建方案则分别造成 200 万元（600-400）和 300 万元（600-300）的机会损失，即后悔值。哪个方案的最大后悔值最小，哪个方案就是应选取的方案。

表 6-8 相关数据表 （单位：万元）

后悔值\状态\方案	高需求	中需求	低需求	最大后悔值
新建	0	50	240	240
扩建	200	0	80	200
改建	300	100	0	300

从表6-8可知，扩建方案的最大后悔值最小，即为应选取的方案。

三、风险型决策方法

风险型决策有明确的目标，如最大利润；有可以选择的两个以上的可行方案；有两种以上的自然状态；不同方案在不同自然状态下的损益值可以计算出来；决策者能估算出不同自然状态下的概率。因此，决策者无论采用何种方案都要承担一定风险。

风险型决策常用的决策方法有期望值法和决策树法。

（一）期望值法

当管理者面临的各备选方案中存在着两种以上的可能结果，且管理者可估计每一种结果发生的客观概率时，就可用期望值法进行决策，即根据各方案的期望值大小来选择行动方案。

例如：某企业计划生产某新产品投放市场，其生产成本为4元，在定价时，人们提出了三种方案：每台5元、6元、7元。由于价格不同，其销售量将会有所不同，相应地其预期收益也不同。

表6-9 不同方案的销路、概率及效益

概率方案 \ 状态	不同状态下的销量（万台）及收益			望值（万元）
	畅销（0.25）	一般（0.50）	差（0.25）	
高价（7元）	30（90）	25（75）	20（60）	$90×0.25+75×0.5+60×0.25=75$
平价（6元）	48（96）	36（72）	28（56）	$96×0.25+72×0.5+56×0.25=74$
低价（5元）	100（100）	60（60）	46（46）	$100×0.25+60×0.5+46×0.25=66.5$

表6-9表明了在不同的价格水平下可能的销量，要求据此对定价方案作出抉择。

首先，根据销售量、生产成本及定价，可计算出各方案在不同销路下可能获得的收益大小。预期收益=销售量×（售价−成本），各方案在不同销路下的预期收益如表6-9括号中的数值。

然后，计算出各方案的收益期望值：

$$期望值 \sum_{i=1}^{n}（方案在之状态下的预期收益）×（方案 i 状态发生的概率）$$三种方案的期望值如表6-9所示。

最后，根据各方案期望值的大小，决定定价方案。由于高价方案收益期望值75万元最大，所以，高价方案为决策方案。

（二）决策树法

决策树法是把方案的一系列因素按它们的相互关系用树状结构表示出来，再按一定程序进行优选和决策的方法。决策树的优点是：（1）便于有次序、有步骤、直观而又周密地考虑问题；（2）便于集体讨论和决策；（3）便于处理复杂问题的决策。决策树结构如图6-3。

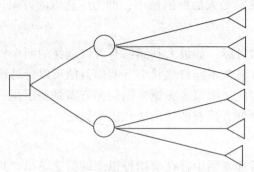

图 6-3   决策树图及符号说明

□——决策点。从它引出的分枝为策略方案分枝，分枝数反映可能的策略方案数。

○——策略方案节点，节点上方注有该策略方案的期望值。从它引出的分枝为概率分枝，每个分枝上注明自然状态及其出现的概率，分枝数反映可能的自然状态数。

△——事件节点，又称"末梢"。它的旁边注有每一策略方案在相应状态下的损益值。

从右向左依次进行计算，在策略方案节点上计算该方案的期望值，在决策点上比较各策略的期望值并进行决策。

1. 运用决策树决策的步骤

（1）绘制决策树图；

（2）预计可能事件（可能出现的自然状态）及其发生的概率；

（3）计算各策略方案的损益期望值；

（4）比较各策略方案的损益期望值，进行择优决策。若决策目标是效益，应取期望值大的方案；若决策目标是费用或损失，应取期望值小的方案。

2. 用决策树法决策时，决策问题应具备四个条件

（1）存在明确的目标；

（2）有两个或两个以上的可供选择的方案；

（3）每种方案存在着决策者不可控制的两种或两种以上的自然状态；

（4）不同方案在不同自然状态下的期望值可以计算出来。

举例：某企业计划生产某种新产品投入市场。有两个方案可供选择：大批量方案年生产量 20 万件，小批量方案年生产量 5 万件。据市场调查估计，这种产品投入市场后销路好的可能性为 70%，销路差的可能性为 30%，在不考虑其他因素的情况下，两个方案在销路好和销路差的情况下的年利润情况如表 6-10：

表 6-10   相关数据表

自然状态 概率 方案	销路好	销路差
大批量（20 万件）	100 万元	5 万元
小批量（5 万件）	20 万元	20 万元

试以期望值大小为价值准则，进行决策。

第一步：先画出决策树（见图6-4）。

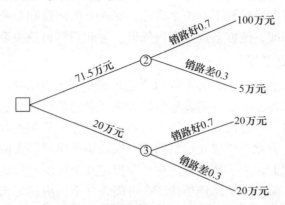

图6-4　某企业生产计划决策树

第二步：计算期望值。期望值等于方案不可控制状态出现的概率与其出现时所表现的数量的乘积的总和。

大批量方案：Q 大 $= 0.7×100+0.3×5=71.5$（万元）

小批量方案：Q 小 $= 0.7×20+0.3×20=20$：（万元）

第三步：决策选优。比较两方案期望值的大小，大批量方案收益值为71.5万元，比小批量方案20万元大，所以选择大批量方案为决策方案。

第五节　科学决策的程序

市场预测是一个提出问题、分析论证问题和解决问题的动态过程，包括四个阶段，即：发现问题，确定决策目标；搜集资料，拟定各种方案；优选和评价方案；实施和验证方案。经济决策程序是根据决策过程来制定的决策组织活动，是经济决策规律性的反映，要进行科学决策，应该遵循科学的决策程序。不同种类的决策有个性又有共性，决策程序虽不能严格地规范化，但也有一个可根据具体情况灵活掌握、大体上一致的基本程序。一般包括以下几个步骤：

一、发现问题，确定目标

确定目标是科学决策的首要问题。目标是决策的方向，只有正确地确定目标，决策才能方向明，方法对，决心大。否则就会使决策陷入盲目性。决策目标是根据存在的问题和需要解决的问题，从实际出发，希望采取行动达到预期的结果。因此在确定目标之前首先要通过调查研究，发现经济发展和经济管理中存在的问题和查明原因。只有诊断出问题，找到根本性原因，才能针对问题正确确定决策目标。问题产生的来源很多，发现问题的方法也很多，当出现以下情况时，往往意味着问题产生。（1）当组织内的情况发生变化时。（2）当环境发生变化时。（3）当组织运行与计划目标发生偏差时。（4）当组织管理工作受到各种批评时。

决策目标必须明确具体，确定决策目标的要求如下：（1）目标概念应该是单义的，尽可能数量化，只有一种理解，目标含义不明，理解不同，就使行动失去方向；（2）目标层次要分明，目标是由总目标到具体目标构成的分层目标体系。层次分明有利于分析研究与落实目标，找出上一级大目标和下一级小目标，深入分析问题和有效决策；（3）应有衡量目标达到程度的具体标准，使方案选择有所依据，为此要尽量使决策目标数量化。

二、收集资料，拟定方案

经济决策要从实际出发，拟定方案应以全面准确的信息为依据。为此必须通过调查，收集资料。资料准确完备，才能有把握地拟定方案，成功的可能性就大。要获得准确、全面、及时、适用的资料，一方面要收集历史资料，另一方面要调查收集第一手资料，加以汇总整理使之系统化。为此，应建立信息网络，保证提供决策必需的信息。

在占有资料的基础上，为了使决策优化，应拟定几个可供选择的方案；拟定的方案应具备两个方面的条件：第一，整体详尽性，在可能条件下，应拟定出所有的重要方案，大体上保持整体详尽性。第二，相互排斥性，是指不同的备选方案之间必须相互排斥，不能同时执行几个方案，只能从几个方案中优先选取一个方案。

经营决策的可行方案是指能够解决经营问题、实现经营目标、具备实施条件的经营方案。制定好可行方案，一是要发挥专家和群众的智慧；二是要有创新精神。因此，应按照专群结合、内外结合的原则，发动各种人员参加提设想、定方案的工作。

三、评价优选方案

要优选方案首先应对方案进行分析评价，这是涉及决策成败的关键。所谓评价是指对各种备选方案的可行性进行计算、分析、比较和整体评价。不仅要比较经济效益的大小，而且要分析人力、物力和财力的可行性，才能为优选方案提供依据。

经过评价，对各方案的优缺点和可行性进行论证之后，即可进行优选。优选方案，应由领导层在充分听取专家和群众意见的基础上，选取一个损失小、效益大的方案。优选决策方案的方法有：（1）经验判断法，一般是将决策方案进行归类排队，按优选标准进行综合判断，选取优化方案；（2）数学分析法，是利用数学模型和数据运算，进行比较评价，选取优化方案；（3）试验法，是通过模拟、试验，进行比较评价，选取优化方案。不论采取哪一种方法，都要将定性分析和定量分析相结合，只有这样，才能选取取合理的决策方案。

四、实施验证

决策方案选定后，就进入实施阶段。在实施过程中应建立信息反馈系统，对实施情况进行追踪验证，对偏离决策目标的情况，应及时取得信息反馈，以便采取措施加以解决。追踪验证工作包括：制定规章制度，按规章制度要求衡量决策执行情况，发现偏差采取措施加以纠正。在决策执行过程中，如果通过信息反馈，发现原来的决策有错误，或主客观条件发生重大的变化，原来的决策方案难以实施时，还必须进行跟踪决策。以便对原来的决策目标和方案进行根本性的修正和调整。

上述的经济决策程序是一个"决策—执行—再决策—再执行"的复杂动态过程。在执行决策时，只有不断完善和做好每一步骤的工作，才能作出科学的决策，保证决策目标和决策方案的顺利实现。

五、监督与反馈

由于决策的成败在很大程度上还取决于执行情况，因此在实施中，要注意监督，一旦发现失误，及时反馈，加以改变和调节，以保证决策的顺利实施。

具体包括三方面的内容：一是制定规章制度；二是分析评价方案的执行情况；三是实施控制，纠正偏差。进行有效的监督反馈，要求完善监督机制和反馈信息系统，广泛收集情况并迅速反馈给决策部门，以便及时纠正偏差，保证方案顺利实施。尤其重要的是：一旦发现原有决策方案在实施中已表明脱离实际，甚至危及决策目标的实现时，就必须对原决策方案进行修正或进行再决策。

上述决策程序是一般的行动指南，根据决策的具体情况不同可以灵活掌握。有时不同的步骤可以有所交叉，有时对不同步骤的侧重点可以有所不同，有时还可以省略某个步骤。

【个案分析】

农场的投资决策

国营长虹农场为调整产业结构，提高经济效益，准备安排一批女职工和部分待业青年就业，拟兴办一座小型工厂。现有两种方案，可供选择：

一是购进一套国产小型造纸设备，需投资14万元，使用期6年，年利率10%，已知现金净流量为5.2万元，6年后的设备残值为0.52万元。

二是由国外引进一条饮料食品软包装生产线，需投资18万元，使用期亦为6年，年利率10%，已知现金净流量为58万元，6年后的设备残值为0.54万元。

该农场现有资源条件是：靠近风景旅游点，有水稻田1000亩，年产稻草50万公斤，还有梨园800亩，葡萄园300亩，以及果品、果汁加工设备。经市场预测，纸张由于受世界环境保护影响，纸张原料趋势，需求相对加大，纸张价格会上涨。食品需求是，总体上食品行业呈滑坡趋势，但对软包装的果汁饮料食品需求量会增大，同类产品市场竞争激烈。

问题：

对上述两个投资方案进行评价，并结合该农场环境条件、市场状况，进行选优决策，提出应兴办什么工厂较佳？

【关键名词】

经营决策　量本利分析　线性规划法　决策目标　确定型决策　优选方案

【思考与讨论】

1. 什么叫决策？决策有哪些基本分类？
2. 什么叫量本利分析法？量本利分析的基本原理是怎样的？
3. 决策在管理中有哪些重要意义？
4. 决策的基本程序包括哪几个方面？

5. 为生产某种产品而设计了两个基建方案，一个是建设大工厂，一个是建设小工厂。

大工厂需要投资300万元，小工厂需要投资160万元。两者的服务期都是10年。估计在此期间，产品销路好的概率是0.7；销路差的概率是0.3。建大工厂，销路好可每年赚100）7元，销路差就要亏20万元；但建小工厂，销路好可每年赚40方元，销路差也可赚1 075元。试用决策树技术选择哪个方案总利润额大？

6. 某企业试制一种新产品投放市场，估计投放市场后有销路好、销路一般、销路差三种状态，但其概率值难以估计，现有大、中、小三种投产方案，其在三种状态下的损益值见下表。试用极小极大后悔值法进行决策。

表6-11　相关数据表　　　　　　　（单位：万元）

损益值　　　　　方案 状态	大批量	中批量	小批量
销路好	200	100	50
销路一般	80	90	40
销路差	−20	5	30

7. 某无线电厂生产某产品，每月固定费用为4万元，单位产品售价为18元，单位产品变动成本为13元。

试求：

（1）盈亏平衡时的产量；

（2）目标赢利为4.8万元时的产量；

（3）产量为14 000件时的赢利；

（4）固定成本增加0.2万元，产量为1 400瞻件，盈亏平衡点的单位产品售价。

第七章　产品策略与商品购存策略

【学习目标】

本章主要讲授产品策略与商品库存策略。通过学习，学生应能够了解现代营销者的产品观念和特点，理解产品在不同的生命周期阶段应采取的各种不同策略，掌握新产品开发的意义、作用和新产品进入市场的策略，学会运用商品库存的各种方法来保持合理的商品库存。

【重点难点】

1. 产品生命周期与不同生命周期阶段的产品策略
2. 商品采购与商品库存策略

学习内容

市场营销以满足市场需要为中心，而市场需要的满足只能通过提供某种产品或服务来实现。因此，产品是市场营销的基础，其他的各种市场营销策略，如价格策略、分销策略、促销策略、权力营销、公共关系等，都是以产品策略为核心展开的。

产品的生产不仅仅是个生产过程，更是一个经营过程。在现代市场经济条件下，每一个企业都应致力于产品整体概念的开发和产品组合结构的优化，并随着产品生命周期的演化，及时开发新产品，以更好地满足市场需要，提高产品竞争力，取得更好的经济效益。

第一节　现代营销者的产品观念

人们通常理解的产品是指具有某种特定物质形状和用途的物品，是看得见、摸得着的东西。这是一种狭义的定义。实际上，广义的产品是指人们通过购买而获得的能够满足某种需求和欲望的物品的总和，它既包括具有物质形态的产品实体，又包括非物质形态的利益，这就是"产品的整体概念"。

一、产品整体概念的内容

核心产品：核心产品也称实质产品，指产品能够提供给购买者的基本效用或益处，是购买者所追求的中心内容。如买自行车是为了代步，买汉堡是为了充饥，买化妆品是希望美丽、体现气质、增加魅力等。因此，企业在开发产品、宣传产品时应明确地确定产品能提供的利益，产品才具有吸引力。

有形产品：有形产品是产品在市场上出现时的具体物质外形，它是产品的形体、外壳，核心产品只有通过有形产品才能体现出来。产品的有形特征主要指质量、款式、特色、包装。如冰箱，有形产品不仅仅指电冰箱的制冷功能，还包括它的质量、造型、颜色、容量等。

附加产品：附加产品指顾客购买产品所得到的各种附加利益的总和。它包括：安装、使用指导、质量保证、维修等售前售后服务。由于产品的消费是一个连续的过程，既需要售前宣传产品，又需要售后持久、稳定地发挥效用，因此，服务是不能少的。可以预见，随着市场竞争的激烈展开和用户要求不断提高，附加产品越来越成为竞争获胜的重要手段。

心理产品：心理产品指产品的品牌和形象提供给顾客心理上的满足。产品的消费往往是生理消费和心理消费相结合的过程，随着人们生活水平的提高，人们对产品的品牌和形象看得越来越重，因而它也是产品整体概念的重要组成部分。

二、产品整体概念的意义

产品整体概念，是现代企业市场经营思想的重大发展，它对企业经营有着重大意义。

第一，指明了产品是有形特征和无形特征构成的综合体（见表7-1）。

表7-1 产品的有形和无形特征

有形特征		无形特征	
物质因素	具有化学成分、物理性能	信誉因素	知名度、偏爱度
经济因素	效率、维修保养、使用效果	保证因素	"三包"和交货期
时间因素	耐用性、使用寿命	服务因素	运送、安装、维修、培训
操作因素	灵活性、安全可靠		
外观因素	体积、重量、色泽、包装、结构		

为此，一方面企业在产品设计、开发过程中，应有针对性地提供不同功能，以满足消费者的不同需要，同时还要保证产品的可靠性和经济性。另一方面，对于产品的无形特征也应充分重视，因为，它也是产品竞争能力的重要因素。

产品的无形特征和有形特征的关系是相辅相成的，无形特征包含在有形特征之中，并以有形特征为后盾；而有形特征又需要通过无形特征来强化。

第二，产品整体概念是一个动态的概念。随着市场消费需求水平和层次的提高，市场竞争焦点不断转移，对企业产品提出了更高要求。为适应这样的市场态势，产品整体概念的外延处在不断扩大的趋势之中。当产品整体概念的外延再外延一个层次时，市场竞争又将在一个新领域展开。

第三，对产品整体概念的理解必须以市场需求为中心。产品整体概念的四个层次清晰地体现了一切以市场要求为中心的现代营销观念。衡量一个产品的价值，是由顾客决定的，而不是由生产者决定的。

第四，产品的差异性和特色是市场竞争的重要内容，而产品整体概念四个层次中的任何一个要素都可能形成与众不同的特点。企业在产品的效用、包装、款式、安装、指导、维修、品牌、形象等每一个方面都应该按照市场需要进行创新设计。

第五，把握产品的核心产品内容可以衍生出一系列有形产品。一般地说，有形产品是核心产品的载体，是核心产品的转化形式。这两者的关系给我们这样的启示：把握产品的核心产品层次，产品的款式、包装、特色等完全可以突破原有的框架，由此开发出一系列新产品。以旅游为例，如果说旅游产品的核心层次是"满足旅游者身心需要和短期性生活方式"，那么，旅游形式产品不能仅仅理解为组织旅游者去名山大川游玩。其实，现在旅游产品已经延伸到商务旅游、购物旅游、现代工业旅游、现代农业旅游、都市旅游、学外语旅游，等等。

第二节　产品生命周期与产品策略

一、产品生命周期的含义及各阶段特征

（一）产品生命周期的含义

产品生命周期是指产品从投入市场到产品最后退出市场的时期，以产品销量和利润的变化分为标志可以分为四个阶段：导人期、成长期、成熟期、衰退期。

（二）产品在不同生命周期的特征

在产品生命周期的不同阶段中，销售量、利润、购买者、市场竞争等都有不同的特征，这些特征可用表7-2概括。

表7-2　产品生命周期不同阶段特征

生命周期　　特征项	导人期	成长期	成熟期		退期
			前期	后期	
销售量	低	快速增大	继续增长	有降低趋势	下降
利润	微小或负	大	高峰	逐渐下降	低或负
购买者	爱好新奇者	较多	大众	大众	后随者
竞争	甚微	兴起	增加	甚多	减少

二、产品生命周期各阶段的判断

在产品生命周期的变化过程中，正确分析、判断出各阶段的临界点，确定产品正处在生命周期的什么阶段，是企业进行正确决策的基础，对市场营销工作意义重大。同时，这又是一件较困难的事，因为产品生命周期各阶段的划分，并无一定的标准，带有较大的随意性。而要完整、准确地描绘某类产品生命周期曲线，理应到产品完全被淘汰以后，再根据资料绘制，但对这类产品的市场营销又失去了现实意义。

产品生命周期各阶段的判断，一般采取以下方法：

（一）销售趋势分析法

销售趋势分析法是用各个时期实际销售增长率$\dfrac{\Delta Y}{\Delta X}$的数据的动态分布曲线来划分各阶段。

$$实际销售增长率 = \frac{\Delta Y}{\Delta X}$$

其中：ΔY表示纵坐标上的销售量的增加量；，

ΔX表示横坐标上的时间的增加量；

当$\dfrac{\Delta Y}{\Delta X}$之值大于10%，该产品处在成长期；

当$\dfrac{\Delta Y}{\Delta X}$之值在0.1%~10%之间，该产品处在成熟期；

当$\dfrac{\Delta Y}{\Delta X}$之值小于0成为负数时，该产品属于衰退期。

（二）产品普及率分析法

产品普及率分析法即按人口平均普及率来分析产品市场生命周期所处的阶段。

$$人口平均普及率 = \frac{社会拥有量}{人口总数} 或 = \frac{社会拥有量}{家庭户数}$$

人口平均普及率15%以下为导人期，15%~50%为成长期，50%~80%为成熟期，超过80%为衰退期。

（三）同类产品类比法

同类产品类比法一般用于新产品的生命周期判断。对于一些新产品，由于没有销售资料，很难进行分析判断。此时，可以运用类似产品的历史资料进行比照分析。

（四）因素分析法

由于产品生命周期不同阶段的有关因素呈现不同特征，因而可以从各因素的特征来判断产品处在哪一个阶段（见表7-3）。

表7-3　　　产品生命周期不同阶段的有关因素变化表

因素	成长期	成熟期	衰退期
企业销售情况	递增	畅销	递减
竞争对手销售情况	稳定畅销	上升	减少
企业经营管理综合工作质量	上升	稳定	下降
比较同类产品的技术经济指标	近似或稍好	近似	落后

三、产品生命周期各阶段的营销策略

由于产品生命周期各阶段的特点不同，企业在各阶段作出的经营决策的内容也不同。

（一）导人期营销策略

这一阶段新产品刚投入市场销售，由于销售量少而且销售费用高，企业往往无利可图或者获利甚微，企业营销重点主要集中在"促销一价格"策略方面，其营销策略主要有：

1. 快速撇取策略

即以"高价格一高促销水平"策略推出新产品，迅速扩大销售量来加速对市场的渗透，以图在竞争者还没有反应过来时，先声夺人，把本钱捞回来。

采用这一策略的市场条件是：绝大部分的消费者还没有意识到该产品的潜在市场；顾客了解该产品后愿意支付高价；产品十分新颖，具有老产品所不具备的特色；企业面临着潜在竞争。

2. 缓慢撇取策略

即以"高价格一低促销费用"策略推出新产品，高价可以迅速收回成本，撇取最大利润，低促销费用又是减少营销成本的保证。高档进口化妆品大都采取这样的策略。

采用这一策略的市场条件是：市场规模有限；消费者大多已知晓这种产品；购买者愿意支付高价；市场竞争威胁不大。

3. 快速渗透策略

即以"低价格一高促销费用"策略，花费大量的广告费，以低价格争取更多消费者的认可，获取最大的市场份额。

采取这一策略的市场条件是：市场规模大；消费者对该产品知晓甚少；大多数购买者对价格敏感；竞争对手多，且市场竞争激烈。

4. 缓慢渗透策略

即以"低价格一低促销费用"策略降低营销成本，并有效地阻止竞争对手介入。

采取这一策略的市场条件是：市场容量大；市场上该产品的知名度较高；市场对该产品价格相对敏感；有相当的竞争对手。

（二）成长期的营销策略

成长期的主要标志是销售迅速增长。这是因为，已有越来越多的消费者喜欢这种产品，大批量生产能力已形成，分销渠道也已疏通，新的竞争者开始进入，但还未形成有力的对手。在这一阶段企业营销应尽力发展销售能力，紧紧把握取得较大成就的机会。

1. 改进产品质量和增加产品的特色、款式等

在产品成长期，企业要对产品的质量、性能、式样、包装等方面努力加以改进，以对抗竞争产品。

2. 开辟新市场

通过市场细分寻找新的目标市场，以扩大销售额。在新市场要着力建立新的分销网络，扩大销售网点，并建立好经销制度。

3. 改变广告内容

随着产品市场逐步被打开，该类产品已被市场接受，同类产品的各种晶牌都开始走俏。此时，企业广告的侧重点要突出品牌，力争把上升的市场需求集中到本企业的品牌上来。

4. 适当降价

在扩大生产规模、降低生产成本的基础上选择适当时机降价，适应多数消费者的承受力，并限制竞争者加入。

（三）成熟期的营销策略

成熟期的主要特征是："二大一长"，即在这一阶段产品生产量大、销售量大，阶段持续时间长。同时，此时市场竞争异常激烈。为此，企业总的营销策略要防止消极防御，采取积极进攻的策略。

1. 市场改进策略

通过扩大顾客队伍和提高单个顾客使用率，来提高销售量。例如：强生婴儿润肤露是专为婴儿设计的，而如今"宝宝用好，您用也好"的宣传，使该产品的目标市场扩展到了成年人，从而扩大了目标市场范围，进入了新的细分市场。

2. 产品改进策略

通过改进现行产品的特性，以吸引新用户或增加新用户使用量。如吉列剃须刀从"安全剃须刀"、"不锈钢剃须刀"到"双层剃须刀"、"三层剃须刀"，不断改进产品，使其生命周期得以不断延长。

3. 营销组合改进策略

通过改变营销组织中各要素的先后次序和轻重缓急，来延长产品成熟期。

（四）衰退期营销策略

产品进入衰退期，销售量每况愈下；消费者已在期待新产品的出现或已转向；有些竞者已退出市场，留下来的企业可能会减少产品的附带服务；企业经常调低价格，处理存货，不仅利润下降，而且有损于企业声誉。因此，在衰退期的营销策略有以下内容

1. 收缩策略

即把企业的资源集中使用在最有利的细分市场、最有效的销售渠道和最易销售的品种上，力争在最有利的局部市场赢得尽可能多的利润。

2. 榨取策略

大幅度降低销售费用，降低价格，以尽可能增加眼前利润。这是由于再继续经营市场下降趋势已明确的产品，大多得不偿失；而且不下决心淘汰疲软产品，还会延误寻找替代产品的工作，使产品组合失去平衡，削弱了企业在未来的根基。

上述内容可用表7-4来概括：

表7-4　产品生命周期不同阶段的营销策略

生命周期 / 营销策略	导入期	成长期	成熟期	衰退期
产品策略	确保产品的核心产品层次	提高质量、改进款式、特色	改进工艺、降低成本、产品改进	有计划地淘汰滞销品种
促销策略	介绍商品	品牌宣传	突出企业形象	维护声誉
分销策略	开始建立与中间商的联系	选择有利的分销渠道	充分利用并扩大分销网络	处理淘汰产品的存货
价格策略	撇脂价或渗透价	适当调价	价格竞争	削价或大幅度削价

第三节　产品开发方向与产品策略

一、开发新产品的意义与新产品的分类

（一）开发新产品的意义

当今时代，惟一不变的事情就是变化，创新已成为时代发展的主旋律，大多数企业销售收入的三分之一来自新产品及新服务。对企业而言，开发新产品具有重要的战略意义，它是企业生存和发展的重要支柱，具体来看，新产品的开发对企业的重要性主要体现在以下方面：

第一，开发新产品有利于促进企业成长。一方面，企业可以从新产品中获取更多的利润，另一方面，推出新产品比利用现有产品能更有效地提高市场份额。利润和市场份额是企业追求的两个重要目标，它们的增加和提高能帮助企业不断发展。

第二，开发新产品可以维护企业的竞争优势和竞争地位。为拥有消费者，占有市场份额，企业会运用各种方式和手段来获得竞争优势，开发新产品是当今企业加强自身竞争优势的重要手段。

第三，开发新产品有利于充分利用企业的生产和经营能力。当企业的生产、经营能力有剩余时，开发新的产品是一种有效的提高其生产和经营能力利用率的手段。因为在总的固定成本不变的情况下开发新产品会使产品成本降低，同时提高企业资源利用率。

第四，开发新产品有利于企业更好地适应环境的变化。在社会快速发展的今天，企业面临的各种环境条件也不断发生变化。这预示着企业的原有产品可能会衰退，企业必须寻找合适的替代产品。这就导致了对新产品的研究与开发。

第五，开发新产品有利于加速新技术、新材料、新工艺的传播和应用。

（二）新产品的分类

按产品研究开发过程，新产品可分为全新产品、模仿型新产品、改进型新产品、形成系列型新产品、降低成本型新产品和重新定位型新产品。

第一，全新产品。全新产品是指应用新原理、新技术、新材料，具有新结构、新功能的产品。该新产品在全世界首先开发，能开创全新的市场。如电灯、计算机、电视机等产品最初上市时都属全新产品。

第二，改进型新产品。这种新产品是指在原有老产品的基础上进行改进，使产品在结构、功能、品质、花色、款式及包装上具有新的特点和新的突破。这种新产品与老产品十分接近，有利于消费者迅速接受，开发也不需要大量的资金，失败的可能性相对要小。

第三，模仿型新产品。企业对国内外市场上已有的产品进行模仿生产，称为本企业的新产品。

第四，形成系列型新产品。它是指在原有的产品大类中开发出新的品种、花色、规格等，从而与企业原有产品形成系列，扩大产品的目标市场。如，系列化妆品等，这种新产品与原有产品的差别不大，所需开发投资不大，技术革新程度也不高。

第五，降低成本型新产品。以较低的成本提供同样性能的新产品，主要是企业利用新

科技，改进生产工艺或提高生产效率，削减原产品的成本，但保持原有功能不变的新产品。

第六，重新定位型新产品。企业的老产品进入新的市场而被称为该市场的新产品。

二、新产品的实体开发

（一）新产品设计

新产品设计是应用相关的专业技术理论，将拟开发的新产品概念具体表达为被生产过程接受的技术文件和图样的过程。新产品设计是新产品概念到新产品实体的转换器，新产品实体开发的指导书，是新产品实体开发的关键环节。有统计资料表明，新产品质量的好坏，60%-70%取决于产品设计工作，产品制造成本的高低在很大程度上也取决于设计工作。好的新产品设计应达到这样的效果：消费者觉得它体现了产品概念中说明的关键属性，在正常使用和正常条件下，该原形安全地执行其功能；该原形能以预计的成本生产出来。对新产品设计的具体要求如下：

1. 可靠性

可靠性是指产品能在规定的使用时间内和使用条件下，发挥其功能。可靠性是衡量产品质量的重要指标。产品质量的好坏首先取决于设计质量，因此要求设计人员对影响产品性能的多种因素进行分析，研究产品失败的规律，探索预防产品失败或发生故障的技术和措施。在设计过程中，要重视零部件的可靠性试验，注意原材料、协作件、外购件和成品的一致性。

2. 可行性

新产品设计的可行性要求设计人员进行产品设计时，既要考虑技术上的先进，又要考虑经济上的合理，更主要是考虑满足消费者的需求。力争做到消费者满意、技术可行、成本合理及制造便捷四者的统一。

3. 标准化

在生产制造中实行标准化是企业加快新产品开发步伐，缩短试制周期，提高生产效率的有效途径。在设计中贯彻标准化，就是按图样管理制度进行技术文件的编制和图纸的设计、更改工作。对产品结构的设计尽量多采用标准件、通用件。贯彻标准化可以简化设计，简化产品结构，减少自制零部件的种类，避免设计工作中的重复劳动。

4. 继承性

即把老产品中成熟的、合理的、先进的技术与结构等，充分运用到新产品设计中去。对现有产品进行改进是新产品开发的一个重要组成部分，因此提高产品的继承性，充分运用老产品的合理部分，是加快新产品设计和制造速度的重要途径。

（二）新产品试制

根据新产品设计图纸制造出新产品实体个样，是新产品试制阶段的主要工作。进行新产品试制一方面可以验证新产品设计的可操作性，对设计中不适应生产的部分进行改进和修正。另一方面，可摸索和掌握新产品生产的初步经验，为顺利投入大批量生产创造条件。新产品试制的过程如下：

1. 新产品设计图纸的工艺分析与审查

从工艺的角度来检查设计的新产品结构是否合理，是新产品试制的首要环节。审核的标准既要考虑设计的技术先进性和必要性，又要考虑工艺上的经济性和可行性。工艺分析和审核的内容有：产品结构是否合理？加工是否方便？设备及生产线布置是否满足要求？是否便于采用高效率加工方法？零件的几何尺寸、公差和粗糙度是否合适？材料选择是否经济？是否符合材料的标准等。

2. 拟定工艺方案

工艺方案是制定工艺的指导性文件，是新产品试制前必须进行的准备工作。工艺方案的内容包括：根据新产品设计的要求，确定产品所采取的工艺原则，确定工艺规程制定的形式和详尽程度；规定从新产品试制过渡到成批或大量生产时应达到的质量要求、材料利用率、劳动量、设备利用率和制造成本等技术经济指标；列出新产品的各类加工关键要求，必须具备的物质条件和应采取的措施；确定工艺路线和生产组织形式，包括新产品零件加工的车间划分和分布情况；规定工艺装备系数和工艺装备的设计原则，并进行经济效果的分析。

3. 个样试制

个样试制是根据新产品设计和工艺方案要求组织试制出一件或几件产品，用以检验产品结构、性能及主要工艺，验证和修正设计图纸，使产品设计基本定型。为了达到样品试制的目的，有时需要进行几次样品试制。个样试制要严格地按照设计图纸来进行，制造部门无权修改设计，但可提出修改意见，由设计部门进行修改。在试制中要注意不让设计来迁就工艺。而降低产品设计要求，但设计要保证工艺的合理性，工艺要保证设计的先进性。

4. 编制工艺文件和工艺装备的设计制选

工艺文件是企业安排计划，进行生产调度、技术检查和组织材料、工具等供应工作的重要依据。在工艺文件中，工艺规程是最主要的文件，是指导产品加工和工人操作的技术文件，也是进行生产管理的依据。编制工艺文件和工艺装备的设计制造是进行小批量试制前必须做的工艺准备工作。它是在拟定工艺方案和个样试制的基础上进行的。编制工艺规程需要付出大量的工作。有些新产品往往要由几十个、几百个，甚至成千上万个零件组成，要经过上万道工艺加工。为了简化工艺规程的编制工作，应推广工艺规程典型化，即在对零件进行分类的基础上，为同类型零件编制通用的工艺规程。

工艺装备是指按照既定工艺规程进行新产品制造所需的各种模具、夹具、刀具、量具、辅助工具和定位器具的总称。由于下一步小批量试制的主要任务是验证工艺，所以在小批量试制之前，需要将所有的工艺装备基本上设计、制造出来，为大批量生产打下基础。

5. 小批量试制

进行小批量试制是为了检验产品的工艺规程和工艺装备，检查图纸的工艺性，验证全部工艺文件，并对设计图纸再次作出必要的修正，为投入成批大量生产创造条件。凡是大量及大批生产的新产品，一般都必须先进行个样试制，再进行小批量试制。

三、新产品进入市场策略

（一）早期进人市场策略

早期进入市场策略指领先于其他厂商而率先在市场上推出自己的产品。早期往往对应着产品生命周期的第一阶段即投入期，市场存在高风险和不确定的因素。但早期进入市场能形成一种竞争优势，即能建立并提高该行业的进入壁垒，防止潜在的竞争者进入，从而在市场占据主导地位。早期在市场中赢得一定的忠实客户，通过这些客户又可能对其他潜在的客户产生有利的影响，从而有利于建立强大的市场地位。尤其是对于全新产品或技术更新迅速的产品，早期进入市场的产品往往会成为或被默认为该行业的标准。

不论新产品和它要满足的需要是否基于价格或技术等，早期进入者总是有机会建立进入壁垒的。这些壁垒可以建立在规模经济、经济效应、进入后的营销计划修正、产品、生产与技术的继续改进等方面。

由于市场是新的，广告和推销的重点必然会放在介绍产品的功能或该产品能满足的需要等方面，这对于后来者来说，他们进入市场时可省下介绍产品方面的广告费用，而直接进行市场占领。另外，市场的原始开拓可能会使早期进入者产生资金、人员等方面的缺乏。

那么，早期进入市场应该采取何种定价策略呢？撇脂和渗透是我们熟知的两种方案。一般来说，在产品成本以可变成本为主时，适于采用撇脂战略，如电子消费品和产业用品。这时，分销网点应该受到限制，以保护高价格；在固定成本很高时，适于采用渗透战略，如果追求广阔的细分市场，则进行广泛的分销是很重要的，所以在交易导向的促销上多花些费用。

由于新产品的市场潜力是很大的，所以对于早期进入者来说，没有太大的必要把主要精力放在阻止对手的进入，而把钱花在自身的产品开发和不断扩大产品的市场占有率上显得更为明智。或许通过发放许可证或其他手段来鼓励某些竞争者的进入可能是合适的，给定新兴产品的一些特征，厂商往往可通过其他厂商拼命地出售该产品并援助技术发展而受益。

（二）同期进入市场策略

它是指与其他厂商同时或在十分接近的时间里将新产品推向市场。在这段时间，是否能成为第一对于市场和其他利益相关者没有太大的差别，因为在消费者对一种新的品牌和产品没有形成偏好之前，先进入者没有来得及建立进入壁垒，稍后进入的厂商与之前进入的厂商是处于竞争平衡状态的。这里的厂商往往是重要的竞争对手，而同期所指的时间长度也因不同行业和不同产品而不同。

在品牌繁殖明显的市场中，当主要竞争对手的产品信息比拉容易得到时，同期进入市场策略是较好的，因为可以迅速针对对手的举动采取防御或进攻的措施，以此削弱对手可能造成的潜在优势，从而赢得更大的市场。在多元产品市场的情况下，同期进入可被用为一种进攻策略。反过来，如果知道对手是稍后进入者，并且善于迅速仿效，则可因势利导地将竞争者的注意力从比较重要的市场吸引到较小的市场去。

这一时期要重视市场的细分和定位，因为一旦细分市场把握不准，就可能失掉时机。

（三）晚期进入市场策略

它是指在竞争对手进入市场后，再将自己的新产品推向市场。这意味着推迟新产品的市场投放日期，以达到取得长期竞争优势的目的。当然，也有可能由于产品开发的时间比对手晚而被迫晚于对手推出自己的新产品。在这里，善于学习对手的经验是很重要的。

晚期进入一方面可以避免风险，另一方面可以学习对手的经验，发现消费者的偏好，从而更好地改进新产品，找准目标市场，同时也节约了潜在成本。

除了善于学习，晚期进入策略的另一个需要注意的环节是要通过对手的市场开拓和对消费者偏好的了解发现自己新产品的特点和可能的消费者，还要善于发现未被开拓的细分市场，记住，之所以采取晚期进入是为了取得长期竞争优势。

第四节　产品包装与品牌策略

一、产品包装策略

（一）包装概述

包装一般地说就是给生产的产品装箱、装盒、装袋、包裹、捆扎的事，是产品策略的重要内容，具有识别、便利、美化、增值和促销等功能。包装是产品不可分割的一部分，产品只有包装好后，生产过程才算结束。产品包装是一项技术性和艺术性很强的工作，通过对产品的包装要达到以下效果：显示产品的特色和风格，与产品价值和质量水平相配合，包装形状、结构、大小应为运输、携带、保管和使用提供方便，包装设计应适合消费者心理，尊重消费者的宗教信仰和风俗习惯，符合法律规定等。包装已经成为一种营销手段、名牌战略，在营销谋略中也占一席之地。

（二）包装的意义

目前，包装已成为强有力的营销手段。设计良好的包装能为消费者创造方便价值，为生产者创造促销价值。包装具有多方面的意义。

第一，保护商品，便于储运。产品包装最基本的功能便是保护商品，便于储运。有效的产品包装可以起到防潮、防热、防冷、防挥发、防污染、保鲜、防易碎、防变形等系列保护产品的作用。因此，在产品包装时，要注意对产品包装材料的选择以及包装的技术控制。

第二，包装能吸引注意力，说明产品的特色，给消费者以信心，形成一个有利的总体印象。

第三，包装还能提供创新的机会。包装的创新能够给消费者带来巨大的好处，也给生产者带来利润。1899年，尤尼达饼干公司开发出一种具有保鲜装置的包装（纸板，内部纸包扎，外部纸包扎），使饼干的货架寿命长于饼干盒、饼干箱和饼干桶。克拉夫特食品公司开发了听装混合乳酪，从而延长了乳酪的货架寿命，并使公司赢得了"可靠"的声誉。目前，该公司正在试验杀菌小袋，它是用金属混合塑料制成的容器，是罐头的换代物。一些公司首先把软饮料放在拉盖式的罐头内，或把液态喷雾剂放入按钮式罐头内以此吸引许多新顾客。现在，制酒商正在试验拉盖式罐头和纸盒袋装等包装形式。

（三）包装策略的原则

包装的主要作用应为优质产品提供保护，引进一个新颖的使用方式，提示产品或公司的某种质量等。

产品包装的基本原则：

第一，适用原则。包装的主要目的是保护商品。因此，首先要根据产品的不同性质和特A，合理地选用包装材料和包装技术，确保产品不损坏、不变质、不变形等，尽量使用符合环保标准的包装材料；其次要合理设计包装，便于运输等。

第二，美观原则。销售包装具有美化商品的作用，因此在设计上要求外形新颖、大方、美观，具有较强的艺术性；

第三，经济原则。在符合营销策略的前提下，应尽量降低包装成本。

（四）包装策略的类型

常见的产品包装策略，大致有如下几种：

1. 类似包装策略

它是指企业将其所生产的各种不同产品，在包装外形上采用相同的图案、近似的色彩及其他共存的特征，使消费者或用户极易联想到这是同一家企业生产的产品。类似包装策略的优点是：

（1）可以壮大企业声势，扩大企业影响，特别是新产品初次上市时，可以用企业的信誉消除用户对新产品的不信任感，使产品尽快打开销路。

（2）可以节省包装设计费用。

（3）有利于介绍新产品。

但是，类似包装策略只适用于同一质量水平的产品。如果质量相差过于悬殊，再使用这一包装策略就会增加低档产品的包装费用，或使优质产品蒙受不利的影响，故要区别对待。

2. 等级包装策略

它是指企业将产品分成若干等级，对高档优质产品采用优质包装，一般产品则采用普通包装，使包装产品的价值和质量相称，表里一致，等级分明，以方便购买力不同的消费者或用户选购。

3. 双重用途包装策略

它是指企业在进行产品包装时，要注意即使原包装的产品用完后，空的包装容器还可以作其他用途。例如，果酱、酱菜采用杯形包装，空的包装瓶可以作旅行杯；糖果包装盒还可以用作文具盒，等等。这种包装策略一方面可以引起用户的购买兴趣，另一方面还能使刻有商标的容器发挥广告宣传作用，吸引用户重复购买。但是，这类包装成本一般较高，实际上包装已成为一种产品。

4. 配套包装策略

它是指使用时将有关联的多种产品纳入一个包装容器内。这种包装策略的好处是：便于用户购买，也有利于新产品推销，如将新产品与其他旧产品放在一起出售，可以使用户在不知不觉中接受新观念、新设计，从而习惯于新产品的使用。如：化妆晶盒内同时装入几种化妆晶。

5. 附赠品包装策略

这是目前国外市场上比较流行的包装策略。如儿童市场上玩具、糖果等商品附赠连环画、认字图；化妆晶包装中附有赠券，积累到一定数量，可以得到不同的赠品。

6. 改变包装策略

商品包装上的改变，正如产品本身的改进一样，对于扩展销路同样具有重要的意义。当企业的某种产品在同类产品中质量相近而销路不畅时，就应注意改进这种包装设计。如果一种产品的包装已采用较长时间，也应考虑推陈出新，变换花样。当然，这种通过改变包装办法来达到扩大销路目的的策略是有条件的。即产品的内在质量必须达到使用要求。如果不具备这个条件，产品的内在质量不好，那么，即使在包装上作了显著的改进也无助于销售的增加。

二、品牌策略

品牌是一种名称、术语、标记、符号或设计，或是它们的组合运用，其目的是籍以辨认某个销售者或某群销售者的产品或服务，并使之同竞争对手的产品或服务区别开来。菲利普·科特勒将品牌所表达的意义分为六层：属性；利益；价值；文化；个性；使用者。消费者感兴趣的是品牌的利益而不是属性，一个品牌最持久的含义是它的价值、文化和个性，它们确定了品牌的基础。品牌是企业的一种无形资产，对企业有重要意义：有助于企业将自己的产品与竞争者的产品区分开来，有助于产品的销售和占领市场，有助于培养消费者对品牌的忠诚，有助于开发新产品，节约新产品投入市场的成本。

（一）品牌化策略

企业决定是否给产品起名字、设计标志的活动就是企业的品牌化决策。历史上，许多产品不用品牌。生产者和中间商把产品直接从桶、箱子和容器内取出来销售，无需供应商的任何辨认凭证。中世纪的行会经过努力，要求手工业者把商标标在他们的产品上，以保护他们自己并使消费者不受劣质产品的损害。在美术领域内，艺术家在他们的作品上附上了标记，这就是最早的品牌标记。今天，品牌的商业作用为企业特别看重，品牌化迅猛发展，已经很少有产品不使用品牌了。像大豆、水果、蔬菜、大米和肉制品等过去从不使用品牌的商品，现在也被放在有特色的包装袋内，冠以品牌出售，这样做的目的自然是获得品牌化的好处。

使用品牌对企业有如下好处：有利于订单处理和对产品的跟踪；保护产品的某些独特特征被竞争者模仿；为吸引忠诚顾客提供了机会；有助于市场细分；有助于树立产品和企业形象。

尽管品牌化是商品市场发展的大趋向，但对于单个企业而言，是否要使用品牌还必须考虑产品的实际情况，因为在获得品牌带来的上述好处的同时，建立、维持、保护品牌也要付出巨大成本，如包装费、广告费、标签费和法律保护费等。所以在欧美的一些超市中又出现了一种无品牌化的现象，如细条面、卫生纸等一些包装简单、价格低廉的基本生活用品，这使得企业可以降低在包装和广告上的开支，以取得价格优势。

一般来说，对于那些在加工过程中无法形成一定特色的产品，由于产品同质性很高，消费者在购买时不会过多地注意品牌。此外，品牌与产品：的包装、产地、价格和生产厂家等一样，都是消费者选择和评价商品的一种外在线索，对于那些消费者只看重产品的式样和价格而忽视品牌的产品，品牌化的意义也就很小。如果企业一旦决定建立新的品牌，那不仅仅只是为产品设计一个图案或取一个名称，而必须通过各种手段来使消费者达到品牌识别的层次，否则这个品牌的存在也是没有意义的。未加工的原料产品以及那些不会因生产商不同而形成不同特色的商品仍然可以使用无品牌策略，这样可以节省费用，降低价格，扩大销售。

（二）品牌使用者策略

企业决定使用本企业（制造商）的品牌，还是使用经销商的品牌，或两种品牌同时兼用，叫做品牌使用者决策。

一般情况下，品牌是制造商的产品标记，制造商决定产品的设计、质量、特色等。享有盛誉的制造商还将其商标租借给其他中小制造商，收取一定的特许使用费。近年来，经销商的品牌日益增多。西方国家许多享有盛誉的百货公司、超级市场、服装商店等都使用自己的品牌，有些著名商家（如美国的沃尔玛）经销的 90% 商品都用自己的品牌。同时强有力的批发商中也有许多使用自己的品牌，增强对价格、供货时间等方面的控制能力。

当前，经销商品牌已经成为品牌竞争的重要因素。但使用经销商品牌对于经销商会带来一些问题。经销商需大量汀货，占用大量资金，承担的风险较大；同时经销商为扩大自身品牌的声誉，需要大力宣传其品牌，经营成本提高。经销商使用自身品牌也会带来诸多利益，比如因进货数量较大则其进货成本较低，因而销售价格较低，竞争力较强，可以得到较高的利润。同时经销商可以较好地控制价格，可以在某种程度上控制其他中间商。

在现代市场经济条件下，制造商品牌和经销商品牌之间经常展开激烈的竞争，也就是所谓品牌战。一般来说，制造商品牌和经销商品牌之间的竞争，本质上是制造商与经销商之间实力的较量。在制造商具有良好的市场声誉、拥有较大市场份额的条件下，应多使用制造商品牌，无力经营自己品牌的经销商只能接受制造商品牌。相反，当经销商品牌在某一市场领域中拥有良好的品牌信誉及庞大的、完善的销售体系时，利用经销商品牌也是有利的。因此进行品牌使用者决策时，要结合具体情况，充分考虑制造商与经销商的实力对比，以求客观地作出决策。

（三）品牌名称决策

企业决定所有的产品使用一个或几个品牌，还是不同产品分别使用不同的品牌，这就是品牌名称决策。在这个问题上，可以大致有以下四种决策模式：

1. 个别品牌名称

即企业决定每个产品使用不同的品牌。采用个别品牌名称，为每种产品寻求不同的市场定位，有利于增加销售额和对抗竞争对手，还可以分散风险，使企业的整个声誉不致因某种产品表现不佳而受到影响。如"宝洁"公司的洗衣粉使用了"汰渍"、"碧浪"；肥皂使用了"舒肤佳"；牙膏使用了"佳洁士"。

2. 对所有产品使用共同的家族品牌名称

即企业的所有产品都使用同一种品牌。对于那些享有高声誉的著名企业，全部产品采用统一品牌名称策略可以充分利用其品牌效应，使企业所有产品畅销。同时企业宣传介绍新产品的费用开支也相对较低，有利于新产品进入市场。如美国通用电气公司的所有产品都用 GE 作为品牌名称。

3. 各大类产品使用不同的家族品牌名称

企业使用这种策略，一般是为了区分不同大类的产品，一个产品大类下的产品再使用共同的家族品牌，以便在不同大类产品领域中树立各自的品牌形象。例如史威夫特公司生产的一个产品大类是火腿；还有一个大类是化肥，就分别取名为"普利姆"和"肥高洛"。

4. 个别品牌名称与企业名称并用

即企业决定其不同类别的产品分别采取不同的品牌名称，且在品牌名称之前都加上企业的名称。企业多把此种策略用于新产品的开发。在新产品的品牌名称上加上企业名称，可以使新产品享受企业的声誉，而采用不同的品牌名称，又可使各种新产品显示出不同的特色。例如海尔集团就推出了"探路者"彩电、"大力神"冷柜、"大王子"、"小王子"和"小小神童"洗衣机。

（四）品牌战略决策

品牌战略决策有五种，即产品线扩展策略、品牌延伸策略、多品牌策略、新品牌策略、合作品牌策略。

1. 产品线扩展策略

产品线扩展指企业现有的产品线使用同一品牌，当增加该产品线的产品时，仍沿用原有的品牌。这种新产品往往都是现有产品的局部改进，如增加新的功能、包装、式样和风格等等。通常厂家会在这些商品的包装上标明不同的规格，不同的功能特色或不同的使用者。产品线扩展的原因是多方面的，如可以充分利用过剩的生产能力；满足新的消费者的需要；率先成为产品线全满的公司以填补市场的空隙，与竞争者推出的新产品竞争或为了得到更多的货架位置。产品线扩展的利益有：扩展产品的存活率高于新产品，而通常新产品的失败率在80%到90%之间；满足不同细分市场的需求；完整的产品线可以防御竞争者的袭击。产品线扩展的不利有：它可能使品牌名称丧失它特定的意义。随着产品线的不断加长，会淡化品牌原有的个性和形象，增加消费者认识和选择的难度；有时因为原来的品牌过于强大，致使产品线扩展造成混乱，加上销售数量不足，难以冲抵它们的开发和促销成本；如果消费者未能在心目中区别出各种产品时，会造成同一种产品线中新老产品自相残杀的局面。

2. 多品牌策略

在相同产品类别中引进多个品牌的策略称为多品牌策略。证券投资者往往同时投资多种股票，一个投资者所持有的所有股票集合就是所谓证券组合（Portfolio），为了减少风险增加赢利机会，投资者必须不断优化股票组合。同样，一个企业建立品牌组合，实施多品牌战略，往往也是基于同样的考虑，并且这种品牌组合的各个品牌形象相互之间是既有差别又有联系的，不是大杂烩，组合的概念蕴含着整体大于个别的意义。

（1）培植市场的需要。没有哪一个品牌单独可以培植一个市场。尽管某一品牌起初一枝独秀，但一旦等它辛辛苦苦开垦出一片肥沃的市场，其他人就会蜂拥而至。众多市场竞争者共同开垦一个市场，有助于该市场的快速发育与成熟。当市场分化开始出现时，众多市场贡献者的广告战往往不可避免，其效果却进一步强化了该产品门类的共同优势。有的市场开始时生气勃勃，最后却没有形成气候，其原因之一在于参与者寥寥。一个批发市场如果只有两三间小店，冷冷清清，该市场就不是什么市场了。多个品牌一同出现是支持一个整体性市场所绝对必需的。以个人计算机市场为例，如果只有苹果一家企业唱独角戏，没有其他电脑厂家跟进，绝对不可能形成今天这样火爆的 PC 市场。

（2）多个品牌使企业有机会最大限度地覆盖市场。没有哪一个品牌能单枪匹马地占领一个市场。随着市场的成熟，消费者的需要逐渐细分化，一个品牌不可能保持其基本意义不变而同时满足几个目标。这就是为什么有的企业要创造数个品牌以对应不同的市场细分的初衷。另一方面，近年来西方零售商自我品牌的崛起向制造商发出了有力的挑战，动摇着制造商在树立和保持品牌优势上的主动和统治地位。多品牌战略有助于制造商遏制中间商和零售商控制某个品牌进而左右自己的能力。

多品牌提供了一种灵活性，有助于限制竞争者的扩展机会，使得竞争者感到在每一个细分市场的现有品牌都是进入的障碍。在价格大战中捍卫主要品牌时，多品牌是不可或缺的。把那些次要品牌作为小股部队，给发动价格战的竞争者以迅速的侧翼打击，有助于使挑衅者首尾难顾。与此同时，核心品牌的领导地位则可毫发无损。领先品牌肩负着保证整个产品门类的赢利能力的重任，其地位必须得到捍卫；否则，一旦它的魅力下降，产品的单位利润就难以复升，最后该品牌将遭到零售商的拒绝。

（3）突出和保护核心品牌。当需要保护核心品牌的形象时，多品牌的存在更显得意义重大，核心品牌在没有把握的革新中不能盲目冒风险。例如：为了捍卫品牌资产，迪斯尼企业在其电影制作中使用多个品牌，使得迪斯尼企业可以产生各种类型的电影，从而避免了损伤声望卓著的迪斯尼的形象。在西方，零售系统对品牌多样化的兴趣浓厚，制造商运用多品牌策略提高整体市场份额，以此增加自己与零售商较量的砝码。

所以，多品牌策略有助于企业培植、覆盖市场，降低营销成本，限制竞争对手和有力地回应零售商的挑战。多品牌策略虽然有着很多优越性，但同时也存在诸多局限性。

①随着新品牌的引入，其净市场贡献率将成一种边际递减的趋势。经济学中的边际效用理论告诉我们，随着消费者对一种商品消费的增加，该商品的边际效用呈递减的趋势。同样，对于一个企业来说，随着品牌的增加，新品牌对企业的边际市场贡献率也将呈递减的趋势。这一方面是由于企业的内部资源有限，支持一个新的品牌有时需要缩减原有品牌的预算费用；另一方面，企业在市场上创立新品牌会由于竞争者的反抗而达不到理想的效果，他们会针对企业的新品牌推出类似的竞争品牌，或加大对现有品牌的营销力度。此外，另一个重要的原因是，随着企业在同一产品线上品牌的增多，各品牌之间不可避免地会侵蚀对方的市场。在总市场难以骤然扩张时，很难想象新品牌所吸引的消费者全部都是竞争对手的顾客，或是从未使用过该产品的人，特别是当产品差异化较小，或是同一产品线上不同品牌定位差别不甚显著时，这种品牌间相互蚕食的现象尤为显著。

②品牌推广成本较大。企业实施多品牌策略，就意味着不能将有限的资源分配给获利能力强的少数品牌，各个品牌都需要一个长期、巨额的宣传预算。对有些企业来说，这是可望而不可及的。

3. 新品牌策略

为新产品设计新品牌的策略称为新品牌策略。当企业在新产品类别中推出一个产品时，它可能发现原有的品牌名不适合于它，或是对新产品来说有更好更合适的品牌名称，企业需要设计新品牌。例如：春兰集团以生产空调著名，当它决定开发摩托车时，采用春兰这个女性化的名称就不太合适，于是采用了新的品牌"春兰豹"。又如：原来生产保健品的养生堂开发饮用水时，使用了更好的品牌名称"农夫山泉"。

4. 合作品牌策略

合作品牌（也称为双重品牌）是两个或更多的品牌在一个产品上联合起来。每个品牌都期望另一个品牌能强化整体形象或购买意愿。

合作品牌的形式有多种。一种是中间产品合作品牌，如富豪汽车公司的广告说：它使用米其林轮胎。另一种形式是同一企业合作品牌，如摩托罗拉公司的一款手机使用的是"摩托罗拉掌中宝"，掌中宝也是公司注册的一个商标。还有一种形式是合资合作品牌，如日立的一种灯泡使用"日立"和"CE"联合品牌。

（五）品牌再定位决策

也许一种品牌在市场上最初的定位是适宜的、成功的，但是到后来企业可能不得不对之重新定位。原因是多方面的，如竞争者可能继企业品牌之后推出其他的品牌，并削减企业的市场份额；顾客偏好也会转移，使对企业品牌的需求减少；或者公司决定进入新的细分市场。

在作出品牌再定位决策时，首先应考虑将品牌转移到另一个细分市场所需要的成本，包括产品品质改变费、包装费和广告费。一般来说，再定位的跨度越大，所需成本越高。其次，要考虑品牌定位于新位置后可能产生的收益。收益大小是由以下因素决定的：某一目标市场的消费者人数；消费者的平均购买率；在同一细分市场竞争者的数量和实力，以及在该细分市场中为品牌再定位要付出的代价。

"七喜"品牌的重新定位是一个成功的典型范例。七喜牌饮料是许多软饮料中的一种，调查结果表明，主要购买者是老年人，他们对饮料的要求是刺激性小和有柠檬味。七喜公司使了一个高招，进行了一次出色的活动，标榜自己是生产非可乐饮料的，从而获得了非可乐饮料市场的领先地位。

（六）品牌延伸策略

品牌延伸是指一个现有的品牌名称使用到一个新类别的产品上。品牌延伸策略是将现有成功的品牌，用于新产品或修正过的产品上的一种策略。品牌延伸并非只借用表面上的品牌名称，而是对整个品牌资产的策略性使用。随着全球经济一体化进程的加速，市场竞争愈加激烈，厂商之间的同类产品在性能、质量、价格等方面强调差异化变得越来越困难。厂商的有形营销威力大大减弱，品牌资源的独占性使得品牌成为厂商之间竞争力较量的一个重要筹码。于是，使用新品牌或延伸旧品牌成了企业推出新产品时必须面对的品牌决策。

品牌延伸是实现品牌无形资产转移、发展的有效途径。但品牌也受生命周期的约束，存在导入期、成长期、成熟期和衰退期。品牌作为无形资产是企业的战略性资源，如何充分发挥企业的品牌资源潜能并延续其生命周期便成为企业的一项重大的战略决策。品牌延伸一方面在新产品上实现了品牌资产的转移，另一方面又以新产品形象延续了品牌寿命，因而成为企业的现实选择。

1. 品牌延伸的好处

（1）它可以加快新产品的定位，保证新产品投资决策的快捷、准确。

（2）有助于减少新产品的市场风险。品牌延伸，使新产品一问世就已经取得了品牌化，甚至获得了知名品牌化，这就可以大大缩短了被消费者认知、认同、接受、信任的过程，极为有效地防范了新产品的市场风险，并且可以节省数以千万计的巨额开支，有效地降低了新产品的成本费用。与同类产品相比，它就与之站在同一起点上，甚至略优于对手，具备了立于不败之地的竞争能力。品牌延伸有益于降低新产品的市场导入费用。

（3）品牌延伸有助于强化品牌效应，增加品牌这一无形资产的经济价值。

（4）品牌延伸能够增强核心品牌的形象，能够提高整体品牌组合的投资效益。

2. 品牌延伸策略的坏处

（1）损害原有品牌形象。当某一类产品在市场上取得领导地位后，这一品牌就成为强势品牌，它在消费者心目中就有了特殊的形象定位，甚至成为该类产品的代名词。将这一强势品牌进行延伸后，由于近因效应（即最近的印象对人们的认知的影响具有较为深刻的作用）的存在，就有可能对强势品牌的形象起到巩固或减弱的作用。如果运用不当的品牌延伸，原有强势品牌所代表的形象信息就被弱化。

（2）有悖消费心理。一个品牌取得成功的过程，就是消费者对企业所塑造的这一品牌的特定功用、质量等特性产生特定的心理定位的过程。企业把强势品牌延伸到和原市场不相容或者毫不相干的产品上时，就有悖消费者的心理定位。如"999"原是胃药中的著名品牌，"999"延伸到啤酒上，消费者就难以接受。这类不当的品牌延伸，不但没有什么成效，而且还会影响原有强势品牌在消费者心目中的特定心理定位。

（3）容易形成此消彼长的"跷跷板"现象。当一个名称代表两种甚至更多的有差异的产品时，必然会导致消费者对产品的认知模糊化。当延伸品牌的产品在市场竞争中处于绝对优势时，消费者就会把原强势品牌的心理定位转移到延伸品牌上。这样，就无形中削弱了原强势品牌的优势。这种原强势品牌和延伸品牌竞争态势此消彼长的变化，即为"跷跷板"现象。

（4）株连效应。将强势品牌名冠于别的产品上，如果不同产品在质量、档次上相差悬殊，这就使原强势品牌产品和延伸品牌产品产生冲击，不仅损害了延伸品牌产品，还会株连原强势品牌。

（5）淡化品牌特性。当一个品牌在市场上取得成功后，在消费者心目中就有了特殊的形象定位，消费者的注意力也集中到该产品的功用、质量等特性上。如果企业用同一品牌推出功用、质量相差无几的同类产品，使消费者昏头转向，该品牌特性就会被淡化。

（七）品牌的更新

品牌更新是指随着企业经营环境的变化和消费者需求的变化，品牌的内涵和表现形式也要不断变化发展，以适应社会经济发展的需要。品牌更新是社会经济发展的必然。只要社会经济环境在发展变化，人们需求特征在趋向多样化，社会时尚在变，就不会存在一劳永逸的品牌，只有不断设计出符合时代需求的品牌，品牌才有生命力。品牌创新是品牌自我发展的必然要求，是克服品牌老化的唯一途径。由于内部和外部原因，企业品牌在市场竞争中的知名度、美誉度下降，以及销量、市场占有率降低等品牌失落的现象，称为品牌老化。现代社会，技术进步愈来愈快，一些行业内，产品生命周期也越来越短，同时社会消费意识、消费观念的变化频率也逐渐加快，这都会影响到产品的市场寿命。

品牌更新策略主要有：

1. 形象更新

形象更新，顾名思义，就是品牌不断创新形象，适应消费者心理的变化，从而在消费者心目中形成新的印象的过程。有以下几种情况：第一，消费观念变化导致企业积极调整品牌战略，塑造新形象。如随着人们环保意识的增强，消费者已开始把无公害消费作为选择商品、选择不同品牌的标准，企业这时即可采用避实击虚的方法，重新塑造产品形象，避免涉及环保内容或采用迎头而上的策略，更新品牌形象为环保形象。第二，档次调整。企业要开发新市场，就需要为新市场塑造新形象，如日本小汽车在美国市场的形象，就经历了由小巧、省油、耗能低、价廉的形象到高科技概念车形象的转变，给品牌的成长注入了新的生命力。

2. 定位的修正

从企业的角度，不存在一劳永逸的品牌，从时代发展的角度，要求品牌的内涵和形式不断变化。品牌从某种意义上就是从商业、经济和社会文化的角度对这种变化的认识和把握。所以，企业在建立品牌之后，会因竞争形势而修正自己的目标市场，有时也会因时代特征、社会文化的变化而引起修正定位。第一，竞争环境使得企业避实就虚，扬长避短，修正定位。美国著名非可乐饮料——"七喜"饮料，在进入软饮料市场后，经研究发现，可乐饮料总是和保守型的人结合在一起，而那些思想新潮者总是渴望能够找到象征自己狂放不羁思想的标志物。于是该饮料即开始以新形象、新包装上市，并专门鼓励思想新潮者组织各种活动。避实就虚的战略使得七喜获得了成功。这是在面对两大可乐公司的紧逼下寻找到的市场空隙，品牌的新市场定位给他们带来了生机。第二，时代变化引起品牌定位的修正。例如英国创立于 1908 年的李库柏（LEECOOPER）牛仔裤是世界上著名的服装品牌之一，也是欧洲领先的牛仔裤生产商，近百年来，他的品牌形象在 20 世纪不断地变化：四十年代——自由无拘束；五十年代——叛逆；六十年代——轻松时髦；七十年代——豪放粗犷；八十年代——新浪潮下的标新立异；九十年代——返璞归真。

3. 产品更新换代

现代社会科学技术作为第一生产力，第一竞争要素，也是品牌竞争的实力基础。企业的品牌想要在竞争中处于不败之地，就必须保持技术创新，不断地进行产品的更新换代。有这么一个例子：香雪海冰箱的合作厂家曾经错误地估计中国技术水平及市场消费能力，误认为中国无氟制剂技术近几年之内不会获得成功并投入使用。但中国很快便研制出了无氟环保冰箱并批量上市，此时，他们却仍守着旧冰箱生产线的投资，眼望着人家先行一步并尽占商机而懊悔不已。在我国有诸多外国知名品牌，比如"汰渍"洗衣粉已推出多代新产品，其技术水平呈升高趋势，这也是为什么众多消费者偏爱该品牌的缘故。

4. 管理创新

"管理创新是企业生存与发展的灵魂"。企业与品牌是紧密结合在一起的，企业的兴盛发展必将推动品牌的成长与成熟。品牌的维系，从根本上说是企业管理的一项重要内容。管理创新是指从企业生存的核心内容来指导品牌的维系与培养，它含有多项内容，诸如与品牌有关的观念创新、技术创新、制度创新、管理过程创新等。

第五节　商品采购与库存策略

一、商品采购策略

随着全球经济一体化进程的加快，势必推进国内企业与国际市场全面接轨的步伐，然而，就目前的管理现状与经营水平来说，我国企业与世界先进企业相比尚存在着较大的差距，尤其是一些企业在入世之后面对白炽化的市场竞争趋势已显得力不从心，不知所措，无从招架和难以应对。鉴于上述情形，企业必须要敢于面对现实，积极研究对策，不断改善经营，提高管理水平，增强核心竞争力才是唯一出路，否则就会被无情，残酷的市场竞争所淘汰，这已是不争的事实！众所周知，供应链的管理已成为制约企业生存与发展的核心要素，其中，如何有效地运用企业的物流采购供应链及其资源是现代企业面临的重大难题之一，并且在企业经营战略中占有重要的地位，是全面改善和大力提升企业整体管理水平的重要环节，正因如此，加强商品采购是经营管理的主要工作内容之一。商品采购策略的内容主要包括以下几个方面：

（一）分析需求

企业必须了解自己的需求，而且不仅仅要了解眼前的需求，还要对将来的需求进行预测。

（二）了解供应商

了解自己公司的需求之后，接下来就要尽可能了解供应商或者经销商的情况。有必要和供应商保持良好关系，但要注意在谈判时他们就是你的对手。供应商可能将你们的关系定义为伙伴关系，但他们毕竟是在做生意，仍然需要赚钱。有一点非常重要，就是要掌握供应商的财务状况以及销售人员的回报机制，尽可能多地了解供应商为新产品以及产品组合方案设计的销售人员回报方案，找出销售代表最感兴趣的方案。最好将购买时间选在年终或者季度结尾的时候，因为销售代表到了这种时候通常会面临相当大的销售压力。一些供应商，尤其是二线或者三线供应商，在这些时候面临的压力非常大，以致经常会自动找上门。

（三）熟悉供应商的产品状况

了解供应商的产品在其产品生命周期中所处的位置。如果产品刚刚出炉，其需求必然很大，要想得到很多折扣会比较难。如果某种产品已经在市场上销售了较长的一段时间（比如一年），那么得到较大折扣的可能性就会大一些。多数供应商非常乐意向购买者提供其产品的详细发展计划。采购之前应当尽可能了解供应商或者经销商的成本。

（四）创造竞争性的氛围

和供应商保持良好关系确实必要，但当他们向你销售产品时，必须让他们和其他竞争对手展开竞争。从一个供应商那里采购80%的产品，在其他供应商那里采购另外的20%。拥有20%份额的那些供应商会不断努力来得到80%的份额，而拥有80%份额的供应商则意识到如果不参与竞争，他们可能失去已有的优势。始终让那些供应商处于竞争状态，这样你就总能有一个备用计划，从而在谈判中保持优势。

（五）利用新客户的优势

虽然对现有的供应商要时刻保持警觉，但和新供应商打交道，你会有很大的优势，供应商很清楚，一旦他们做成了你的买卖，那么在你以后的商业采购中，他们就会占据有利的位置；否则，他们就可能在未来三年甚至更长的时间里失去赚钱的机会。这个时候就是你获得谈判优势的时机。在第一笔生意中，客户经常会忽略一些细节而导致未来成本的增加。

二、商品库存策略

（一）库存分类

库存的主要功能在于作为缓冲，从原材料到产成品生产过程的观点来看，有原材料、零件、组件（装配件）和半成品库存等。从库存所在的位置来看，有独立的仓库库存、存在于制造过程间的在制品库存以及由供应商供应的在途或在企业内专门区域存放的供应件；从库存的功能看，可以分为批量库存、缓冲库存、运输库存和预防库存。

1. 批量库存

不管是用 MRP 做计划还是用 JIT 做计划，通常的订货都存在一定的批量，这在相关应用软件里有所体现，按批量订货是从订货的规模经济性来考虑的，如果物料按批量组织订货，则由此形成的周期性库存就称为周转库存。

2. 缓冲库存

市场需求是不确定的，供应商的供货也存在诸多不定因素，所以有必要设置安全库存以起到安全作用，设置的安全库存能满足成品需求的最高点，这种为防止缺货而设置的库存称为缓冲库存，有时也称为安全库存或保留库存。有了缓冲库存，即使在某段时间，市场的需求值高于平均值，或者供货发生延迟，也可以满足生产的需求。

3. 运输库存

生产过程各个阶段通常在物理上是分开的，尤其在建立全球化的供应体系过程中更是如此，大的集团公司更加关注的是核心能力的竞争，因此经常将许多非核心业务外包出去，如汽车行业即是如此，汽车组装需要的众多零部件通常在不同的地点生产，然后运送到总装厂进行组装；成品车生产出来后，通常也不一定直接送到顾客手中，而是经过销售商再送交顾客，零部件或产成品在到达顾客（总装厂也是一种广义的顾客）的过程中存在许多运输。这种从一个阶段到达下一个阶段，从一个地点到另一个地点的物料就是运输库存。它是处于运输过程中的物料，以及在两地之间的库存，运输库存取决于运输的时间。

4. 预防库存

由于许多产品的市场需求往往存在季节性，例如夏季通常对冰箱、电风扇、空调等需求猛增，所以有时需要进行一定量的储备，以防销售旺季到来时，由于生产能力的限制，出现产品供不应求的情况，以预防可能因缺货造成损失。但是，设定预防库存对企业来讲通常也存在一定的风险，因为一旦如果因某种因素预期不准确时，就会造成大量库存积压，相应地就会有大量资金的积压。

（二）商品库存策略

1. ABC 库存分析

库存 ABC 分类和帕累托原理（Pareto）有着类似的思想，帕累托图最早用于解释经济学中的一个现象，即 20% 的人口控制了 80% 的财富，这一现象被概括为"重要的少数和次要的多数"，这就是帕累托原理。帕累托原理也适用于企业的库存管理决策中（大部分决策不怎么重要，而少数决策却影响甚大）。

（1）将存货单元累计 20%，但成本却占总成本的 80% 的物料划分为 A 类库存；

（2）将存货单元累计 20%–50%，而成本占总成本 15% 的物料划分为 B 类库存；

（3）将存货单元累计 50%–100%，而成本占总成本 5% 的物料划分为 C 类库存。

字母 A、B 和 C 代表不同的分类且其重要性递减，选用这三个字母并没有特别的意义，将物料分为三级也不是绝对的。这种分类并不是影响物料重要性的惟一标准，除此之外，还有其他的划分标准：物料的单位成本；物料的资源是否容易获得；提前期、物料的缺货成本等。

运用 ABC 法的关键，在于如何以"重要的少数和次要的多数"作为依据，通过定性和定量的分析，将管理对象的库存物料按照分类指标划分为 ABC 三类，然后采取相应的控制策略，这就是 ABC 分类法的基本思想。

对库存进行分类的目的是按利用价值对存货单元加以区别对待，采用不同的库存控制策略分别进行控制。一般地，对于高价值 A 类物料，应集中力量进行控制以减少库存；相反地，对于低价值的物料，如 C 类物料，通常维持较大库存以避免缺货。可从以下几个方面实施物料的控制策略：

A 类物料——应对此类物料进行严格跟踪，精确地计算订货点和订货量，并且经常进行维护；

B 类物料——实施正常控制，只有特殊情况下才赋予较高的有限权控制，可按经济批量订货；

C 类物料——尽可能简单的控制，可通过半年或一年一次的盘点来补充大量的库存，给予最低的作业有限权控制。

这种 ABC 分类法简单易行，有助于分析和控制重点物料，但是，其缺点也显而易见：首先，判别的标准不全面，仅仅根据品种、金额的多少还难以科学分类，如有些备件或比较重要的物料，尽管占用金额不高，但对生产影响大，且采购周期较长，这类物料也应归为 A 类物料。然而，如果按照一般 ABC 分类法，这类物料也许应归为 B 类或 C 类物料，因此，ABC 的划分，不仅取决于品种和金额的大小，同时应考虑物料的重要性程度、采购周期的长短等，只有综合考虑这些多种因素，才能合理地区分 ABC。另外，一般分类法只是一种粗略的区别，因为物料通常品种很多，一次划分难以合理，也不易控制，因此，需要更细、更具体的、针对性的划分方法。

此外，需要说明的是：对不同的产品，如外购件、自制件、独立需求产品和相关需求产品等应进行不同的 ABC 分析。在分析过程中，不能忽略需求和未来的发展趋势，库存的量及库存管理的重点应根据市场的需求变化作动态调节，此一时是 A 类物料，彼一时则可能是 B 类物料，另外，仓库管理部门和其他部门如销售部门、工程部门等应实现信息共享，如果某一时期，销售部门计划放弃某产品，则应将这信息及时反馈至仓库管理部门。仓库管理部门还应与供应厂商保持联系，因为市场可能变化或某种产品不生产，则供货商必须及时得到该信息以决定采取相应的库存管理策略。

2. 经济批量法

经济批量法是指某种物料的订购费用和保管费用之和为最低时的最佳订购批量法。订购费用是指从订购至入库中所需要的差旅费、运输费用率等；保管费用是指物料储备费、验收费、仓库管理费、所占用的流动资金利息费、物料储存消耗费等。经济批量法一般用于需求是常量和已知的，成本和提前期也是常量和已知的，库存能立即补充的情况之下，即它是用于连续需求的、库存消耗是稳定的场合，要求满足以下一些假设条件：

第一，材料需求是固定的，且在整个时期内保持一致；

第二，提前期（从材料订购材料到货的时间）是固定的；

第三，单位产品的价格是固定的；

第四，所有的相关成本都是固定的，包括存储成本和订购成本等；

第五，所有的材料需求都能满足，且不允许延期交货。

由这些条件可以看出，在现实中要满足所有这些条件几乎是不可能的，但这些假设提供了一个非常好的研究起点，可以使问题简单化。

根据前面的假设条件，提前期是固定的，以产品成本、采购成本和储存成本的总和来表示总成本，即：

总成本=产品成本+采购成本+储存成本

产品成本=产品单价×需求量

采购成本=每次采购成本×该期的采购次数

储存成本=平均库存量×该期单位储存成本

设 D 为年需求量，C 为单位物料采购成本，H 为单位存货的年成本，S 为一次订货的业务成本，则每年的定购次数可以用年需求量除以每次订货的批量得到，即为：$\dfrac{D}{Q}$。

则：

最佳批量：$Q=\sqrt{\dfrac{2DS}{H}}$

最佳批次：$n=\dfrac{D}{Q}=\sqrt{\dfrac{DH}{2S}}$ （取近似整数）

最佳订货周期：$t=\dfrac{365}{n}=365\times\sqrt{\dfrac{2S}{DH}}$

总成本 $=D\times C+\dfrac{D}{Q}\times S+\dfrac{Q}{2}\times H$

例：某生产企业对物料 A 的年需求量为 $D=2\,500$ 单位，订购成本 $S=80$ 元/次，存储成本 $H=12$ 元/单位·年，提前期了 $T=7$ 天，单价 $C=120$ 元，求经济订购批量、再订购点和年总成本。

解：$Q=\sqrt{\dfrac{2DS}{H}}=\sqrt{\dfrac{2\times2\,500\times80}{12}}=182.6=183$ （单位）

再订购点为：$Q^* = T = \dfrac{2\,500}{365} \times 7 = 47.9 = 45$（单位）

最佳批次：$n = \dfrac{D}{Q} = \sqrt{\dfrac{DH}{2S}} = \sqrt{\dfrac{2\,500 \times 12}{2 \times 80}} = 14$（次）

最佳订货周期：$t = \dfrac{365}{n} = \dfrac{365}{14} = 26$（天）

年总成本为：总成本＝产品成本＋采购成本＋储存成本

$$= D \times C + \dfrac{D}{Q} \times S + \dfrac{Q}{2} \times H$$

$$= 2\,500 \times 1200 + 14 \times 80 + \dfrac{183}{2} \times 12$$

$$= 302\,218\text{（元）}$$

3. 最小总费用存储

最小总费用法是一个动态确定订购批量的方法，其原理是比较不同的订货量所对应的保管费用和准备费用，从中选择使二者尽可能接近的订购批量。

计算最小总费用订购批量就是按周数的变化比较批量的准备费用和保管费用。如第一周可以只按照本周的需求量订货，也可以按照第一和第二周的总需求量订货，还可以将前3周的总需求量作为订货量。最小总费用法的算法就是比较不同的订货所产生的准备费用和保管费用，寻找使两者最接近的订货量。订货量只满足到计划期的最后一周，如果计划周期大于计划的最后一周，订货量还可能满足以后数个工作日的需求，并且可以此类推下去。这就是最小费用存储法。

【个案分析】

李锦记擦亮老字号

数百年来苦心经营所造就的老字号，代表的是高超神秘的传统工艺、热情周到的服务态度和有口皆碑的商业信誉，故流传至今仍颇受青睐。然而由于各种原因，许多老字号在现代市场经济中黯然失色、处境艰难。如何才能使老字号重振雄风呢？

香港的李锦记在这方面给我们提供了可资借鉴的经验。

一向以秘制蚝油虾著称的李锦记是香港数得上的老字号，它于1888年由李锦裳在广东水镇创办，1902年总部迁至澳门，1946年扎根香港。

进入20世纪70年代，随市场需求日益多样化，李锦记及时转向市场导向的营销观念，实施现代营销管理，将原先的品质保证部门独立出来，专门成立了20多人的R&D部门，以加强产品研发的力度。为获得一个优秀的产品概念，研发人员常常要做大量工作，如进行目标消费者调查、向烹饪专业人员以及零售商取经等。20多年以来，李锦记不断推陈出新，改变了只凭旧装特级蚝油和虾酱两种产品打天下的局面。推出了熊猫牌蚝油、辣椒酱、鸡粉、卤水汁、蒸鱼豉油等酱料，产品由原先的两种增至现在的150多种。其中，因蒸鱼豉油的开发和推广，李锦记荣获了1997年香港杰出营销奖铜奖。

为使老字号的产品不显陈旧，李锦记不失时机的设计新的品牌标识。不同于早期土气的外观造型，新包装采用了国际流行的直线设计，因而更富有时代感和美感，更易为消费者接受。

1992 年，公司还特意聘请专业设计顾问公司为李锦记重新设计一系列包装标识系统，把招纸和标签统一，从而给消费者耳目一新的感觉，并便于识别。为增加卖点，招纸上除印有基本资料，如成分及重量外，还提供了菜谱及使用方法。另外，公司也在招纸上印上外文以显示国际化并利于外销。

李锦记注重现代营销传播，曾开展了一系列的广告及赞助活动；邀请香港歌星叶丽仪拍摄电视广告，每晚在电视上大唱"餐餐陪住你……"，增加品牌知名度；独家赞助某马戏团在香港海洋公园的表演；为烹饪界知名人士方太等的电视烹饪提供酱料……这对一个有着百年历史的老字号来说是个富有胆识的尝试。

20 世纪 90 年代初，由于不满足于调味品事业上的成功，李锦记利用品牌知名度实施品牌延伸，致力拓展地产、餐饮、健康食品和运输等业务，以增大其市场"蛋糕"。目前，李锦记的事业正在第四代家族成员的领导下蒸蒸日上，焕发生机。

问题：

1. 李锦记采用了哪能些产品战略和品牌战略？对于老字号品牌分别起到了什么作用？
2. 对于李锦记的成功，你有什么看法和建议？

【关键名词】

产品观念　产品生命周期　新产品开发　品牌策略　产品策略　商品库存

【思考与讨论】

1. 什么是产品整体概念？
2. 产品生命周期与产品策略有什么联系？
3. 新产品进入市场有哪些策略？各有什么特点？
4. 什么是 ABC 库存分析法？有什么意义？
5. 如何看待品牌延伸策略的优缺点？请举例说明。

第八章　市场营销策略

【学习目标】

本章主要讲授市场营销的基本概念、市场营销学的发展及其相关知识。通过学习，学生应能够了解市场营销的基本理论知识，理解市场营销的基本方法和技巧，掌握市场细分的程序和有效条件、目标市场策略及考虑因素、人员推销、广告、营业推广的涵义及功能等，学会管理和控制销售渠道。

【重点难点】

1. 市场细分的程序和有效条件
2. 目标市场策略及考虑因素
3. 企业定价目标、定价方法和定价策略
4. 人员推销、广告、营业推广、对销售渠道的控制

学习内容

第一节　市场营销概述

一、市场营销的概念及市场营销学的发展

"市场营销"这一概念最初是由英语"marketing"翻译得来。关于"市场营销"的定义，不同的学者有不同的观点，其中最具代表性的有三种：（1）美国市场营销学会（American Marketing Association，AMA）于1960年提出的定义是"市场营销是指产品和服务由生产者流向消费者或用户的一场商务活动。"（2）美国著名市场营销学专家菲利普·科特勒（Philip kotler）在1983年提出的市场营销定义是："市场营销是致力于交换过程以满足人类需要的活动。"在1984年，他又进一步提出：市场营销是企业的一种职能：识别目前未满足的需要与欲望，估计和确定需求量的大小，选择本企业能最好为之服务的目标市场，并确定产品计划，以便为目标市场服务。（3）美国市场营销学者里查德·黑斯（R T Hise）等人给出的定义是："市场营销是确定市场需求并使提供的产品和服务能满足这些需求。"

由此可见，所谓市场营销，就是在动态变化的市场环境中，企业或生产组织以满足消费者需要为目的而进行的一系列营销活动，包括市场调研、选择目标市场、产品开发、产

品定价、销售渠道选择、产品促销和提供服务等一系列与市场有关的企业经营活动。

市场营销理论作为一门系统研究市场营销活动规律性问题的学科，起源于19世纪末20世纪初的美国，资本主义市场经济的发展，推动了人们对市场营销活动的认识从经验走向了理论，但市场营销作为一种实践活动，却有着悠久的历史，其发展大致可分为四个阶段：

（一）形成准备阶段

19世纪末至20世纪30年代是市场营销理论体系形成的准备阶段。在这一时期，由于资本主义经济的迅速发展，政府对经济的干预相对较弱，以及市场本身调节能力的局限，形成了生产的无限扩大和消费相对不足的矛盾。一些生产企业开始重视产品推销和刺激需求。这样，企业经营活动逐步由以生产为中心转为以刺激需求为中心。

（二）基本形成阶段

20世纪30年代到50年代是现代市场营销观念的基本形成阶段。这一时期，世界性的资本主义经济大萧条导致企业产品大量积压、工厂停工停产、商店倒闭、工人失业。生产企业为了生存而纷纷运用各种销售方式和手段，经济学家和企业管理者也把更多精力投入到市场理论的研究中，但这一时期对市场营销的研究还主要局限于商品流通领域，致力于如何把企业现有的产品推销出去。

（三）变革与发展阶段

20世纪50年代到？0年代是市场营销观念的变革与发展的重要时期。产生于以美国为代表的发达国家的现代科技革命，导致了劳动生产率的极大提高，产品数量急剧增加，同时，消费者的购买能力增加，潜在的消费需求进一步增长，这些促使了市场营销的研究对象突破了流通这一传统领域，进入了生产经营领域，实现了从传统市场营销向现代市场营销的过渡。

（四）充实完善阶段

从20世纪70年代开始，现代市场营销理论一直处于不断完善过程中，主要体现在两方面：一是市场营销的理论研究与经济学、管理学、心理学、社会学等相关学科的联系更加紧密，使市场营销成为一门综合性的边缘学科；二是信息科学和计算机技术被广泛应用于企业的市场营销管理之中，使传统的市场营销工作实现了向现代化、系统化和实用化方面的发展。

二、市场营销学的研究对象

市场营销学对于研究对象的认识是随着其内容体系的发展而逐步形成的。

早期的市场营销学的研究对象只对商品由生产领域进入流通领域，到达消费者手中这一过程进行研究，当商品进入消费领域以后，即不属于市场营销学的研究范围。

随着人类社会经济的发展，市场营销学的研究对象已经突破了原来的商品流通领域，向前延伸到生产领域和生产前的各种活动（包括市场研究、产昂开发及市场发展），向后拓展到消费过程（包括售后服务及信息反馈）。市场营销学的研究范围已扩大到从研究消费者需求开始，直到如何保证消费者需求得到真正的和全部的满足为止的整个过程。这实际上就形成了一个由研究消费者需求开始，最后以满足消费者需求为结束的反复循环过程。

三、市场营销学的研究内容

根据市场营销学研究对象和研究范围的界定，市场营销学研究的主要内容应当是以消费者需求为中心的市场营销关系及其规律，影响市场营销的因素和据此制定的各种营销策略等，具体包括四个方面内容：

（一）市场营销观念

市场营销观念必须承认和接受以消费者利益为导向，研究和了解什么是消费者最需要的产品或服务，并据以组织企业的全部经营活动。

（二）市场营销环境

环境是影响市场营销活动的重要因素，应在分析影响企业营销活动的环境因素，了解各类市场需求和消费者购买行为的基础上，制定相应的经营对策，选择市场机会，实现营销目标。

（三）市场经营策略

企业应综合、系统地运用各种市场营销手段，制定并选择与动态市场营销环境相适应的最佳营销组合方案。即选择适当的时间和地点，以适当的价格和方式，将适当的产品和服务提供给适当的顾客以满足顾客的需要。

（四）市场营销管理

它是指企业为了实现经营目标，创造、建立和保持与目标市场之间的互利交换和联系，而对设计方案的分析、计划、执行和控制，即应用组织、调研、计划、控制等方面的职能，做到最大限度的合理利用企业内部资源，采用最好的方法和方式，使企业的产品有计划、有目的地进入最有利润潜力的市场，在满足顾客需要的同时，实现企业的利润目标。

由此，市场营销学所研究的内容，实质上就是企业运用系统论的观念，充分掌握市场环境的变化规律，创造性地制定并实施市场营销战略。美国著名市场营销学家尤金·麦卡锡所提出的市场营销组合的四基本要素：产品（Product）、价格（Price）、渠道（Place）、促销（Promotion），简称为4Ps，这一理论即构成了现代市场营销学的基本内容。

四、市场营销的功能

现代企业市场营销主要有以下四方面功能：

（一）了解消费需求

市场营销活动以满足消费者需求为中心，因此企业必须以了解和掌握市场需求为出发点。企业通过市场调查、分析预测等方式准确掌握各类需求的特点、现状及发展趋势，以指导企业生产经营活动。

（二）指导企业生产

女市场经济条件下，企业应该按需定产，而不是按产定销。因此，应该以消费者需求为企业生产的指导，将顾客需求及市场信息不断反馈给企业决策系统、生产系统、采购系统，以指导企业设计、生产和采购的产品在质量、性能、价格、品种、规格等方面与顾客需求相适应。

（三）开拓市场

企业应通过积极的营销活动，主动挖掘、引导潜在需求，拓展原来市场或及时推出新产品，开发新市场，提高企业产品的市场占有率。

（四）满足顾客需求

满足顾客需求是企业营销活动的目标，又直接影响到企业的长期生存和发展。因此，企业必须采用各种营销策略来满足顾客变化的需求，实现企业营销活动的有效化。

五、市场营销观念的演变

市场营销观念是指经营者在组织和管理企业营销实践活动时的指导思想。不同的指导思想影响到企业的营销策略，产生不同的营销效果。为有效地开展营销活动，企业应该树立正确的营销观念。

（一）生产观念

也称生产导向观念，是指以生产者为中心、以生产决定销售的经营思想。这种观念认为，只要商品价格低廉，消费者就会购买。因此，企业的主要精力集中在增加产量和降低成本上。生产观念是指导企业生产经营实践活动最古老、最原始的一种观念，也是持续时间最长的一种观念。

生产观念的存在是以"卖方市场"为前提的，即市场供给小于市场需求时，生产者占主导地位，企业的一切活动以生产为中心，不必考虑市场需求，也不讲究产品的推销方法。美国福特汽车公司创始人亨利·福特（HenryFord）就曾经说过："不管顾客需要什么颜色的汽车，我们的汽车只有黑色的。"因为在当时，福特汽车公司通过采用流水作业方式，生产单一品种使生产的效率提高，生产成本下降，销售价格也相应降低。福特汽车因此经常供不应求，清一色的黑色T型车畅销无阻，也就毋须考虑市场需求特点。显然，在这种生产观念指导下，产销关系必须是"以产定销"、"生产者导向"。

（二）产品观念

产品观念是以产品为中心，通过提高或改进产品质量和功能来吸引顾客购买的经营思想。这种观念认为，只要产品质量好、功能多和具有某种特色，消费者就愿意购买。因此，企业主要精力集中在生产优质产品和特色产品，具体表现仍然是"生产什么就卖什么"，实质上是生产观念的延续和反映。

产品观念产生于20世纪30年代以前，出现时间比生产观念略晚，但两者并存时间较长。随着劳动生产率的提高，商品的市场供给量增加，企业间的竞争日渐加剧，企业为了取得竞争优势，开始注重改善产品品质，丰富产品种类，以吸引消费者购买。企业的经营思想由单纯的生产观念开始转变为产品观念，认为只要产品质量上乘，就会受到消费者的好评，消费者也愿意多花钱去购买优质商品。在这种观念指导下，企业往往把注意力集中在产品的精心制作上，而不关心市场消费者是否真正接受此产品。因此，产品观念与生产观念一样，不考虑消费者的需要及其变化，使企业患上"营销近视症"。在需求发生变化、竞争激烈的市场，往往导致企业经营失败。

（三）推销观念

也称销售导向观念，是指以现有产品销售为中心，增加销售量促进生产的经营思想。这种观念认为，顾客一般不会因自己的需要和愿望而主动找上门来选择和购买本企业的产品，企业必须主动通过各种推销手段，刺激消费需求，诱导产生购买行为，促成交易。

推销观念产生于由"卖方市场"向"买方市场"转变的过渡阶段，从20世纪20年代末到第二次世界大战结束，资本主义市场发生了显著变化。随着科学技术的进步，劳动生产率的提高，产品产量迅速增加，花色品种也日益丰富，逐渐出现了市场产品供过于求的状况。在1929年震撼资本主义世界的经济危机的影响下，各企业面临的首要问题是如何推销已经生产出来的产品。为求得生存，企业开始重视推销工作，纷纷加强推销工作，培训推销人员，研究推销技术，大力进行广告宣传，努力推销自己的产品，至于产品是否符合顾客需求，顾客是否满意，是否重复购买，则是次要问题。

从生产观念、产品观念到推销观念，销售工作在企业经营管理活动中有了一定进步，但从生产者与市场的关系来看，推销观念仍是以"生产者导向"或"以生产者为中心"，仍建立在"我能生产什么，就卖什么；我能生产多少，就卖多少"的基础上，着眼于现有产品的推销。因此，推销观念是生产观念的继续，两者无本质区别。

（四）市场营销观念

也称市场导向观念，是指以市场为导向，以消费者需求为中心的经营思想。这种观念认为：消费者的需求是市场营销的核心，企业要实现自己的经营目标，关键在于确定目标市场的需求和欲望，以及用比竞争对手更有效的方式去满足这种需求和欲望。因此，消费者有什么样的需求，企业就按照这种需求生产和提供产品。

市场营销观念形成于20世纪50年代，第二次世界大战后，科技的高速发展和大量军工企业转为民用品企业，商品的市场供应量急剧增加，导致企业间的竞争日趋加剧，产品的花色品种日新月异，更新换代周期逐渐缩短，另外，发达国家普通实行高工资、高福利待遇，使消费者购买能力大大增加，对商品的需求结构也发生了变化，促使资本主义世界的格局发生了根本变化，原来以生产者为主导的卖方市场开始转变为以消费者为主导的买方市场。企业为适应此变化，首先必须分析和研究市场的需要，了解顾客现实和潜在需求，在此基础上确定生产什么产品，然后用各种有效的方式进行推销，同时要为顾客提供良好的售后服务，及时了解顾客新的需求，对产品进行改进，让其不断完善。当时，许多大企业提出："哪里有消费者的需要，哪里就有我们的机会"，"一切为了顾客的需要"，"顾客是上帝"便是那时期提出的营销口号。这意味着企业的经营观念由生产者导向转变为消费者导向，以顾客为中心的经营新观念——市场营销观念逐步形成。

市场营销观念的准则是"市场（顾客）需要什么，就生产和推销什么"。这从根本上改变了企业经营的指导思想，从原来的以产定销转变为以销定产，摆正了企业与顾客的位置。在市场营销观念指导下，企业的一切活动都从顾客的需要出发，运用整体营销的策略，在满足顾客需求的基础上获取利润。福特汽车在相当长的二段时间里，由于无视消费者需求的变化，坚持生产和销售款式单一的黑色 T 型汽车，导致公司销售量日趋下降，甚至面临倒闭的危险。后来，该公司改变了经营观念，根据不同消费者的具体需求改革产品，开发了各种不同颜色、型号、档次和牌号的汽车，才重新打开了销路。

（五）社会营销观念

它是指企业在目标市场开展营销活动时，以社会长远利益为中心的经营思想。这种观念认为：企业在生产产品或提供服务时，不仅要满足市场消费需求，而且要考虑企业的自身条件，要符合消费者和社会发展的长远利益需求。即企业的经营活动要把消费者需求、企业利益和社会利益有机结合，承担社会责任，维护公众利益。企业通过营销活动，充分利用社会资源，努力兼顾各方利益，维持一个健康、和谐的社会环境，提高人类的生活质量。

20 世纪 70 年代以后，市场营销观念在各经济发达国家被普遍接受，但在实践中却引发了各种问题：不能兼顾各方利益，重视了消费者需求，却忽视了其他相关利益者的需要；造成了社会资源的浪费，甚至以不正当手段牟利等，尤其是工业生产的发展和化工产品的生产和应用，既给人们带来了丰富的物质产品，又给环境带来了严重的危害。人们开始注意市场营销的社会影响。"人性观念"、"理智消费观念"、"生态营销观念"等相继提出。而著名的市场营销学权威菲利普·科特勒将之综合，提出了社会营销观念，使企业的经营思想提升到了一个更高的层次。

社会营销观念的提出，是商品生产发展和人类社会进步的表现，也是实现企业和社会可持续发展的前提。它虽然在一定程度上与企业利润最大化的传统管理思想发生冲突，要求所有企业全部实现是不现实的，但它应是现代企业的指导思想和行为准则。

以上各种营销观念是在不同经济环境和市场条件的产物，反映了相应时期经济和消费需求。区别如表 8-1：

表 8-1　　各种营销观念的区别

营销管理哲学	市场形势	起点	中心	手段	目的
生产观念	卖方市场	企业	产品	提高产量	扩大产量获取利润
产品观念	卖方市场	企业	产品	提高质量	以质取胜获取利润
推销观念	卖方市场向买方市场过渡	企业	产品	推销及促销	扩大销售获取利润
市场营销观念	买方市场	市场	消费者需求	整体营销	满足消费者需求获取利润
社会营销观念	能源与环境问题突出	市场与社会	社会长远利益	统筹兼顾	谋求企业与社会的可持续发展

第二节　市场细分化策略

一、市场细分的概念

所谓市场细分，就是企业通过市场调研，根据市场需求的多样性和消费者购买行为的差异性，把一个整体市场即全部现实和潜在顾客，分割为两个或更多的子市场的过程。每个子市场都是由需要大致相同的消费者群构成。例如：自行车市场按消费者不同的年龄、性别、用途、收入等因素，可分为儿童车、女式车、男式车、轻便车、载重车、山地车、运动车、赛车、普通车、高档车等若干个子市场。

市场细分是一种求大同存小异的市场分类方法，企业进行市场细分的主要任务是：明确区分消费者的相同需求，形成不同细分市场，根据具体细分市场对企业的吸引力，有针对性地设计和生产产品。

市场细分的观点是美国学者温德尔·史密斯（Wendell R Smith）在总结了许多企业的市场营销经验后，于20世纪50年代中期提出的一种选择目标市场的策略思想。他主张凡市场产品或劳务的购买者超过两人以上，这个市场就有被细分的可能。它的理论依据是消费者需求的绝对差异性和相对同质性。所谓消费者需求的差异性是指消费者对某一产品的质量、特性、规格、档次、花色、款式、价格、包装等方面的要求各不相同，或者在购买行为和购买习惯等方面存在差异。相对于市场产品整体来说，这种差异是绝对存在的。比如牛奶，就其口味这一属性而言，有人喜欢鲜奶，有人喜欢纯牛奶，有人喜欢甜牛奶，还有人喜欢酸牛奶，正是由于这些需求的差异性，使市场细分成为可能；而消费者需求的同质性是指消费者对某一产品的需要、欲望、购买行为以及对企业营销策略的反应等方面具有基本相同或相似的一致性，如米、油、盐、水、电等产品。同质性需求是相对的、暂时的，会随着其他影响因素的变化而改变。

市场细分理论提出后，受到了企业的广泛重视和普遍应用，成为企业市场营销战略的主要内容，但也有的企业曾认为市场细分应愈细愈好，能充分满足消费者的不同需求，得到消费者的喜爱，企业能有更好收益，然而事实证明，过度的市场细分只能使产品种类陡增，管理难度加大，产品成本上升，企业效益反而降低。因此，又出现了"市场同合"理论，提出寻求消费者群体中的某种共性，主张根据成本与收益的关系适度细分市场，这实际上是一种理性的市场细分。

二、市场细分的作用

市场细分是企业市场营销的基础和前提，是市场营销全过程的首要环节，对企业实现成功营销有重要作用：

（一）有利于企业发现市场机会

通过细分整体结构，可以深入了解每一细分市场的具体需求及满足程度，可以发现细分市场未被满足的需求，从而发现市场机会，企业可以根据市场机会迅速做出反应，来满足市场中未被满足的消费需求，在市场激烈竞争中获取优势。海尔集团在2003年上半年的非典暴发及流行时期，所有行业均受影响的情况下，准确发现消费需求，及时推出杀菌洗衣取得了很好的经营效果。

（二）有利于企业制定最佳营销策略

通过细分整体市场，企业能准确了解和掌握消费者需要及消费者对不同营销措施的反应，便于企业根据相关信息及时制定适合的营销组合方案和最佳营销策略，配合适当的售前、售中及售后服务，使消费者具体需求得到满足，提高企业的市场竞争能力。

（三）有利于企业提高经营效益

通过细分整体市场，企业可以选择一个或几个细分市场作为目标市场，通过深入研究市场需求的具体特点，集中有限资源，充分发挥自己的优势，有针对性地生产经营适销对路的产品。对于新进入行业的企业或小企业，由于人力、物力、财力相对较弱，往往难与同行业其他先人企业或大企业相抗衡。通过细分市场，企业就能将自己的整体劣势转为局部市场上的优势，从而增强企业的竞争能力，提高企业经营效益。

三、市场细分的程序

一般情况下，市场细分的程序有以下三个步骤：

（一）市场调研

即在确定研究目标的基础上，制定调研计划并通过各种方法收集包括产品的使用、消费者态度、习惯、爱好等相关资料。

（二）分析资料

对所收集的资料进行科学、有序的统计整理。在此基础上根据调查目的选择相应的分析指标，划分出差异最大的细分市场。

（三）具体细分

根据消费者的消费心理、消费行为、习惯、爱好等因素划分出不同消费群体，并根据主要的差异性特征给每个细分市场命名。例如：服装依年龄大小可进行细分，分别命名为童装市场、青少年服装市场、中年服装市场、老年服装市场，或按性别进行细分，分别命名为男性服装市场和女性服装市场。

四、市场细分的有效条件

市场细分有许多方法，但并非所有的细分都有效，要使经过细分后的市场能成为企业制定有效的营销战略和策略的基础，市场细分必须要具备一定的条件：

第一，差异性。即在该产品的整体市场中确实存在着购买和消费上的明显差别，足以成为细分的依据。例如：洗发水按适合干性发质，适合中性发质，适合油性发质或按不同香型划分是有效的，而按男性、女性、中年、老年划分都是无效的。

第二，可衡量性。即经过细分的市场必须是可以识别和衡量的，不仅有明显的范围，而且也能估量该市场的规模及其购买能力的大小，这样可为企业准确预测产品销量、盈利大小，以及是否决定细分提供基础。

第三，可进人性。即细分市场是企业能有效进入和为之服务的，如细分的结果发现已有很多的竞争者，自己无力与之抗衡，或虽有未满足的需求，但企业因缺乏原材料或技术，货源缺少，难以生产经营，或受法律限制无法进入等，这种细分市场就不宜贸然开拓。

第四，稳定性。即在一定时间内细分市场能够保持相对稳定，企业在进入市场后相当一段时间内，可不需要改变自己的目标市场。这样有利于企业较长时期的市场营销策略的制定，避免市场变化剧烈带来的经营风险。

第五、效益性。即细分市场的容量能保证企业获得预期的经济效益。企业选择目标市场的目的，是为满足未被满足的消费需求并盈利。这就要求目标市场应有适当的规模、容量和购买力，不仅能保证企业在短期内可以盈利，而且能使企业保持较长时期的收益，使企业有一定的发展潜力。

五、目标市场策略

企业在进行目标市场抉择时，可按具体条件选择以下三种不同的策略：

（一）无差异市场策略

即无差别市场营销策略（同一性市场营销策略），是指不对整体市场进行细分，将全部市场作为企业的目标市场，以一种产品、一种营销方法来满足市场上所有消费者需求的策略。

采用这一策略的企业，主要着眼于顾客需求的同质性，对其差别忽略不计，认为市场上所有顾客对其产品有共同的需要和喜好。因此，企业只向市场推出单一的标准化产品，并以统一的营销方式销售。

无差异市场策略的优点是：企业能够通过单一产品的大批量生产，形成规模效应，降低产品成本，提高生产效率，减少产品开发费用，节省促销成本而取得价格优势，从而吸引最广泛的消费者。美国的可口可乐公司在相当长的一段时间里，因为拥有世界性的专利，只生产一种口味、一种瓶装的饮料而获得了饮料市场的霸主地位，这是企业采用无差异策略的一个典型案例。但是，市场消费需求的同质性是相对的，消费者的现实消费需求与欲望多种多样，实行无差异市场策略就有了它的不足之处：首先，单一产品和单一营销方式不能满足所有消费者的实际需求；其次，单一产品和单一营销方式容易被其他企业模仿，造成市场过多同质产品和企业之间的激烈竞争而消费者的差异性需求得不到满足；另外，其他企业的新产品或新的营销方式可能打破原有单一模式成为消费亮点，从而挤占企业原有市场，这对企业是很不利的。因此，这种以"不变应万变"的营销策略不能长期五条件应用，要受到一些客观条件的限制，以下几种情况可以采用无差异市场策略：（1）消费者的挑选性不大，需求弹性较小的基本生活资料和主要工业原料，如棉花、粮食、油料、煤炭、工业用糖等；（2）经营的企业不多，竞争性不强的产品，如石油。

（二）差异市场策略

即选择性市场营销策略（或非同一性市场策略），是企业在·对整体市场细分的基础上，针对每个细分市场的需求特点，设计和生产不同的产品，制定并实施不同的市场营销组合方案，以差异性产品满足差异性市场需求的策略。采用这一策略的企业，主要着眼于消费者需求的异质性。把整体市场按消费者的一定特性进行细分，然后针对子市场的不同需求和爱好，提供与其相适应的产品和采用适当的营销组合分别加以满足。例如：近年来，可口可乐公司转向采用这一策略，根据消费者的不同需求和爱好，生产出不同型号、不同包装、不同口味的产品。

这一策略的优点是商品适销性强，可以满足消费者的不同需求。企业采用差异市场策略，进行小批量、多品种生产，具有很大优越性。一方面，能满足顾客的不同需要，提高产品竞争能力，减少企业的经营风险；另一方面，如果企业在数个细分市场都有良好的经营效果，会大大提高消费者对该企业的信赖程度和购买频率，提高消费者对企业晶牌的忠诚，利于企业新产品的推广。20世纪60年代以来，世界上越来越多的企业都采用了这种策略，并取得了经营上的成功。但是，实行差异化市场策略，必然会使产品品种、型号、规格多样化，销售渠道的扩展及广告宣传活动的复杂化，导致生产经营费用、研发费用、管理费用及销售费用大幅增加，直接影响到企业的价格。因此，差异市场策略也有采用的适宜情况：（1）消费者需求弹性较大的商品，如高档家具、高档电器、名牌服装等；（2）处于成长期和成熟期的产品，此时期产品市场竞争非常激烈，差异性经营可以提高企业竞争能力；（3）规格等级需求复杂的产品，差异市场策略可以满足不同消费者的需求。

（三）集中性市场策略

即密集性市场策略，是企业在市场细分过程中，以一个或少数几个细分市场作为目标市场，制定一套营销方案，集中力量在目标市场上开展营销活动的策略。采用集中性市场策略的企业，生产经营重点突出，不盲目追求和扩大市场范围，通过集中力量于较小的市场上，实行高度专业化的生产和销售，取得较大的、甚至是支配地位的市场份额。

集中性市场策略的优点是：经营目标集中，能深入了解市场需要，针对具体需求予以满足，有利于在集中市场树立和巩固产品和企业形象；在较小市场上实行专业化生产经营，可节省成本和费用，取得良好的经济效益。因此，资源力量有限的小企业常常采用此策略。但是由于目标市场比较单一和窄小，若市场情况发生变化，企业就可能会面临较大的市场风险。因此，选择这种策略应有风险防范意识和较好的应变能力。

六、目标市场策略的考虑因素

前述三种目标市场的策略，各有其适应状况。厂商在选择其中任何一种作为其目标市场策略时，应该审慎考虑本身的资源、产品的差异性、产品的生命周期阶段、市场的差异性和竞争的营销策略等因素。

（一）厂商本身的资源

当本身的资源有限时，采取集中营销策略较具有意义。集中营销策略可集中有限的资源在单一的目标市场上，以取得竞争优势。如果本身具有大规模的单一生产线，拥有广泛的分销渠道，产品标准化程度高、内在质量好、品牌声誉高，则可以采用无差异性营销策略；如果厂商的资源雄厚，则可依据资源依托采用差异性营销策略，同时针对两个或两个以上的目标市场进行集中营销。

（二）产品的特点

一些需求弹性比较小的初级产品，同质性比较大的加工产品，如农副产品、钢材、石油等可以采用无差异营销策略。一些虽然事实上存在品质差异，但多数消费者并不了解或无须区分的产品，如食糖、食盐、建筑用沙子等也可采用无差异性营销策略。一些需求弹性比较小，尤其是一些产品差异比较大的选购品，异质性较大的产品，如照相机和汽车等，较适合采用差异性营销或集中性营销策略。

（三）产品的生命周期

当厂商推出一种新产品时，由于产品在市场上是处于产品生命周期的投入期，面临的主要问题是开发初始的产品需求，而不是产品差异和选择性需求，只要推出一种式样即可。另一方面，企业也难以一下子推出多种产品，以及消费者初步接触此产品，对其不甚了解，这部分消费需求还停留在较粗的层次上，因此采取无差异性营销策略或集中营销策略是最适当的选择。但如果产品已属于生命周期的成熟期时，产品已经定型，消费者也已经成熟，需求向深层次多样化发展，同时竞争也空前激烈起来，则应该采用差异性营销策略或集中性营销策略。

（四）市场的差异性

如果大多数消费者的需求和嗜好比较接近，而且每个时期内购买商品的数量变化不大，对营销刺激的反应明显，对营销努力也均有相同的反应，则应选择无差异性营销策略。如果市场内各个消费群体差异比较大，则应该采取差异性或密集性营销策略。

（五）竞争者的营销策略

一般而言，商家在商场竞争中可供采取的竞争策略大致两种：针锋相对或避实就虚。若竞争对手采取差异性营销或集中性营销策略时，厂商如果此时采取无差异性的营销策略，则将在竞争中遭致失败。反过来说，若竞争对手采取无差异性营销策略时，厂商既可以采用无差异性营销策略，与竞争者在相同的市场上抢地盘、争份额，决一雌雄，也可以采用差异性营销策略或集中性营销策略，向市场的深度进军，在更高的层次上满足消费者的需求。

第三节　市场营销组合策略

一、市场营销组合概念

"营销组合"是美国哈佛大学教授尼尔·恩·鲍敦于1964年首先提出的概念。同年，美国伊·杰罗姆·麦卡锡教授概括为"4Ps"理论。该理论认为，市场营销组合策略可视为一个大系统，它是由相互联系的产品策略、定价策略、销售渠道策略以及促销策略四个子系统组成，每个系统又有其独立的结构，企业在明确自己的目标市场后，就应针对该目标市场的具体需求，优化配置已有的资源，制定适合的营销策略，设计最佳的综合营销方案，以达到企业的预期目标。

因此，所谓市场营销组合就是企业针对目标市场具体需求，综合运用各种可能的市场营销策略和手段，组合成系统化的整体策略，以实现企业经营目标，取得最好的经济效益。"4Ps"的提出，明确了企业的营销活动应围绕产品、价格、销售渠道和促销四方面展开，针对目标市场的具体需求，分别制定营销策略，从而形成不同的营销组合策略。产品策略，是指企业根据目标市场的具体需求，对产品的品种、质量、规格、式样、包装、特色、品牌以及各种服务和保证等因素，进行恰当组合和运用，让消费者满意的策略。

价格策略，是指企业在激烈的市场竞争中，对所提供的产品或服务的基本价格、折扣、津贴、优惠、付款方式、信贷条件、定价方法和定价技巧等因素进行有机组合和运用，以增强企业产品竞争力的策略。

销售渠道策略，是指企业为使产品进入目标市场，而对产品的流转途径和环节、网点设置以及储存运输等因素进行有效组合和运用的策略。

促销策略，是指企业为刺激消费者，促进产品销售，而对与产品促销有关的广告、人员推销、营业推广、公共关系等因素进行组合和运用的策略。

二、市场营销组合的特点

任何公司在进行营销选择时都是一种整合营销。这种整合营销包括对营销因素组合、营销网络的组合。市场营销组合是现代市场营销的一个重要概念。包括以下四个特点：

（一）可控性

市场营销组合中的因素是可控的。市场营销组合中的四个因素（4P）都是企业可以控制的。换言之，企业可根据市场的需要，决定自己的产品结构，制定产品价格，选择分销渠道和促销手段，使它们组成最佳组合。当然，必须承认，可控因素随时受到各种不可控的外部因素的影响。所以在实际运用时，要善于适应不可控因素的变化，灵活地调整内部可控因素。

（二）可变性

市场营销组合是一个动态组合，是一个变量。市场营销组合中的每一个因素都是一个变数，不断变化，同时又相互影响，每个因素是另一个因素的潜在替代者。同时在四大变数中，又包含着若干个小的变量，每个变数的变动，都会引起整个营销组合的变化，形成一个新的组合。

（三）复杂性

营销组合是一个复合结构，4Ps 中的每一个因素，本身又包含若干二级因素，在这个基础上，组成各个框架的二级组合。例如：产品策略是一个组合因素，而这个因素又可以划分为品种、质量、功能、式样、品牌、商标、服务和交货、退货条件等若干个二级因素。各个二级因素又分为若干个三级组合因素，例如：促销策略的二级因素有广告，广告又可以划分为各种不同的广告形式。如电视广告、广播广告、报纸广告、路牌广告等等。因此，营销组合是一个多层次的复合结构。企业在确立营销组合时首先应求得四个框架之间的最佳搭配，其次更要注意每个框架内的合理搭配，使所有的因素达到最有效的组合。

（四）整体性

市场营销组合的整体作用表现为，在企业营销活动中，营销组合的四大策略运用得当，所形成的整体营销合力大于四个策略单个运用的效力之和，这就是系统的整体作用。因此，企业营销效益的优劣，很大程度上取决市场营销组合策略的整体优势。

三、市场营销组合的作用

市场营销组合以系统理论为指导，把影响市场营销效果的各个可以控制的因素组织起来，给企业决策者提供了一个科学地分析和运用各种经营手段的思路和方法，实现企业市场营销整体效果最优化。对企业的营销活动来说，市场营销组合主要有以下四个方面的作用：

第一，市场营销组合是制定企业市场营销战略的基础。企业的市场营销战略通常由战略目标和战术目标组成，这两种目标相互依存，密不可分。一方面，包括利润目标、市场占有率目标、产品销售量目标等在内的战略目标必须建立在由市场营销诸因素所组成的战术目标基础上；另一方面，作为企业战术目标的市场营销组合又是实现战略目标的保证。也就是说，企业只有以营销战略为依据，分析产品和市场的特点，结合自己的资源优势，制定相应的市场营销组合，才能保证企业营销战略目标的实现。

第二，市场营销组合是企业市场营销的基本手段。为了更好地满足顾客需要，企业必须根据目标市场的特点，确定适当的营销组合，使企业内部每个部门、每个员工的每项活动都以顾客为中心，相互协调，相互配合，保证企业从产品、价格、时间、地点和信息等方面全方位地满足顾客的需要，从而最有效地达到企业的营销目标。

第三，市场营销组合是企业应对竞争的有力武器。一般来说，每个企业都有自己的优势和劣势。竞争的取胜之道在于能客观分析自己和对手的长处和短处，才能扬长避短，发挥优势。市场营销组合策略正是强调企业发挥自己的优势，根据自身的资源条件、市场环境的变化、市场竞争的格局及产品和市场的特点，巧妙灵活地运用营销组合的各个因素，既突出重点，又有整体配合，从而取得竞争中的有利地位。

第四，市场营销组合是协调企业内部各部门工作的纽带。市场营销组合实质上就是整体营销，它不仅要求营销组合诸因素的协调配合，还要求企业内部各个部门增强整体观念，形成一个整体工作系统，彼此相互分工协作，共同满足目标市场的需求，努力实现企业的整体目标。

第四节　价格策略

价格在市场营销组合中与产品、渠道和促销相比，是企业促进销售，获取效益的关键因素。价格是否合理直接影响产品或劳务的销售和提供，是竞争的主要手段，关系到企业营销目标的实现。因此，企业定价既要考虑其营销活动的目的和结果，又要考虑消费者对价格的接受程度，从而使定价具有买卖双方双向决策的特征。

一、定价的理论依据

价值规律的理论，就是定价的依据。价值是价格的基础，产品价格是产品价值的货币表现形式。价值决定价格，但价格并非与价值保持一致。在市场上发生的商品交换，受到多种因素的影响和制约，如供求关系及其变动、竞争状况及政府干预等因素。这些有时致使价格与价值发生背离，价格高于或低于价值。但从一个较长的时期观察，价格总是以价值为中心并围绕着价值上下波动。这就是价值规律的表现。价值规律是反映商品经济特征的重要规律，是研究价格形成的理论指导。

二、影响价格的基本因素

价格形成及变动是商品经济中最复杂的现象之一，除了价值这个形成价格的基础因素外，现实中的企业价格的制定和实现还受到多方面因素的影响和制约，因此企业应给予充分的重视和全面的考虑。为了科学地进行产品定价，必须研究分析影响定价的基本因素，价格实际上是各因素综合影响的结果。影响定价的主要因素有以下三种：

（一）竞争环境

竞争环境是影响企业定价不可忽视的因素。不同的市场环境存在着不同的竞争强度。

企业应该认真分析自己所处的市场环境，并考察竞争者提供给市场的产品质量和价格，从而制定出对自己更为有利的价格。

企业所面临的竞争环境一般有以下四种情况：

1. 完全竞争市场

完全竞争市场特点在于：

（1）产品完全相同；

（2）企业进退自由；

（3）生产同一种产品的企业很多；

（4）每个企业在市场中的份额都微不足道，任何一个企业增加或减少产量都不会影响产品的价格。

企业产品如果进入完全竞争市场，只能接受在市场竞争中形成的价格。要获取更多的利润，只能通过提高劳动生产率，节约成本开支，使本企业成本低于同行业的平均成本。

2. 不完全竞争市场

不完全竞争市场的特点在于：

（1）同行业各企业间的产品相似但不同，存在着质量、型号、销售渠道等方面的差异，如彩电。

（2）行业进入比较容易，但不生产完全相同的产品。

（3）就某个特定产品而言，生产企业很少甚至只有一个，但同类产品的生产者很多。

在这类市场，价格竞争和非价格竞争都很激烈，本企业产品价格受同类产品价格的影响很大。因此，企业可以根据其提供的产品或服务的"差异"优势，部分地变动价格来寻求高的利润。

3. 寡头竞争市场

寡头竞争市场的特征在于：

（1）生产的产品相同或是很近似的替代品；

（2）市场进入非常困难；

（3）企业数目很少，每个企业的市场份额都相当大，足以对价格的制定产生举足轻重的影响；

（4）市场价格相对稳定，在这种市场结构中，几家企业相互竞争又相互依存，哪一家企业都不能随意改变价格，因为任何一个企业的价格变动都会导致其他企业迅速而有力的反应而难独自奏效。企业产品进入这一市场，由于彼此价格接近，企业应十分注重成本意识。

4. 完全垄断市场

完全垄断市场的某种产品或服务只由某个企业独家提供，几乎没有竞争对手，通常有政府垄断和私人垄断之分。

形成垄断的原因有：

（1）技术壁垒，如祖传秘方，若不外传便具有垄断性；

（2）资源独占，如故宫只有一个，这就形成旅游业的垄断市场；

（3）政府特许。由于垄断者控制了进入市场的种种障碍，因此它能完全控制市场价格。

（二）产品成本

产品成本是指产品在生产过程和流通过程中所花费的物质消耗及支付的劳动报酬的总和。

一般来说，产品成本是构成价格的主体部分，且同商品价格水平呈同方向运动。产品成本是企业实现再生产的起码条件，因此企业在制定价格时必须保证其生产成本能够收回。随着产量增加以及生产经验的积累，产品的成本不断发生变化，这便意味着产品价格也应随之发生变化。

产品成本有个别成本和社会成本两种基本形态。个别成本是指单个企业生产商品所耗费的实际生产费用。社会成本是指部门内部不同企业生产同种商品所耗费的平均成本即社会必要劳动时间，又称部门平均成本。它是企业制定商品价格时的主要依据。由于各企业的资源条件和经营管理水平不同，其个别成本与社会成本必然会存在着差异，因此企业在定价时，应当根据本企业个别成本与社会成本之间的差异程度，分别谋取较高利润、平均利润、较低利润甚至不得不忍受亏损。

（三）供求关系

供求规律是商品经济的内在规律，产品价格受供求关系的影响，围绕价值发生变动。

1. 价格与需求

这里说的需求，是指有购买欲望和购买能力的有效需要。在其他因素不变的情况下，价格与需求量之间有一种反向变动的关系：需求量随着价格的上升而下降，随着价格的下降而上升，这就是通常所说的需求规律。

2. 价格与供给

供给是指在某一时间内，生产者在一定的价格下愿意并可能出售的产品数量。有效供给必须满足两个条件：有出售愿望和供应能力。在其他因素不变的条件下，价格与供给量之间存在正相关关系：价格上升，供给量增加，价格下降，供给量下降。

3. 供求与均衡价格

受价格的影响，供给与需求的变化方向是相反的。如果在一个价格下，需求量等于供给量，那么市场将达到均衡。这个价格称为均衡价格，这个交易量称为均衡量。当市场价格偏高时，购买者减少购买量使需求量下降。而生产者受高价吸引增加供应量，使市场出现供大于求的状况，产品积压必然加剧生产者之间的竞争，使价格下跌。当市场价格偏低时，低价引起购买数量的增加，但生产者因价格降低减少供给量，使市场供小于求，购买者之间产生竞争导致价格上涨。如此变化的结果，迫使价格趋向供求平衡时对应的价格。均衡价格即理论上的销售价格是相对稳定的价格。但是，由于市场情况的复杂性和多样性，供求之间的平衡只是相对的、有条件的，不平衡则是绝对的、经常性的。

4. 价格与需求弹性

（1）需求弹性的含义。需求弹性又称需求价格弹性，是指因价格变动所引起的需求相应的变动率，反映了需求变动对价格变动的敏感程度。需求弹性用弹性系数 E 表示，该系数是需求量变动百分比与价格变动百分比的比值。

$$E = \frac{\Delta Q / Q}{\Delta P / P} = \frac{\Delta Q}{\Delta P} \times \frac{P}{Q}$$

式中：Q——原需求量；

P——原价格；

ΔQ——需求变动量；

ΔP——价格变动量。

（2）需求弹性的类型。由于价格与需求一般呈反方向变动，因此弹性系数是一个负值，采用时取其绝对值。不同的产品具有不同的需求弹性。从弹性强弱角度决定企业的价格决策，主要有以下几种类型：

①$E=1$，称为需求单元价格弹性，反映需求量与价格等比例变化。对于这类产品，价格无论怎么变化都不会对总收入产生多大影响。因此企业定价时，可选择实现预期盈利率为价格或选择通行的市场价格，同时把其他营销策略作为提高盈利率的手段。

②$E>1$，称为需求弹性大或富有弹性，反映了价格的微小变化都会引起需求量大幅度变化。定价时，应通过降低价格、薄利多销来增加盈利。反之，提价时务求谨慎以防需求量锐减、影响企业收入。这种弹性的商品如计算机、汽车、昂贵装饰品等高档产品、奢侈品等。

③$E<1$，称为需求缺乏价格弹性，需求量的变化小于价格自身的变动。定价时，较高水平的价格往往能增加盈利，低价对需求量的刺激不大，薄利不能多销，相反会降低企业的总收入。如粮食、盐、煤气等生活必需品便属于此类，人们不会因为价格上涨而少买许多，也不会因价格下跌而多买许多。

三、企业定价目标

企业定价还受到企业定价目标的影响，不同的定价目标会导致企业不同的定价方法和策略，从而定出不同的价格。

（一）获取理想利润目标

这一目标即企业期望通过制定较高价格，迅速获取最大利润。采取这种定价目标的企业，其产品多处于绝对有利的地位。一般而言必须具备两个条件：一是企业的个别成本低于部门平均成本；二是该产品的市场需求大于供应。在这种情况下，企业可以把价格定得高于按平均利润率计算的价格。

但使用这种定价目标要注意的问题是，由于消费者的抵抗、竞争者的加入、代用品的盛行等原因，使企业某种有利的地位不会持续长久，高价也最终会降至正常水平。因此，企业应该着眼于长期理想利润目标，兼顾短期利润目标，不断提高技术水平，改善经营管理，增强竞争力。

（二）适当投资利润率目标

这一目标即企业通过定价，使价格有利于实现一定投资报酬为定价目标。采取这种定价目标的企业，一般是根据投资额确定的利润率，然后计算出各单位产品的利润额，把它加在产品的成本上，就成为该产品的出售价格。

采用这种定价目标，应该注意两个问题：第一，要确定合理的利润率。一般说，预期的利润率应该高于银行的存款利息率，但又不能太高，否则消费者不能接受。第二，产品必须是畅销的，否则预期的投资利润率就不能实现。

（三）维持和提高市场占有率目标

这一目标着眼于追求企业的长远利益，有时它比获取理想利益目标更重要。市场占有率的高低反映了该企业的经营状况和竞争能力，从而关系到企业的发展前景。因为从长期来看，企业的盈利状况是同其市场占有率呈正向运动的。为了扩大市场占有率，企业必须相对降低产品的价格水平和利润水平。但是，采用这一策略必须和大批量生产能力结合起来。因为降价后市场需求量急剧增加，如果生产能力跟不上，造成供不应求，竞争者就会乘虚而入，反而会损害本企业利益。

（四）稳定市场价格目标

这种定价目标是企业为了保护自己，避免不必要的价格竞争，从而牢固地占有市场，在产品的市场竞争和供求关系比较正常的情况下，在稳定的价格中取得合理的利润而制定商品价格。这一策略往往是行业中处于领先地位的大企业所采取。这样做的优点在于：市场需求一时发生急剧变化，价格也不致发生大的波动，有利于大企业稳固地占领市场。

（五）应付竞争目标

这是竞争性较强的企业所采用的定价策略。为应付竞争，在定价前应注意收集同类产品的质量和价格资料，与自己的商品进行比较，然后选择应付竞争的价格：（1）对于力量较弱的企业，应采用与竞争者价格相同或略低于竞争者的价格；（2）对于力量较强又想扩大市场占有率的企业，可采用低于竞争者的价格；（3）对于资本雄厚，并拥有特殊技术的企业，可采用高于竞争者的价格；（4）有时可采取低价，从而迫使对手退出市场或阻止对手进入市场。

当然，企业所处的地理位置、政府对某些商品价格的规定等也是影响价格的因素。

四、定价方法

（一）成本导向定价法

在成本的基础上加上一定的利润和税金来制定价格的方法称之为成本导向定价法。由于产品形态不同以及成本基础上核算利润的方法不同，成本导向定价法可分为以下几种形式：

1. 成本加成定价法

成本加成定价法，是在单位产品完全成本的基础上，加上一定比例的利润和税金，构成单位产品的价格。采用成本加成定价法，一般是按成本利润率来确定的。其计算公式为：

$$单位产品单价 = （完全成本+利润+税金）÷产品产量$$

$$产品单价 = 单位产品完全成本×（1+成本利润率）÷（1-税率）$$

其中：成本利润率=要求提供的利润总额÷产品成本总额×100%

采用成本加成定价法，确定合理的成本利润率是一个至关重要的问题，而成本利润率的有效确定，必须研究市场环境、竞争程度、行业特点等多种因素。某一行业的某一种产品在特定市场以相同的价格出售时，成本低的企业能获得较高的利润率，并在激烈的市场竞争中有较大的回旋空间。

成本加成定价法的优点是：计算简便，成本资料可直接获得，便于核算；价格能保证补偿全部成本并满足利润要求。这种定价法的缺点是：定价所依据的成本是个别成本，而不是社会成本或行业成本，因此，制定的价格可能与市场价格有一定偏离，价格难以反映市场供求状况和竞争状况，定价方法也不够灵活。这种定价方法适用于经营状况和成本水平稳定的企业，适用于供求大体平衡、市场竞争比较缓和的产品，一般卖方市场条件下使用较多。

2. 目标成本加成定价法

目标成本加成定价法，是以目标成本为基础，加上预期的目标利润和应缴纳税金来制定价格的方法。上述涉及到的完全成本是企业生产经营的实际成本，是在现实生产经营条件下形成的成本支出，它同将来的生产经营条件没有必然的联系。而目标成本则属于预期成本或计划成本，它同制定价格时的实际成本会有一定差别。目标成本加成法的计算公式为：

$$产品价格 = 目标成本 \times （1 + 目标利润）\div （1 - 税率）$$
$$目标成本 = 价格 \times （1 - 税率）\div （1 + 目标利润）$$
$$目标利润率 = 预期目标总利润 \div 目标成本 \times 目标销售量 \times 100\%$$

目标成本并不是实际成本，它受预期定价、预期利润、目标利润率、目标销售量以及税率等多种因素的影响。其中税率是法定的，企业无修改的权力。所在，在确定目标成本时，必须建立在对价格、成本、销售量和利润进行科学预测的基础上，不能凭主观想象，这样才能使定价与实际相符合，以实现预期利润。

3. 边际贡献定价法

所谓边际贡献是指产品销售收入与产品变动成本的差额，单位产品边际贡献指产品单价与单位产品与单位产品变动成本的差额。边际贡献弥补固定成本后如有剩余，就形成企业的纯收入，如果边际贡献不足以弥补固定成本，那么企业将发生亏损。在企业经营不景气，销售困难，生存比获取利润更重要时，或企业生产能力过剩，只有降低售价才能扩大销售时，可以采用边际贡献定价法。

边际贡献定价法的原则是：产品单价高于单位变动成本时，就可以考虑接受。因为不管企业是否生产、生产多少，在一定时期内固定成本都是要发生的。而产品单价高于单位变动成本，这是产品销售收入弥补变动成本后的剩余可以弥补固定成本，以减少企业的亏损（在企业维持生存时）或增加企业的盈利（在企业扩大销售时）。这种方法的基本计算公式如下：

$$单位商品销售价格 = （总的变动成本 + 边际贡献）\div 总销量$$

4. 盈亏平衡定价法

又称收支平衡定价法。是适用损益平衡原理实行的一种保本定价方法。首先计算损益平衡点，其公式如下：

$$损益平衡点产量 = 固定成本 \div （单位产品价格 - 单位可变成本）$$

当企业的产量达到损益平衡点产量时，企业不盈不亏，收支平衡，保本经营。保本定价的计算公式如下：

$$保本定价 = 固定成本 \div 损益平衡销售量 + 单位产品变动成本$$

如果企业把价格定在保本点价格上，则只能收回成本，不能盈利；若高于保本点定价便可获利，获利水平取决于高于保本点的距离；如低于保本定价点，企业无疑是亏损的。因此，也可以将盈亏平衡定价法理解为，它规定了在产量一定的情况下，什么价格是保证企业不亏本的最下限价格。

（二）竞争导向定价法

竞争导向定价法是根据竞争者产品的价格来制定企业产品价格的一种方法。常用的有以下四种方法：

1. 随行就市定价法

随行就市定价法即企业根据同行业企业的平均价格水平定价。在竞争激烈的情况下，是一种与同行和平共处、比较稳妥的定价方法，可避免风险。

2. 追随定价法

追随定价法即企业以同行为主导企业的价格为标准制定本企业的产品价格，此方法可避免企业之间的正面价格竞争。

3. 密封投标定价法

它是一种竞争性很强的定价方法。一般在购买大宗物资、承包基建工程时，发表招标公告，由多家卖主或承包者在同意招标人所提出的条件的前提下，对招标项目提出报价，招标者从中择优选定。

（三）需求导向定价法

需求导向定价法是以消费者对产品价值的理解程度和需求强度为依据的定价方法。主要方法有以下几种：

1. 理解价值定价法

所谓理解价值，也叫感受价值、认知价值，就是指消费者对某种商品的主观评判。理解价值定价法是指企业不以成本为依据，而以消费者对商品价值的理解为定价的依据。使用这种方法定价，企业首先应以各种营销策略和手段，影响消费者对产品认知，形成对企业有利的价值观念，然后再根据产品在消费者心目中的价值来制定价格。理解价值定价法的关键在于获得消费者对有关商品价值理解的准确资料。企业如果过高估计消费者的理解价值，价格就可能过高，这样会影响商品的销量；反之，如果企业低估了消费者的理解价值，其定价就可能低于应有的水平，企业可能会因此减少收入。所以，企业必须搞好市场调查，了解消费者的消费偏好，准确地估计消费者的理解价值。

2. 区分需求定价法

区分需求定价法，是根据需求的差异，对同种产品或劳务制定不同价格的方法，也叫"价格歧视"。主要定价方式有：

因顾客而异。同种产品或劳务，对不同职业、收入、阶层或年龄的消费者群制定不同的价格，企业可根据上述差异在定价时给予相应的优惠或提高价格。

因式样而异。对式样不同的同种商品制定不同的价格，价格差异比例往往大于成本差异的比例。

因时间而异。根据产品季节、日期及钟点上的需求差异制定价格。

因空间而异。企业根据自己产品销售区域的空间位置来确定商品的价格。

因用途而异。同一种商品有时会有不同的用途和使用量，因而价格也应有所区别。

实行区分需求定价法要具备一定的前提条件：一是市场能够根据消费者的需求强度不同进行细分；二是细分后的市场在一定时期内相对独立，互不干扰；三是竞争者没有可能在企业以高价销售产品的市场上以低价销售；四是价格差异程度不会引导消费者的不满或反感。

五、定价策略

定价策略是企业为了实现预期的经营目标，根据企业的内部条件和外部环境，对某种商品或劳务，选择最优定价目标所采取的应变谋略和措施。

（一）新产品定价策略

新产品定价是企业价格策的一个关键环节。因为新产品的成本高、顾客对它不了解，竞争对手也可能还没有出现，所以新产品价格确定得正确与否，关系到新产品能否顺利进入市场，并为以后占领市场打下基础。常见的新产品定价策略有三种：

1. 撇脂定价策略

撇脂定价策略，是指如同把热牛奶上的一层油脂精华取走一样，企业在新产品刚投放市场时把价格定得很高，以求在尽可能短期限内迅速获取高额利润。随商品的进一步成长再逐步降低价格。采用此策略的企业商品一上市便高价获利，这是因为新产品能对消费者产生新的吸引力。

实行撇脂定价策略必须有一定的条件。首先，新产品比市场上现有产品有显著的优点，能使消费者"一见倾心"；其次，在产品新上市阶段，商品的需求价格弹性较小或者早期购买者对价格反应不敏感；另外，短时期内由于仿制等方面的困难，类似仿制产品出现的可能性小，竞争对手少。此策略的优点是尽早争取主动，达到短期最大利润目标，有利于企业的竞争地位的确定。但缺点也明显，即由于定价过高，有时渠道成员不支持或得不到消费者的认可；同时，高价厚利会吸引众多的生产者和经营者转向此产品的生产和经营，加速产品的市场竞争。

2. 渗透定价策略

也称渐取定价策略，是指企业在新产品投放市场的初期，将产品价格定得相对较低，以吸引大量购买者，获得较高的销售量和市场占有率。这种策略同撇脂定价策略正相反，是以较低的价格进入市场，具有鲜明的渗透性和排他性。

采用渗透策略的条件是：商品的市场规模较大，存在着强大的竞争潜力；商品的需求价格弹性较大，稍微降低价格，需求量会大大增加，通过大批量生产能降低生产成本。

渗透策略的优点是可以占有比较大的市场份额，通过提高销售量来获得企业利润，也较容易得到销售渠道成员的支持，同时，低价低利对阻止竞争对手的介入有很大的屏障作用。其不利之处在于定价过低，一旦市场占有率扩展缓慢，收回成本速度也慢。有时低价还容易使消费者怀疑商品的质量保证。

3. 满意定价策略

这是一种介于撇脂定价和渗透定价之间的折衷定价策略，其新产品的价格水平适中，同时兼顾生产企业、购买者和中间商的利益，能较好地被各方面接受。正是由于这种定价策略既能保证企业获得合理的利润，又能兼顾中间商的利益，还能为消费者所接受，所以，称为满意定价。

这种价格策略的优点在于：满意价格对企业和顾客都是较为合理公平的，由于价格比较稳定，在正常情况下盈利目标可按期实现。其缺点是：价格比较保守，不适于竞争激烈或复杂多变的市场环境。这一策略适用于需求价格弹性较小的商品，包括重要的生产资料和生活必需品。

以上三种新产品定价策略利弊均有，并有其相应的适用环境。企业在具体运用时，采用哪种策略，应从企业的实际情况、生产能力、市场需求特征、产品差异性、预期收益、消费者的购买能力和对价格的敏感程度等因素出发，综合分析，灵活运用。

（二）产品阶段性定价策略

产品阶段性定价策略指在对"产品经济生命周期"进行分析的基础上，依据产品生命周期不同阶段的特点而制定和调整价格。

1. 投入期定价策略

一般可参考新产品的定价策略，对上市的新产品（或者是经过改造的老产品）采取较高或较低的定价。

2. 成长期定价策略

这一阶段，消费者接受产品，销售量增加，一般不贸然降价。但如果产品进入市场时价格较高，市场上又出现了强有力的竞争对手，企业为较快地争取市场占有率提高，也可以适当降价。

3. 成熟期定价策略

这一阶段，消费者人数、销售量都达到最高水平并开始出现回落趋势，市场竞争比较激烈，一般宜采取降价销售策略。但如果竞争者少也可维持原价。

4. 衰退期定价策略

这一阶段，消费者兴趣转移，销售量激烈下降，一般宜采取果断的降价销售策略。但如果同行业的竞争者都已退出市场，或者经营的商品有保存价值，也可以维持原价，甚至提高价格。

各类产品在其产品生命周期的某个阶段一般具有共同的特征，但由于不同种类产品的性质、特点及其在国计民生中的重要程度、市场供求状况的不同，对不同的产品采取的定价策略要实事求是，机动灵活。

（三）折扣定价策略

折扣定价策略是利用各种折扣和让价吸引经销商和消费者，促使他们积极推销或购买本企业产品，从而达到扩大销售、提高市场占有率的目的。这一策略能增加销售上的灵活性，给经销商和消费者带来利益和好处，因而在现实中经常被企业所采用。常见的价格折扣主要有以下几种形式：

1. 数量折扣

数量折扣，是指按顾客购买数量的多少给予不同的价格折扣，也是企业运用最多的一种价格折扣策略。一般来说，顾客购买的数量越多，或数额越大，折扣率越高，以鼓励顾客大量购买或一次性购买多种商品，并吸引顾客长期购买本企业的商品。数量折扣分为累计数量折扣和非累计数量折扣。累积数量折扣是指在一定时期内累计购买超过规定数量或金额给予的价格折扣，其优点在于鼓励消费者成为企业的长期顾客。非累计数量折扣是按照每次购买产品的数量或金额确定折扣率，其目的在于吸引买主大量购买，利于企业组织大批量销售，以节约流通费用。企业采用数量折扣有助于降低生产、销售、储运和记账等各环节的成本费用。

2. 现金折扣

现金折扣，是指企业为了鼓励购买者尽早付清货款，加速资金周转，规定凡提前付款或在约定时间付款的买主可享受一定的价格折扣。运用现金折扣策略，可以有效地促使顾客提前付款，从而有助于盘活资金，减少企业的利率和风险。折扣大小一般根据付款期间的利率和风险成本等因素确定。

3. 季节折扣

季节折扣，是指企业生产经营季节性产品，为鼓励买主提早采购，或在淡季采购而给予的一种价格折让。在季节性商品销售淡季，资金占用时间长，这时如果能扩大产品销售量，便可加快资金周转，节约流通费用。在这种情况下，卖方以价格折扣来鼓励买方在淡季购买商品，并向其转让一部分因节约流通费用带来的利润，这对买卖双方都是具有积极意义的。厂家和中间商之间采用季节性折扣，可以促使中间商提早进货，保证企业生产能够正常进行。而零售企业在销售活动中实行季节折扣，能促进消费者在淡季提前购买商品，减少过季商品库存，加速资金周转。

4. 业务折扣

也称同业折扣或功能折扣。是生产厂家给予批发企业和零售企业的折扣，折扣的大小因商业企业在商品流通中的不同功用而异。对批发商来厂进货给予的折扣一般要大些，零售商从厂方进货的折扣低于批发企业。

（四）心理定价策略

心理定价策略指企业针对消费者心理活动和变化定价的方法与技巧。一般在零售企业中对最终消费者应用得比较多。主要有以下常用的六种定价策略：

1. 组合定价策略

即企业迎合消费者求全的心理将两种或两种以上有关联的商品合并制定一个价格，具体做法是将这些商品捆绑在一起或装入一个包装物中。此策略常常易激发消费者的购买欲望，有促进多种商品的销售成效的作用。

2. 尾数定价策略

尾数定价策略，是指企业在制定产品价格时以零头数结尾。据心理学家分析，消费者通常认为整数价格如 10 元、20 元、200 元等是概略价格，定价不准确，而认为非整数价格如 9.96 元、19.95 元、198 元等，是经过精确核算的价格，容易产生安全和信任的感觉，这满足了消费者求廉的心理。对于价格较低的商品，特别是日用消费品采用尾数定价策略，能使消费者对商品产生便宜的感觉而能迅速做出购买决策。

3. 整数定价策略

也叫声望定价或整数原则。即在消费者购买比较注重心理需要的满足的商品时，把商品的价格定为整数。名店、名牌商品采用整数定价策略以提高商品的身份，进而起到标识和提高消费者身份的作用。对于一些需求价格弹性不高的商品，采用整数定价可以方便结算和提高工作效率。

4. 期望与习惯定价策略

根据消费者的愿望与购买习惯、接受水平制定价格。日用消费品的价格通常容易在消费者心目中形成一定的习惯性标准。

5. 安全定价策略

也叫"一揽子定价"策略。针对消费者在购买大件耐用消费品时担心维修不便等心理，把商品本身的价格与确保消费者安全使用的费用加总计算，并将送货上门、代修代装、免费换易损件等售中、售后服务的措施广泛宣传，消除购买者的心理障碍，降低消费者的消费风险，增强安全感。

6. 特价品定价策略

企业将商品的价格定得低于市价，并广泛宣传，引起消费者的兴趣，此策略常在经营多品种的超级市场、百货商店使用。许多超级市场常年有特价产品，其特价商品常配有醒目的黄色标签。企业有意将店中的几种商品的价格标低，有时甚至低于成本以吸引顾客来店，目的在于召唤顾客，引发连带购买行为。

（五）相关产品价格策略

相关产品，是指在最终用途和消费购买行为等方面具有某种相互关联性的产品。制造或经营两种以上产品的企业可以利用此特点综合考虑企业产品的定价。

1. 互补产品价格策略

互补商品指两种（或以上）功能互相依赖、需要配套使用的商品。互补商品价格策略是企业利用价格对消费互补品需求的调节，全面扩展销售量所采取的定价方式和技巧。具体做法是，把价值高、购买频率低的主件价格定得低些。

2. 替代商品价格策略

替代商品是指功能和用途基本相同，消费过程中可以互相替代的产品。替代产品价格策略是企业为达到既定的营销目标，有意识安排企业替代产品之间的关系而采取的定价措施。企业若生产或经营着两种以上有替代关系的产品，这两种产品的市场销量常常表现为此消彼长，而这种增加或减少与商品价格的高低有着十分密切的关系。企业主动地运用这一规律来实行组合价格策略。

（六）地理定价策略

地理定价策略，是指企业根据产销地的远近、交货时间的长短和运杂费用的分担所制定的价格策略。这一定价策略主要有以下几种形式：

1. 产地交货价格

产地交货价格，是指卖方按照厂价交货或按产地某种运输工具交货的价格。

2. 买主所在地价格

买主所在地价格则指企业负责将产品运到买主所在地，并承担运输费和保险费等费用。

3. 统一交货价格

统一交货价格，是指企业对于卖给不同地区的顾客的某种产品都按照相同厂价（产地价格）加相同的运费（按平均运费）定价。

4. 区域定价

区域定价，是指把产品的销售市场分成几个价格区域，对于不同价格区域的顾客制定不同的价格，实行地区价格。

5. 基点定价

基点定价，是指企业选定某些城市作为基点，然后按一定的厂价加基点（最靠近顾客所在地的基点）至顾客所在地的运费来定价，而不管货物是从哪个城市起运的。

6. 运费免收定价

运费免收定价，是指企业替买主负责全部或部分运费。企业采用运费免收价，一般是为了与购买者加强联系或开拓市场，通过扩大销量来抵补运费开支。

（七）价格变动策略

营销者在定价之后，由于宏观环境变化和市场供求发生变动，企业必须主动地调整价格，以适应激烈的市场竞争。

1. 降价策略

当市场营销环境发生变化，如产量过多、库存积压严重、其他营销策略无效，或者在激烈的价格竞争中，市场占有率下降，企业为了扩大销售或稳住市场占有率只有降低销售价格。在降价之前，卖方应向自己的代理商、经销商保证，降价后对他们原来的进货或存货，按新价退补降价损失。使长期客户以及该商品分销渠道的各个环节的利益得到保证，才能保住企业的市场。

2. 提价策略

由于资源约束而产生严重的供不应求或发生通货膨胀时，企业不得不采用提高价格的办法来弥补成本的上升。提价必然会引起顾客和中间商的不满。市场营销中应采用不同的提价策略，来平抑提价所引起的不满。主要策略有：

（1）限时提价。

（2）在供货合同中载明随时调价的条款。

（3）对商品的附加服务收费或取消附加服务。

（4）减少或取消折扣和津贴。

（5）改动产品的型号或增加某种功能等等，并配合其他营销手段，来消除提价的负面影响。

第五节　促销策略

一、促销与促销组合

所谓促销，是指通过人员或非人员的方法传播商品信息，帮助和促进消费者熟悉某种商品或劳务，并促使消费者对商品或劳务产生好感与信任，继而使其踊跃购买的活动。从核心和实质来看，促销就是一种信息沟通，通过各种各样的手段和方式，实现企业与中间商、企业与最终用户之间的各种各样的信息沟通。另一方面，通过信息沟通又能够传递最终用户和中间商对生产者及有关产品的各种各样的评价。

促销的目的就是通过各种形式的信息沟通来引发、刺激消费者产生购买欲望直至发生购买行为，实现企业产品的销售。促销的方式主要有人员促销和非人员促销两类。人员促销就是企业派出推销人员，与消费者进行面对面的直接沟通，说服顾客购买。非人员促销主要是指借助广告、公关和各种各样的销售促进方式进行信息沟通，达到引发、刺激消费者产生购买欲望直至发生购买行为、实现企业产品销售的目的。

一般来说，人员促销针对性较强，但影响面较窄，而非人员促销影响面较宽，针对性较差。企业促销时，只有将两者有机结合并加以运用，方能发挥其理想的促销作用。

把各种促销方式有机搭配和统筹运用的过程就称为促销组合；促销组合是对各种促销形式的有机统配。所以，了解各种促销形式非常必要。下面对人员推销、广告、营业推广和公共关系等销售形式做一简要的介绍。

二、人员推销

人员推销是一个由销售员与顾客进行面对面沟通的过程。销售员通过交流，了解潜在购买者的欲望和要求，介绍产品的功能与特点，推销产品，以满足购买者的需要。人员推销还能与购买者建立起长期良好的关系。

人员推销在众多促销方式中显现出了不可替代的优点，主要表现在以下几个方面：

（一）信息传递的双向性

作为一种促销方式，只有人员推销这种形式能够实现双向信息沟通。

一方面，它可以把企业的有关信息传递给最终用户和中间商，也就是推销对象；另一方面，推销人员通过和推销对象面对面的接触，可以与推销对象进行有关企业、产品、品牌、竞争对手等方面的信息传递或信息反馈。通过这种双向信息沟通，企业可以及时、准确地了解到市场方面的有关情况和信息，为企业营销决策的调整提供依据。这种沟通起到了重要的信息源的作用。

（二）推销目的的双重性

企业派推销人员向推销对象推荐各种产品与服务，主要目的就是为了尽可能多地实现商品销售。另外，它在这一过程中还可以实现市场调研。因此，推销的目的有两种：一是推销商品；二是市场调研。

在实践中，往往存在着不能充分、有效地发挥人员推销之优点的现象，主要是因为推销人员在市场调研方面的作用没有得到很好的发挥。也就是说，企业在派推销人员进行推销和信息沟通时，应该要求推销人员定期或不定期地提交市场调查报告，这是企业建立市场营销信息系统、建立客户档案的一项基础性的重要工作。推销人员源源不断地从推销对象那里获取的大量信息，有利于建立、修改或完善市场营销信息系统。

（三）推销过程的灵活性

通过人与人之间面对面的接触，推销人员可以及时地回答推销对象对企业和产品各个方面的质疑，以消除推销对象、最终用户的疑虑。同时，在面对面接触的过程中，还可以针对产品价格、付款时间、交货地点等问题进行灵活机动地洽商，这对于交易的达成是非常有利的；

(四) 友好协作的长期性

由于推销人员和推销对象经常接触，相互之间容易结成深厚的友谊，这种友谊的建立，可以为进一步建立贸易合作伙伴关系奠定深厚的基础，这是其他促销形式所不具备的优点。

所以，人员推销这种形式要求推销人员注重关系营销，注重友好关系的建立、维系与发展。

三、广告

广告是通过一定媒体向用户推销产品或招徕、承揽服务以达到增加了解和信任以至扩大销售目的的一种促销形式。当今世界，商业广告已十分发达，很多企业、公司、商业部门都乐于使用大量资金做广告。

(一) 广告的功能和效用

人们把广告比作信息传播的使者、促销的催化剂、企业的"介绍信"、产品的"敲门砖"。甚至有人认为在今后的社会里，没有广告就没有产品，没有广告就没有效益，没有广告的企业将寸步难行。这就是说，广告是企业促销必不可少的手段。能否有效地使用广告将直接关系到企业的成败。

第一，广告是最大、最快、最广泛的信息传递媒介。通过广告，企业或公司能把产品与劳务的特性、功能、用途及供应厂家等信息传递给消费者，沟通产需双方的联系，加速商品流通和销售。引起消费者的注意与兴趣，促进购买。

第二，广告能激发和诱导消费。消费者对某一产品的需求，往往是一种潜在的需求，这种潜在的需要与现实的购买行动，有时是矛盾的。广告造成的视觉、感觉印象以及诱导往往会勾起消费者的现实购买欲望。

第三，广告能较好地介绍产品知识、指导消费。通过广告可以全面介绍产品的性能、质量、用途、维修安装等，并且消除他们的疑虑，消除他们由于维修、保养、安装等问题而产生的后顾之忧，从而产生购买欲望。

第四，广告能促进新产品、新技术的发展。新产品、新技术的出现，靠行政手段推广，既麻烦又缓慢，局限性很大，而通过广告，直接与广大的消费者见面，能使新产品、新技术迅速在市场上站稳脚跟，获得成功。

(二) 广告策划

广告策划就是通过细致周密的市场调查与系统分析，充分利用已经掌握的知识（信息、情报与资料等）和先进的手段，科学、合理、有效地部署广告活动的进程。简言之，广告策划就是对广告运作的全过程作预先的考虑与设想，是对企业广告的整体战略与策略的运筹与规划。

一项较完整的广告策划主要包括以下六个方面的内容：

第一，市场调查。它是进行广告策划的基础。只有对市场和消费者了解透彻，对有关信息和数据掌握充分，才可能做出较为准确的策划。市场调查安排，就是要确定要向什么市场、什么用户、进行何种方式的调查。

第二，消费心理分析。对于消费者心理与行为的分析、研究是广告策划的前提。具体来讲，只有准确地把握住消费者的需要、动机、注意、知觉、记忆、想象、态度、情感与情绪等心理因素，才能有较准确的广告定位与较高水平的广告创意。

第三，广告定位。采取广告定位，是为了突出广告商品的特殊个性，即其他同类商品所没有的优异之点，而这些优点正是特定的用户所需求的。广告定位确定了广告商品的市场位置，符合消费者的心理需求，就可以保障广告取得成功。有了准确的广告定位，广告主题也就可以确定下来。

第四，广告创意。广告创意是决定广告策划成败的关键。广告定位之后的问题就是，如何根据广告定位，把握广告主题，形成广告创意？成功的广告在于它能够运用独创的、新奇的诉求策略与方法，准确地传递出商品信息，有效地激发消费者的购买动机与欲望，持续地影响其态度与行为。

第五，广告媒介安排。这是广告策划中直接影响广告传播效果的重要问题。媒介选择和发布时机安排得当，广告发布的投入产出效果就比较好；反之，企业投放的广告费用就不能收到预期的效果。

第六，广告效果测定。广告效果测定，这是全面验证广告策划实施情况的必不可少的工作。企业委托的广告公司的工作水平、服务质量如何，整个广告策划是否成功，企业是否感到满意和更有信心，将以此为依据来做出评价。

四、营业推广

也称销售促进，它是企业用来刺激早期或强烈的市场反应而采取的各种短期性促销方式的总称，目的在于劝诱同业（中间商）或消费者购买某一特定产品。

（一）营业推广的作用

主要表现在如下五个方面：（1）促使消费者使用产品；（2）劝诱使用者再购买；（3）增加消费；（4）对抗竞争；（5）促进消费者对本企业其他产品的消费。

（二）营业推广的类型与方式

营业推广有三大类对象，即消费者、中间商和推销人员。与之相应，营业推广也可分为三类：

第一，针对消费者的营业推广活动。开展针对消费者的营业推广活动，其目的在于吸引新顾客，抓住老顾客。其方式通常是赠送纪念品、宣传品、实物礼品，或赠送折价券，以及减价和进行抽奖。

第二，针对中间商的营业推广活动。开展针对中间商的营业推广活动，其目的在于扩大和增加企业的产品同顾客之间的渠道。其主要方式有：（1）对中间商折让；（2）给予推广津贴；（3）提供宣传品；（4）联合开展广告活动；（5）举办贸易展览。

第三，针对推销人员的营业推广活动。开展针对推销人员的营业推广活动，其目的在于调动推销人员的积极性。常使用的方式有：（1）让利；（2）销售集会；（3）销售竞赛。

（三）营业推广决策内容

第一，建立营业推广目标。营业推广目标是促销目标的具体化，其具体目标包括鼓励消费者购买、吸引中间商推广新产品、抵消各种竞争性的促销影响以及激励推销人员寻找更多的潜在客源。

第二，选择营业推广方式。

第三，规划营业推广方案。一个完整的营业推广方案应包括五方面的内容：（1）确定刺激强度；（2）确定刺激对象；（3）确定营业推广的途径；（4）确定营业推广的持续时间；（5）确定营业推广的总预算。

第四，预试营业推广方案。预试营业推广方案有助于明确在经验基础上所选用的促销方式是否适当。

第五，实施和控制营业推广方案。

第六，评价营业推广效果。企业可以从多种途径评价营业推广的效果，其中最主要的途径有以下三个：（1）对营业推广前、营业推广期间，以及营业推广后三个时期的销售额进行比较；（2）进行消费者调查；（3）试验法。

五、公共关系

公共关系是指企业通过与公众沟通信息，使企业和公众相互了解，以提高企业的知名度和声誉，为企业的市场营销活动创造一个良好的外部环境的活动。企业要同公众沟通信息，就必须开展灵活多样的活动。公共关系是最常用的促销手段之一，它不仅有助于旅游目的地和旅游企业树立良好的整体形象，扩大企业知名度，而且有助于增强员工归属感、自豪感、凝聚力，扩大企业的销售额。

（一）公共关系的主要活动方式

公共关系的主要活动方式有：（1）宣传报道；（2）虚心听取和处理公众对本企业各方面的意见；（3）与政府机构、供应商、中间商等有关组织建立联系，努力搞好关系，以求得其了解和协助；（4）建立与有关社会团体以及在社会上有一定影响的人士之间的关系，使他们了解企业，争取他们在适当的场合为企业进行宣传；（5）编写散发宣传材料，使更多的公众了解企业；（6）倡导、举办或参加社会福利活动，进行力所能及的赞助活动，以提高企业的知名度，树立企业的形象；（7）以实际行动向公众表明本企业在不断进步，努力为社会做出贡献；（8）开展同企业职工的公共关系。

（二）公共关系的基本原则

企业开展公共关系时应遵循以下四个原则：（1）实事求是地宣传、介绍企业情况；（2）把维护和增进公众的利益放在首位；（3）要把长期目标和短期活动相结合；（4）把开展全方位的公共关系和抓住重点相结合。

（三）公共关系的策略选择

1. 确定公共关系的目标

确定公共关系的目标是指每一次公关活动都应该有一个具体的目标，并且该目标与企业的整体营销目标保持一致。选择公共关系信息的原则是创造新闻、事件制造、效果好。

2. 实施公共关系计划

实施公共关系既要注意能够锦上添花，又要能够雪中送炭，尤其是要注意处理好危机事件。计划要分长、中、短期计划，并且根据企业的实际情况，适时调整、完善、具有可操作性。

3. 评价公共关系的结果

评价公共关系的结果主要通过社会知名度、公众的理解和态度以及对于利润额和销售额的贡献来实现的。

第六节　销售渠道策略

一、销售渠道的涵义及功能

所谓销售渠道是指把产品从生产者向消费者转移所经过的通道或途径，它是由一系列相互依赖的组织机构组成的商业机构。这些商业机构包括制造商、中间商、银行、运输商、仓储商和广告商等。

销售渠道的功能有：

（一）交易功能

通过销售渠道，使企业与潜在的消费者接触并进行交流，使消费者能了解企业及企业的产品，与消费者就产品的购买数量、价格、货款支付的方法、运输的方式、交货的时间等进行谈判，并承担与商品流通有关的风险。

（二）后勤功能

即通过对商品的配送与分类，消除生产者与消费者之间存在的时间差异、空间差异、数量差异及花色品种差异。

（三）促进能力

销售渠道一方面可以为企业提供有关市场的需求、竞争等方面的信息资料，有利于企业更有效地开展市场营销活动。另一方面，销售渠道可以向消费者提供各种财务服务以促进产品的流通。

二、销售渠道的类型与控别

（一）销售渠道的类型

对销售渠道的类型，可以从不同的角度进行分类：

1. 按销售渠道中的中间商数目，可以把销售渠道分为长的销售渠道和短的销售渠道

长的销售渠道是指由比较多的中间商所组成的销售渠道，短的销售渠道是指由比较少的中间商所组成的销售渠道。当然，销售渠道的长与短是相对而言的。如果企业直接把产品卖给消费者而没有经过一个中间商，则是最短的销售渠道。

长的销售渠道的优点是市场的覆盖面比较大，有利于扩大产品的销量和提高市场占有率。缺点是不利于企业对销售渠道的管理与控制，较多的中间环节也会增加产品的销售费用支出。这种渠道方式比较适合于日常生活消费品的销售。

短的销售渠道的优点是有利于企业对销售渠道的管理与控制，也有利于减少销售费用的支出。但市场的覆盖面小，会影响企业产品的销售市场占有率。这种渠道方式适合价格比较高的耐用品及工业品的销售。

2. 按企业对销售渠道的控制程度，可以把销售渠道分为直接的销售渠道和间接的销售渠道

所谓直接的销售渠道是指由与生产企业是同一个所有者的中间商所组成的销售渠道，由于组成这种销售渠道的中间商与生产企业是同一个所有者，生产企业能对这种销售渠道实行完全的控制，所以称为直接的销售渠道。所谓间接的销售渠道是指由独立的中间商所组成的销售渠道。由于这种销售渠道是由具有独立利益的中间商组成，企业只能通过合同、铲格等手段对销售渠道进行控制，所以称为间接的销售渠道。

直接销售渠道的优点是企业能对销售渠道实现完全的控制，销售渠道的中间商能较好地为消费者提供各种售前售后服务工作，也能更好地为企业收集各种市场信息资料。当产品的销售量比较大时，采取直接的销售渠道方式也有利于降低销售费用支出。但这种销售渠道方式的渠道建立费用比较大，销售渠道在运转过程中，对企业在资本上给予支持的要求也比较高。

间接的销售渠道的优点是渠道建立的费用比较小，对企业在资本方面给予支持的要求也比较低，但企业对销售渠道的控制程度也比较低。

3. 按销售渠道中每个层次（环节）使用中间商的数目，可以把销售渠道分为宽的销售渠道和窄的销售渠道

宽的销售渠道是指组成销售渠道的每个层次的中间商数目都比较多，它比较适合日常生活用品的销售。窄的销售渠道是指组成销售渠道的每个层次的中间商数目都比较少。由于中间商数目比较少，它比较适合价格比较高的耐用品或工业品的销售。

宽的销售渠道能提高产品的市场覆盖面，增加产品的销售量。但企业对销售渠道的控制与管理比较困难，产品的销售费用也会比较大。

窄的销售渠道使产品的市场覆盖面比较小。但企业比较容易对销售渠道进行控制，产品的销售费用也比较小。

4. 按企业采取的销售渠道模式不同，分为单渠道营销和多渠道营销

单渠道营销是指企业采用以上分析的一种销售渠道类型把产品从生产者送到消费者手中。多渠道营销是指企业采取多种渠道类型把相同的产品送到不同市场或相同市场的消费者手中。多渠道营销又称为双重渠道营销，它有两种形式：一种是企业把同样的产品通过完全不同的销售渠道送到消费者手中；如水龙头制造商可以通过建材批发商、五金批发商、百货批发商、电器批发商卖给许多零售商，再通过各种零售商把水龙头产品送到最终消费者。双重营销的另一种形式是制造商通过两类或两类以上的销售渠道销售两种商标的基本相同的产品。采取多重营销的方式有利于实现更深的市场渗透，但各种销售渠道类型之间可能会存在着一定的竞争。

（二）对销售渠道的控制

销售渠道控制的存在是基于渠道成员之间的相互依赖关系。对销售渠道的控制可分为强制力控制与非强制力控制两种。

从制造商对销售渠道的控制看，强制力控制表现为制造商对销售渠道的其他成员的惩罚能力。如制造商可能威胁不再向服务差或损坏其品牌形象的零售商提供产品。强制力控制的成功与否取决于威胁惩罚的程度、被威胁对象是否认识到不合作的代价比合作的代价大以及威胁信息的可信度。但不断的威胁可能使被威胁的对象结盟来共同对付威胁，会扩大销售渠道的冲突程度。

从制造商对销售渠道的控制看，非强制力控制表现为制造商对销售渠道的其他成员的奖赏力、追随力、专家力、说服力和信息力。奖赏力是对能遵守其要求的渠道其他成员给予奖赏的能力；追随力是由于制造商的卓著的品牌和良好的企业形象而使渠道的其他成员追随和认可的能力；专家力是指制造商的某一方面的专业知识和能力对渠道的其他成员的影响力；说服力则是制造商说服渠道其他成员合理定位的能力；信息力则是制造商获得真实的信息资料而对渠道其他成员所产生的控制力。

【个案分析】

平常渠道，非常控制
——娃哈哈集团市场营销案例

2001 年 11 月 8 日晚，央视广告招标经过漫长的 10 多个小时的竞争终于尘埃落定，娃哈哈集团以 2 015 万元的价格，"独霸"了次年一二月份新闻联播与天气预报之间的黄金广告时间。

娃哈哈前身是杭州市上城区的一家校办企业，成立于 1987 年，是宗庆后带领两家营养食品厂成立的。开发生产以中医食疗"药食同源"理论为指导思想的天然食品"娃哈哈儿童营养液"。产品一炮打响，"喝了娃哈哈，吃饭就是香"的广告传遍大江南北。1991 年，创业只有三年的娃哈哈产值已突破亿元大关。同年，在杭州市政府的支持下，仅有 100 多名员工但却有着 6 删多万元银行存款的娃哈哈营养食品厂，毅然以 8 000 万元的代价有偿兼并了有 6 万多平方米厂房、2 000 多名员工，并已资不抵债的全国罐头生产骨干企业之一的杭州罐头食品厂，组建成立了杭州娃哈哈集团公司。从此娃哈哈逐步开始步入规模经营之路。

1996 年，公司以部分固定资产作投资与法国达能等外方合资成立了五家公司，引进外资 4 500 余万美元，随后又引入追加投资 2 620 万美元，先后从德国、美国、意大利、日本、加拿大等国家引进大量具有九十年代世界先进水平的生产流水线，使娃哈哈进入高速发展的快车道。

2000 年，公司生产饮料 224 万吨，实现销售收入 54 亿元，利税 12.70 亿元，利润，9 亿元，饮料产量约占全国饮料总量的 15%，占全国"饮料十强"产量的 37%。主导产品娃哈哈果奶、AD 钙奶、纯净水、营养八宝粥稳居全国销量第一，其中乳酸奶饮料、瓶装饮用水的产销量已跻身世界大厂行列。公司已经发展成为在全国十省市建有 40 余家全资或控股子公司、总资产 44 亿元的中国最大食品饮料企业。取得如此辉煌成绩，娃哈哈独特的营销策略是其驰骋市场成功的关键。

娃哈哈的促销重点是经销商，公司会根据一定阶段内的市场变动、竞争对手的变动以及自身产品的配备而推出各种各样的促销政策。针对经销商的促销政策，既可以激发其积极性，又保证了各层销售商的利润，因而可以做到促进销售而不扰乱整个市场的价格体系。

　　人们对"最后一公里"的营销概念的理解各异，有的说是服务，有的说是质量，有的说是品牌，而娃哈哈却认为是："利益的有序分配"。有序必然就要有控制，控制在营销渠道中最重要的就是价差、区域、品种和节奏。

　　价差指的是产品从厂家到消费者手中经过的所有批零通路。就饮料、家电等产品而言，一般有3-4个环节之间的利益分配。高价的产品如果没有诱人的价差分配，无法引起经销商的积极性，而低价产品如果价差控制得当，仍然可以以量大而给经销商带来利润。有序地分配各级经销层次的利益空间，不但是生产商的责任，更是其控制市场的关键所在。

　　娃哈哈认为，生产商推出任何一项促销活动或政策，首先应该考虑的便是设计一套层次分明、分配合理的价差体系！当今很多企业在营销中，喜欢动辄"超低空"，以低价轰炸市场，以为只要我的价格比别家的低，肯定卖得就比别人的火，其实未必。因为没有考虑价差的低价，无疑让经销商无利可图，他不给你用力吆喝，不把你的产品摆在柜台上，买卖交易的"最后一公里"仍然无法到达。一般而言，低价策略在新产品进入一个成熟市场时会因其对原有市场价格体系的摧毁而达到出人意料的效果，可是在长效经营中却可能是一个毒素颇大的兴奋剂。

　　与别的企业往往把促销措施直接针对终端消费者不同，娃哈哈的促销重点是经销商，公司会根据一定阶段内的市场变动、竞争对手的变动以及自身产品的配备，而推出各种各样的促销政策，常年循环，月月如是。针对经销商的促销政策，既可以激发其积极性，又保证了各层销售商的利润，因而可以做到促进销售而不扰乱整个市场的价格体系。相反，依赖于直接让利于消费者的促销，则造成经销商无利可图而缺乏动力，最终竞相降价而可能把零售价格打乱。

　　品牌商面对经销商和消费者往往有一个本末上的判断。当品牌商在推出一个新产品时，首先应该做的一件事，是以强力把市场冲开，营造成销售预期，这期间要把所有的人、财、物力倾注到网络渠道上，培育起忠诚的客户群体。在完成这一工作之后，则应该把工作的重点转移到消费者身上，只要经销体系内的价差体系一旦形成，就应该把更多的优惠政策放到零售终端上。而更多企业进行的却往往是相反的操作。

问题：
1. 你认为该案例体现娃哈哈的哪些市场营销观念？
2. 请分析：娃哈哈市场营销链有哪些特点？

【关键名词】
市场营销　市场细分　目标市场　市场营销组合　需求弹性　营业推广

【思考与讨论】
1. 市场营销观念经历了哪些发展阶段？
2. 试举例说明市场细分对市场营销中的应用。
3. 影响定价的因素有哪些？如何为新产品定价？
4. 销售渠道有哪些类型？
5. 制定市场营销组合策略应遵循哪些原则？

第九章　企业发展与投资决策

【学习目标】

本章主要讲授企业发展的特征及类型、企业筹资、企业投资方向、原则和程序等。通过学习，学生应能够了解筹资和投资活动对企业的重要作用，理解企业筹资决策和投资决策的方法和原则，掌握具体的计算公式，学会在实际中正确运用。

【重点难点】

1. 筹资渠道和筹资方式、筹资原则及规模的确定
2. 投资决策的原则和程序
3. 资金的时间价值、投资决策的经济评价方法及投资决策风险的衡量

学习内容

第一节　企业发展的方式

一、企业发展的含义及特征

企业发展是指企业投入自有资金或其他途径筹集的资金，通过建造、购置、改造及兼并其他企业等方式，提高生产经营能力，形成新的企业规模的过程。这个过程的主要特征是：

（一）企业发展是企业经营活动从量的提高到质的飞跃的过程

其标志是形成超过原有规模的新的企业经营规模。以这个标志来衡量，企业发展是有特定含义的概念。它不是一般的经营业务的发展和扩大，而特指企业新的生产能力不断形成又不断被超越的企业规模扩大过程。

（二）企业发展的方式是多种多样的

既包括外延式的发展，如建设安装新的生产线和营业设施等。又包括内涵式的发展，如对现有生产经营装备与设施进行技术改造等。近年来，随着我国改革的深化而出现的企业兼并和企业集团已经成为企业发展中广泛采用的方式。

（三）企业发展与追加投资联系在一起

投入相当数量的资金是企业发展的前提。因此就其实质内容而言，企业发展就是企业

为扩大生产经营能力而进行的筹资与投资活动。由于我国市场经济刚起步，企业自我积累能力还很弱，企业发展对资金的需要与可能的矛盾始终存在。为了求得加快发展，越来越多的企业摆脱了计划经济体制下"有多少钱，办多少事"的小生产观念的束缚，走上了敢于承担风险，多方筹集资金、借鸡生蛋的快速发展之路。

（四）企业不断发展是一种客观必然趋势

从整体上看，它是不以企业领导人主观意志为转移的市场竞争的必然结果。优胜劣汰是市场竞争的无情法则。巨大的压力推动企业必须随着经济技术的进步不断地更新技术，扩大经营规模，力争在竞争中处于有利地位。可以说，能否不失时机地促进自我发展，是关系到企业生死存亡的重大问题。

二、企业发展的类型

通过追加投入、来实现企业的发展，主要表现为企业生产能力的扩大，技术的改进，产量的增加，品种的增多，质量的提高等，企业原有的生产圈和市场圈得到扩大。归纳起来，企业发展的类型主要有以下几种：

（一）原型发展

所谓原型发展，是指改变原有的经营方向和产品结构，通过追加投入、增加产品数量提高产品质量。具体形式为两种：

第一，由于市场需求的扩大，增加原有产品的产量。可以通过增加设备和人力扩大生产能力，或者对原有设备进行改造，提高劳动生产率。

第二，不改变原有的经营方向和生产规模，通过追加投资进行技术改造。即采用新技术、新材料或新工艺，提高产品质量，增加产品价值。

（二）部门内部发展

部门内部发展，是指不跨越本行业的范围，增加本企业未生产过的产品。其具体形式有：

第一，改变原有的经营方向，扩大经营范围，增加本企业未生产过的产品，但经营范围局限在本部门经营的范围内，与生产同种产品的企业进行竞争。

第二，利用原有生产条件，改变原有的生产经营方向，放弃投资增加新的生产条件，生产本部门已有的产品。

（三）部门外部发展

部门外部发展，是指企业的生产经营活动向别的部门进行发展，增加生产别的部门已有的产品。跨出本部门、行业，在部门之间展开竞争。其具体形式是：

第一，不改变原有经营方向，扩大经营范围，增加生产别的部门已经生产的产品。

第二，改变原有的经营方向，放弃原有产品的生产，利用已经有的生产条件，通过追加投资增加新的生产条件，生产别的部门经营的产品。

（四）交叉性发展

交叉性发展，是指企业在部门内部进行发展的同时，向外部进行发展。企业经营范围的扩大，不仅增加生产本部门已有的产品，同时又增加别的部门经营的产品，部门内部发展与外部发展同时并存。其具体形式是：

第一，不改变原有的经营方向和生产规模，通过追加投资，以部门内部发展为主，以部门外部发展为辅；或者以部门外部发展为主，以部门内部发展为辅。

第二，通过挑战原有的经营方向和生产规模，追加投资，扩大经营范围，既向本部门内部发展，又向部门外发展。

（五）开发性发展

开发性发展，是指企业在原有经营的基础上，通过追加投资开发新产品、新技术。即增加生产本部门和外部门从未生产过的产品，向新部门和新领域进军，具有明显的开发性质。其具体形式是：

第一，不改变原有的经营方向，通过追加投资进行研制和开发新产品、新技术。

第二，对原有的生产规模和经营方向进行调整，增加新的生产条件，进行新产品开发。

第二节　筹资决策

筹资决策是指为满足企业融资需要、对筹资的途径、数量、时间、成本、风险和方案进行评价和选择从而确定一个最优资金结构的分析判断过程、筹资决策是企业财务管理相对于投资决策的第一种重要决策。

企业的财务活动是以筹集企业必需的资金为前提的，企业的生存和发展离不开资金的筹措。筹资是指企业根据其生产经营、对外投资以及调整资本结构的需要，通过资金市场和一定的筹资渠道，运用合理的筹资方式，经济有效地筹集企业所需资金的行为。

一、企业筹资的目标及目的

企业筹资目标是指企业进行筹资管理活动所要达到的目的。企业筹资管理的目标取决于筹资管理的具体内容并一种稀缺性的资源，其筹集的方式与规模直接受到市场供求关系的影响。因而，企业在筹集资金的过程中，必须考虑成本和风险的因素。由于不同时期不同项目和不同筹资方式对企业筹资的成本、风险压力不同，同时市场机制的作用也会使企业具体项目资金筹集过程中的成本与风险的关系得以协调和均衡。因此，企业筹资管理的具体目标就是在满足生产经营需要的情况下，以较低的筹资成本和较小的筹资风险，获取较多的资金。

企业筹资的基本目的是为了自身的正常生产经营与发展。企业的财务管理在不同时期或不同阶段，其具体的财务目标不同，企业为实现其财务目标而进行的筹资动机也不尽相同。筹资目的服务于财务管理的总体目标。因此，对企业筹资行为而言，其筹资目的可概括为两大类：

（一）满足其生产经营的需要

对于满足日常正常生产经营需要而进行的筹资，无论是筹资期限或者是筹资金额，都具有稳定性的特点，即筹资量基本稳定，筹资时间基本确定；而对于扩张型的筹资活动，无论是其筹资时间安排，还是其筹资数量都具有不确定性，其目的都从属于特定的投资决策和投资安排。一般认为，满足生产经营需要而进行的筹资活动，其结果是直接增加企业资产总额和筹资总额。

（二）满足其资本结构调整的需要

资本结构的调整是企业为了降低筹资风险、减少资本成本而对资本与负债间的比例关系进行的调整。资本结构的调整属于企业重大的财务决策事项，同时也是企业筹资管理的重要内容。为调整资本结构而进行的筹资，可能会引起企业资产总额与筹资总额的增加，也可能使资产总额与筹资总额保持不变，在特殊情况下还可能引起资产总额与筹资总额的减少。

二、筹资的分类

（一）按照资金的来源渠道不同，分为权益筹资和负债筹资

企业从外部筹集资金主要有两条渠道：一是争取国家、法人、个人或外商投资；二是向金融机构、其他法人或个人举债。企业从国家、法人、个人或外商争取到的投资，形成所有者权益，通常可用作企业在工商行政管理部门注册登记的注册资本；企业从金融机构、其他法人、个人借来的资金，则形成负债。

企业通过所有者权益和负债两种方式从外部取得的资金，是以各种各样的资产而存在的，这些资产最常见的有：货币（现金和银行存款）、房屋建筑物和机器设备等固定资产、原材料和商品等。这样，资金的投入一方面使所有者权益或负债增加，另一方面也带来资产的增加。

（二）按照是否通过金融机构，分为直接筹资和间接筹资

直接筹资不需要通过金融机构，直接筹资的工具主要有商业票据、股票、债券；间接筹资需要通过金融机构，典型的间接筹资是银行借款。

（三）按照资金的取得方式不同，分为内源筹资和外源筹资

内源筹资包括留存收益和固定资产折旧；外源筹资则包括股票发行、债券发行、融资租赁等。

（四）按照筹资的结果是否在资产负债表上得以反映，分为表内筹资糠9降资

表内筹资是指可能直接引起资产负债表中负债与所有者权益发生变动的筹资；表外筹资是指不会引起资产负债表中负债与所有者权益发生变动的筹资。

（五）按照所筹资金使用期限的长短，分为短期资金筹集与长期资金筹集。

三、资金筹集的主要渠道与筹资方式

筹资渠道又称资金来源渠道，是指客观存在的筹措资金的来源方向与通道。我国企业目前的筹资渠道主要包括以下七种：

一是国家财政资金，指国家通过以财政拨款的形式投入企业的资金。目前，我国财政资金用于企业的主要方式有：财政贷款、财政贴息、周转金以及参与股份制企业的国家股。

二是银行信贷资金，指各商业银行贷放给企业使用的资金。

三是非银行金融机构资金，非银行金融机构指各种从事金融业务的非银行机构。非银行金融机构用各种不同的方式集中资金，也用各种方式向企业提供资金，同时提供各种服务。

四是其他企业和单位资金，指其他企业或非盈利组织，如各种基金会、社会团体等，在组织生产经营活动或其他业务活动中暂时或长期闲置的可供企业调剂使用的资金。

五是居民个人资金，指企业职工和城乡居民闲置的消费基金。随着人们收入水平的提高，居民个人资金已成为企业不可忽视的一种资金来源。

六是企业自留资金，指企业在生产经营活动中形成的资金，如公积金、公益金和未分配利润等。

七是外商资金，指国外及我国港、澳、台地区的外商投入企业的资金，是外商投资企业资金的主要来源。

筹资方式是指可供企业在筹措资金时选用的具体筹资形式。资金来源的多渠道要求筹资方式多样化。筹资方式同样与国家经济管理体制、财务管理体制等直接相关。另外，筹资方式还取决于资金市场的发展与完善。从目前来看，筹资方式主要有：吸收直接投资、发行股票、向银行借款、利用商业信用、发行公司债券、融资租赁、利用留存收益和杠杆收购等。由于企业所需要的资金规模不同，同时，在不同时期、不同筹资项目采用不同筹资方式所形成的筹资风险、筹资成本以及使用期限和获得的可能性也不同，因此，企业筹资管理的重要任务之一就是在各种筹资方式中合理选择最适合企业的方式。

四、筹资原则

企业使用所筹措的资金都是有代价的，需支付利息、租金等报酬。企业必须从其盈利中补偿这些报酬。所以，如何有效地以较低的资金成本筹集到企业所需的资金，必须遵循一定的筹资原则。筹资原则就是指企业围绕筹资目的，在充分、全面考虑影响筹资的各种因素的基础上具体开展筹资活动应遵循的准则。从总体来说，企业筹资必须遵循"规模适当、筹措及时、来源合理和方式经济"等基本原则。具体原则如下：

（一）科学预测资金的需要量，及时供应资金

采用科学的方法，正确预测资金需要量是进行筹资工作的前提。根据预测结果确定企业需要筹措多少资金和什么时候需要资金，以满足经营需要。既要做到及时足额供应资金，又要做到防止资金过剩，造成资金积压。

（二）合理选择筹资方式，尽可能使资金成本下降

企业筹资方式很多，且不同筹资方式的资金成本亦不相同。因此，资金成本高低便成为筹资者首先考虑的重要原则。同时，不同筹资方式的约束条件、风险程度亦不同，应根据不同的筹资方式和不同的资金需要合理选择，取得最佳筹资效益。

（三）测算投资效益，明确投资方向

企业筹资的目的是为了用资，若资金投向不合理、收益低，尽管筹资的资金成本低，也难以取得满意的资金效益。所以，企业筹资时就必须明确资金的投向、测算投资收益。

（四）合理利用负债经营，正确处理筹资风险

负债经营就是合理地举债发展企业，正确掌握资本金与负债的比例，善于利用负债经

营的积极作用，避免可能产生的财务风险。把负债经营作为财务杠杆，既有利于筹资，又能提高资金的使用效益。

五、筹资决策应该注意的问题

企业在具体开展筹资活动时，必须对影响筹资活动的各种因素进行分析，并遵循一定的筹资原则才能提高筹资效率、降低筹资风险与筹资成本。企业筹资须考虑的经济性因素有筹资成本；筹资风险；投资项目及其收益能力；资本结构及其弹性。

须考虑的非经济性因素有：筹资的顺利程度；资金使用的约束程度；筹资的社会效应；筹资对企业控制权的影响；筹资时机。

六、筹资规模的确定

筹资规模是指一定时期内企业的筹资总额。在筹资实践中，只有在明确了企业一定时期的筹资总额的基础上，才能据以制定筹资策略和确定筹资方式。

（一）筹资规模的特征

第一，层次性。企业在进行投资时首先利用的是自有资本，在自有资本不足时才考虑外筹资需要。

第二，筹资规模与资产占用的对应性。即企业长期稳定占用的资产应与企业的主权资本和长期负债等筹资方式所筹集资金的规模相对应。随业务量变动而变动的资金占用则与企业临时采用的筹资方式所筹集的资金规模相对应。

第三，时间性。即企业筹资规模必须要与投资要求时间相对应。

（二）确定企业筹资规模的依据

包括法律依据和投资规模依据两项。法律依据是指企业在筹集资金时应遵循有关法律的规定。具体体现在两个方面：法律对企业注册资本金的约束；法律对企业负债额度的限制。投资规模依据是指企业所筹集资金将用于今后生产经营的规格与范围。可以说，在制约筹资规模的所有经济因素中，投资规模是决定筹资规模的主要依据。投资规模是根据一定时期企业的经营目标、所占市场容量及份额、产业政策以及企业自身的其他因素确定的，它是企业生产经营的客观需要。

（三）筹资规模的确定方法

实际工作中常用的确定筹资规模的方法，一般有销售百分比法、线性回归分析法和实际预算法。

销售百分比法是根据销售收入与资产负债表和利润表有关项目之间存在的比例关系，预测未来时期各项目短期资金需要量的方法。应注意，这种方法应建立在两个假设之上：一定时期内销售收入与报表某项目之间存在着一定的比例关系并且固定不变；对未来时期的销售收入预测已经完成。线性回归分析法是根据筹资规模与业务量之间存在的一定关系，按照回归分析的原理建立相关模型进行分析的方法。项目预算法是企业在项目投资额基本确定的情况下，根据项目所需的实际投资额确定筹资规模的方法。

七、股权资本的筹集

股权资本在不同的企业有不同的筹集形式，主要表现为两类：一类是吸收直接投资；

一类是发行股票筹资。

（一）吸收直接投资

吸收直接投资是指企业以协议、合同等形式吸收国家、其他企业、个人和外商等直接投入的资金，从而形成企业资本金的一种筹资方式。它不以股票为媒介，适用于非股份制企业，是我国非股份制企业筹集股权资本的最主要形式。

吸收直接投资可以采用多种形式，从出资者的出资形式看，主要有吸收现金投资和吸收非现金投资两种类型。

吸收直接投资对企业而言，有许多有利的方面，即：与发行股票筹资相比，履行的法律程序相对简单，从而筹资速度相对较快；通过吸收直接投资所筹资的资金越多，则能显著提高企业对外负债能力，企业对外举债能力也越强；此外，企业吸收的非现金直接投资还能直接取得生产经营所需的先进设备和技术，从而能尽快形成企业的生产经营能力。但吸收直接对投资筹集的资金属企业的股权资本金，因此也具有成本较高的不足，如果企业生产经营所需的资金都是由股权资本金组成，则不利于企业财务目标的实现；此外，对筹集的非现金投资而言，也存在着资产不易作价和在产权关系不明确的情况下，容易产生产权纠纷的问题。

对吸收直接投资的筹资管理，为达到最佳的筹资效果，应主要从以下几个方面着手管理：合理确定吸收直接投资的总量；正确选择出资形式，以保持其合理的出资结构与资产结构；明确投资过程中的产权关系。

（二）股票筹资

股票是股份制企业或者说是股份公司为筹集股权资本而发行的，表示其股东按其持有的股份享有权益和承担义务的可转让的书面凭证。

股票筹资是股份有限公司筹集资本的主要形式和方法。

根据股东所享有的权利和承担的义务的不同，公司股票可以分为普通股与优先股两种。股东作为出资者按投入公司的资本额享有资产收益分配、参与公司重大决策和选择管理者的权利，并以其所持有股份为限对公司承担有限责任。

1. 普通股

普通股是股份公司股票的最基本也是最主要的存在形式，其持有者即为公司的普通股股东。普通股股东作为出资人按投资额享有投票权、经营收益的剩余请求权、优先认股权、股票转让权等权利。

普通股按照不同的标准可分为：记名股和不记名股；有面值股票和无面值股票。

企业发行普通股筹集的资金具有永久性，即没有到期日，不需归还；同时，筹集的资金没有固定的股利负担，筹资风险相对较小；此外，由于发行股票筹集的资本金是公司最基本的资金来源，这部分资金的多少，在定程度上反映了公司的实力并为今后筹集债务资金提供保障。所以，发行股票筹资可以增强企业的举债能力。但发行普通股筹集资金也有资本成本相对较高和在发行新股时可能会分散公司控股权的缺点。

2. 优先股

优先股是介于普通股和债券之间的一种有价证券。它也是一种没有到期日，不用归还的永久性资金，与普通股一样，构成了公司股权的一部分。优先股的股利也要从税后利润中支付，而且也与普通股股利一样不具备抵税作用。从这些方面看，优先股与普通股是相似的。但优先股一般有固定股利率，而且无论是在股利分配或在资产清算时，都有优先于普通股的权利；同时，优先股的股东没有参与公司经营和投票的权利。从这些方面看，它又与债券相同。

优先股也可以按一定标准分为：累计优先股和非累积优先股；参加优先股和非参加优先股；可转换优先股和不可转换优先股；有表决权优先股和无表决权优先股等类。

企业发行优先股的目的是：防止股权分散；提高举债能力；增加普通股股东权益；调整资本结构等。

优先股具有的优点较明显，即：与普通股相比，优先股的发行没有增加能够参加经营决策的股东人数，不会导致原来的普通股股东对公司控制能力的下降；与债券相比，优先股的发行不是增加了公司的债务，，而是增加了公司的股权。所以，不会像公司债券那样增加公司破产的压力和风险；此外，由于发行优先股可以增加企业的资本金规模，所以，又可以提高企业的借款能力。但发行优先股筹集的资金毕竟是一种股权资金，因此，其也具有资本成本较高的缺点，同时，由于优先股在股利分配、资产清算等方面具有优先权，所以会使普通股股东在公司经营不稳定时期的收益受到影响。

八、债权资本的筹集

通过负债筹集资金是企业最主要也是最常见的形式，因而负债是企业的重要资金来源。

作为与主权资本性质不同的资金，通过负债筹集的资金具有其明显的特点：筹集的资金具有使用上的时间性，即不论企业经营的好坏，都要到期还本付息，从而形成企业固定的负担；负债筹集资金所支付的利息，不论利率高低，都作为企业的一项财务费用，在税前计列，因而具有抵税作用，使资金成本较股票筹集资金要低；债券人不能参与企业的经营决策和管理，因而不会分散股东对企业的控制权。

按照企业对外筹集资金可使用时间的长短，企业债务筹资可以分为长期债务筹资和短期债务筹资两类，具体内容包括：长期借款、公司债券i融资租赁、商业信用、短期借款等。

长期债务筹资所筹集的资金称为企业的长期负债，是指期限超过一年的负债。企业取得长期负债主要是为了解决长期资金的不足，例如：为满足长期固定资产投资的需要；为进行设备的更新改造、科技开发或新产品试制等。

长期负债具有使用期限较长的优点，因此其财务风险相对较小。但正由于可以长期使用，债权人承受了较大的风险，因此企业筹集长期债务资金的成本也就比短期债务资金要高，也就是长期负债的利率一般会高于短期负债的利率。此外，债权人保证债务人能够及时、足额偿还债务本金和支付利息，往往还会向债务人提出一些限制性的条件，从而形成对债务人资金运用的种种限制。

（一）长期借款

长期借款是指企业根据借款协议或合同向银行或其他金融机构借人的期限在一年以上

的各种借款。它以企业的生产经营能力及获利能力为依托，用于满足企业长期资产投资和永久性流动资产的需要。

由于长期借款的期限较长，因此，贷款银行或其他非银行金融机构为保护自身的权益，保证到期能收回贷款本息，通常在贷款时要求获取贷款的企业必须在贷款期限内保持良好的财务状况并做出有关承诺，这就是借款协议上的保护性条款。保护性条款使银行拥有了干预借款企业行为的法律权利，一旦借款企业由于经营不善，出现亏损并违约时，银行据此采取必要的法律行动。借款协议的保护性条款分为三类：一般性保护条款；例行性保护条款；特殊性保护条款。

长期借款比较发行股票、发行债券筹集资金而言，具有筹资迅速、借款弹性较大、成本低、易于企业保守财务秘密等优点。但同时也存在筹资风险较大，使用限制较多、筹资数量有限等缺点。

（二）企业债券

企业债券是指企业为筹集资金而发行的、到期还本付息的有价证券。由于有资格通过发行债券筹集资金的企业多是公司制企业（包括股份有限公司和有限责任公司），因此，这里研究的债券就是指公司债券。

通过发行债券筹集的资金，尽管可以为企业长期使用，但性质属于债务资本，有确定的还本付息日且利息固定，因此，与长期借款筹资相同，筹资企业要承担较大的筹资风险。此外，发行债券筹资必须符合国家的有关规定并遵循一套严格和复杂的法律程序，筹资速度较慢。作为一项债务资金，公司债券的利息和其他借款利息一样可以在税前支付，因而可以起到节税的作用。

债券的发行价格是指发行公司（或其承销机构）发行债券时所使用的价格，也就是投资者向发行公司认购债券时实际支付的价格。影响债券发行价格的因素包括债券面值、票面利率、市场利率、债券期限等。理论上讲，债券的投资价值由债券到期还本面额按发行时市场利率折现的现值与债券各期利息按发行时市场利率折现的现值两部分组成。在正常情况下，债券的发行价格与债券面值应是一致的，但在实际工作中，由于债券发行当日的市场利率与债券票面利率往往并不一致，这就使债券发行价格可能出现三种情况：按面值发行、按溢价发行、按折价发行。债券发行价格与面值不一致的原因是：当票面利率高于发行时的市场利率时，债券的发行价格高于债券面值，即溢价发行；当票面利率低于发行时的市场利率时，债券的发行价格低于债券面值，即折价发行。

可转换债券是指根据发行契约允许按预定的条件、时间和转换率转换为公司普通股票的公司债券。按《公司法》规定，只有上市公司经股东大会决议后方可发行可转换债券。

发行债券筹集资金的优点主要有：债券资金成本较低；可利用财务杠杆作用；有利于保障股东对公司的控制权；有利于调整资本结构i其缺电是：偿债压力较大；不利于现金流量的安排。

（三）融资租赁

融资租赁是由出租人（租赁公司）按照承租人（承租企业）的要求融资购买设备，并在契约或合同规定的较长时期内提供给承租人使用的信用业务。融资租赁又称财务租赁，是区别经营租赁的一种长期租赁形式。由于它可以满足企业对资产的长期需要，故有时也称为资本租赁。融资租赁通过融物来达到融资的目的，是现代租赁的主要形式。

融资租赁的特点主要表现在：设备租赁期较长；租赁期间，租赁双方不得任意中止租赁合同或契约；租赁期满后，按事先约定的方式处置资产或退还或续租或留购；租金较高。

融资租赁的类型可按租赁业务的特点分为三种：直接租赁、售后回租、杠杆租赁等。所谓杠杆租赁，是针对出租人可以通过这种形式的租赁获得财务杠杆效应而言的，即租赁公司既是资产的借出人，同时又是贷款的借人人（租赁公司只垫付为出租而购进资产设备所需资金的一部分，其余部分资金则以该资产为担保向贷款机构借人）。这样一来，出租人通过租赁即向承租人收取租金，又向贷款机构偿还债务，当出租收益大于借款成本支出时，出租人籍此而获得了财务杠杆效益。

融资租赁管理的核心问题是租金的确定及其规划，而重点内容是合理把握租金的构成和科学确定各期租金。融资租赁租金的构成主要包括以下内容：租赁设备的购置成本；预计设备的残值；利息；租赁手续费；利润等。融资租赁租金的确定方法一般采用平均分摊法和等额年金法。

融资租赁与其他筹资方式相比，具有节约资金、提高使用效益；简化企业管理、降低管理成本；增加资金灵活性等优点。但同时，融资租赁也存在租金较高、成本较大的不足。

（四）商业信用

商业信用是企业在商品购销活动过程中因延期付款或预收货款而形成的借贷关系，它是企业之间的一种直接信用关系。在实际工作中，利用商业信用融资是一种形式多样、适用范围很广的短期资金筹措方式。

商业信用作为企业短期资金的重要来源，其主要形式有：应付账款、应付票据、预收货款等。

应付账款筹资管理集中体现在应付账款的管理上。具体内容是在存在现金折扣条件的情况下，如何就企业在尽可能获得较大信用额度、较长信用期限从而扩大筹资数量、免费使用他人资金与享有现金折扣、减少机会成本之间进行比较，以实现财务目标。

利用商业信用筹资的优点主要表现在：筹资方便；限制条件少；成本低等方面。但商业信用筹资也存在不足之处，主要表现在：资金使用期限短；财务风险较大，即，由于各种应付款项目经常发生，次数频繁，因此需要企业随时安排资金的调度。

（五）短期借款

短期借款是指企业向银行和其他非银行金融机构借人的期限在一年以内的借款。目前，短期借款主要有：生产周转借款、临时借款、结算借款等。

按照国际通行做法，银行发放短期借款往往带有一些信用条件，主要有：信贷限额、周转信贷协定、补偿性余额等。所谓补偿性余额是银行要求借款企业在银行中应保持按贷款限额或实际借用额一定百分比的最低存款余额。这主要是银行为降低贷款风险所做出的规定。在存在补偿性余额条件的情况下，实际上提高了借款的实际利率。

在企业的各种短期债务资本的筹集中，短期借款的重要性仅次于商业信用。

短期借款筹资方式的优点是：可以根据企业生产经营的需要进行安排，便于灵活使用，取得手续较为简便。但其突出的缺点是使用期限较短，在带有诸多附加条件的情况下会增加企业的财务风险。

第三节　投资决策

投资决策是企业所有决策中最为关键、最为重要的决策，所谓投资决策是指投资者为了实现其预期的投资目标、运用一定的科学理论方法和手段通过一定的程序对投资的必要性、投资目标、规模、方向、结构、成本和收益等经济活动中重大问题所进行的分析、判断和方案选择。

一、企业投资概述

（一）企业投资的含义及其特点

1. 企业投资的含义

投资是指特定经济主体为了在未来可预见的时期内获得收益或使资金增值，在一定时向一定领域的标的物投放足够数额的资金或实物等货币等价物的经济行为。从特定企业角度看，投资就是企业为获取收益而向一定对象投放资金的经济行为。

2. 企业投资的特点

包括针对性、现实性、择优性、风险性四方面。一个企业要生存和发展，就必然面临各种各样的投资决策问题，如：是进行实业投资，还是金融投资；是购买新设备，还是继续使用老设备；是购买公司股票，还是向业务伙伴控股投资等等。一个好的投资决策会使企业获得丰厚的回报，并且健康发展；若决策不当，轻者使企业徒劳无获，重者可能导致企业一蹶不振，甚至破产。因此，投资具有目的性、时间性、收益性和风险性等特点。企业必须谨慎选择投资方式，对投资方案进行客观的评价分析，并充分地估计投资风险，做出科学的决策。

（二）企业投资的基础要素

企业投资包含三种基础要素：

1. 投资主体

即投资行为的发生者。如国家投资主体、企业投资主体等，他在整个投资活动中处于主导地位，决定着投资活动中的重大原则问题。

2. 投资载体

或称投资手段。它是指投资者以何种资金、实物、无形资产从事投资活动。投资载体是投资行为的物质保证，是投资运行的基础。

3. 投资客体

或称投资对象。它是接受投资载体的具体对象。如投资者以资金投入进行更新改造或扩建项目，这就是投资客体。投资客体是投资行为的落脚点，是投资行为的直接目的。

（三）投资运行及投资周转

如果把投资行为作为一个动态的连续过程来看，就是投资运行。

考察投资能否运行，需要先进行投资决策；考察投资运行的效果，需要分析投资回流情况，包括对投资的回收期和投资周期以及投资收益等指标的考核。投资决策、投资运行、投资回流是相互衔接的三个阶段。经过这三个阶段，投资才能完成一次循环，重新回到出发点，继而开始新的循环。不断的投资循环，就是投资周转。

（四）投资决策中现金流量的分析

1. 现金流量的构成

现金流量包括现金流入量、现金流出量和净现金流量三个具体概念。投资项目的现金流量一般由以下三部分构成：

（1）初始现金流量，指开始投资时发生的现金流量，一般表现为现金流出量，以负数表示。包括以下内容：固定资产投资、净流动资金垫支、土地等不计价资产的机会成本、其他投资费用。

（2）营业现金流量，指投资项目完成后，在整个寿命期内，正常生产经营过程中的现金流量。它一般按年计算，等于销售收入扣除付现成本和所得税后的差额。付现成本是指需要支付现金的生产成本和期间费用。

（3）终结现金流量，指项目经济寿命终结时发生的现金流量。一般表现为现金的流入量，包括以下两项内容：固定资产变价收入或支出和原垫支的净流动资金回收额。

2. 现金流量的测算

（1）现金流量的全额计算法。这是一种计算项目投资全部现金流量的方法，主要用于扩充型投资和固定资产更新投资现金流量的估算。

（2）现金流量的差额计算法。这是一种比较两种不同方案项目投资现金流量的方法，主要用于以新设备替代旧设备的投资决策。

二、企业投资方向

（一）固定资产投资

固定资产投资属于企业直接经营投资，是企业投资的重要形式，也是企业扩大经营规模的主要途径之一，它关系到企业的发展后劲和企业的市场竞争能力。固定资产投资作为企业投资的一个重要形式，其主要的特点是：投资金额大、投资期限长、投资风险大。

（二）股票和债券投资

股票和债券投资是指企业为了实现一定的经济利益而购买股票或债券的活动。企业进行股票、债券投资后，就成为相应的股东和债权人，在一定范围内享有相应的支配权，并获取利息或股息。

企业股票与债券投资的特点为：投资的流动性大；投资的风险大、收益高；投资风险可以分散和转移；投资的管理比较简单，关键在于选择投资机会和投资对象。

（三）房地产投资

房地产投资是指为了获得未来收益或避免资金贬值而投资建造或购买房地产以便出

卖、出租的活动。房地产投资属于实物投资形式，投资活动能增加社会的实物资产。

房地产投资的主要特点是：投资对环境条件的依赖性大，投资价值在很大程度上取决于其所处的地理位置；投资金额大、周转缓慢、不易变现；房地产价值受通货膨胀的影响稳定增值。

（四）无形资产投资

无形资产是企业长期使用但没有实物形态的资产。只要企业取得了无形资产，就表明企业拥有了一种法定的或特殊的权利，或者表明企业拥有能够取得高于一般水平的获利能力。

无形资产一般包括专利权、商标权、著作权、土地使用权、非专利技术、商誉等。无形资产投资形式有两种：一是企业为取得某种无形资产而进行的投资，包括企业投资购入无形资产和企业投资自创无形资产；二是企业以其拥有的无形资产进行对外投资。

（五）信托投资

信托作为一种经济活动，是指企业、单位或个人，将自己的财产委托给其他企业或个人代为经营管理，以实现一定经济目的的经济行为。通常，委托者称为信托人，财产经营管理者则是受托人。

某个企业以信托人的身份出现时，就意味着它是投资者，受托人一般是信托投资公司。信托人与受托人要达成某种协议并签订合同，规定受托人按信托人的要求使用和管理委托的资金和财产。合同结束后，信托人收回原委托财产并获得一定的收益，受托人按合同规定收取手续费。这是所有权与经营权分离的一种典型形式。信托投资业务可分为三类：信托存款投资、信托贷款投资和信托投资基金投资。

三、企业投资决策的原则

企业投资应遵循以下原则：

（一）符合企业战略（方案）原则

投资首先应服从于企业的总体经营活动的方向、目标、方针。在此基础上，根据市场的变化进行投资。

（二）风险及安全原则

企业的每一项投资都是以获取更大的经济效益为目的，但都有风险，且不同的投资风险不同。因此企业在投资时一定要对投资的风险进行预测与评价。

（三）量而行的原则

企业投资受本身资源的限制，因此必须根据自己的实力确定投资项目。

（四）投资决策科学化、民主化原则。

四、企业投资决策的程序

（一）确定投资目标

确定企业投资目标是投资决策的前提。正确确定投资目标必须要做到：

1. 有正确的指导思想

要在指导思想上明确为什么投资，最需要投资的环节、自身的条件与资源状况、市场环境的状况等。

2. 有全局观念

要考虑把眼前利益与长远利益结合起来，避免"短期与近视"可能影响到企业全局和长远发展。

3. 有科学的态度

科学的投资决策是保证投资有效性的前提。要实事求是，注重对数据资料的分析和运用，不能靠拍脑袋来决定事关重大的投资决策方案。

（二）选择投资方向

在明确投资目标后，就可以进一步拟定具体的投资方向。这一步也很重要，事关企业今后在哪里发展的问题。

（三）制定投资方案

在决定投资方向之后，就要着手制定具体的投资方案，并对方案进行可行性论证。一般情况下，可行性决策方案要求在两个以上，因为这样可以对不同的方案进行比较分析，对方案的选择是有利的。

（四）评价投资方案

这一步主要是对投资风险与回报进行评价分析，由此来断定投资决策方案的可靠性如何。企业一定要把风险控制在它能够承受的范围之内，不能有过于投机或侥幸的心理，一旦企业所面临的风险超过其承受的能力，将会铸成大错，导致企业的灭亡。

（五）投资项目选择

狭义的投资决策就是指决定投资项目这个环节。选择的投资项目必须是由相应一级的人来承担责任。把责任落实到具体的人，这样便于投资项目的进行。

（六）反馈调整决策方案和投资后的评价

投资方案确定之后，还必须要根据环境和需要的不断变化，对原先的决策进行适时的调整，从而使投资决策更科学合理。

第四节　投资决策的经济评价与风险分析

一、资金的时间价值

资金的时间价值是指资金在周转使用过程中由于时间因素而形成的差额价值。资金的时间价值具体表现为利息额。所以，可以参照利息率和时间的长短，计算资金时间价值量的大小。资金时间量的指标，通常有复利终值与复利现值、年金终值与年金现值。

（一）复利终值

所谓复利，就是不仅本金要计算利息，利息也要计算利息，即通常所说的"利上滚利"。终值，又称未来值，是指若干期后包括本金和利息在内的未来价值，又称本利和。复利终值的计算公式为：

$$F = P \ (1+r)^2$$

式中：F——复利终值；

P——复利现值或本金；

r——利率；

n——期数。

上式中的 $(1+r)^n$ 为复利终值系数，也可表示为 $(F/P, r, n)$，其数值可查阅"复利终值系数表"。

（二）复利现值

它是复利终值的对称概念，是指未来一定时间的特定资金按复利计算的现在价值，或者说是将来本利和所需要的本金，可用倒求本金的方法计算，由终值求现值，叫做折现，在折现时使用的利率叫折现率。复利现值的计算公式为：

$$F = P(1+r)^{-n}$$

上式中的 $F = P(1+r)^{-n}$ 是把终值折算为现值的系数，称为复利现值系数，也可表示为 $(F/P, r, n)$，其数值可查阅"复利现值系数表"。

（三）年金终值

年金是指在某一确定的期间里，每期都有一笔相等金额的收付款项，它实际上是一组相等的现金流序列。年金终值是一定时期内每期期末等额收付款项的福利终值之和。年金终值的计算公式为：

$$F = A\sum_{n=1}^{n}(1+r)^n = A\{(1+r)^n - 1\}/r$$

式中：F——年金终值；

A——年金数额；

r——利率；

n——期数。

（四）年金现值

它是指为在每期期末取得相等金额的款项，现在需要投入的金额。年金现值的计算公式为：

$$P = A\sum 1/(1+r)^t = A\{(1+r)^n - 1\}/r(1+r)^n = A\{1+r\}^{-n}/r$$

式中：$\sum 1/(1+r)^t$ 或 $\{(1+r)^n - 1\}/r(1+r)^n$ 或 $\{1-(1+r)^{-n}\}/r$ 称为年金现值系数，也可表示为 $(P/A, r, n)$，可查阅"年金现值系数"表求得。

二、投资决策的经济评价方法

（一）实业类投资的决策方法

实业类投资的决策方法可以分为静态分析法和动态分析法。静态分析法是不考虑资金时间价值的分析方法，动态分析法是考虑了资金时间价值的分析方法。

1. 静态分析法

静态分析法是一种只考察各年现金流量的方法，又称非贴现法，主要有以下几种具体方法：

（1）净收益法。该法的假定条件是将各年的净收益计算出来作为评定的依据。该指标越高越好，一般应该高于或等于同业水平，才可考虑投资，这种方法只适用于简单、短期的投资。

（2）投资回收期法。投资回收期法是指根据投资项目收回初始投资所需要的时间长短来进行决策的方法。由于投资回收期越短，投资者所承担的风险就越小，因此一般选用投资回收期短的投资项目。

投资回收期的计算公式为：

当每年的现金净流量相等时，投资回收期：原始投资额÷每年现金净流量。

当每年的现金净流量不等时，可通过累计现金净流量计算。

投资回收期具有计算简便，容易理解的优点，但由于考虑整个回收期的情况，却没有考虑资金时间价值和回收期以后的现金流入。这样，投资项目早期效益低而后期收益高的项目往往容易被忽视。这种方法对于评价缺乏资金的工业企业或不确定性显著、风险较大的投资方案有一定的实用价值。

（3）平均报酬率法。平均报酬率法是指通过计算投资项目寿命周期内平均的年投资报酬率的高低来进行决策的方法。平均报酬率越高，表明投资的获利能力越强。

平均报酬率的计算公式为：平均报酬率：年均现金净流量÷原始投资额。

平均报酬率具有简单易算的特点，并考虑了投资项目整个寿命周期内所有现金流量，但其仍存在未考虑资金时间价值的缺陷，将最后一年的现金净流量价值等同于第一年现金净流量价值，从而影响了决策的准确性。

例： 江化公司 A 投资项目预计现金净流量为 1 000 万元，预计现金净流量第一年为 300 万元，第二年为 350 万元，第三年为 400 万元，第四年为 150 万元，计算其投资回收期。

解： 用投资回收期法：投资回收期＝2+［（1 000−300−350）/400］＝2.875（年）

用平均报酬率法：年平均现金净流量＝（300+350+400+150）/4＝300

平均报酬率：300/1 000＝30%

2. 动态分析法

动态分析法不仅考虑了资金的时间价值，而且考虑了项目在整个寿命周期的经济活动和经济效益。比较全面科学地评估了投资。动态分析法主要有净现值法和投资内部收益率法。

（1）净现值法

净现值法是指通过计算投资项目的净现值以反映投资的报酬额，并据以进行决策的方法。所谓净现值是指特定方案未来现金流入与未来现金流出的现值之间的差额，它是绝对指标，可以用于评价项目投资的效益。

①净现值的计算步骤

A. 预测投资项目每年的现金净流量；

B. 将每年的现金净流量折算成现值；

C. 将投资额折算成现值；

D. 计算净现值。净现值＝报酬的总现值−投资额现值。

②净现值法决策的标准

当只有一个投资项目时，若净现值为正，应采纳投资项目；若为负，则应予以否决。当有多个投资项目供选择时，应采用净现值最大的项目。

③净现值法的优缺点

净现值法具有考虑资金时间价值和能反映各投资项目可获取的收益的优点；但该法不能反映各投资项目的投资收益率，当各项目投资额不同时，难以确定最优的投资项目。

（2）现值指数法

现值指数法是指计算投资项目的现值指数，以反映投资的报酬水平，并据以进行决策的方法。现值指数是未来现金流人现值与未来现金流出现值的比率。可以进行独立投资机会获利能力的比较，相对于净现值法，它可以评价投资的效率。

①现值指数的计算步骤

A. 预测投资项目每年的现金净流量；

B. 将每年的现金净流量折算成现值；

C. 将投资额折算成现值；

D. 计算现值指数。现值指数二未来报酬的总现值÷投资的现值。

②现值指数法决策的标准

当只有一个投资项目时，现值指数大于或等于1，应该采纳该投资项目；若现值系数小于1，则应该否决。当有多个投资项目时，选最大的项目。

③现值指数法的优缺点

现值指数法具有考虑资金时间价值和能反映各项目的投资报酬水平的优点，但该法不能反映各投资项目可获取的收益。

（3）内含报酬率法

内含报酬率法又称内部报酬率法，是指计算投资项目的内含报酬率，以真实反映投资报酬水平，并据以决策的方法。内含报酬率是指使投资项目的净现值等于零的贴现率。

①内含报酬率法的计算步骤

每年现金净流量相等的内含报酬率的计算步骤为：

A. 预测投资项目每年的现金净流量；

B. 计算年金现值系数二投资额现值÷每年现金净流量；

C. 查年金现值系数表，在同期内，找出与步骤B算出的年金现值系数相等的邻近的两个贴现率；

D. 根据相邻的两个贴现率和第B步骤算出的年金现值系数，用插入法计算投资项目的内含报酬率。

每年现金净流量不等的内含报酬率的计算步骤为：

A. 预测投资项目每年的现金净流量；

B. 先估计一贴现率，再用其计算投资项目的净现值；

C. 根据第B步找到的两个贴现率，用插入法计算投资项目的内含报酬率。

②内含报酬率法的决策标准

当只有一个投资项目时，内含报酬率大于或等于企业的资金成本或预期的投资报酬率，应采纳该投资项目；若小于，则应否决。当有多个投资项目时，应采用内含报酬率超过资金成本或预期投资报酬率最多的。

③内含报酬率法的优缺点

内含报酬率法具有考虑资金时间价值，能反映投资项目的真实报酬率的优点，其缺点是计算较为复杂。

（二）金融类投资的决策方法

金融类投资除了企业要为控制或参与某个企业经营而持有其债券或股票外，大多数都是以获得较高收益为目的的。证券投资决策的方法主要是如何预测评价收益和进行风险分析。

1. 确定情况下投资的决策方法

所谓确定情况是指投资者的期望报酬是一项确定的值。比如：债券、短期票据的利息等。具体方法有：

（1）单期报酬率。单期报酬率是指某一期间的证券价值变动额加上当期股利收入除以买进价格的比率。它可以衡量投资的增值或减少的速度。

（2）多期报酬率。当产生投资报酬率的期间和企业所定义的报酬率的期间不一致时，就需要采用多期报酬率的计算方式。简单地讲，就是计算出平均数。

2. 不确定情况下投资的决策方法

在一般情况下，股票、基金是难以确定预期收益的，但可以估计出可能出现的某种情况的概率。具体方法如下：

（1）期望报酬率。期望报酬率又称为期望值，它的计算是把每一种可能的结果与发生的概率相乘，然后加总。

（2）标准差。标准差就是确定概率的分布状况，概率的总和为1。一般情况下，概率分布越集中，风险就越小；概率分布越分散，风险就越大。通过对概率分布进行数理分析，就可据以判断其集中程度，从而了解该项目投资实现程度的风险。

根据正态分布的原理，实际报酬率与期望报酬率相差正负一个标准差的概率为68%，两个标准差的概率为95%。由此可判断实际报酬率可能发生的区域。

三、投资决策的风险概述

投资风险是指因投资项目的实际收益水平偏离预期收益水平而产生的风险。

企业投资决策的主要依据是投资额、现金净流量、投资报酬率和投资回收期等，在决策时这些数据是预测的，而客观世界却充满了不确定性，因此当投资项目实施的结果达不到预测的目标时，就产生了风险。

（一）投资决策的种类

投资决策按其对投资结果的了解程度不同，可分为：

1. 确定性投资决策

这是指投资决策人对投资项目实施的结果基本上确定的决策。投资于国家财政部发行的国库券，这类债券通常都能按事先的规定获取利息并收回本金，因此这类投资基本上没有风险，是确定性投资决策。

2. 风险性投资决策

这是指投资决策人对投资项目实施的结果不能完全确定，但能确定投资项目实施结果的各种可能性的概率的决策。投资于一条生产流水线，预计其在生产经营状况好中差的情况下，其投资报酬率分别为30％、20％、10％，而出现这三种情况的概率是不同的，这就是风险性投资。

3. 不确定性投资决策

这是指投资决策人不仅对投资项目实施的结果不能完全确定，而且不能确定投资项目实施结果的各种可能性的概率的决策。投资于石油钻探，若钻探到富油层，其投资报酬率为300％，若钻探到一般油层，投资报酬率为200％，若钻探不到油层，则不仅不能得到投资报酬，还会发生严重亏损。但我们却不能确定这三种情况发生的概率，这就属于不确定性投资。这种投资风险最大。

（二）投资风险产生的原因

1. 缺乏可靠的信息

由于市场瞬息万变，因此投资决策人根据现行的预测方法，通常无法及时获取有关投资项目在实施的全过程中各种正确的信息，因此在投资风险分析时，往往根据已获取的部分信息，结合历史资料来确定投资项目实施的结果可能出现各种情况的概率，从而使投资决策一开始就不是建立在最完善的基础上，因而产生投资风险。

2. 不能控制事物未来发展的进程

投资项目在实施的全过程中会受到客观经济环境的影响，如政府经济政策的改变、产业结构的调整等，而企业对这些变化是无法控制的。

（三）投资风险的种类

企业投资决策所面临的风险主要有：

第一，市场风险。是指由企业自身无法控制的因素而引起的风险。例如国家宏观政策的调整和变动、产业结构的调整等原因导致企业的收益不确定性，这种风险不仅仅影响到某一个企业，而且要影响到全部企业或某一个行业的企业。

第二，企业特有风险。是指企业自身可以控制的因素而引起的风险。这种风险通过企业管理部门的努力，是可以加以控制的。

（四）投资风险的衡量

由于投资而获取的现金净流量其不确定性与概率有着直接的联系，因此可以通过现金净流量的期望值、标准差和标准离差率来进行衡量。

1. 现金净流量期望值

它是指以投资项目各种可能出现的现金净流量与其各自的概率的加权平均数。

$$现金净流量期望值 = \sum（可能出现的现金净流量 \times 概率）$$

2. 现金净流量标准差

它是指以投资项目可能出现的现金净流量与期望值之间的偏离

3. 现金净流量标准离差率

又称现金净流量变异系数，是指现金净流量标准差与现金净流量期望值之间的比率。

现金净流量标准离差率＝现金净流量标准÷现金净流量期望值

（五）投资风险价值

1. 投资风险价值和投资报酬率

投资风险价值是指投资项目因承受风险而获取的超过资金时间价值的价值。通常用投资风险报酬率表示。投资报酬率是指投资项目现金净流量与投资额的比率。

投资报酬率＝风险投资报酬率＋风险报酬率

无风险投资报酬率通常以国家财政部发行的同样年限国库券和利率为标准。投资风险报酬率是根据现金净流量标准离差率和风险报酬系数来确定的。

投资风险报酬率＝金净流量标准离差率×风险报酬系数

2. 风险报酬系数的确定

风险报酬系数的确定有三种方法：

（1）根据历史资料确定。

风险报酬系数可以根据同类投资项目本企业同行业的投资报酬率和现金净流量标准离差率等所有历史资料及当时的无风险投资报酬率计算后确定。

$$风险报酬数数＝\frac{投资报酬率-无风险投资报酬率}{现金净流量标准离差率}$$

（2）企业领导层会同有关专家研究确定。

（3）国家有关部门组织专家确定。

【个案分析】

多元化经营的陷阱

近年来，我国不少企业追求多元化经营模式，试图通过多元化经营减轻企业经营险，使企业走上健康稳定发展的道路。然而，现实却让人们看到多元化经营使许多企业走上了加速陷入财务危机甚至破产危机之路。巨人集团的兴衰就是这许许多多例子中的一个。1989年8月，在深圳大学软件科学管理系硕士毕业的史玉柱和三个伙伴，用借来的4 000元钱承包了天津大学深圳科技工贸发展公司电脑部，并用手头仅有的4 000元钱在《计算机世界》利用先打广告后付款的方式做了8 400元的广告，将其开发的M-6401桌面排版印刷系统推向市场。广告打出后13天，史玉柱的银行账户第一次收到三笔汇款共15 820元。巨人事业由此起步。到9月下旬，史玉柱将收到的款项全部再次投入广告。4个月后，M-6401的销售额一举突破百万大关，从而奠定了巨人集团创业的基石。

1991年4月，珠海巨人新技术公司注册成立，公司共15人，注册资金200万元，史玉柱任总经理。8月，史玉柱投资80万元，组织10多个专家开发出M-6401汉卡上市。11月，公司员工增加到30人，M-6401汉卡销售量跃居全国同类产品之首，获纯利达1 000万元。

1992年7月，巨人公司实行战略转移，将管理机构和开发基地由深圳迁往珠海。9月，巨人公司升为珠海巨人高科技集团公司，注册资金1.19亿元。史玉柱任总裁，公司员工发展到100人，12月底，巨人集团主推的M-6401汉卡年销售量为2.8万套，销售产值共1.6亿元，实现纯利3 500万元。年发展速度达500%。

1993 年 1 月，巨人集团在北京、深圳、上海、成都、西安、武汉、沈阳、香港成立了 8 家全资子公司，员工增至 190 人。12 月，巨人集团发展到 290 人，在全国各地成立了 38 家全资子公司。集团在一年之内推出中文手写电脑、中文笔记本电脑、巨人传真卡、巨人中文电子收款机、巨人钻石财务软件、巨人防病毒卡、巨人加密卡等产品。同年，巨人实现销售额 300 亿元，利税 4 600 万元，成为中国极具实力的计算机企业。

由于国际电脑公司的进入，电脑业于 1993 年步入低谷，巨人集团也受到重创。1993 年、1994 年，全国兴起房地产和生物保健品热，为寻找新的产业支柱，巨人集团开始迈向多元化经营之路－计算机、生物工程和房地产。在 1993 年开始的生物工程刚刚打开局面但尚未巩固的情况下，巨人集团毅然向房地产这一完全陌生的领域发起了进军。欲想在房地产业中大展宏图的巨人集团一改初衷，拟建的巨人科技大厦设计一变再变，楼层节节拔高，从最初的 18 层一直增加到 70 层，投资也从 2 亿元涨到 12 亿元，1994 年 2 月破土动工，气魄越来越大。对于当时仅有 1/乙资产规模的巨人集团来说，单凭巨人集团的实力，根本无法承受这项浩大的工程。对此，史玉柱想的是：1/3 靠卖楼花，1/3 靠贷款，1/3 靠自有资金。但令人惊奇的是，大厦从 1994 年 2 月破土动工到 1996 年 7 日巨人集团未申请过一分钱的银行贷款，全凭自有资金和卖楼花的钱支撑。1994 年 3 月，巨人集团推行体制改革，公司实行总裁负责制，而史玉柱出任集团董事长。1994 年 8 月，史玉柱突然召开全体员工大会，提出"巨人集团第二次创业的总体构想"。其总目标是：跳出电脑产业，走产业多元化的扩张之路，以发展寻求解决矛盾的出路。1995 年 2 月，巨人集团隆重召开表彰大会，对在巨人脑黄金战役第一阶段作出重大贡献的一批"销售功臣"予以重奖。5 月 18 日，巨人集团在全国发动促销电脑、保健品、药品的"二大战役"。霎时间，巨人集团以集中轰炸的方式，一次性推出电脑、保健品、药品三大系列的 30 个产品。巨人产品广告同时以整版篇幅跃然于全国各大报。不到半年，巨人集团的子公司就从 38 个发展到 228 个，人员也从 200 人发展到 2 000 人。

多元化的快速发展使得巨人集团自身的弊端暴露无遗。1995 年 7 月 11 日，史玉柱在提出第二次创业的一年后，不得不再次宣布进行整顿，在集团内部进行了一次干部大换血。8 月，集团向各大销售区派驻财务和监察审计总监，财务总监和监察审计总监直接对总部负责，同时，两者又各自独立，相互监控。但是，整顿并没有从根本上扭转局面。1995 年 9 月，巨人的发展形势急转直下，步入低潮。伴随着 10 月发动的"季战役"黯然落幕，1995 年底，巨人集团面临着前所未有的严峻形势，财务状况进一步恶化。

1996 年初，史玉柱为挽回局面，将公司重点转向减肥食品"巨不肥"，3 月份，"巨不肥"营销计划顺利展开，销售大幅上升，公司情况有所好转。可是，一种产品销售得不错并不代表公司整体状况好转，公司旧的制度弊端、管理缺陷并没有得到解决。相反"巨不月巴"带来的利润还被一些人私分了。集团公司内各种违规违纪、挪用贪污事件层出不穷。其属下的全资子公司康元公司，由于公司财务管理混乱，集团公司也未派出财务总监对其进行监督，导致公司浪费严重，债台高筑。至 1996 年底，康元公司累计债务已达 1 亿元，且大量债务存在水分，相当一部分是由公司内部人员侵吞造成的，公司的资产流失严重。而此时更让史玉柱焦急的是预计投资数亿元的巨人大厦。他决定将生物工程的流动资金抽出投入大厦的建设，而不是停工。进入 7 月份，全国保健品市场普遍下滑，巨人保健品的销量也急剧下滑，维持生物工程正常运作的基本费用和广告费用不足，生物产业的发展受到了极大的影响。

　　按原合同，大厦施工三年盖到 20 层，1996 年底兑现，但由于施工不顺利而没有完工。大厦动工时为了筹措资金巨人集团在香港卖楼花拿到了 6 000 万港元，国内卖了 4 000 万元，其中在国内签订的楼花买卖协议规定，三年大楼一期工程（盖 20 层）完工后履约，如未能如期完工，应退还定金并给予经济补偿。而当 1996 年底大楼一期工程未能完成时，建大厦时卖给国内的 4 000 万元楼花就成了导致巨人集团财务危机的导火索。巨人集团终因财务状况不良而陷入了破产的危机之中。

问题：
请分析巨人集团经营风险形成的原因，多元化经营一定能减少经营风险吗？

【关键名词】

企业发展　开发性发展　筹资　融资租赁　资金时间价值　投资决策　现金流量

【思考与讨论】

1. 什么是开发性发展？开发性发展有什么特点？
2. 企业筹资决策中应注意哪些因素？为什么？
3. 什么是优先股？发行优先股会给企业带来什么益处？
4. 如何衡量投资风险？
5. 企业投资决策应遵循哪些原则？
6. 简述企业投资决策的静态分析法、动态分析法及其具体的计算方法。
7. 什么是资金的时间价值，有哪些相关指标？
8. 企业的投资一般有哪些具体的方向？
9. 企业的投资风险产生的原因是什么，怎样衡量投资风险的大小？

第十章 跨国经营策略

【学习目标】

本章主要讲授企业经营的国际化趋势的发展、跨国经营战略的选择、跨国公司的经营方式与组织控制等内容。通过学习，学生应能够了解跨国经营基本理论和基本知识，理解跨国经营的几种方式，掌握对国外目标市场及渠道的正确选择，学会分析和评价国际市场营销组合策略等问题。

【重点难点】

1. 企业跨国经营的形式
2. 企业跨国经营管理方面的问题

学习内容

第一节 跨国经营概述

一、跨国经营与跨国公司

跨国经营是一个十分广泛的概念，英文翻译为 International Business，即国际商务。圣·托马斯大学跨国经营学科系主任 Karen Gulliver 这样定义跨国经营：所谓跨国经营（International Business），就是毫不留情的市场力量所造成的结果，而其中最重要的就是"毫不留情"这个词。正是这种毫不留情的力量使得货物、服务、资本、人员、思想、信息在跨国界流动。所以，跨国经营绝不仅仅意味着销售额，并非有好的价格就可以从事跨国经营。可以说，跨国经营就是全球贸易，它的力量比任何一个国家都要大，而且国际市场的力量是永远不能控制的，更不可能找到一个永远都能成功的战略。

具体来说，企业跨国经营主要是指企业以国际市场为导向，直接对外投资，在国外设立分支机构，广泛利用国内外资源，在一个或多个领域从事生产经营活动。它使一国的企业摆脱了单纯的地域界限，成为面向整个世界的国际企业。进行跨国经营是企业有效地在全球范围内优化配置生产要素，充分利用人力资源与自然资源，实现"跨文化优势"的结果。

在国际分工由商品国际化到资本国际化的发展过程中，跨国经营的发展一般经历了如下几个阶段：

（一）产品出口阶段

这是跨国经营的起步阶段。经营方针仍然立足于国内，仅通过出口产品间接地接触国际市场，其目的在于将产品打入国际市场。

（二）国外销售阶段

随着出口产品比重的不断提高，企业直接在国外设立销售机构，主动地、直接地同国外消费者打交道，但商品生产仍在国内进行。

上述两个阶段都属于商品输出阶段。

（三）国外投资阶段

为了加强企业在国际市场上的竞争地位，更好地满足国际市场的需要，企业直接在国外投资办厂，把一部分产品的生产转向国外，使生产和销售一体化。

（四）跨国公司阶段

随着国际投资和国际合作的发展，产生了跨国公司。它是跨国经营的一种高级形式。关于跨国公司的定义，各国学者有不同的理解和认识。一些学者采用结构标准来界定跨国公司，即根据地区分布、生产或服务设施、所有权等标准来界定跨国公司。这类定义强调跨国公司对各子公司统一指挥和协调，在多个国家范围内进行生产要素的最优配置。以所有权标准界定跨国公司有两层含义：一是指公司属哪个国家的公民所有，即企业的国籍属性，即所有权分布在不同国籍的人士手里。另一层含义是指资产的所有权形式，即一个企业必须拥有国外企业股权，才能称为跨国公司。还有些学者根据行为标准对跨国公司加以规定，行为标准是指企业在经营和决策时的思维方法和策略取向。

上述界定都是从不同的标准来定义跨国公司的，难免以偏概全。我们认为，跨国公司的界定关系到跨国公司的研究对象和范围的选择，过于严格的定义和过于广泛的定义都不利于集中研究问题，不利于说明和考察跨国公司这一经济现象的本质特征，更不利于跨国公司的发展尤其是发展中国家跨国公司的发展。

基于上述认识，我们把跨国公司的定义概括为：若干分布在不同国家的各自具有独立法人地位的公司，具有一致的政策和共同的战略，共享资源，共担责任，通过股权纽带组成的跨国界的企业联合体。跨国公司的主要特征概括如下：

第一，跨国公司必须在其基地所在国以外拥有或控制生产或服务设施，这些生产或服务设施通常采用公司制。

第二，母公司通过以股权为纽带对国外的子公司实施控制。

第三，跨国公司的母公司和各子公司共享资源，共担风险。

第四，跨国公司具有一致的政策和共同的战略，各子公司在一个决策体系下运营。

第五，跨国公司的资产所有权形式不受限制。

二、跨国经营的动因与对外直接投资理论

（一）跨国经营的一般性动因

企业的经营目标是追求企业价值的最大化。企业由小到大，由在国内经营到跨国经营的发展过程，都是围绕这一目标的实现。据美国国家外贸委员会对其具有跨国经营业务的

成员企业做的一项调查表明，这些企业参与跨国经营的最主要原因和动机是：跨越关税和进口壁垒与管制；降低关税和消除高额运输成本；获取和利用当地原材料，利用廉价生产要素；获取东道国政府的鼓励与优惠；适应国外市场扩大的潜在机会；控制特种产品的制造质量；适应国外顾客需要；追随国外技术、设计与营销技能；参与国外基础设施工程投标；获取规模经济效益；分散经营风险。

(二) 跨国公司对外直接投资理论

面对现实世界国际资本来源和流向的日趋多元化及跨国直接投资活动的迅猛发展，资本移动的宏观理论及模型在解释不同国家的投资动因方面，尤其是跨国直接投资的原因及影响因素上，显示出局限性。为此，从 20 世纪 60 年代开始，西方经济学家相继展开了对上述问题的研究，并围绕投资动因、投资流向和投资决策等问题提出了一系列的对外直接投资理论。

1. 垄断优势与寡占反应理论

垄断优势理论是最早研究对外直接投资的理论。1960 年斯蒂芬·海默总结出企业对外直接投资的两个条件：一是企业必须拥有垄断优势，以抵消在与当地企业竞争中的不利因素；二是不完全市场的存在，使企业拥有和保持这种优势。金德尔伯格进一步将市场不完全作为企业对外直接投资的决定因素，并列出市场不完全的四种类型：(1) 产品市场不完全；(2) 要素市场不完全；(3) 在企业规模经济和外部经济上的不完全竞争；(4) 政府政策造成的市场扭曲。这四种市场不完全使企业拥有技术优势、市场优势、资本优势、管理优势和规模优势。这些优势后来被称为所有权优势。海默和金德尔伯格的贡献在于较好地解释了对外直接投资的动机和条件，是研究对外直接投资最早和最有影响的理论。

与垄断优势相关联的是寡占反应理论，这种理论是尼克博克提出的。他把对外直接投资区分为两类：率先进行对外直接投资为进攻性投资，而随后跟进进行对外直接投资的为防御性投资。他对防御性投资用寡占反应论来解释。所谓寡占反应就是由少数几家大企业构成的行业中，由于每一家企业的任何行动都会影响到其他几家企业，因此任何一个大企业都对其他几家企业的行动很敏感，并针对某一企业率先采取的行动而随后纷纷采取类似的行动。当某一企业率先对某个外国进行直接投资时，该企业在国内行业中的竞争地位无疑会得到加强，这样就会给国更大的风险，但由于获得信息，可以减少其面临的不确定性。在这种情况下，出于减少竞争中的不确定风险的考虑，其他企业会倾向于紧随竞争对手进行对外直接投资，以恢复与竞争对手的均衡。防御性投资的另一种解释是寻求知识，即通过对外直接投资获取某一竞争性因素的优势，如改进管理、技术、产品等，其途径就是兼并国外某一拥有这些优势的企业。此外，跟随客户也是防御性投资的一种解释。尤其在服务性行业如金融、保险、咨询、广告代理、律师事务所、会计事务所等，为防止竞争对手拉走他们的客户，便会跟随客户向国外进行直接投资。

2. 产品生命周期理论

这种理论是哈佛大学雷蒙德·维农提出来的，其显著特点是把对外投资与对外贸易结合在一起。维农根据对美国制成品的研究认为，企业所生产的产品按生产技术可分为创新、成熟和标准化三个时期，各时期企业对外直接投资和产品进出口变化呈现出一定的规律性。

在产品开发阶段，企业具有产品和技术优势，不仅供应国内市场，也享有出口垄断地位。在产品成熟阶段，技术也已经比较成熟，国内生产能力日益扩大，国内市场日趋饱和，而在其他发达国家会出现对这种产品的需求，这时企业必须出口。为更好地扩展国外市场，必须实现规模经济，降低成本，抑制外国企业的竞争，这时企业将向拥有产品市场的其他发达国家投资设厂。因为在接近供应市场的区位进行生产，可以节省运输成本和关税支出。在标准化阶段，由于产品和技术都已标准化，企业原有优势日渐丧失，市场竞争转向以生产成本为基础的价格竞争，便宜的劳动成本和资源条件日益成为决定产品竞争的重要因素。因此，企业的跨国直接投资将向一些欠发达国家转移，以期获得分布于不同国家的区位优势。企业拥有特殊优势并在东道国获得区位优势是对外直接投资的动因和基础。

3. 内部化理论

主张这种理论的是英国学者巴克利（P. J. Buckley）、卡森（M. Casson）和加拿大经济学家拉格曼（N. Ragman）。其思想基础溯源于 20 世纪 30 年代美国学者科斯著名的交易费用理论。科斯在阐述企业产生的原因时指出，市场交易是有成本的，由于市场不完善，缺乏效率，企业通过市场交易会支出很大的交易费用。为节约市场交易费用，企业通过一定的组织形式，将各项交易纳入企业内部进行，即以统一的行政管辖取代市场机制。

内部化理论把市场分为两类：一类是存在于跨国公司之外，受供求关系影响和价值规律作用的外部市场；一类是存在于跨国公司内部的市场，这个内部市场是为公司整体利益服务，不受供求关系的影响，而是通过转移价格来运转的。外部市场通常是不完全的，存在许多不确定因素，交易成本较大。更重要的是中间产品市场的不完全竞争致使企业很难利用外部市场有效地开展经营活动，获取满意的收益。这些都促使企业将这些中间产品在其组织体系内实行内部转移，即把交易纳入一个更大企业的内部来进行，从而节省交易费用，避免外部市场不完全带来的风险，从而导致跨国公司产生并迅速发展。

4. 区位理论

这种理论由沃尔特、艾萨德等提出，认为企业对外直接投资是为了获取区位优势。影响企业投资的区位优势因素主要有：

（1）生产要素。企业对外直接投资，在资源丰富的国家建立子公司，是为了获取廉价的原材料和劳动力等生产要素。

（2）市场距离。企业对外直接投资，在目标市场附近建立子公司，可按当地市场供求内本行业中的竞争对手造成威胁。虽然在国外直接投资会面临比国内投资状况调整产品品种、质量，节约运费和销售成本，在目标市场上取得竞争优势。

（3）贸易壁垒。在东道国建立子公司，可以跨越东道国的关税和非关税贸易壁垒，以当地生产者的身份向市场提供产品。

（4）经营环境。有些东道国投资环境好，如社会安定、基础设施好、税率低、政府为吸引外资制定了各种优惠政策等，企业更愿意到这里投资，以降低风险，提高利润水平。

5. 折衷理论

1997 年，约翰·邓宁归纳和吸收了以往各派学说的成果，综合了垄断优势论、内部化理论和区位优势理论，提出了国际生产折衷理论。其理论的核心是三优势模式，即所有权优势、内部化优势和区位优势。他认为只有具备这三个优势，才完全具备了对外直接投资的条件。

所有权优势是指企业拥有或掌握某种财产权和无形资产的优势。区位优势是指特定国家或地区存在的阻碍出口而不得不选择直接投资，或者选择直接投资比出口更有利的各种因素。即在国外生产的产品无论在当地市场，还是在其他市场上出售的成本比在国内生产的产品运到这些市场要低，那么企业就应该选择在国外直接投资，这也是对企业最有利的选择。当企业只具备所有权优势，而不具备另两项优势时，企业可以进行技术转让等国际经营活动，并在实践中摸索和取得其他优势，如果企业只具备了所有权优势和内部化优势，而暂不具备区位优势，即缺乏良好的国外投资场所，那么企业就应该在国内生产出具有优势的产品向国外出口；如果企业具有所有权优势和区位优势，而暂不具备内部化优势，企业可以试做对外直接投资，并在向复合一体化战略目标努力过程中逐渐创造内部化优势，成为职能齐全的综合性跨国经营实体；只有同时具备三个优势，企业才能开展对外直接投资。

三、跨国经营的发展趋势

经济全球化是国与国的民族经济通过产品、服务、资金和技术的跨国界流动，摆脱国家管制，互为联系、互为依存，并且使这种联系与依存不断深化的一个过程。过去的 20 世纪是人类文明史上发展最快、变化最快的一个世纪。尤其是 1990 年代以来，在信息技术和网络革命的推动下，全球化浪潮显现出了不可阻挡的澎湃之势。因此，以全球化的经营战略获取全球化竞争中的胜机成为 21 世纪跨国公司国际投资及其经营管理的主旋律。其发展趋势有以下几个特点：

（一）跨国公司日益大型化

跨国经营往往是以跨国公司的形式进行的。跨国公司是在两个以上国家进行生产经营的企业。跨国公司作为一种以全球市场为经营目标的企业形态，在 19 世纪 60 年代就已出现。但跨国公司真正加速发展却是在 20 世纪 50 年代以后的事情。二战后，由于整个世界的政治、经济环境发生了变化，生产力水平的不断提高，技术更新速度的不断加快，运输、通讯条件的不断改善等诸多因素，使跨国公司获得了空前的发展，成为当今世界经济发展的主要推动力。

如今，产业全球化的发展又进一步促进了跨国公司的发展。产业的全球化一方面强化了竞争集中在跨国公司间的格局，另一方面又要求跨国公司必须有合适的全球竞争战略才可能继续生存和发展。根据联合国跨国公司中心的资料，世界上最大的 340 家工业公司 1980 年的资产、销售和净利润，分别是 1970 年的 2.5 倍、4 倍和 3.2 倍。美国埃克森公司的年销售收入达到 1 150 亿美元，超过瑞典的国民生产总值。

（二）对外直接投资增长迅速

特别是美国对外直接的巨大进展把跨国公司的生产经营活动不断推向新的高潮。到 20 世纪 80 年代末，至少有近 80 个国家和地区拥有 12 000 家跨国公司母公司，它们在海外 60 多个国家和地区建立了 110 000 家分公司或子公司。据《2008 年世界投资报告》，2007 年全球拥有跨国公司母公司 7.9 万家，其拥有国外分支机构约 79 万家。而且对外投资的流向倒转，由过去主要流向发展中国家，转而主要流向发达国家。70 年代后，75% 以上的国际直接投资流向了发达国家。当代跨国公司的数量、规模、分布远非过去的跨国公司所能比拟，它已经成为世界经济发展的主要推动力量。

（三）发展中国家和地区的跨国公司逐渐兴起

发展中国家和地区的跨国公司常被称为新兴的跨国公司，主要是在 20 世纪 60 年代后成长起来的。中国香港、新加坡、韩国、巴西、阿根廷、墨西哥、委内瑞拉等 50 多个发展中国家和地区组建的跨国公司。无论在数量、规模和实力上都是不可轻视的。以发展中国家初级产品的出口贸易为例，15 家发展中国家和地区的跨国公司 1980 年在发展中国家和地区的初级产品出口贸易中所占的比重：小麦、玉米、棉花、烟草均为 85% –90%，可可为 80%，橡胶为 70% –75%，林产品为 90%。到 1990 年，中国在海外已建立企业达到 764 家，累计投资额超过 10 亿美元。

四、中国企业跨国直接投资的发展轨迹及原因分析

我国企业的跨国经营始于 1979 年，起步较晚，但发展迅速。其发展过程，大体可以分为三个阶段：

第一阶段（1979–1985 年）。这一时期是中国企业跨国直接投资的起始阶段。这时期的投资规模较小，投资领域主要集中在承包建筑工程、咨询和服务业，机械加工制造业较少。这个阶段参与对外直接投资的主要是专业外贸公司和部分省、市的国际经济技术合作公司。

第二阶段（1986–1990 年）。对外投资的参与主体已由专业外贸公司和省、市国际经济技术合作公司向大中型生产企业、企业集团、国际信托投资公司、科研机构扩展。海外投资的领域也在向资源开发、制造加工、交通运输等 20 多个行业延伸。

第三阶段（1991–1993 年）。这一阶段是中国对外直接投资迅速发展时期。根据我国对外开放步伐的进一步加快，国内经济的发展形势以及企业跨国直接投资的意识和要求日趋强烈的发展状况分析，中国企业跨国直接投资即将进入加快增长的新阶段，即向国际直接投资发展的第三阶段迈进。根据一些第三世界国家的实践，尤其是亚洲新兴工业化国家和地区的经验，一个发展中国家要从以吸收投资为主的第二阶段进入到以对外投资为主的第三阶段，需要经历 20–30 年的时间。中国对外直接投资从快速增长到成规模拓展的第三阶段也需要 20–30 年的时间。1979–1993 年中国非贸易境外企业数量年平均增长 47.6%，对外投资总额年平均扩大 5.36 倍。按这个速度发展下去，可以预见，中国跨国直接投资的繁荣时期将在 2012 年左右到来。

（一）发展中显现的特点

1. 单项投资规模相对较小

与发达国家和一些新兴工业化国家的跨国公司相比，中国企业跨国直接投资的规模一般较小，单个项目超过 100 万美元的不多，相当数量的中小企业创建的境外企业投资额只有十几万美元甚至更低。形成这种特点的主要原因：一方面是由于我国企业尚处于跨国经营的起步阶段，缺乏参与国际竞争的经验，在对外投资的规模上态度谨慎；另一方面是由于参与跨国投资比较活跃的大多是中小型企业，它们的经营实力决定了往往追求投资少、

见效快的战略目标。这些中小企业大多选择经济发展水平相近或更低的发展中国家作为投资区域，因而投资设立的企业自然也是适应当地经济发展水平和就业水平的中小企业。此外，由于我国大多数跨国经营企业缺少利用国际资本市场各种资金的经验和手段，只有依靠自有资金，也限制了投资规模。

2. 投资领域不断扩展

我国企业跨国投资的行业领域不断由窄向宽扩展，趋于多样化。形成这种多样化发展趋势的主要原因是跨国投资企业在选择境外投资领域时，往往突破了国内传统形成的部门分工体制，以更符合市场规律的视角来选择投资领域。同时，这种行业交叉扩展也是适应加强国际竞争优势，分散风险的多角化经营的要求。

3. 投资区域逐渐由发展中国家向发达国家延伸

这种投资区域的变化，反映了我国企业进入国际市场时的一些共同的行为特征：一是避免风险，积累经验；二是寻求有潜力的大容量市场，主要是发达国家的市场；三是利用和发挥历史上形成的经济、技术和文化联系，巩固出口市场；四是一些拥有较多海外子公司的中国跨国公司，为便于管理和控制，使投资项目相对集中。

4. 投资主体呈多元化

目前，中国企业对外直接投资的主体主要分为五类：第一类是专业外贸公司及对外经济技术合作公司。这类企业的优势在于长期从事国际贸易所积累的跨国经营经验、营销技能、灵通的信息系统和客户网络等，是我国跨国投资的先行者；第二类是大中型生产企业和企业集团。其优势在于较强的经济实力、技术、人才和管理能力；第三类是大型工贸、技贸、农贸和银贸公司或集团。这些公司在资金、技术、市场、人才方面有较强的竞争优势；第四类是大型银行、多功能服务公司，这类企业跨国经营的优势在于立足行业，发挥专业优势；第五类是中小型企业。这类企业可发挥灵活经营的优势，近年来在对外直接投资活动中非常活跃。

5. 投资形式以合资为主，出资方式以实物为主

采用合资形式有利于我国企业的市场进入，同时也有利于吸收和利用当地合伙者的优势，弥补我方的经验不足。此外，合资可以形成与东道国利益的联结纽带，分散经营风险。在出资方式上，我国投资者较多采用以设备、技术折合资金入股的方式，或以出售商标、品牌许可证形式入股。这也反映出我国企业利用国际资本市场的经验和能力不足，随着这方面能力的不断提高，我国跨国公司将会更多地利用国外资金来参与国际竞争。

（二）我国企业跨国直接投资的主要动因

1. 寻求和占有更广阔的国外市场

在这个动因推动下进行对外直接投资的具体又分几种情况：

（1）保持原有市场和扩大新市场。这主要是承担进出口业务的一些外贸企业，由于地区集团化和贸易保护主义抬头，为绕过各种贸易障碍，采用直接投资的手段。

（2）开辟国外市场，为国内趋于饱和的产品寻求出路。这主要是一些产品在国内市场相对饱和的工业企业，其产品已进入国内市场生命周期的后期，国内市场的增长渐趋下降，促使这些企业转向国外寻求市场，通过直接投资为其过剩的生产能力寻找出路。

（3）一些技术实力强的科技开发公司，限于科技产品更新快的压力，国内市场成长又

较慢，于是将目光转向国外，通过直接投资转移其技术优势。

（4）还有一些中国企业以设备等实物投资，带动国内设备的出口，进而又带动设备的零部件、技术和技术劳务的出口。

2. 开发经营资源

许多企业通过跨国直接投资来获取各种所需的经营资源。这些企业可以分为两种类型。一类是开采取得国外的自然资源，这样可以直接控制资源来源，提供稳定的供应。另一类是吸收引进国外技术和信息资源。一些企业通过在海外设立子公司或其他机构，为国内提供各种国际经济技术信息服务。

3. 追求更高的投资效率

经济体制改革后，一些部属行政性外贸总公司，在转变为企业化经营后，专营商品减少，行政垄断也被打破，而公司又拥有大量对外经营经验丰富的专业人员，需要拓展经营范围以求发展。一些非外贸企业由于国内投资与经营环境不尽如人意，也在积极通过对外直接投资寻求总体经营效率的提高。

4. 寻找新的经营机会

这些企业跨国投资通常最初并没有明确的长期目标，只是希望参与合作投资，为本企业在国外开拓一个新的成长点，再进一步了解和选择国外市场适合自己发展的机会。

5. 利用国外资金

资金短缺是制约中国经济持续快速发展的重要因素。利用外资不能仅局限于"请进来"的方式，还要设法"走出去"。通过将有限的资金投入到发达国家和其他发展中国家，可以吸引更多的资金。特别是在国际资本市场发达的国家，融资渠道多，贷款条件优惠，服务信用好，获得国际资本的机会远比国内多。

第二节　跨国经营战略选择

一、跨国经营的战略目标选择

跨国经营的首要问题是选择有利的人困难最小而且风险也较小的国家和地区，进行这种选择的决定性因素是国内外的综合因素。国内因素包括其经济发展水平、科技水平、自然资源拥有状况以及国内市场容量等；国外要素包括贸易壁垒、市场竞争、生产要素及价格等。受国内外综合因素动态变化的制约，企业跨国经营战略目标的选择有以下 4 种模式：

第一，资源导向型。跨国经营是为了取得本国所短缺的各种自然资源，如石油、矿产品等，以获取较廉价而供应稳定的资源。

第二，市场导向型。即为保护和扩大原有国外市场或开辟新的国外市场而进行的对外直接投资活动，包括产品市场导向和服务市场导向两种模式。

第三，生产要素导向型。指为了利用充足的生产要素，特别是廉价的劳动力而进行的跨国经营活动。通过把劳动密集型产品的生产转移到劳动力富裕而价格低廉的国家或地区去，从而获取在国际市场竞争中的低成本优势。

第四，技术与管理导向型。这是为了取得技术与管理等知识资产而在外国进行的经营活动。由于各国为了在竞争中确保自己的优势，都不愿把先进技术和管理经验转让出去，到这些国家投资办厂就可以利用当地科研机构和人才资源，实现技术回流。

我国企业在选择上述目标模式时，要从我国的实际出发，进行具体分析。总的来说，我国企业应重点选择产品市场导向模式和必要的资源导向模式，适当考虑技术管理导向模式，至于生产要素导向模式，可在今后探索，目前条件不成熟。

二、跨国经营的区域战略选择

区域战略选择的基本原则是"因地制宜，发挥优势"。美国公司出于获取最大利润的动机，其模式是美国——发达国家——发展中国家。日本公司的模式是日本——发展中国家——发达国家，其选择是出于要占领更多的海外市场的动机。我国企业跨国经营区域战略的选择应结合战略目标模式和企业自身的优势来选择。

对于产品市场导向模式，我国企业跨国经营的区域应以发展中国家为主，然后逐步向发达国家发展。因为我们的优势产品，多属于劳动密集型产品，这类产品往往是发达国家限制进口的产品，如果我们能够到那些不受发达国家贸易壁垒限制的发展中国家投资经营，再把产品销往发达国家，就能绕过发达国家的贸易壁垒，就能较好地发挥出我国轻工、纺织、通用机械等传统的技术优势。

对于服务市场导向模式，跨国经营的区域选择应以发达国家及石油出口国为主。因为这些国家收入高，需求也高，有利于开拓市场。

对于资源导向模式，应当选择资源丰富、投资环境较好的国家。我国人均资源稀少，扩大资源采掘业对外直接投资应是企业跨国经营的一个重点目标。如林业资源开发可以以美国、加拿大为主，矿产资源开发以澳大利亚为主。

对于技术与管理导向模式，我国企业应选择欧、美和日本等发达国家，因为全世界的新技术主要来源于它们。在这些国家和地区投资建立子公

三、跨国经营的行业战略选择

中国海外企业在从事对外投资经营过程中，行业范围不断扩大。（1）贸易与制造业应作为今后相当一段时间内优先开发的对外直接投资重点。首先，外贸专业公司的对外投资领域从单纯进出口扩大到与贸易有关的服务业，有的贸易公司也从事加工生产性投资，其次，制造业的海外企业要从事国际贸易，如推销母公司产品和零部件、采购设备、原料等，因为这些行业一般投资少，工期短，见效快，我国有一定的优势。最后，对技术密集型项目的投资近年也有增加的趋势。（2）我国应谨慎从事对海外资源开发投资。因为它们投资大，周期长，风险大。（3）对于服务性行业应选择我国拥有经营优势和传统技术的行业。如航运、中医中药、餐饮、承包工程等。（4）关于经营多样化问题，国外大型跨国公司大都采用多样化经营的战略，我国的海外企业规模较小，管理经验不足，不宜在行业方面过于多样化。但经营范围又不宜过于单一，一般应以一业为主，适当多样经营为好。

四、跨国公司所有权结构的战略选择

所有权结构是指投资者拥有企业股权的比例多少。跨国公司对海外子公司拥有股权多少的形式不外四种：一是独资开办的子公司；二是合资开办的子公司；三是非股权安排，即合同参与，四是与国外跨国公司联盟。跨国公司海外子公司的所有权结构选择，是一项

重要的跨国经营战略决策，它取决于多种因素：（1）公司在资金、技术、产品、销售、管理等方面所具有的优势。（2）公司全球总体战略实施控制的紧密程度。（3）东道国的法律与政策。（4）当地合伙人的态度。（5）成本与收益分析。（6）公司决策者的偏好。

跨国公司选择海外子公司所有权结构的策略不仅要考虑上述各种因素，而且还必须使这种选择弹性化。实力较强的跨国公司只有在高技术领域的海外扩展中，大多数采用独资经营的所有权结构，可以避免外人染指其技术或经营秘密。在其他领域的海外扩展中，一般都采取合资经营的所有权结构。合资经营的股权结构弹性最大。

五、进入市场战略选择

采取何种投资进入方式，是一个现实问题。企业的对外直接投资，一方面是生产要素和经营资源的转移；另一方面又是企业生产经营组织系统的跨国界延伸。

（一）进人的时序与速度

作为资源转移过程，企业和生产经营系统进入目标市场国家，可以有两种基本方式：一是全过程一步到位，二是按市场渐进关系分步进入。前者一般适用于竞争优势突出并有较大风险承受能力的企业；后者适用于竞争实力、风险承受能力较弱的企业。我国大多数企业跨国经营宜采用后一种方式，即用选定的产品市场出口——在当地建立销售分公司——扩大投资，建立装配及储运系统——再投资，把部分或全部中间生产环节转移到目标国家和地区。

（二）进人的方式

作为企业组织系统在海外延伸的子公司的建立途径，也有两种基本选择：一是创建新企业；二是收购、兼并当地企业。前者适用于我国大多数外汇资金不太丰裕或者力图按照自己的经营方针实施跨国发展其经营活动的企业。后者能以最快的速度完成对目标市场的进入，减少障碍和风险，获得技术和管理经验，但一次性投入资金较大。我国只有少部分实力雄厚的大型企业适宜采用。

第三节　跨国公司的经营方式

跨国经营是指企业对外直接投资的参与形式和经营方式的运作。但一般情况下，跨国公司在进行对外直接投资之前，已开展了大量的涉外经营，因此从更广泛的意义上讲，企业跨国经营的方式多种多样。主要有：产品出口、非股权经营和股权经营（对外直接投资）三种类型。其中非股权经营主要包括许可证贸易和合同安排两种形式。股权经营则分为独资经营、合伙经营和合作经营三种形式。

一、产品或劳务出口

这是企业跨国经营的初级形式，也是企业走向国际化经营的良好起点，其特点是风险小、成本低、简便易行。主要途径有：（1）直接将企业产品卖给国外的顾客，包括最终用户和中间机构。（2）利用国外代销商或经销商。（3）设立本企业的驻外办事处。（4）建立国外营销子公司。与间接出口相比，其困难稍大，因为直接出口产品或劳务，企业要独立进行海外市场调查、商务谈判、产品分销、定价、办理各种出口手续等出口业务，会增加交易和运输费用，可能还会受到贸易保护主义的阻碍。但一些有实力和经验的跨国公司，在一些市场容量较小、直接投资风险较大的国家和地区，仍采取产品直接出口的方式进行其跨国经营活动。

二、许可证贸易

许可贸易（Licensing）是专利权所有人或商标所有人或专有技术所有人作为许可方（Licens。r）向被许可方（Licensee）授予某项权利，允许其按许可方拥有的技术实施、制造、销售该技术项下的产品，并由被许可方支付一定数额的报酬。

（一）许可贸易的基本类型

许可贸易有三种基本类型：专利许可、商标许可和专有技术转让（许可）。在技术贸易中，三种方式有时单独出现，如单纯的专利许可或单纯的商标许可或单纯的专有技术转让，但多数情况是以某两种或三种类型的混合方式出现。

进行许可证贸易时，双方要签订许可证协议，许可证协议主要有以下四种：

1. 独占许可证（Exclusive License）

即在一定的地域和时间内，被许可人对所引进的技术具有独立的使用权，许可人和任何第三方都不能在该地域和时间内使用该种技术制造和销售产品。

2. 排他许可证（Sole License）

即在一定地域和时间内，被许可人享有独占使用所引进技术制造和销售产品的权利，任何第三方不得使用该技术制造和销售产品，但是，许可人仍保留在该地域和时间内制造和出售这种产品的权利。

3. 普通许可证（Simple License）

即许可人允许被许可人在规定的地域和时间内使用合同所指定的技术，但同时许可人仍保留在该地域和时间内使用该项技术或把该地域和时间内的使用权再出让给任何第三者的权利。

4. 可转售的许可证（Sub-License）

又称为分许可证，即许可证的被许可人在指定区域和时间内可将该项技术的使用权转售给任何第三方。

此外，还有一种双方以价值相当的技术互惠互换的交换许可证，亦称交叉许可证（Cross License）。

对不同类型的许可证，许可人索取的技术与使用报酬也有所不同。一般地说，对于独占许可证要价最高，排他许可证次之，而对普通许可证的要价通常较低。在实际业务中，具体采用哪一种类型的许可证，主要取决于潜在市场的容量、技术的性质以及双方当事人的意图。在资本主义国家之间的技术贸易中，独占许可证和普通许可证使用得比较普遍。

（二）许可证贸易的特点

1. 许可证贸易的优点

（1）这种方式可使跨国经营企业避开关税、运费及竞争等不利因素，能较容易地进入国际市场和占领国际市场。

（2）企业无需进行生产和营销方面的大量投资。

（3）企业向外国提供先进技术易得到东道国的批准。

2. 许可证贸易的缺点

（1）当许可证协议终止后，被许可方可能成为本企业的竞争对手，使许可方丧失技术垄断。

（2）许可证贸易所取得的收益往往较直接出口产品或海外直接投资所得收益相差很远。

（3）许可证的卖方通常不能参与经营管理买方企业，容易造成产品质量的失控，直接关系到卖方的技术和商标的信誉。

三、合同安排

合同安排是指，跨国经营企业以承包商、代理商、经销商、经营管理和技术顾问的身份，通过对技术、管理、销售渠道等各种资源的控制，并通过签订一系列合同为东道国提供各种服务，与东道国企业建立起密切联系，并从中获得各种利益的经营方式。

其内容包括以下四种：

一是制造合同。跨国公司与国外生产企业签订合同，由跨国公司向国外企业提供订单和生产技术，由国外企业进行生产活动。其优点是对外投资少，风险小，可以避开关税壁垒等限制。难点是找到合适的合作伙伴不容易，而且一旦终止合同，合作伙伴有可能成为自己强劲的竞争对手。

二是管理合同。其特点是跨国公司只提供管理服务不投资，通过管理合同安排，收取管理费的一种形式。跨国公司派出管理人员为东道国企业负责经营管理事务，以此扩大其国际市场范围，进入新的国际市场，并利用其对东道国企业在经营管理方面的实际控制，将其纳入自己的全球战略。而东道国则以较低的风险和成本获得先进的管理经验和管理技术，提高经营效益。

三是工程项目合同。是跨国公司为外国政府或企业从事道路交通等工程建设，在提供机器、设备及原材料的同时，还提供设计、工程管理等项服务，是一种出口货物与劳务的混合体。

四是交钥匙项目合同。是由跨国公司与东道国企业签订协议，由跨国公司为东道国建造一个完整的项目或工厂体系，承担全部设计、施工、安装、试车活动。试车成功后，整个工程或工厂体系移交东道国管理，以保证东道国企业在接受后能按照合同规定顺利投产，达到设计的效率和消耗指标。

四、独资经营

独资经营方式是指跨国企业在某东道国直接投资、独自开办企业并进行经营管理活动的方式。在实践中，一个企业95%以上的股权为另一个企业所拥有时，也被视为是后者的独资子公司。该方式的优点是：由于独资经营的跨国公司拥有对公司经营活动的全部决策权和控制权，有利于贯彻本公司的全球发展战略和经营管理方法，有利于技术与经营方式的保密，保证产品质量和信誉，并可获得全部利润。独资经营的缺点是所需投资额大，政治风险与经济风险都较高，且往往不受发展中国家政府和人民的欢迎。

独资经营企业的建立有创建和收购两种形式。创建方式是指企业在东道国直接投资建立一个新的企业，一切可完全按企业自己意愿行事。收购方式是在东道国购买现存企业并接管和控制该企业的一种方式，是目前组建跨国独资企业的普遍和通行的方式。两种方式在优点上往往是互为倒置的，收购方式的优缺点也正是创建方式的缺点和优点。

收购方式的优点有：第一，可以迅速进入该国，并获取生产经营基地；第二，可充分利用原有东道国企业的资源和优势；第三，可迅速扩充企业产品种类和经营范围，有利于开拓市场；第四，减少企业对外直接投资的数额，用较低价格买到生产经营必需的资产；第五，容易获得资金融通的便利。

收购方式的缺点有：第一，被收购企业资产的评估很困难，收购方与被收购方对资产的估价差距过大。第二，被收购企业原有模式不适应跨国经营企业的要求，按跨国经营企业的要求进行调整、改革的阻力大、费用高。第三，被收购企业的地理位置和规模对跨国经营企业有所限制。第四，受原有的契约和传统关系的束缚。供应商、推销商、客户和职工的某些契约和传统关系，可能会使跨国独资新企业在公共关系方面和经济方面都受到损失。

跨国公司在选择收购与创建方式应考虑的因素是：

第一，两种方式的优缺点是最需考虑的因素，但并非是惟一因素。当跨国经营企业具有工业产权与知识产权优势时，一般采用创建方式在东道国建立独资经营企业。当企业采用多种生产和多样化经营战略时，往往采用收购东道国生产不同产品的企业和经营不同领域和项目的企业。当跨国经营企业处在高速发展时期时，短时间内对技术人员、管理人员、熟练工人和生产设备的需求迅速增长，往往通过收购当地企业的方式可以最快地满足需要，保证企业持续、高速地发展。企业从竞争的策略考虑，有时也采用收购方式，以使自己处在有利地位。

第二，外部环境因素。一般说，无论发达国家还是发展中国家，对外国企业在本国以创建方式投资建厂都比较欢迎和鼓励，而对以收购方式建立生产经营基地，则持审慎的态度。在发达国家和新兴工业化国家，企业的设备、技术、管理、人员等单项和整体素质都比较高，所以到这些国家跨国经营，往往采用收购方式建立基地。发展中国家企业的情况正好相反，即使具有少数接近发达国家企业整体素质的，也绝不是被收购的对象，更谈不上有挑选余地，所以到发展中国家开办独资企业，往往倾向创建方式。

五、合资经营

合资经营是在独资经营方式基础上的质的飞跃。合资经营是指跨国经营企业与东道国的企业在东道国法律管辖范围内共同投资组建某生产经营企业，并且共同管理，共享利润，共负亏损及经营风险的一种经营方式。

（一）基本特征

合资双方（有时为多方）共同投资在东道国组建的合资经营企业，具有如下基本特征：

第一，企业的投资者至少来自两个或更多国家或地区。

第二，组建的合资企业有东道国国籍的法人地位，是一个独立的经济实体，并以资产为纽带将各方连接起来组成的新企业。

第三，各方提供先进设备和知识产权以建立合资经营企业的独立资产。资产都折算成一定股份，并按股权份额分享利润，分担亏损。

第四，根据协议、合同、章程，建立合资经营企业的管理组织机构，共同管理企业。

（二）合资经营方式

主要的优点有：

第一，对跨国经营企业来说，其优点在于：（1）更容易进入东道国，能减少或避免政治风险；（2）合资经营企业除享受对外资的某些优惠外，可以获得国民待遇；（3）可以利用东道国当地合伙者与政府及社会各界的公共关系，取得企业生产经营所需的各种资源，顺利开展各种经济业务活动；（4）合资企业生产的产品往往是东道国进口替代的产品和紧缺的产品，具有稳定的销售市场，能给投资者带来长期、稳定的、丰厚的利润。

第二，对于东道国来说，特别是广大的发展中国家，引进外资而采用合资经营方式的优点是：（1）可弥补东道国资金的不足，且不增加国家债务负担；（2）东道国参与合资经营的企业，一般可用厂房、现存设备、场地使用权作为资本投入，还可以用投产后的产品及收入作为提成费支付引进外方技术的转让费；（3）由于合资经营方式是共同投资、共同管理、共享赢利、共担亏损和风险的，能使双方关心投资项目，加强各方的通力合作和协调配合，把合资企业办得更有成效；（4）可以引进外国的先进技术，加快国内技术进步的进程；（5）可以学习发达国家企业的现代化管理方法、技能、经验并且在东道国内逐步推广和普及，从而促进管理上台阶、上水平，从管理中获得更大的效益；（6）合资企业的产品出口，外国投资者比较积极主动；（7）有利于扩大东道国劳动就业的机会，同时也促进东道国劳动者素质的提高。（8）促进了东道国的经济发展。

六、合作经营

合作经营也是外国投资者与东道国投资者合营的一种方式。合营建立在契约基础上时，就是合作经营方式。

（一）合作经营的特征

第一，合作经营的各方对合作经营事业的投资可以是现金、有形资产和无形资产。

第二，合作经营各方的投资者不折算成股本，对各方投资大小及所占比例也无限制性规定。

第三，合作经营企业通常是松散的联合体，不具有东道国的法人地位。

第四，合作经营企业的管理往往不是共同管理，而是以一方为主、其他方协助的管理模式。

第五，合作经营企业纳税方法与合资经营企业不同。它可以先分利，然后由合作各方分别按税法规定交纳所得税。

第六，合作经营企业合作期满后不再分割剩余资产，剩余资产一般归东道国投资方所有，或者按合同规定处理。

（二）合作经营方式的优点

第一，由于合作经营各方投资比较灵活，使缺少资金和技术的发展中国家，可以用场地使用权、基础设施、实物和劳动力资源作为合作经营的投资，而外商也可以少用资金，多用先进技术和设备以及知识产权作为投资。

第二，外国合营者十分关注投资的回收，总希望在有效期内或提前收回其全部投资。

第三，合作经营的审批手续比合作经营简便。管理方式往往是以东道国企业一方为主。在契约基础上，订立具有法律效力的合同文件对合作各方至关重要。合作经营方式由于不涉及股权控制与共同管理问题，加上这种方式投资回收较快，所以对于东道国外资很难进入或不愿进入的某些产业、部门领域，常常采用合作经营方式。

七、跨国公司生产经营方式的发展趋势

当前，跨国公司生产经营方式发生了极大的变化，主要呈以下趋势：

第一，采用新的投资方式。过去，跨国公司的对外投资参与方式主要是股权参与和合作经营，目前非股权安排越来越多。非股权安排是很灵活的投资方式，很容易为跨国公司和东道国双方所接受。东道国得到重要工业部门的控制权，而跨国公司则可以大大降低或化解经济、政治、交易、生产、技术开发风险。发展中东道国由于缺乏基础设施的投资资本，因而多采取这种方式吸引跨国公司来投资其基础设施项目。

第二，对外直接投资的内容或手段由单纯资金投入向全部要素多元化集成整合方向发展。各种非资金投入的对外直接投资方式不断出现和发展，可以用技术、管理诀窍、生产工艺、设计手段、配方、商誉、商机等无形资产进行对外直接投资，创办合资、合营企业。非股权安排就是这种发展趋势的表征。在知识经济和信息经济即将居主导地位的时代，以知识、技术、信息进行直接投资，将是跨国公司生产经营方式重要的发展方向和趋势。

第三，跨国公司母国不仅有发达国家，而且有发展中国家和社会主义国家。国际直接投资不再呈单向性，而是双向或多向的。不论是发达国家，还是发展中国家，随着经济的发展和开放度的提高，企业都在走向国际市场，开展国际化生产经营。最先是发达国家跨国公司一统天下，20世纪70年代以来，发展中国家或地区工业进程加快，很多国家或地区发展为新兴工业化经济体，如新加坡、韩国、我国台湾和香港、巴西、墨西哥、秘鲁、阿根廷等逐渐发展出一些跨国公司，甚至发展成为大跨国公司。

第四，跨国公司研究开发战略已由单纯的母国中心主义转向以母国中心为主、地区中心或国别中心为辅的方向发展。目前，有许多跨国公司已有将研究开发分散化的趋势，欧洲跨国公司已在国外设立了许多地区研究开发中心或国别研究开发中心，美日跨国公司一般倾向将研究开发中心设在母公司，但亦将一些次要技术转到海外，在海外设立研究开发中心，如美国史克公司、摩托罗拉公司、日本丰田公司、松下公司等在中国亦设立了一些研究开发机构。

第五，跨国公司市场战略向"新兴市场"拓展和渗透。跨国公司开展对外直接投资的动因虽然各不相同，但都是为了实现全球利润最大化的绩效目标。一些发展中国家或地区以及转轨国家经济发展潜力大，但资金不足，一般都以优惠条件吸引跨国公司来国内进行直接投资，而跨国公司为了实现其全球化战略，控制、占领这些国家和地区的市场，亦积极向这些国家进行投资，如中国近两年来吸引的外来直接投资者在400亿美元左右，拉美国家吸收的外来直接投资亦在2 000亿美元左右。

第六，跨国公司的筹资从以母国、母公司为主，逐渐向母国、东道国和国际资本市场

并举方向发展。随着全球化、贸易投资自由化的不断发展，以及各国经济自由化程度上升，发达国家之间、发展中国家之间、发达国家与发展中国家之间相互直接投资已是大势所趋。跨国公司奉行全球化战略，总是想方设法凭借自己的优势，以最低成本筹措国际投资资本。

第七，跨国公司全球化趋势日盛。跨国公司不拘泥于公司总部是否在母国，而是从全球着眼，将生产区位和市场分成若干区域并设地区总部，下设多个子公司。跨国公司地区总部和母国总部有并存发展的趋势。

第八，收购兼并成了跨国公司对外直接投资的主要方式。现代企业兼并浪潮经久不衰。1997 年、1998 年出现了大企业兼并高潮，波音公司兼并麦道公司，世界通讯公司兼并美国

微波通讯公司，而南贝尔公司收购太平洋电讯公司，花旗银行兼并旅行者公司，大众公司兼并劳斯莱斯公司，等等。收购兼并亦呈多样化趋势。由此可见，购并是跨国公司最主要的扩张途径。

第九，跨国公司战略联盟发挥着越来越大的作用。跨国公司战略联盟是两个或两个以上的跨国公司，为实现某一战略目标而建立起的合伙关系，联盟成员之间相互合作、共担风险。战略联盟作为现代企业组织制度创新中的一种，已成为现代企业加强其国际竞争力的又一方式。

第四节 跨国公司的组织与控制

在跨国经营中，如何对国内外的经营活动进行有效的管理与协调，是企业面临的一个十分重要的课题。特别是当企业真正地发展成为跨国公司时，国外经营规模扩大，产品种类增多，业务的地区分布广阔，企业的管理组织就更为复杂和重要，更需要在组织结构和公司总体发展战略之间取得协调，以保证公司战略的顺利实施。

根据跨国企业经营活动的发展变化，可以将企业的组织结构划分以下三种形式：

一是低级形式的组织结构。通常采取在总公司下设一个出口部的组织形式，全面负责对外业务。母公司对子公司一般不直接进行控制，子公司拥有较大自主权。子公司可自主地根据所在国的社会、经济、环境情况，做出决策并进行及时调整，容易被东道国接受。

二是发达形式的组织结构。即国际事业部组织结构。在总公司下设一个国际事业部，代表总部管理、协调本公司所有的国际业务，并直接对总经理负责。

三是高级形式的组织结构。亦称全球性组织结构。即由企业总部从全球的角度协调整个企业的生产与销售，统一安排资金，统一分配利润。具体包括按产品、地区、职能三种分部形式。

一、跨国公司各种组织结构的类型及其特点

（一）国际业务部组织结构

即在母公司国内组织结构中增设一个"国际业务部"，由，国际经营管理方面的专家或有经验的人员组成，通常专由一名副总经理领导，代表总部管理、协调本公司所有的国

际业务，并直接对总经理负责。它是跨国公司初期发展阶段采用的一种组织结构。

国际业务部组织结构的优点是：（1）在企业内部建立了正规的管理和沟通协调国际业务的机制，使国际业务管理走上规范化的轨道；（2）协调各海外子公司的活动，使各子公司的总体业绩提高；（3）进行资源的综合调配，各子公司之间可以实现货物与劳务的转移，统一筹措资金，共享国际市场信息等。

国际业务部组织结构的缺点是：把国际业务与国内业务截然分开，不利于两个部门互相支持和协调，甚至发生冲突，或者造成高层管理队伍中"土派"与"洋派"的文化分割；也不利于在统一的战略目标下进行公司资源的整体优化配置。

该组织结构比较适合于从事全球性生产经营不久、产品标准化、地区分布不广的中小型跨国公司。

（二）全球性职能组织结构

其特点是以管理的职能分工为基础，设立一些全球性的职能部门，各部门由一名副总经理分工领导，负责各自领域内的所有国内外业务。例如，生产副总经理负责公司国内外的品开发、产品生产、质量控制等，销售副总经理负责公司全球的销售业务，协调各子公司的销售活动等。

全球性组织结构的优点是：有利于提高职能部门工作的专业化水平；减少管理层次，避免机构与人员重叠；有利于公司的统一成本核算和利润考核。其缺点是：公司上层权力集中，不利于调动基层单位的积极性，各部门之间横向协调性差；各部门的业务与背景不同，易滋生本位主义，不利于公司战略全面实施；也不利于地区间的合作和多样化生产经营。

该结构适合于产品系列不多、顾客需求特征相近的中小型跨国公司。

（三）全球性产品组织结构

又称事业部制的组织结构，它是以公司主要产品的种类及其相关服务的特征为基础，以成果为中心，设立若干产品部的分权式组织结构。每个产品部都是一个利润中心，拥有一套完整的职能机构，由一名副总经理负责该产品或产品线在全球范围内的开发生产、营销等全部职能活动。

全球产品结构组织的优点是：强调产品生产和销售的统一规划；有利于按顾客需求和产品生命周期不同阶段改造和开发新产品；恰当的分权制使各部门领导人提高了主动性，并参与根据销售利润来比较各个产品部对公司的贡献；有利于培养和锻炼部门负责人的综合管理能力。其缺点是：不利于公司对长期投资、市场开发、资源配置、利润分配等全局性问题进行集中统一计划和决策；加重了公司内部协调工作的困难；还会因各部门白成体系而造成人、财、物的浪费。

该结构适合于具有全球性生产经营经验、产品多样化、从事大量研究开发工作的跨国公司。

（四）全球性区域组织结构

全球性区域组织结构是以公司在世界各地生产经营活动的区域分布为基础，设立若干区域部，负责管理该区域范围内的全部经营业务。

全球性区域组织结构的优点是：加强区域内各职能部门和子公司的联系，减少公司总部协调和管理全球性生产经营的工作量；能更好地针对区域内经营环境的变化，改变产品生产和销售方式；有利于利用区域内国家的丰富资源和优惠条件。其缺点是：容易助长地区本位主义，忽视公司的全球战略目标；不利于公司产品、技术、资金等要素在区域内调配流动；增加了管理层次，会造成机构重叠。

该组织结构较适合于产品成熟、地理分布广、目标市场环境因素对产品销售具有重要意义的跨国公司。

（五）全球混合型组织结构

全球混合型组织结构，是将两种或三种组织结构结合起来设置分当跨国公司是由两家组织结构不同的公司合并而成时，往往也会采用这种组织结构。

该组织结构的优点是：有利于企业根据特殊需要和业务重点，选择采用不同的组织结构，灵活性强，且可以根据外部环境和业务活动的变化及时进行调整。其缺点是：组织结构不规范，容易造成管理上的混乱；所设各部门之间差异很大，不利于协调与合作，也不利于在全球树立完整的公司形象。

该形式较适合于产品系列化、顾客群的需求特征强或处于过度调整阶段的跨国公司。

（六）矩阵式组织结构

又称目标规划制，是在混合型组织结构基础上发展起来的组织形式。它给予职能区分、地理区域和产品组合三维因素中的两维或三维以同等的权利，公司对全部业务进行纵横交叉甚至立体式的控制与管理。公司可以把产品、区域和职能部门的经理、专家组合起来，共同进行管理。

矩阵式组织结构的优点是：有利于促进各部门、各层次经理之间的合作与协调；有利于把产品的生产、销售与各地区的经营环境因素综合起来考虑；有较强的系统应变能力和较大的稳定性。其缺点是：每个子公司都同时接受来自两个或三个部门的领导，容易降低工作效率，一旦协调不当，就可能使经理们之间产生矛盾和分歧，影响公司的总体战略，造成机构庞大、运行成本高等现象。

该结构适合于产品多样化、地区分散化的大型跨国公司，特别是那些既受到产品竞争压力又受到要求适应各国目标的强大压力的跨国公司。

二、跨国企业的组织控制

当企业战略与组织确定之后，对海外子公司实行有效的控制就成为跨国公司经营成败的关键问题了。如何建立有效的控制系统，应从以下几点出发：

（一）正确处理集权与分权问题

面对产品多、分布广、经营环境复杂多变等问题，跨国企业一方面要从全局出发，实行集中管理；一方面又要因地制宜地决策经营，强调分散管理。因此集中和分散的矛盾如果处理不当，就会影响控制系统的有效性。从理论上说，跨国公司的内部管理体制主要有三种可供选择：（1）以跨国公司为中心的内部管理体制，这是一种集权式的管理体制。即一切跨国经营的大政方针、战略决策、发展规划、策略措施都由公司总部统一决策。（2）多元中心的内部管理体制，这是一种以子公司为中心的分权式管理体制。（3）全球中心的内部管理体制，这是一种集权和分权相结合的管理体制。跨国公司应根据自身的实际情况加以选择。

（二）建立规范化的控制系统

这个系统通常包括规章制度、战略规划、经营计划、各种预算和报告制度，而且要有相对的稳定性。公司通过控制系统，可以发现生产经营中违反规章条例、背离计划和预算等问题，及时采取措施，以维持公司的整体性和保证公司战略目标的顺利实现。部而形成的组织结构。

（三）建立现代化的信息系统

现代化的信息系统能使决策者获得及时、准确的信息，能为采购、生产和销售等部门提供重要的数据和资料，并能把管理人员从繁琐的事物中摆脱出来，加快决策速度，改善对生产经营的控制。跨国公司由于相距遥远，社会、文化、会计核算方法等因素都有差异，应建立以计算机为主要手段的现代化信息系统，最大限度地降低信息沟通的难度。

（四）节省时间和费用

任何控制系统的建立，都会发生大量投资和运行成本。如果控制系统效率低、成本高，不但会挤占公司的宝贵资源，而且因投入产出比例不当会增加财政负担，对公司的发展不利。同时，控制过程过长，手续繁杂，还可能延长信息传递与反馈时间，使公司贻误战机在国际竞争中处于被动的境地。没有成本和时间的节约，就没有控制系统的有效性和经济性。

至于跨国企业组织控制的内容，与国内企业相比要复杂得多。但其核心的内容应包括股权控制、人事控制和要素控制。股权控制主要有：通过独资或拥有多数股权取得控制权；取的相对多数股份的控制权，以连环持股的方式取得控股权；对等股权配以"无投票权股份契约"；运用契约取得控股权；以债权人的身份取得控制权等方式。人事控制，即通过定期的人事报告制度，要求各部门和子公司向总部报告人员聘用、变更、培训以及升迁等方面的情况以达到控制的目的。要素控制主要有财务控制、营销控制、生产控制、后勤控制、研究控制、采购控制、项目控制等。以财务控制为例，跨国公司一般采用标准的年、季、月利润报表，要求各部门和子公司按期编制上报，着重于利润增长水平和预算执行情况的控制。跨国公司根据报表情况进行分析，以决定是否要调整预算内容或生产经营活动。

三、海外子公司经理的选派

海外子公司经理常常捞演多重角色，对于母公司来说，他是一位员工；对于祖国来说，他是一位沟通两国文化的"大使"；而对于东道国来说，他又是一位临时国民。具有多元化角色的海外子公司经理，不但要与政府、股东、上司、同事、下级、顾客、供应商和广大公众接触，而且还必须同具有不同国籍和文化背景的组织和个人交往。因此，其工作要比一般国内企业的经理复杂得多，也更具挑战性。国际企业的国外子公司经理除了必须解决一般国内企业所面临的问题外，还必须从事更复杂的、全球范围的组织和协调工作，必须不依靠企业总部的指导，根据当地的具体情况，独立地分析和决策。此外，子公司经理人员还必须善于应付由于文化和社会的不同导致的一些问题，具备较强的对异国文化及社会的适应性。所有这些都要求海外子公司经理人员必须具备在多元文化的经营环境中工作所需的某些特质。国际企业为了得到这些具备特质的人员，必须在公司内外严格选择，广泛招聘，并进行必要的培训，形成自己高质量的国际管理队伍。

（一）海外子公司经理人员的来源

一般来说，海外经理人员有三个来源：

一是母国人员，即采用母国化政策。其优点是：他们忠诚于公司，熟悉公司的目标和政策，能与母公司保持紧密的联系，而且具有技术和管理的资格和能力，有利于加强对海外子公司生产经营活动的控制。不足之处是：难以适应东道国语言以及社会文化、政治法律环境；公司用于培训海外经理的费用会较高；可能会受到东道国政府的压力；也不利于海外经理的家庭稳定和生活安排。

二是东道国人员，即采用当地化政策。其优点是：没有语言和文化障碍，熟悉经营环境；公司所花费用较低；为当地人提供了实现自我价值的机会，有利于发挥其热情和能力。缺点是：难以有效地控制海外子公司的生产经营；与母公司人员交往联系较少，不利于保持公司整体和谐与一致；不利于母公司人员增长海外经营的经验。

三是第三国人员，即采用国际化政策。优点是：选择面广，他们作为职业型的国际经理，按职业道德和国际惯例行事，易为东道国政府和母公司双方所接受，所需费用相对较低。缺点是：东道国对经理人员的国籍比较敏感，甚至会拒之门外；东道国公民会持不合作态度。

（二）选择海外经理的标准

国际化经营人才是指能够在国际经营中发挥积极作用的人力资本，其素质要求与一般国内经营人才的素质在基本方面是一致的。但是国际化经营所处环境的特殊性，对所需人才的素质有着特殊的要求。一般说来，国际化经营人才的基本素质结构应包括以下几个方面：

1. 思想素质过硬

思想素质包括两个方面：一方面指具有良好的道德情操和高度的责任感，在与外商做生意时不失国格人格；另一方面是必须具有较强的政治敏感性，具有一定的政治分析能力，善于利用国际、国内政治环境为开展国际化经营服务。

2. 业务管理达到国际水平

在国内经营时，经理们可以得到上级的指导和各方面专家的帮助，但在国外，由于时间、空间、人员的限制，以及交流上的障碍，求助于他人是困难的。为此，经理人员必须要有过硬的业务能力和管理水平，根据当地具体情况，独立做出决策，只有这样，才能不至于失去稍纵即逝的宝贵商业机会。同时，经理人员只有在业务上过硬，才能在公司中树立威信，获得国外同事及下级的尊重与认可。为了得到在业务上过硬的管理人员，国际企业往往在本公司中选择，因为他们通过在本公司工作一定的时间，不但提高了业务能力，积累了管理经验，而且熟悉公司的经营环境，了解公司的组织结构和企业文化及管理哲学。例如，日本国际企业派往国外的经理人员，一般都在公司中工作了 10 年以上。

（1）有关国际市场知识。包括需求特点、消费习惯和方式、市场供求关系、价格水平、质量标准、服务特色等。

（2）有关国际环境知识。主要包括各国经济政策与立法，如进出口控制、外汇管制、外资限制、租税政策等；地理条件，如气候、自然资源、地形地貌等；社会文化环境，如风俗习惯、教育水平、价值观念、宗教信仰等。环境知识是人才素质的重要方面，直接影响到国际化经营活动的开展和成效。

（3）有关国际业务知识。包括国际贸易业务知识，主要涉及具体业务操作知识及工商、税务、商检、审计、海关、保险、海运、外汇管理结算等方面，还包括必要的国际金融知识以及信件函电、谈判、签约等基础知识。

（4）有关国际惯例知识。国际惯例是在国际经营中逐渐形成的并在国际间共同被遵守的准则或做法。熟悉国际惯例，可有助于国际化经营活动的顺利进行和与外商友好合作。

（5）企业工作经验。海外子公司人才的业务能力不仅取决于这些人受专业教育的程度和因此而拥有的专业知识，也取决于他们在企业工作的经验。在现实世界中，多数国际企业采取的是一种综合的人事策略，也称为混合策略，即雇用东道国公民担任子公司的职务，而在企业总部则雇用母国人，在存在地区性组织的情况下则根据具体情况，分别由母国人、东道国人或第三国人担任不同的地区性职务。采取综合人事策略的国际企业，由于产品和经营战略的不同，其经理人员的组合状况也不相同，例如，当地区目标市场是国际经营中的关键问题时，国际企业将最大限度地使用当地人管理子公司；当技术在国际经营中起决定性作用时，企业将更多地使用母国人员，以便迅速地从母国获得技术信息及情报，并能保护技术秘密。国际企业管理人员的不同组合，可能不同程度地偏向于以上三种策略中的某一种，也可能都倾向于同一种，只是程度不同。

3. 文化差异调适能力

任何国家和民族都有自己独具特色的文化，在一种文化背景下极为普通的产品、技术、设备、工艺流程，以及价值取向和行为方式，对另一种文化而言可能就是一种变革。作为国际企业的海外经理，对于这种文化上的差异，甚至是极其细微的差异，都反应十分敏感。西方学者调查发现，对异国人的观点及政治情况持有固执和不敏感的态度，常常是引起海外经理经营管理失败的重要原因。海外经理不仅应该对异国文化的差异有清醒的认识，而且还必须有足够的调节能力，适应这种差异，即能在短时间内适应东道国的生活方式和行为准则。海外经济要能够敏锐地察觉不同国家在工业、文化、政治、宗教和伦理方面的差异，并对差异作出评价，根据东道国的经济、文化状况，对影响业务活动的因素作定性和定量分析，灵活地对待和处理因文化差异带来的经营管理问题。

4. 人际交往能力

海外经理人员，不像某些工程技术人员那样，工作的对象是机器设备，并且只在东道国作短暂停留，因而即使不懂当地语言，借助翻译人员，也能出色地完成任务。海外经理，作为子公司的高层管理者，做的是人的工作，他几乎天天都要同东道国的人打交道，既包括公司的当地管理者及劳动者，又包括东道国的顾客、供应商、政府及公众。为了同来自不同文化背景的人们建立良好的关系，发现经营中存在的问题，开发和利用当地的人力资源，开拓公司在东道国的业务活动，占领当地市场，海外经理必须具备学习并掌握当地语言的愿望及能力。有声的语言固然重要，无声的语言，即手势、口语、上下文中的语义等，也是不可忽视的。每个国家和民族都有自己别具特色的"沉默语言"，掌握和利用这些"沉默语言"，有助于经理人员利用有声语言进行交流和表达。

交往能力也是国际企业海外经理人员必须具备的一个重要素质。它是指海外经理必须善于同来自不同文化背景的人打交道，同他们建立良好的合作关系。为此，他除了必须精通当地语言外，还必须熟悉当地的生活习惯、社交礼仪，深入了解当地的道德准则和价值观念，并且不具有民族倾向，不以本民族的行为去判断和衡量其他民族的行为。

5. 其他素质要求

除上述知识和能理上的稳定性和成熟性。

（1）责任心。驻外经理人员必须具备强烈的责任感，这是任何一个成功的跨国经营企业对经理人员的共同要求。对海外经理人员的责任心，一般可以从以下几方面进行考察和综合判断：诚实、忠诚、正直；到国外任职的意愿；工作热情；待人接物的态度。

（2）身体素质。海外的生活习惯和本国不一样，要独立地超负荷地开展工作，比较辛苦。所以，外派人员一定要有良好的身体素质。

（3）成熟和稳定的心理素质。根据当今一些大企业的经验，海外经理人员只有具备了心理上的稳定性和成熟性，才能在复杂多变的国外环境中沉着坚定地把握住机会，应付各种挑战，从而赢得经营管理的成功。

（4）具有较强的竞争意识和较强的开拓能力。国际化经营的竞争是全方位的，不仅在价格上，而且在商品质量、性能、款式、包装、售后服务上进行着激烈的竞争。因此，国际化经营人才对企业产品的未来发展、国际市场的变化趋势要有战略眼光，不甘于现状、不满足于已取得的成绩，勇于开拓新技术、新产品、新市场，敢于破除一切与发展外向型经济不相适应的老观念、老框框，大胆借鉴国外企业成功的经验和做法，从产品到服务，全面创新。

（5）经理人员及家属移居国外的愿望和动机。海外经理在国外工作的成败，还在很大程度上取决于他们及其家庭移居国外的愿望及动机，因为经理人员到海外任职的动机和愿望影响着他们才干的发挥。有的经理人员可能内心并不想去国外工作，只是由于某些原因不得已而为之；还有的雇员可能只想到国外作短暂旅行，体验一下异国情调的神秘，并不想在国外长期工作；还有的雇员出国任职只是为了得到"曾在国外任职"这样一个有利于晋升职务的资本，因为许多美国、欧洲、日本的国际企业确实已把国外管理的资历和经验纳入到那些经理人员升迁的必要条件中去了。以上人员到国外任职，都是被"海外工作"本身以外的因素所吸引，具有这些态度和动机的雇员很难做到把他们的全部精力和才干都投入到海外工作中，因而不适合到国外任职。相反，那些被"海外工作"本身所吸引，并把在国外任职作为实现自身价值、提高自身能力的人，才是国际企业选拔海外经理的最佳候选人。

（三）海外经理人员的培训

提高文化敏感性的培训至少包括两方面的内容：一是使他们对自己所处的文化环境做到自觉和自知；二是提高他们对异国文化在知识和情感上的反应能力和适应能力。目前针对不同类型的培训项目可以采取不同的培训模式，主要有三种：项目管理培训模式、以培养目标为中心的培训模式、系统工程培训模式。

1. 项目管理培训模式

即按项目管理模式进行阶段性管理的培训模式。培训项目分为三个阶段：培训项目形成阶段、培训项目运行阶段、培训项目评估阶段。培训项目实施项目经理负责制。

作为培训项目，项目实施计划是至关重要的，项目实施计划包括两个阶段的工作：项目确立阶段、项目运行阶段。通过这两个阶段的计划，可以对项目培训工作进度与工作量有一个很好的了解，同时"计划"也可以很好地使项目经理日常的工作系统化、规范化、标准化，让培训项目的开发与实施过程更加清晰，减少项目开发过程中的拖拉推诿现象，提高工作效率、减少内耗，使奖罚措施有据可循。

2. 以培养目标为中心的培训模式

即以培养目标为中心，以管理体系为纽带，由课程体系、教学方法、评价体系等为内容的立体培训模式体系。在这个培训模式中，各子体系既相互独立，又相互联系。培养目标是培训模式的核心，是课程体系、教学方法等其他子体系设计的依据，培训模式中各部分的设计和运行都要紧密围绕培养目标这个中心，在管理体系的纽带作用下，使新的培训模式体系构成一个有机的整体。由此可以看出，新培训模式体系是由若干个部分有机组成的，要实现培养目标这个中心任务，必须使构成培训模式的每个部分达到优化设计和实施，只有各子体系的目标达到优化，才能使培训体系实现整体优化。实现这种多体系、多任务的有效途径是采用系统工程方法进行设计和实施。

3. 系统工程培训模式

即把对骨干培训模式体系的系统工程构建五个工作阶段：需求调研和评估、培养目标确定、系统分析、系统设计和系统评价。这些基本步骤相互交叉、反复进行，以求得到一个合理优化的培训体系。

【个案分析】

联想公司的跨国经营策略

从11名员工、20万元人民币贷款起家，历经10余年时间，联想公司不仅享誉中国市场，而且还走出国门，成为一个年出口创汇超过5 000万美元、拥有20多个海外分公司、累计盈利近亿元的跨国横向经营计算机集团，这在计算机发展起步晚、相关产业落后的我国不能不算是一个奇迹。随着世界经济的逐渐一体化，企业走向国际市场已成为一种潮流；分析联想公司跨国经营的成功经验，对我国正在或打算从事跨国经营的企业，都具有非常重要的意义。

联想公司是由中国科学院创办的科技开发企业，成立于1984年11月，主要从事计算机生产、维修、技术服务以及计算机软件开发。公司的跨国经营始于1988年，最初只是在香港设立了分部，到1991年，公司已发展成为一个全球性的跨国公司，除了包括北京联想和香港联想两大部分外，还在美国的洛杉矶、费城，加拿大的多伦多，德国的柏林、德斯多夫，澳大利亚的悉尼，新加坡以及中国国内设有24个分公司，年度经营额达10亿元人民币，累计盈利超过8 000万元。联想公司的跨国经营之所以能取得如此的成就，起决定作用的是其正确的跨国经营策略，具体来说，主要有以下几点：

一、选择正确的合作伙伴

联想公司以中国科学院为后盾，有着雄厚的技术开发实力，这是其主要长处；但在计算机国际市场营销方面，联想公司既缺"硬件"——海外销售渠道和关系，又缺"软件"——国际营销经验和优秀的国际营销人才，所以这无疑是其薄弱环节。为了扬"技术"之长，避"国际营销"之短，联想公司进军海外市场的第一步，并不是贸然投资创建自己的销售渠道和关系，而是在香港寻找到合适的合作伙伴：香港导远公司和中国技术转让公司，于1988年初，建立了一个合资经营的计算机销售公司——香港联想电脑公司。

香港导远公司和合作伙伴，可以充分发挥自己已形成的技术优势，而不会受制于人；同时，两家合作伙伴的优势，又可以弥补联想公司自己的不足：中国技术转让公司是中国银行、华润集团公司、中国保险公司等几家大公司投资经营的，有财政实力和信誉，可以保证合资公司得到贷款。香港导远公司是由几名毕业于英国伦敦大学计算机专业的年轻人创办的，其资本并不雄厚，技术开发实力也不能与联想公司相比，但这家公司有一个重要的优势，即它有在国际市场上进行计算机销售的经验，熟悉海外市场，有一定的渠道和关系。这样，香港导远公司的优势恰好弥补了联想公司"国际营销"的短处，再加上中国技术转让公司的资金支持，使得三方各出资30万港元创办的、以海外贸易为主的香港联想电脑公司取得了极大的成功，该合资公司开办当年，营业额就达到1.2亿港元，不仅收回了全部投资，而且还拿出100万港元购买了香港一家有生产能力的Quantum公司，为香港联想公司自行研制开发产品建立了一个基地。

二、合理的价值链地理布局

企业跨国经营，实际也是企业的价值链在地理上的拓展。价值链的地理布局决定企业内部的价值活动，哪些应当安排在国内，哪些应当安排在国外，它直接影响到企业跨国经营的业绩。联想公司根据计算机产业的价值链构成特点以及大陆和香港的经营环境特点，采取了"两头在外，中间在内"这一合理的价值链地理布局。

所谓"两头在外"，是指联想公司将价值链的最上游环节和最下游环节，即产品开发和产品市场销售这两大环节，设置在香港联想。香港作为一个世界转口中心，同大陆相比，市场更为完善也更为国际化，信息渠道也更为畅通，将产品研制开发和产品市场销售这两大环节放在香港，使得联想公司的技术人员可以及时获得市场信息和技术信息，了解市场和技术两方面的进展，从而缩短公司产品的开发周期，使公司的计算机产品可以紧跟国际潮流。

"中间在内"，则是指联想公司将价值链的中间环节，即计算机产品的批量生产环节放在大陆如深圳等地的生产基地进行。大陆的劳动力成本、房地产价格都远低于香港，将生产环节放在大陆，可以大大降低生产成本。联想公司除了自己在深圳等地投资建设批量生产工厂外，还同国内其他厂家发展委托加工的合作关系，这样既避免了大量投资与基建，又能在订货量增大时保证供应。

三、正确的产品定位

自1988年底买下香港Quantum公司后，联想计算机公司就利用Quantum的厂房设备着手搞产品开发。此时香港联想虽然已取得了较大的成功，但是，同当时国际市场上已有的大型计算机生产厂商，如IBM、COMPAQ、AST等相比，联想公司无论是在技术、资金实力还是品牌声誉上都相去甚远，为此，公司决定避开这些实力强劲的厂商，而以台湾、香港的厂商作为竞争对手，采取所谓"田忌赛马，以上对下"的策略，将自己的产品定位于档次较低的国际通用产品。

联想公司以中国科学院计算机研究所作为后盾，拥有40多名高级研究人员和工程师，有多年的丰富经验，因此，在技术实力上同众多的港台厂商比，可以说是一匹名副其实的"上等马"。但在产品定位上，联想公司却以"下等马"自居，选择了档次较低的国际通用产品为开发目标：在产品技术层次上，选择技术层次较低，但应用面广、市场大、易于商品化的微型机产品，而不是搞大型机、小型机等高层次产品；在微机机型上，先选择微机产品中的低档机型286，而不是先搞高档机型；在产品形式上，从开发板级产品入手，而不是一开始就开发整机。这种以"上马对下马"的策略，确保了联想公司产品的竞争优势，使得中国技术转让公司都不是实力雄厚的大公司，联想公司选择这两家作为联想公司在与港台厂商的竞争中"游刃有余"，为公司今后的进一步发展奠定了坚实的基础。

四、高质低价的销售策略

巨大的市场潜力，吸引了越来越多的厂商进入到微机领域，使得微机市场的竞争愈演愈烈，与此同时，微机的生产技术也日趋成熟，这两方面因素造成微机厂商之间的竞争越来越以品牌为重。联想公司认识到，要想在激烈的竞争环境中生存并且获得发展，没有品牌支持是不可能的。为此，公司决定"放长线，钓大鱼"，采取"高质低价"的销售策略，不惜牺牲短期利益，以提高公司的知名度，创立自己的声誉。

本着"以上对下"的策略，联想公司在产品开发上首先选择了286机型，在开发和生产联想286产品时，联想公司高度重视质量管理，严格要求采购、制造及外加工每一个环节，使其产品质量在同类286产品中雄居上乘。由于严格的质量要求，以及采用高档的元器件，使得公司产品的成本超过了台湾和香港的厂商。但公司并没有因此将产品的价位定得很高，而是采取了低价策略，每件产品比香港市场同类产品的价格低1~2美元。这种"高质低价"策略在实施之初，使联想公司蒙受了较大的损失，公司每月销售8 000块板，不但不能盈利，还要亏损1万多美元，连续几个月，共赔了近10万美元。这些亏损由香港联想公司的贸易盈利来弥补。然而，由于286产品的市场寿命期很短，这种亏损的态势并没有持续很久，而联想公司却因此创立了自己的声誉，吸引了一大批忠诚的用户。当286产品逐渐被淘汰，联想公司推出了自己中高档的386和486微机，凭借已创立的良好品牌形象，联想公司产品的销售获得了极大的成功。香港联想集团董事局主席柳传志曾经对记者透露，该公司生产出口的主机板和显示卡1993年达到500万块，居世界第三位，因此而获得的丰厚利润也很快弥补了早先低价销售286微机的亏损。总之，正确的经营策略是联想公司跨国经营取得成功的关键，我国其他企业在从事跨国经营时，应汲取联想公司的经验，立足长远，制定正确的经营策略：在投资方式上，资金实力不足时，应以合资经营为主；采取合资经营时，应认清自身的优劣势，选择合适的合作伙伴，做到既不受制于人，又能取长补短；应做好价值链的合理布局；应掌握竞争对手之所在、之所为，采取合适的竞争战略；应采取合适的策略，力争创立自己的品牌等。

问题：

1. 阐述联想跨国经营的动机。
2. 你认为，联想应当在跨国经营的控制和管理体制上做哪些工作？

【关键名词】

跨国经营　跨国公司　内外部理论　区域战略化经营　独资经营　矩阵式组织结构

【思考与讨论】

1. 什么是跨国经营？跨国经营经历了哪几个阶段？
2. 跨国经营方式有哪几种类型？
3. 金德尔伯格提出的不完全市场是指什么？
4. 如何理解跨国经营的区域战略选择？
5. 举例说明跨国企业的集权与分权问题。

第十一章 经营活动诊断与分析

课前准备

【学习目标】

本章主要讲授了市场营销素质诊断与分析、市场营销环境的分析，以及经营活动效益分析与评价。通过学习，学生应能够了解影响企业经济活动的各要素、各环节，理解市场营销素质分析评价的指标体系，掌握对企业市场营销活动分析和经济效益分析与评价，学会有效地对企业进行经营活动诊断。

【重点难点】

1. 经营雷达图的构成与分析
2. 盈亏平衡分析
3. 市场营销素质分析评价的指标体系

学习内容

工商企业从事经营管理活动，其实质是寻求企业内部条件、外部环境和企业的经营目标的动态平衡。因此在企业的经营活动过程中，组织有经验的管理专家和有关人员，对企业经营的有关方面和因素进行调查、监控、分析和诊断，对企业经营活动个别环节出现的偏差予以纠正，是经营目标得以实现的重要保证。工商企业经营活动诊断的内容包括经营思想分析、经营组织结构分析、经营战略分析等。对于工商企业来说，最主要和核心的问题，集中在对企业市场营销活动分析和经济效益分析与评价这两个方面。

第一节 市场营销素质分析

一、市场营销素质分析的必要性

市场营销素质分析，是在充分收集有关资料和数据的基础上，对企业市场营销活动所做出的实态状况分析。这种分析的目的并不在于判断某一企业市场营销素质的高低，而主要是通过对有关指标的分析，揭示出企业在市场营销活动中存在的问题，从而为进一步深入诊断提供依据。

二、市场营销素质分析资料和数据的收集

对于工商企业营销素质评价资料的收集，主要包括两个方面的内容，即企业内部资料

和企业外部资料。

（一）企业内部资料

第一，市场营销的总体资料，包括：最近 3~5 年内主要产品销售资料、市场变动情况（市场占有率、市场覆盖率等）；主要产品销售费用、市场竞争现状资料；企业生产的品种、产量、生产能力的资料。

第二，市场营销计划资料，包括：市场营销战略计划；本年度市场营销计划与执行情况资料；其他营销计划资料。

第三，市场调查与预测资料，包括：最近市场调查资料；长短期市场变化预测趋势资料；最近 2~3 年运用市场调查和预测结果的评价资料。

第四，产品开发计划资料，包括：新产品开发战略计划；老产品更新换代计划；主要产品与竞争对手经济、技术指标对比资料；产品目录。

第五，销售渠道资料，包括：直接用户近 2-3 年的变化情况资料；销售渠道一览表；分销系统分布图；其他有关销售渠道的参考资料。

第六，国际营销业务资料，包括：最近几年出口产品的有关资料；产品出口方式资料；出口产品盈利资料；出口地区竞争情况资料。

其他有关方面资料，包括：产品售后服务的资料；主要产品价格变化资料；售后服务人员管理资料。

（二）企业外部资料

第一，市场营销环境资料，包括：政治、经济、文化、社会环境对企业影响的有关资料。

第二，科学技术进步资料，包括与企业有关的新科学、新技术、新材料、新工艺的发展资料和新产品的国内外技术水平变化资料。

第三，各级政府近年来的工作报告和有关的统计资料。

第四，行业发展状态资料。

第五，国内外贸易机构的有关资料。

第六，大专院校、科研单位的科研报告。

第七，科技市场的发展变化资料。

第八，国民经济发展计划和水平的资料。

第九，财政、金融等有关政策资料。

第十，消费水平和趋势变化的资料。

三、市场营销素质分析评价的指标体系

市场营销素质分析评价指标体系的建立，目的是在市场营销诊断过程中更好地用量化分析，以提高诊断的科学性。

（一）市场占有率分析

通常，企业的销售绩效并未反映出相对于其竞争企业的经营状况如何。如果企业销售额增加了，可能是由于企业所处的整个经济环境的发展，或可能是因为其市场营销工作较之其竞争者有相对改善。市场占有率正是剔除了一般的环境影响来考察企业本身的经营工

作状况。如果企业的市场占有率升高，表明它较其竞争者的情况更好；如果下降，则说明相对于竞争者其绩效较差。

根据产品性质的不同可以定义三种市场占有率：

1. 全部市场占有率

以企业的销售额占全行业销售额的百分比来表示。使用这种测量方法必须作两项决策：第一是要以单位销售量或以销售额来表示市场占有率。第二是正确认定行业的范围，即明确本行业所应包括的产品、市场等。

2. 可达市场占有率

以其销售额占企业所服务市场的百分比来表示。所谓可达市场就是：

（1）企业产品最适合的市场；

（2）企业市场营销努力所及的市场。企业可能有近100%的可达市场占有率，却只有相对较小百分比的全部市场占有率。

3. 相对市场占有率

（1）相对于三个最大竞争者：以企业销售额对最大的三个竞争者的销售额总和的百分比来表示。如某企业有30%的市场占有率，其最大的三个竞争者的市场占有率分别为20%、10%、10%，则该企业的相对市场占有率是30÷40：75%。一般情况下，相对市场占有率高于33%即被认为是强势的。

（2）相对于市场领导竞争者：以企业销售额相对市场领导竞争者的销售额的百分比来表示。相对市场占有率超过100%，表明该企业是市场领导者；相对市场占有率等于100%，表明企业与市场领导竞争者同为市场领导者；相对市场占有率的增加表明企业正接近市场领导竞争者。

（二）市场覆盖率分析

市场覆盖率是指企业产品在一定市场范围内占有区域的多少，例如吉林省市场，如果划分九大区域，在这九大区域内一个公司的产品均有销售，那么这个公司在吉林省市场的覆盖率是100%。该指标主要反映的是企业开拓市场的能力，与市场占有率是两个不同的概念，但有一定的关系。市场覆盖率高，说明企业产品在各地区的竞争力较强，市场风险较小；反之说明企业产品的竞争能力和市场开拓能力较差，市场风险大。

值得注意的是，有时企业市场覆盖率低，并不能说明该企业市场开拓能力差，而是由于企业所属行业属性和产品特点所决定的，在诊断时要具体分析，例如有些产品不适合长途运输。

（三）主要商品的畅销、滞销率

该指标主要反映的是企业商品是否适销对路、满足用户需求，同时也反映企业促销手段是否有力。其公式是：

主要商品市场畅销率＝主要商品全年在市场全部售完次数÷主要商品全年上市供应（采购）次数×100%

主要商品市场滞销率＝已供应给市场（或已采购）但未销售完的商品量÷全年向市场供应（或采购）的商品总量×100%

（四）销售利润率

销售利润率是评价企业获利能力大小的主要指标之一，其计算公式有两种：

（1）销售利润率=销售利润与销售收入的比率。

（2）是销售利润率=安全边际率×贡献毛益率

（五）合同履约率

其计算公式是：

合同履约率=年度按计划实际完成的销售合同数÷年度签订的全部销售合同数×100%。

它是主要反映企业市场信誉和衡量企业市场行为是否端正的重要指标。

（六）销售额增长率

它是反映企业在市场营销中扩张机能高低的重要指标，计算公式是：

销售额增长率=（本期销售额-上期销售额）÷上期销售额×100%。

对销售额的增长情况必须做具体分析，应结合市场增长状况、本公司商品的平均增长等情况来分析、比较。因此还可以用如下公式：老用户保持率=本期用户销售额÷前期用户销售额×（1+本期增长率）×100%。老用户保持率≥100%为维持扩张，老用户保持率<100%则为转移扩张。显然，老用户保持率越高越好。

（七）新产品开发成功率

无论是生产产品企业还是销售商品企业，都要对产品进行不断的开发，以适应市场变化的需要。新产品开发成功率是具体反映企业对市场需求信息反应的灵敏度和准确度的重要指标。计算公式如下：

新产品开发成功率=进入成长期产品的数目÷开发、试制新产品总数目×100%

（八）售后故障率

它是反映企业售后服务活动质量好坏的重要指标。售后服务做不好就会给营销工作带来极不利的影响。售后故障率一般用退货率和返修率来反映。计算公式是：

销售退货率=售后退货金额÷全部销售金额×100%

售后返修率=售后返修金额÷全部销售金额×100%

（九）主要产品外贸出口增长率

该比率反映企业开拓国际市场、扩张销售领域能力的重要标志之一。计算公式是：

主要产品外贸出口增长率=（本期出口品种数量、金额-前期出口品种数量、金额）÷前期出口品种数量、金额×100%

通过对上述9个指标的分析，对工商企业市场营销素质可以做出大致的评价，并为寻找企业市场营销活动中存在的问题及提出改善方案提供分析的依据。当然，除了上述有关指标的分析外，还要根据诊断活动的性质、企业的特点增加一些有关的指标加以全面分析。

四、市场营销要素诊断

在市场经济条件下，市场营销本是一个很宽泛的经济术语。从服务到制造，从信息到金融，从个人到组织，甚至从政治到社会，都可以有着自己的市场营销学说和定义。不过，万变不离其宗，影响工商企业市场营销活动的主要因素不外乎产品、价格、销售渠道和促销手段四个方面。市场营销要素诊断，就是对上述四个方面对企业的影响程度进行大量调查和分析，找出企业存在的问题，提出改善方案。

（一）产品及新产品开发诊断

这里指的产品，不仅是指产品的直观（物理）意义，还包含产品的无形或社会、心理意义。一个成熟的产品必然会带着极深的市场营销烙印，它是市场营销阶段对产品的不断反馈、不断消化、不断改进的结果。因此，与其说产品是制造部门的成果，不如说产品是营销部门的成果。从市场营销的实际效果来看，产品本身的使用价值和外延意义对市场营销所起的正面作用，已经开始大于产品的市场价格所起的正面作用。因此，产品是市场营销的第一要素。

工商企业在产品（商品）开发的诊断中，主要包括两个方面的内容，即产品（商品）结构合理性分析和新产品（新商品）开发分析。

1. 产品结构合理性分析

产品结构合理性分析主要是从产品生命周期及其结构、产品结构和产品盈利水平结构几方面进行分析。

（1）产品寿命周期及结构分析。一项产品从投入市场开始到被市场淘汰为止所经历的时间，称为产品寿命周期或产品生命周期，它是每一个产品的生产者所必须关注的。产品生命周期分析，就是根据企业生产和销售的主要产品、商品所处生命周期的位置，分析其营销策略是否与其所处的位置相适应，找出存在的问题，提出改进方案。

产品生命周期通常包括产品的投入期、成长期、成熟期和衰退期4个阶段。各阶段的主要市场特点及应采取的营销策略是见表11-1：

表11-1　产品生命周期各阶段的特点与策略

市场特征因素策略	投入期	成长期	成熟期	衰退期
产品市场状态	产品初始投入市场，销量小，成本高，利润少	市场规模扩大，销量剧增，成本下降，利润升高	市场需求出现稳定，销量起伏不大，利润最高	销量急剧下降，成本上升，价格竞争激烈，微利或亏损
市场竞争状态	竞争对手很少	竞争对手增加，竞争白热化	竞争对手格局已定，进入非价格竞争阶段	对手减少，企业开始转移
消费者行为	只有少数好奇者问津产品	首批消费者的引导，使消费者开始增加	消费者人数迅速增加，人数最多	消费者开始转移，只有少量守旧者
营销策略	①加强宣传，吸引消费者迅速占领市场；②采用高价或低价促销；③用老产品的盈利负担新产品	①改进技术性能提高产品质量，改进产品款式；②实行产品差别策略；③加强促销工作，增加促销费用	①采取非价格策略争创名优产品；②开发产品新用途	①延长产品成熟期；②新老产品更换；③产品市场转移

上述分析是根据某个产品在时间上所处的位置不同，确定应采取的不同策略。在诊断过程中，除了对某个产品的产品生命周期研究外，更重要的是要在此基础上分析企业全部产品的结构是否合理，从而为企业制定出最佳的产品结构方案。

产品生命周期结构分析，主要是通过产品生命周期平均值（T）计算进行的。即根据企业生产经营的所有产品，依其所处市场生命周期阶段给予打分，计算出企业所有产品的产品生命周期平均值（T）。可把企业的经营状况划分为五种类型：

开创型：$1 \leqslant T \leqslant 1.5$；企业所有产品大都处于投入期，企业处于开创市场的局面。

发展型：$1.6 \leqslant T \leqslant 2.5$；说明企业大部分产品处于发展状态。

均匀型：$2.6 \leqslant T \leqslant 3.5$；也称成熟型，是最理想、最合理的结构。

衰退型：$3.6 \leqslant T \leqslant 4.5$；说明企业已是病态经营。

危险型：$4.6 \leqslant T \leqslant 5$；说明企业经营产品状况恶劣。

平均生命周期过长，企业的技术更新、技术换代慢，企业很难获得或维持技术优势；相反，产品平均生命周期过短，新技术、新产品的市场潜力还未发挥出来，企业只能在频繁的转产中将经营优势丧失殆尽。

产品生命周期的平均值的计算，是通过产品生命周期分析进行的。如表 11-2。

表 11-2 产品生命周期分析

各期评分职 / 产品数	投入期 $M_1 = 1$	发展期 $M_2 = 2$	成熟期 $M_3 = 3$	衰退期 $M_4 = 4$	更换期 $M_5 = 5$
2					10
2				8	
2			6		
1		2			
2	2				

$$\sum i = 9 \quad \sum ij = 28 \quad T = \sum Mij / \sum i = 28/9 = 3.11$$

对于商业企业而言，其生命周期结构与工业企业不同。一般来说投入期商品普及率在 $1\% - 15\%$ 为投入期；在 $16\% - 50\%$ 为成长期；$51\% - 81\%$ 为成熟期；80% 以上为衰退期。根据产品生命周期的计算，就可以推测出市场对商品的需求，以及市场潜力的大小。因此，工商企业对产品生命周期的分析是十分重要的。

（2）产品结构 "5R" 分析。工商企业不但要组织产品的生产和商品的销售，同时还要考虑所生产的产品和销售的产品结构是否合理。因此，产品结构的 "5R" 是指：满意的商品、适当的地点、有利的时机、适宜的价格、合理的数量。具体分析如表 11-3。

表 11-3　SR 分析

5R	内容	分析因素
满意的商品（RightGoods）	满足用户利益和需要	①是否从长短期利益出发考虑问题，提高产品的质量特性；②是否考虑产品对环境的影响
适当的地点（RightPlace）	方便用户购买	①提供的场所是否方便用户；②产品的外形包装是否适合该场所的需要；③产品运输是否方便用户
有利的时机（RightTime）	迎合用户的时间需要	是否能在用户的购买时间、产品的使用时间和产品保修维修时间上满足用户要求
适宜的价格（RightPrice）	用户能够并愿意接受的价格	是否质价对等
合理的数量（ni扣 Quantity）	用户便于购买使用的数量	是否满足用户两次购买时间间隔，用户购买数量的一次支付能力

　　通过 5R 分析可以对企业产品结构即产品线宽度和深度结构是否合理，及商业企业对产品采购、储存的商品结构的合理性进行评价，从而调整不合理的产品结构。

　　一般地说，对产品结构不合理的改进，可以从以下几方面人手：一是改进或调整现有产品（改进产品采购和销售多品种和规格的商品，商品质量，改进功能或调整价格）；二是产品多样化（加深加宽产品线，满足多层次需要，从量的方面发展产品，减少竞争风险）；三是产品单一化策略（从质的方面发展产品，即产品专门化）。

　　（3）产品盈利水平结构分析。即分析企业哪些产品应该发展，哪些产品应该淘汰。常用的主要方法就是收入盈亏分析法，根据产品的销售额和盈利额比重来调整产品结构。

　　例：一企业从事 ABCDEFGH 八种产品的经营，各产品的销售额或盈利额如下表。试计算后确定该企业的发展重点产品（2 个）和要逐渐淘汰的产品（2 个）。

表 11-4　收入一盈亏额资料

产品	销售额（万元）	盈利额（万元）
A	1 200	400
B	1 000	600
C	1 300	500
D	1 800	800
E	1 500	−300
F	1 600	1 000
G	2 100	900
H	1 400	200

　　解：计算各产品的销售额和盈利额所占百分比：

表 11-5　计算结果

产品	销售额（万元）	销售额（%）	名次	盈利额（万元）	盈利额（%）	名次
A	1 200	10.1	7	400	9.7	6
B	1 000	8.4	8	600	14.6	4
C	1 300	10.9	6	500	12.2	5
D	1 800	15.1	2	800	19.5	3
E	1 500	12.6	4	−300	−7.5	8
F	1 600	13.5	3	1 000	24.4	1
C	2 100	17.6	1	900	22.0	2
H	1 400	11.8	5	200	4.9	7
Σ	11 900	100		4 100	100	

根据计算结果，F、G 两产品是企业的发展重点；E 和 A 或 H 产品是应逐渐淘汰的产品。

2. 新产品开发分析

新产品开发是企业产品组合调整中最积极的因素，是解决产品结构合理化的重要途径，也是企业生存发展的关键所在。分析内容包括企业目前新产品的数量；新产品的开发方向；新产品的选择方法；新产品投放时机和新产品研制周期与产品寿命周期结构合理性等。

（1）新产品开发时机：新产品投放市场的时机必须把握恰当。投放过早，有可能被同行企业利用或挤掉自己企业的老产品；过迟，产品市场可能会丢失。因此，新产品投入市场的最好时机是老产品处于成熟期后期的阶段。

（2）新产品研制周期与产品生命周期结构的合理性分析：一般来说，新产品研制周期≤1/2，产品生命周期为合理结构。当第一代产品接近成熟期，第二代产品进入研制期，第一代产品进入成熟期后期，第二代产品投放市场，依此类推。这样就能维持稳定的产品生命周期结构。

（二）价格策略诊断

价格策略诊断，重点要分析企业价格制定得是否合理，用户是否接受，是否在市场竞争中有利，企业从中是否能获利，从而寻找一个"合理的价格"。在诊断分析中分析企业价格策略是否合理，主要应分析影响该企业产品价格的因素，以及企业已制定的策略能否适用于企业的市场竞争策略。

1. 影响价格的因素分析

影响价格的因素很多，除了根本的价值规律外，还有经济的、政治的、法律的、道德文明的、心理的、社会价值观以及管理方法的因素。如影响价格的可控因素有：制造成本、生产能力、管理水平、配套使用价格、销售有关因素等；不可控因素有：社会经济发展水平、市场竞争状态、政策法令、用户需求等。在诊断分析中应重点研究可控因素的改进和不可控因素的适用上。

另一方面，在研究调整企业价格时要重点分析下列有关因素：产量——成本——销售费用的关系；用户对价格的承受水平；竞争对手的价格水平；市场需求弹性系数；消费者心理变化趋势；企业的盈利目标；市场萎缩和发育程度；区域间的市场差别；政府在特定空间的产业政策等。

2. 价格策略合理性分析

价格策略的合理性分析，就是要研究企业已制订的价格策略是否与企业的特点、产品的特点、企业的经营利益目标和市场竞争环境相适应，在价格策略的选择和组合方式上存在什么问题，从而为企业改善和合理采用价格策略提供有效的对策。在诊断活动中，还应根据企业所面临的各种市场的不同特征和企业自身生存发展的要求，帮助企业在一般定价策略中正确地选择和组合定价。

（三）销售渠道诊断

销售渠道的诊断对改善企业营销活动，缩短产品进入市场时间，适应市场变化，实现企业经营利益目标具有重要的作用。

1. 分析选择销售渠道过程的合理性

对销售渠道的选择是否合理，其中很重要的问题就是要看其选择的过程是否全面科学。因此，对销售渠道诊断时，首先要分析销售渠道选择的过程是否合理。一般说来，选择销售渠道的过程主要有四个步骤：

（1）确定销售渠道的方针。在选择销售渠道时，首先要确定企业选择某种销售渠道的思想是什么，是获取利润、提供新产品、加强企业销售能力、减少竞争风险，还是为了扩大市场范围。其次，要明确企业选择该销售渠道所能完成的使命。如开拓新市场、保管和输送产品、搜集和传递信息等。最后，确定该销售渠道应采取的政策，是开放性、选择性还是独家政策。

（2）对现有渠道的调查和分析。包括实际情况调查和交易情况分析。前者是指对现有销售渠道的经营内容进行调查和分析。其内容有：财务、销售力量、推销地区、主要用户、金融力量、库存能力、市场占有率、市场覆盖率等。后者是对现有销售渠道在交易方面的发展趋势进行分析。其内容有：销售收入、合同完成率、销售收入增长率、回收资金额、退货或折扣金额、销售成本等。

（3）对现有销售取得的评价。根据实际情况调查和交易分析的结果，首先应对是否继续采用现有销售渠道交易，还是终止交易做出回答。如果终止交易，则应对采用何种撤退策略等问题做出判断。其次要决定将来的方针，是提高重点用户的地位还是削弱一般零售商的作用。

（4）制定开辟新销售渠道的计划。开辟新销售渠道的计划包括：新渠道的基本任务、开拓目标、准备选择经销商的清单及信用调查，根据选择标准从诸多经销商中选择开辟对象，进行交涉等内容。

2. 销售渠道的选择与评价

对企业销售渠道诊断的核心问题，在于对企业在流通中的中间商的取舍选择提供建议，也就是分析企业对产品是直接销售有利，还是间接销售有利，其根据是什么。

对企业应直接销售还是间接销售的诊断，主要从市场因素、产品特点、企业条件、获利水平等方面来分析。具体内容见表11-6。

表 11-6 全省售渠道的选择与评价分析表

影响因素		销售方式	
		直接销售方式	间接销售方式
市场因素	市场潜在需求 产品销售批量 市场密度程度 市场细分化	市场规模小，潜在需求量少 一次销量较大 市场集中 工业品市场	市场规模大，潜在需求量大 一次销量较小 市场分散 消费晶市场
产品特点	产品价格 产品体积、重量 产品性质 产品技术性 产品成本和价格差异	产品价格高 体积大、重量大 易腐、易燃、易爆、易破损 技术性强 差异大	产品价格低 体积小、重量小 抗腐耐损产品 技术性差 差异小
企业条件	企业规模 销售能力 企业信誉	企业规模小，交易关系简单 销售能力强 信誉高	企业规模大，交易关系复杂 销售能力弱 信誉低
获利水平	利润平衡点	平衡点以上	平衡点以下

（四）促销活动诊断

促销活动开展得好坏，直接影响企业经营良性循环的程度。其诊断目的就是帮助企业寻求一条加快产品流转速度，实现企业增长目标的途径。促销活动诊断的内容包括四个方面。

1. 人员推销诊断要点

（1）推销人员素质分析。主要包括知识素质和能力素质分析。知识素质分析是指对有关推销商品的知识、市场和消费者的知识、销售技术的知识等分析。能力素质应包括：引起用户注意和兴趣的能力；促使用户产生购买欲望的能力；使用户信任并主动购买的能力；使用户满意的能力等。

（2）对推销人员的培训、考评分析。包括：推销人员的培训是否制度化、经常化；推销人员培训是否强调了服务性销售和创造性销售；推销人员的绩效考核是否公正等。

2. 广告宣传的诊断要点

（1）广告宣传的目的性和时间性是否一致？

（2）广告宣传的媒体选择是否恰当？

（3）广告宣传与推销手段是否同步？

（4）广告宣传是否起到了刺激、引导消费者的作用？

（5）广告宣传费用支出是否恰当？

3. 促进销售诊断要点

（1）是否有明确的促进销售目的。

（2）是否有较具体的促进销售计划。

（3）促进销售的方式、手段选择是否恰当。

（4）是否进行了促进销售的费用预算。

（5）是否收集和了解了竞争对手的促进手段。

4. 援助中间商的诊断要点

（1）是否明确援助中间商的目的。

（2）选择援助中间商对象是否合理。

（3）已援助中间商的工作是否满足了用户要求。

第二节　市场营销环境分析

市场营销环境泛指一切影响、制约企业营销活动的最普遍的因素。企业通过市场营销活动与消费者、供应商、购买者、竞争对手等相关各方发生关系。市场营销环境分析的目的就是通过分析企业前期活动的成绩与不足，找出原有营销策略中与市场环境不相适应的因素，从而帮助企业重新确立新的正确的营销策略，以适应舒畅环境变化的需要。其内容主要有三个方面，即市场发展趋势分析、消费者行为分析和企业形象分析。

一、市场发展趋势分析

企业通过市场发展趋势分析，为判断企业现有营销策略和长远的发展战略提供了依据，从中寻找存在的问题并正确地提出改善方案。市场发展趋势分析主要是对行业动向分析、竞争对手动向分析、技术发展分析。

（一）行业动向分析

行业的市场营销动向，直接影响着企业市场营销活动的开展。因此，对行业动向的科学分析，有利于企业根据本企业的特点，合理正确制定各种营销战略和促销手段，适应市场发展的需要，在同行业竞争中取胜。行业动向分析主要是通过市场销售量或销售额的预测来具体分析的。

市场销售量或销售额的预测要通过各种相适应的预测技术来进行。在营销诊断过程中，可供诊断人员选择的方法有：经验分析法，具体包括经理评判意见法、推销人员估计法、专家意见法、产品生命周期推测法；趋势变动分析法，包括移动平均法、指数平滑法、季节指数法、趋势推测法；因果分析法，如回归分析法、领先指标法。

营销活动诊断中，首先要通过市场调查得来大量的实际资料，然后将有关的资料填入行业营销总动向分析表中，以便分析研究。

（二）竞争对手动向分析

行业市场营销总动向，只是说明了企业所处经营活动环境的基本特点和条件，并未说明行业内各企业之间的利害关系，以及竞争企业对本企业的威胁程度。因此，在行业市场营销总动向分析的基础上，还要对行业竞争对手的动向进行分析。对行业竞争对手的分析，主要是通过调查、了解竞争对手的实力和特长，掌握现有竞争对手和潜在竞争对手的发展趋势，市场营销活动的特点，以及在目前和长远发展过程中，对本企业可能造成的威胁情况，以便使企业根据自身的特点制定有效的市场营销战略和策略。主要包括以下内容：

第一，竞争对手的特性、竞争对手的层次结构；

第二，产品构成、市场占有率、市场覆盖率、主要销售地区、销售增长率等；

第三，产品质量、外型、规格、包装、价格、寿命周期结构等；

第四，市场营销特点、营销渠道、营销策略等；

第五，竞争企业的素质（包括管理水平、人员数量及素质设备能力、技术力量水平等）；

第六，竞争企业近年来所取得的成绩和失败的案例。

（三）技术发展趋势分析

对企业技术发展趋势分析时，可以从以下几方面入手：

第一，国内外同行业现有生产技术水平的分析比较；

第二，同行业中（包括国际、国内）新材料、新工艺、新技术、新设备、新手段的推广与应用情况及发展趋势分析；

第三，本行业中技术改造、技术引进、新产品开发的计划和实施情况。

目前分析时广泛运用的方法有两种：推测式预测和规范式预测。推测式预测是在现有技术水平基础上，按照技术发展的规律，预测今后的发展趋势，具体方法有专家意见法和投入产出法等。规范式预测是以一定时期社会经济技术发展的目标为依据，逆向预测一定时期内可能达到的技术水平，具体方法有统筹法、网络分析法。

二、消费者行为分析

工商企业面对的消费者是各种各样的，有集团消费者，也有个人消费者，他们在市场活动中各自的行为都不同。对消费者行为进行分析可以使企业经营活动具有针对性。一般说来，对消费者行为分析主要包括以下内容：

（一）销售对象分析

销售对象分析就是对消费主体的分析，即消费者都是哪些人，其职业、年龄、生活习惯、需求层次都有什么特征，是理性消费还是非理性消费等，从而在市场营销活动中，根据不同销售对象采取适合营销的手段。

（二）购买动机和依据的分析

要分析和研究消费者对购买商品时受什么思想支配，消费者究竟出于什么动机购买商品。同时还要分析，消费者是根据功能、款式、外观、价格、商标等其中哪一种或哪几种因素决定购买该产品。竞争对手的商品的优点和不足是什么，自身的优势在哪里？

（三）购买过程的分析

分析研究消费者购买商品特别是购买本企业商品的过程中，都考虑哪些问题，受哪些主观和客观因素影响而促进购买过程的发展和购买行为的实现。分析消费者在购买过程中从何处通过什么渠道和手段收集商品信息，选择和比较商品的方法与标准获得满足的条件是什么等，以便有效地制定营销战略。

（四）购买时间和地点的分析

主要是分析企业的产品销售活动受到什么时间因素的制约和本企业产品的销售地点是集中还是分散对企业有利。对购买时间和购买地点的分析，目的就是从中寻求最佳的供应时间、供应场所以及供应方式，以满足和赢得更多用户。如对于生产资料的产品，用户是喜欢送货还是在各销售点自由购买，由于购买地点选择的不同，供应方式就要有所区别。

三、企业形象分析

企业形象是企业创造良好的市场营销环境的重要因素。企业形象分析目的是要调查了解女业在市场竞争中、在消费者心目中的影响和地位，企业形象越好，市场营销活动环境就越宽松，反之企业就举步维艰。对企业形象分析，主要是通过产品和企业知名度分析、消费者意见分析、中间商意见分析等内容进行的。

（一）产品或企业的知名度分析

主要是对消费者和用户进行调查，统计他们对本企业或产品名称、商标、特点等了解的人数比例。该比例越高则说明企业或产品在市场上的知名度越高。另外，也可以通过一系列指标来反映，如合同的履约率、开箱合格率、产品、商品返修率等。

（二）消费者意见分析

企业或产品的知名度，主要取决于消费者的客观评价。因而，通过对消费者意见的调查，可以找出企业在市场营销活动中存在的问题。对消费者意见的调查，主要是了解消费者对企业的产品质量、价格、包装、供货方式、销售方式、售后服务等方面的意见和要求，产品在实际使用过程中还存在什么问题，还有哪些方面需要改进等。消费者意见调查一般采取调查表法、时机观察法、电话询问法、登门访问法等方法。

（三）中间商意见分析

这种分析主要针对生产企业和大的批发商企业。因生产企业的产品要通过一定的销售渠道和中间商来加以推销，大型批发商企业也要借助于零售商来使商品到达用户的手中。因而中间商就是企业与消费者联系的纽带。通过调查中间商对企业产品（商品）、交货期、协作态度等方面的意见，可以更具体地了解中间商对各竞争企业的客观评价。同时，由于中间商广泛地与消费者接触，也可以较为广泛地收集到具有普遍性的消费者意见，为企业了解自己在市场中所处的地位和形象提供依据。

第三节　经营活动效益分析与评价

经营效益分析，是对工商企业经营活动综合评价的一种重要方法。通过经营效益的分析与评价，不仅可以对企业的经营现状做出客观而准确的估价，而且还能通过技术经济指标水平和资金运动情况准确地判断出企业经营活动的发展趋势。

一、经营活动效益分析的内容

经营活动效益分析是根据分析的目的和范围，对企业经营中关键性和实质性的指标进行分析，主要有经营比率分析、财务报表分析、盈亏平衡分析、费用效益分析等。由于工商企业的特定性质，本教材主要研究经营比率分析、财务报表分析、盈亏平衡分析的内容。

（一）经营比率分析

它是用百分比率从收益率、生产效率、资金周转率、经营安全率和增长适应率等五个方面来分析企业的经济效益。

1．收益率分析

收益率分析，就是通过利润与经营资金、销售额、产值、成本等比率指标，对企业收益能力或获利能力水平高低的具体分析。它是企业诊断活动中对企业经营活动效益分析的重点。企业的收益性可以用以下比率来表示：

（1）资金利润率：资金利润率是一个表示商品经济效益的综合性指标，它既是一个表示盈利能力的指标，又是一个表示投资回收能力的指标。比率越高，说明企业的收益性越高。公式为：

$$资金利润率 = 利润总额 \div （流动资金平均占用额 + 固定资产平均占用额） \times 100\%$$

（2）销售收入利润率：是衡量企业销售收入的收益水平的指标，这项指标越高，说明企业销售收入获取利润的能力越强。由于企业的特点不同，分析该指标时，还应将其细分为按产品、地区、用户、销售渠道计算的销售利润率。其计算公式是：

$$销售收入利润率 = 利润总额 \div 销售收入净额 \times 100\%$$

（3）成本费用利润率：是反映企业成本费用与利润关系的指标。成本费用是企业组织生产经营活动所需要花费的代价，利润总额则是这种代价花费后可以取得的收益。这一指标的比较是很必要的。其计算公式为：

$$成本费用利润率 = 利润总额 \div 成本费用总额 \times 100\%$$

2．生产效率分析

生产效率分析，主要是考察工业企业劳动生产效率以及生产成果的分配状况。其主要指标有：

（1）人均销售收入 = 销售收入 ÷ 职工平均人数

（2）人均利润 = 利润总额 ÷ 职工平均人数

（3）实物劳动生产率 = 实物产量 ÷ 劳动消耗量（平均人数）

（4）产值（净产值）劳动生产率 = 工业总产值（净产值）/劳动消耗量（平均人数）

（5）原材料利用率 = 产品原材料重量 ÷ 原材料消耗重量

3．资金周转率分析

资金周转率分析，主要是考察企业的资金运动状态。资金周转率分析可以采用下列指标：

（1）资金周转次数 = 本期销售收入 ÷ 资金总额（次/年）

（2）资金周转天数 = 360（天）÷ 资金周转次数

（3）流动（固定）资金周转天数：本期销售收入 ÷ 流动（固定）资金平均余额（平均值）×360（天）

（4）产成品（在制品）资金周转天数 = 本期销售收入 ÷ 产成品（在制品）资金平均额×360（天）

（5）原材料资金周转天数 = 本期销售收入 ÷ 原材料资金（平均余额）×360（天）

（6）应收债权资金周转天数 = 本期销售收入 ÷ 应收债权额（平均余额）×360（天）

4．安全率分析

安全率是指企业经营中的盈亏状况和企业资金调度的安全程度（资金收支平衡情况）。

安全率的分析有两种方法，即企业经营安全状况分析和企业资金调度安全状况分析。经营安全状况分析，主要是通过经营安全率和盈亏平衡点比率计算进行的。由于经营决策中对这一方法已详细研究过，因此，这里重点研究资金调度安全状况分析方法。

企业资金调度安全状况的分析，即企业资金收支平衡的分析，一般说来，收益性较高的企业，其安全性也较高。但是也有不同的情况，就是企业有收益，但资金调度不顺利，使其安全性较差。这种情况主要是因为企业收益和费用的周转期与资金收入和支出的周转期不一致而引起的。因此，为了帮助企业提高经营安全性，必须对企业资金调度管理问题进行分析，重点研究企业资金的收入与支出运用与筹措是否平衡。其主要指标有：

（1）自有资金率。自有资金即从总资金扣除负债后的值。自有资金率表明企业总资金中自有资金所占的比重。其公式为：自有资金率＝企业自有资金÷企业资金总额×100%。比率越高，说明企业安全性越高。

（2）流动比率。这是反映企业偿债能力的指标，可以说明企业发展的伸缩程度和企业资金支付的信用状况。计算公式为：

$$流动比率流动资产÷流动负债×100\%$$

一般认为，流动比率若达到2时，是最令人满意的。若流动比率过低，企业可能面临着到期偿还债务的困难。若流动比率过高，这又意味着企业持有较多的不能赢利的闲置流动资产。使用这一指标评价企业流动指标时，应同时结合企业的具体情况。

（3）速动比率。是指速动资产占流动负债的比率，它反映企业短期内可变现资产偿还短期内到期债务的能力。速动比率是对流动比率的补充。计算公式如下：

$$速动比率＝速动资产÷流动负债×100\%$$

速动资产是企业在短期内可变现的资产，等于流动资产减去流动速度较慢的存货的余额，包括货币资金、短期投资和应收账款等。一般认为速动比率为1是合理的，速动比率若大于1，企业短期偿债能力强，但获利能力将下降。速动比率若小于1，企业将需要依赖出售存货或举借新债来偿还到期债务。速动比率的水平，一般控制在流动比率的50%左右为宜。

（4）固定比率。固定比率表示企业自有资金中，有多少是用于投入到固定资产当中的，它是判断企业长期支付能力，即企业长期发展适应程度的指标。其计算公式为：

$$固定比率＝固定资产平均额÷自有资金总额×100\%$$

从企业的经营安全性来看，筹办固定资产最好由支付危险性少的自有资金和不急需偿还的长期负债构成。因此，还可以用固定资产长期适合率来衡量企业的长期支付能力。

$$固定资产长期适合率＝固定资产（平均额）÷（自有资金额+固定负债额）×100\%$$

（5）利息负担率。指企业应付利息与销售收入的比值。公式为：

$$利息负担率＝利息÷销售收入×100\%$$

企业利息负担率的高低往往与企业拥有自有资金的多少密切相关。利息负担率越低，表明企业自有资金力量越雄厚，企业经营的安全性越高。

5. 增长率分析

企业的增长率是指企业发展的潜力和趋势。一个经营状况良好的企业，不仅要具有高的收益率、可靠的增长率、净产值增长率、利润增长率和资金增长率等。

对企业增长率的分析，要考虑企业连续 3~5 年的经营活动状况。一般而言，这些数据要从财务报表中获得。

例：一企业从事 ABCDEFGHJk 种产品的经营。各个产品的投资额、销售额和盈利额如表 11-7。假定该企业的资金目标利润率 $C=18\%$。试计算企业盈利最大时的销售额及此时资金的平均周转次数。

本题的基本思路是：计算各个产品的投资资金利润率。若是高于或等于设定的目标资金利润率视为可投资或可发展的产品；若低于目标资金利润率，视为亏损产品，不能产生盈利，是不可投资或需要调整的产品。

表 11-7　各产品的情况　　　　　　　　　　单位：（万元）

产品	投资额	销售额	盈利额
A	2 000	1 200	400
B	2 500	1 000	600
C	3 000	1 300	500
D	4 000	1 800	800
E	3 000	1 500	-300
F	2 500	1 600	1 000
C	5 000	2 100	900
H	2 000	1 400	200

资金利润率＝产品盈利总额÷产品资金占用额×100%

资金周转次数＝本期销售收入÷资金总额（次/年）

资金周转天数＝360 天÷资金周转次数

解：计算各产品的资金利润率（RI）

$R_A = 400 \div 2\,000 \times 100\% = 20\%$；同理 R_B：24%；R_C：16.7%；R_D：20%

$R_E = -10\%$；R_F：40%；R_G：18%；R_H：10%

很显然，C、E、F 三个产品处于亏损状态；企业盈利最大时的销售额为 Sz：SA+SB+So+Sr+SG = 1 200+1 000+1 800+1 600+2 100 = 7 700（万元）

企业从事 ABDFG 五种产品生产时的总投资额：

　　　　I = 2 000+2 500+4 000+2 500+5 000 = 16 000（万元）

　　　　资金周转次数 = 7 700÷16 000 ~ 0.5（次/年）

　　　　资金周转天数 = 360÷0.5 = 180（天）

　　　　最大盈利额为：400+600+800+1 000+9 000 = 3 700（万元）

（二）盈亏平衡分析

在对工商企业经营诊断中．盈亏平衡分析的方法运用广泛。无论是对生产企业或商业销售企业，在分析其经营计划、经营决策、利润管理、生产和销售数量的控制、成本决策和判断企业经营发展趋势上都有着十分重要的作用。

盈亏平衡分析的核心问题是，利用盈亏平衡的原理，对企业在不同因素影响下的各种经营状况分析，找出影响提高企业经济效益的不利因素，提出提高获利水平的改进措施。盈亏平衡法有数学公式法和图像法。图像法的特点是直观，便于现场分析。本教材图像略。在企业诊断中，依据盈亏平衡原理，由产品的固定成本和变动成本大小，可把企业产品的经营状况分为四种类型：

1. 安全型

固定费用和可变费用都低，盈亏平衡点也低，是一种理想、安全的经营状况，产品经营很稳定，具备优势。一般来说，固定费用比率为10%－20%。这种图像说明，即使减少部分销量也不易出现赤字。即假设 I 为盈亏平衡点，其销售额为目前销售额的40%，那么，只要销售额不降到 I 点以下就不会出现赤字，而销量只要超过目前水平，利润就会大大增加。这时的经营安全率和盈亏平衡点比率分别为70%和30%，是非常安全的、理想的经营状态。对制造业而言，这种情况意味着产品的净产值很高；对中小企业来说，可能具有独特的产品、技术或市场优势。

2. 警戒型

固定费用低，可变费用高，盈亏平衡点也高。它是一种低附加值型产品经营，企业要在降低可变成本上下功夫。它的固定费用比率为10%－20%。这种图像说明，由于销售额总费用线相交成锐角，所以，销售额的增减对利润增减的反映不灵敏。一般对原材料的依赖性较大，附加值较低的加工行业多呈现这种状态。因此，这种企业也称为"低附加值型"或"慢性赤字型"。

3. 成长型

固定费用高，可变费用低，盈亏平衡点随固定费用的高度而上升。它是一种积极的经营状况，产量上去，利润就会增加。这种图像的特点与安全型和警戒型都有相似之处。从盈亏平衡点的高度来看与警戒型差不多，但只要产量一上去，利润就会急剧增加，这一点与安全型一样。因而。这是一种积极的经营状况。一般投资大的行业，如钢铁、化工、造船、交通运输等行业易出现这种状况。该行业容易受经济形势变化的影响，因而也称为"市场行情产业型"。

4. 危险型

固定费用和可变费用都高，盈亏平衡点也高。它是最无适应性的经营状况，也称倒闭型。一般来说，固定费用比率为40%－60%。这种图像说明，只要销售额降低一点就可能会亏损，或销售额增加一些也增加不了多少利润。一般来说，企业产品原材料费用高，而售价相对低廉时，多呈这种状态。

（三）财务报表分析

财务报表是企业经营状况和成果的综合反映。因此，财务报表分析是经营活动效益分析的基本内容。

1. 资金平衡表科目分类

在财务报表分析中，最重要的是对资金平衡表和损益表的分析。因为企业经营活动状况，是通过这两个表的各种数据反映出来的。

在诊断过程中，首先要将资金平衡表的科目重新加以分类。一般先将资金占用部分根据资产的形态分为流动资产、固定资产和专项资产。流动资金和固定资金之和称为经营资金。这些内容还可具体分为：

（1）流动资产划分为速动资产、盘存资产及其他流动资产。

速动资产，是指短期内能够转化为现金的资产，如结算资金和货币资金。盘存资产，是指可以通过盘点来确定的资产，如成品、在制品、原材料、储备品等。其他流动资产，包括待摊费用、预付货款、短期放款等。

（2）固定资产划分为有形固定资产、无形固定资产、投资等。

有形固定资产，包括建筑物、设备等具有具体形态的资产。无形固定资产，是指没有具体形态的资产，如专利权等。投资，即企业对外的投资部分。

（3）专项资产包括专项存款、专项物资、专项工程支出等。

（4）流动资金划分为流动负债、固定负债、流动基金等。

流动负债是指需1年内偿还或支付的短期流动资金，如流动借款、应付款等。固定负债是指可利用1年以上的长期资金，如长期负债、基建贷款等。流动基金是指有国家拨入或从其他来源取得的供长期周转用的流动资金。

（5）固定资金是指构建固定资产所形成的资金，如国家固定基金、企业固定基金等。

（6）专项资金是指企业生产经营资金以外的、从特定来源形成、供一定专门用途使用的资金。

2. 财务报表分析方法

（1）增减法。是指通过对比本期与前期或本期与其他会计同一期科目的实数增减额，从中分析企业经营活动的变化情况。

（2）构成法。即把资金平衡表的资产及负债、资金总额分别作为100%，求出各科目占总额的百分比，编制出百分比资金平衡表，用以分析本期构成的合理性。

（3）趋势法。是把过去某一年度作为基准年度，基准年度的各科目为100%。求出以后各年度的相应科目基准年度的百分比，用以分析企业近几年的经营趋势，从中发现异常现象。

3. 资产和资金分析

对资金平衡表，首先要分析企业的资产和资金构成是否合理；参加经营和不参加经营的部分各占多大比重，是否合理等。其次，要进一步分析流动资产、固定资产、专项资金的构成情况。最后，计算出各种资金和资产的周转期，分析它们的利用效果，发现异常，寻找原因。

4. 利润增减分析

在财务报表分析中，为了使问题分析得更深入和具体，一般将利润按产生的过程分为：

产品销售收入、销售利润、利润总额等，据以编制企业利润表。为了分析企业利润增减的原因，即本期有哪些因素对利润产生影响，影向程度如何，就要根据利润表，编制利润增减原因表。

5. 成本分析

成本是影响企业经营活动效益的重要因素。成本分析不仅是经营分析的主要内容之一，也是企业进行成本控制和经营决策的重要依据。

成本分析有两种方法：一是实际成本分析法；一是标准成本分析法。通常，两种方法要结合使用。具体步骤是：首先掌握实际成本，将企业本年度的成本与过去成本相比较，再设立标准成本，然后比较标准成本与实际成本的差异，找出存在的问题，提出成本控制和改进措施，提高企业获利水平。

二、经营效益综合分析

对企业经营活动效益分析，除了评价每一具体指标的完成情况外，还要将各种指标综合分析，从总体上对企业经营活动的情况做出准确的评价。进行综合分析评价时，常用的图表有：经营比率综合分析表、经营效益指标变化趋势图和经营雷达图。

（一）经营比率综合分析表

经营比率综合分析表，是根据企业经营比率分析的内容，将近期主要比率指标的增减变化情况综合一起汇成分析表，总体分析这些指标结构的合理性和综合效益情况。

（二）经营效益指标变化趋势图

经营效益指标变化趋势图，是在经营比率综合分析表的基础上，选择主要指标绘制在坐标图上，以便更直观地观察其发展变化趋势。

（三）经营雷达图

经营雷达图是对企业的收益性、生产性、资金流动性、安全性和增长性五个方面用直观的图像形式来综合分析与观察。雷达图能够直观地显示出企业经营的效益和薄弱环节，为改善企业经营状况指明方向。

1. 经营雷达图的构成

经营雷达图由 3 个同心圆、5 个区域（每个区域 72 度）构成，每个区域分别表示企业的收益率、生产效率、资金周转率、安全率和增长率。3 个同心圆中，最小的代表同行业平均水平的 1/2 值（或最差情况）；中间的圆代表同行业平均水平或特定比较对象的水平，称为标准圆；最大的圆表示同行业平均水平的 1.5 倍或最佳状态。具体画图是：把各指标本期实际值换算成其比值，再把比值描在雷达图中，连线形成。

2. 经营雷达图的分析方法

可以分以下几种情况进行分析：

第一，如果企业的比率值位于标准区内，则说明企业比率值低于同行业的平均水平，企业在市场竞争中处于劣势，应认真分析原因，提出改进措施。

第二，如果企业的比率值接近或低于小圆，则说明企业经营效益较差，处于十分危险的境地，要采取果断措施扭转局面。

第三，如果企业的比率值大于标准区接近大圆，则说明企业经营状况良好，有较强的竞争优势。

3. 经营雷达图的评价

由于不同企业在经营活动中所采取的经营方针、策略等不同，因而所取得的经营成也各有侧重。同时，各企业在经营雷达图上所显示的图像，即经营态势也不尽相同。在对工商企业诊断中，就是要根据雷达图上显示出的经营态势，分析各企业经营活动的现状和发展趋势，以便提出改善措施。工商企业的经营态势大体可以分为 8 种情况：

（1）稳定理想型。这种类型是企业经营的理想状态。在这种状态下，企业应根据市场需求扩大生产能力，采取多角化经营战略，同时，也要积极进行新产品开发和广告宣传等先行性投资。

（2）保守型。这种类型反映的是，企业的生产效率和增长率都较差，一般多属老企业。在这种经营状态下，企业应发挥本企业的优势，注重市场调查和预测，采取正确的营销策略，进行设备投资，生产新产品和开拓新市场。

（3）成长型。有些企业的收益率、资金周转率和增长率在经营活动中都表现良好，但企业的财务管理却未能适应企业快速发展的需要，这时的企业经营趋势呈成长型状态。这类企业应加强财务管理和资金调度，开拓筹措资金渠道，采取多种方式筹集更多的资金。

（4）特殊型。这种企业有较高的收益率和资金周转率，但增长率和安全率低，这种类型企业多属有特种技术的企业。这类企业，应注重增加销售额以扩大资金力量，争取向成长型发展。

（5）扩展型。这种类型说明企业增长率高，收益率低，多属开始扩大经营范围的企业，这类企业要制定精确的利润计划，降低成本，提高产品利润水平。

（6）恢复型。这种类型说明，企业正处于经营恢复时期，销售额急剧增长。这类企业应加强资金管理，设法充实资金，制定长期利润计划，提高资金周转率和收益率。

（7）消极安全型。一个企业资金雄厚，但如果管理不善，就容易产生消极安全形态。这类企业，应充分利用雄厚的资金资源，积极开发新产品，扩大市场活动范围，提高企业的增长率。

（8）均衡萎缩型。这是表明企业经营活动最差的经营态势。这种企业处于濒临倒闭的境地，企业面临新的选择，企业应从经营环境、发展方向、产品更新换代、设备更新、职工培训、加强企业内部管理等方面进行全面系统的分析和研究，以寻求扭转局面的出路。

【个案分析】

不要因为渠道毁了市场

继中原某省的第一大乳品企业与某国内乳业巨头联姻之后，该省境内的又一乳品企业 A 在 2004 年年底被另一全国乳业巨头 B 控股，并将于 2005 年推出新的 B 品牌产品。

由于厂家对市场管控力度不强，B 企业在该省市场一直存在比较严重的审货问题。在 B 企业与 A 合作之后，市场局面愈见混乱。原来，这两家企业的合作刚开始，新厂的设备更新改造尚未完成，新企业便调来 B 的产品来销售，而且中间商指定的代理是原来 A 企业的经销商。这样，在该省市场上出现了两套销售 B 品牌产品的代理班子，引起了原 B 企业代理商的不满。

B 企业地区办事处表示，新企业在合作谈判时没有明确渠道使用问题，现在已将问题反映到总部，正在想办法进行解决。与此同时，A 厂的 B 品牌新产品已经在该省上市。王维平（清华大学法学硕士）认为：渠道不容忽略。渠道主要包括商人中间商、代理中间商，以及处于渠道起点和终点的生产者与消费者。在 4P 营销理论中，渠道是其中的一个重要组成部分，在市场竞争趋向白热化的当今时代，渠道对于企业产品的营销至关重要，所以有人宣称"得渠道者得天下"。

B是在竞争对手与该省第一大乳品企业联姻后控股A的，但在仓促应战时，缺乏系统、明确的竞争战略，使自己陷入了战略被动。B要在年内推出新的B品牌产品，考虑到了产品问题，但是在合作谈判时竟然没有明确渠道使用问题；再加上B过去就存在严重的窜货问题，说明B在渠道方面一贯不够重视，管理也比较薄弱。

B的渠道问题，表面上看是渠道管理问题，是由渠道重置引发的冲突和混乱，本质上却是渠道策略问题，即选择什么样的渠道类型、选择什么样的渠道伙伴的问题。

1. 渠道类型的选择

选择正确的渠道类型是渠道策略的重要内容。短宽和长窄渠道类型是目前企业中广泛采用的两种类型。渠道宽窄取决于渠道的每个环节中，使用同类型中间商数目的多少；渠道的长短一般是按流通环节的多少来划分。

在长窄渠道中，产品一般是通过一级批发商、二级批发商和三级批发商，最后到达零售终端的。这种模式的好处在于能够利用中间商的资源，缺点是对渠道的掌控能力较差。而采用短宽型渠道，厂家可以及时把握市场信息，并可以灵活地调整战略。同时，由于渠道环节少，还可以加快资金周转速度。乳品属于消费周期比较短、重复消费频率较高的快速消费品。短而宽的渠道有利于覆盖广阔的市场，并节省渠道成本。

目前，乳品企业大多朝着渠道扁平化的方向发展，采用短通路、宽渠道的渠道模式。所以从总体上而言，B应当考虑采用短宽类型的销售渠道。采用宽渠道也有助于B进行深度分销和对终端市场的掌控，减少并最终制止窜货问题。

2. 渠道伙伴的选择

明确了渠道类型之后，下一步要解决的问题就是选择什么样的渠道合作伙伴。现在摆在B面前的难题是：选用原来自有的代理商还是A的经销商？但这不应该成为非此即彼的简单选择，而应该在全面考虑的基础上加以系统整合。

其实并购就是重要资源的整合过程。对B来说，整合的不仅仅是A的生产能力，也包括其营销网络。考虑原有的销售窜货问题，说明B在渠道管控方面也存在问题。所以，应该将两套班子全部打乱，重新调整部署。在选择经销商的标准上，可以重点考虑：按照未来短宽渠道的要求，在占有地利的情况下，免去该地区省一级的代理或总经销，而直接面向地市级的二级批发商；二级批发商应当能直接覆盖终端零售，有良好的分销、配送能力，并能很好地协助B进行新产品的上市铺货。

在完成渠道类型选择和渠道成员选择后，B必须将所有的渠道伙伴纳入总部统一的管理体系，不能允许新企业自行销售、选择经销商。B在渠道管理方面，还必须重点解决好窜货问题。渠道窜货虽有良性、恶性之分，但B一直存在的严重窜货必然会扰乱其正常的分销渠道关系，引发分销渠道成员之间的价格混乱和市场区域混乱。这对B新产品的上市和持续的市场竞争是非常有害的。

解决窜货，除可以采用产品地区识别码等技术措施外，主要的还是要加强对渠道的监控管理。在选择正确的分销成员的基础上，抓紧对分销网络的控制，实施规范化的分销管理。

比如慎重制订返利政策，注重过程管理和过程返利，综合分销成员的铺货、陈列、库存、价格和渠道维护来制订返利政策；依据市场容量和分销成员实力来确定区域销售目标；严格控制分销成员的库存等等。

问题：

1. B 是如何选择营销渠道的？

2. 你能为 B 的渠道建设提出什么建议？

【关键名词】

市场营销诊断　销售渠道　市场营销环境　经营雷达图　盈亏平衡分析

【思考与讨论】

1. 对工商企业市场营销素质进行分析评价的指标有哪些？

2. 企业形象分析的内容包括哪些？

3. 对产品结构不合理的改进措施有哪些？

4. 简述用盈亏平衡分析法来判断工商企业的经营状况有哪几种形态，其各自的特征如何？

第十二章　企业形象策略

【学习目标】

本章主要讲授企业形象的定义及其内涵，企业 CI 要素的组成和整合方法，导入 CI 的时机与战略选择技巧，企业 CI 要素的策划和实施方法，CIS 系统和企业文化等内容。通过学习，学生应能够了解企业瓤要素的组成和整合方法，理解企业 CI 要素的策划和实施方法，掌握导入 CI 战略的技巧和方法，学会通过瓤系统的构建促进企业文化的发展。

【重点难点】

1. 企业 CI 要素的组成和整合方法
2. 导入 CI 的时机与战略选择技巧
3. 企业 CI 要素的策划和实施方法

学习内容

第一节　企业形象概论

"企业形象"、"组织形象" 通常译为 Corporate Image，简称 CI。这是指一个企业为了获得社会的理解与信任，将企业的宗旨和产品包含的文化内涵传达给公众而建立自己的视觉体系形象系统。如果说传统企业出售的是产品的话，那么，现代企业推销的是企业形象。从某种意义上说，CI 活动就是创造、生产和推销企业形象的过程。

一、CI 系统的构成

当我们把 CI 作为一个系统来考察时，就可以从不同的角度给出 CI 系统的不同结构，从而使人们对 CI 系统的认识得以深化。CI 系统大体上可以划分为如下几种构成方式：

（一）表层子系统、基层子系统、深层子系统的构成方式

在由这三层子系统所构成的 CI 系统中，组成表层子系统的要素一般是能为人们所直接感知的视觉符号和行为要素，即企业的视觉形象。组成基层子系统的要素是企业的制度、结构、关系、素质、竞争力等。而组成深层子系统的则是企业理念、价值观、企业文化、企业精神等。

（二）理念识别子系统、行为识别子系统、视觉识别子系统的构成方式

CI 系统可以从功能的角度划分为理念、行为、视觉三个识别子系统，它们各自承担着

不同的功能。理念识别可以重塑企业理念，改造企业风格，提高企业员工的价值观念，振奋企业精神。行为识别可以改善企业的内外环境，规范企业员工的行为，疏通企业内外部的关系，提高企业的行为档次。视觉识别可以通过对企业外观要素的形式化改造，赋予其反映企业特质的标识，使人们能够通过形象视觉接触而认识企业，扩大企业的知名度。CI系统的功能正是通过理念识别子系统、行为识别子系统和视觉识别子系统的联动作用而产生和释放出来的。

(三) 信息的生产子系统、传播子系统的构成方式

从信息学的角度看，CI系统是由信息的生产制造子系统和传播输出子系统组成的。生产制造子系统包括企业理念的策划、行为的构思、企业和产品包装的设计等。传播输出子系统包括公共关系、营销、广告宣传、礼仪性和公益性活动等。信息的生产制造是基础，但生产出来以后还需要推销出去，否则就无法形成有效信息，导致信息资源浪费。所以，信息的生产制造必须和信息的传播输出结合起来，才能组成一个完整的具有特定功能的CI系统。

(四) 基本素质子系统、主观形象子系统的构成方式

从CI系统要素的虚与实的角度看，瓢系统还可以划分为基本素质子系统和主观形象子系统。基本素质子系统是指企业CI活动所达到的物质、技术水平和人员素质水平，包括企业的物质形态、产品质量、技术水平、管理水平、员工素质、盈亏程度、生产能力、服务质量等。主观形象子系统是指企业员工和广大消费者对企业整体形象的主观感受和印象。在现实生活中，这两个系统既存在一致的状态，又存在有反差的现象。当企业的基本素质和主观形象同时较差或同时较好时，二者处于同一状态。如果二者一好一差，就可能形成一种反差现象，例如：某企业不注重企业基本素质的提高，而片面追求虚假的华而不实的表面形象，靠做表面文章来掩盖企业内在素质低下的状况，即属此列。反之，光有良好的企业素质，缺乏必要的形象宣传，也难以在市场竞争中立足。有名无实或有实无名都不行，较为理想的状态是名实相符，秀外慧中。即良好的企业素质加上理想的企业形象。

二、CI系统的功能

(一) CI的内部功能

CI对企业的具体功能可分为企业内部功能和企业外部功能。CI的企业内部功能是指CI对企业内部经营管理的作用，主要表现在企业文化的建设，企业凝聚力的提高，技术、产品的竞争力的增强以及企业多角化、集团化经营优势的取得上。

1. CI有利于重建企业文化

企业文化是企业成员所追求的固有价值、思维方式、行为方式和信念的综合，它是企业成员在企业长期的生存斗争中逐渐吸取经验和教训而发展起来的。作为企业生命的一个因素，它对企业的现在和未来有着巨大的影响，是企业应对挑战和变化的力量源泉。一个企业组织，如果没有坚强有力的企业文化，那么它必然是一盘散沙，一事无成。

企业文化最大的作用便是强调企业目标和企业成员工作目标的一致性，强调群体成员的信念、价值观念的一致性，强调企业对成员的吸引力和成员对企业的向心力，因此它对企业成员有着巨大的内聚作用，使企业成员团结在组织内，形成一致对外的强大力量。为

了适应环境的振荡变化，企业文化也应不断发展。企业通过推行 CI，有利于企业文化的更新和重换，不断保持青春和活力。

2. CI 有利于增强产品竞争力

CI 通过给人印象强烈的视觉识别设计，有利于创造名牌，建立消费者的品牌偏好。如万宝路（Marlboro）烟，本来是专对妇女市场开发的，取名称就是取"Man always remember Love because of romantic only"（男人总是只因浪漫忘不了爱）一组单词中的头一个字母而合成，但销路并不见好，于是由著名的李奥·贝纳广告公司重新设计形象：用象征力量的 K 色作为外盒的主要色彩，并在广告中用硬铮铮的美国西部牛仔形象，结果吸引了无数爱好、欣赏和追求这种气概的顾客，成为当今世界最为畅销的香烟。

3. CI 有利于多角化、集团化、国际化经营

我国的许多企业目前正在向多角化、集团化、国际化的经营迈进，目的是使企业各个经营项目之间共同利用某些资源，产生协同效果，增强企业适应不同市场环境变化的能力，使企、业营运更加稳健、安全。

在这种多角化、集团化、国际化的经营中，最关键的是要取得集团各关系企业的协同，因为这种经营战略的核心便是如何共同利用经营资源，也就是如何追求协同效应，在新、旧经营项目之间寻找多处资源共享的环节，使得一种资源产生多种效用，从而把各经营项目联结起来，相互助长。企业运用 CI 战略，可以有效地使集团各关系企业互相沟通与认同，相互协作与支持，使协同效应发挥到最大。CI 的企业外部功能，主要表现在有利于企业经营资源的运用，有利于消费者的认同以及有利于企业的公共关系等方面，为企业创造出一个良好的经营环境，使企业与政府、供应商、销售商、股东、金融机构、大众传播媒介、地方社区、消费者等企业相关的组织或个人都保持良好的关系。

4. CI 有利于企业经营资源的运用

企业的经营资源，不外乎人、财、物三方面，推行 CI 后，企业的经营资源能处于"活化"状况而发生神奇的变化。

（1）CI 利于企业稳定原有职工队伍，不断吸收招揽到优秀人才

现代企业的竞争，不但是新技术、新产品的竞争，更是人才的竞争。松下幸之助就曾告诫其员工："松下"不仅只是创造更好、更新的电器产品的企业，更是创造更新、更好的新人才的企业。只有具备优良形象的企业，才能赢得人才市场的信赖，才能保证随着企业的不断进展、规模的不断扩大，不但能稳住原有的职工队伍，而且能不断吸收引进更优秀的人才，使企业新陈代谢旺盛，不断保持青春和活力。

（2）增强企业管理的功能

技术与管理通常被人们看作是企业运转的两个轮子。在技术既定的情况下，如何拨动管理这个轮子就成为决定企业成败的关键。导人 CI 系统，可以增强企业的管理功能，提高企业管理工作的实效，从而给企业带来更大的效益。首先，CI 可以通过产品形象设计，来改善产品质量管理工作，使产品最大限度地满足消费者的需要。第二，CI 可以通过企业行为规范的设计，来加强对企业员工的管理工作，缩短管理人员和一般员工的距离，调动广大员工的积极性、主动性和创造性，把"以人为本"的经营理念融人到企业整个管理工作中来。

第三，CI 可以通过企业制度和结构的重塑与改革，提高企业结构的管理工作效率。我国企业长期形成的庞大、僵化的等级组织机构，造成了企业内部办事拖拉、互相推诿、扯皮，工作效率十分低下的状况，根本原因是制度和组织结构造成的。只有导入 CI，彻底改革企业制度和组织结构，才能有利于企业管理工作效率的提高。第四，CI 系统可以通过MI、闭、Ⅵ的实施工程，形成对企业的全方位管理。

（二）CI 的外部功能

CI 的外部功能主要体现在提高企业识别度、提高企业应变能力、增强企业形象传播效率、促进企业外部公共关系等方面。

1. 提高企业识别度的功能

由于现代技术的成熟与普及，当今世界上许多企业的同类产品的质量、性能、外观、价格、推销手段等方面都有类似和趋同的现象。要提高企业及其产品的识别度，才能做到企业形象的统一，树立起独特的良好的企业形象，提高产品的形象竞争力，取得消费者的认同，从而确立在市场竞争中的有利地位。

2. 提高企业应变能力的功能

瞬息万变的市场要求企业要具备随机应变的能力。在变化中求生存，在变化中求发展，这是市场经济机制的本质要求。企业导入瓢战略，可以有效地提高企业的应变意识和应变能力，根据市场的需要，随时调整自己的经营战略。

3. 增强企业形象传播效率的功能

企业良好形象的树立和信息传播成正相关关系。导入瓢，可以使信息达到统一性与一致性，以节省企业信息传播的成本，防止信息的误导，收到企业形象统一的视觉效果。通过 CI 标准手册的制定和贯彻，可使设计规范化、操作程序化，保证企业行为合理化。总之，减少传播的成本、提高传播的精确度和效果，是增强企业形象传播效率的有效途径。CI 的重要功能之一是把企业的有关信息传输给消费者，以此抓住消费者的心。

4. 促进企业外部公共关系的功能

企业的外部关系包括与其他企业、政府部门、社会团体、新闻媒介以及社会各界，特别是广大消费者之间的关系。企业导入 CI，可以改善和增进企业公共关系的"润滑程度"，为企业创造良好的生存和发展环境。良好的企业形象和公共关系离不开 CI 的精神塑造。

三、CI 的地位与作用

CI 的地位与作用可以通过企业生产力、行销力、形象力的发展脉络和关系展开出来：

企业发展的初期，以生产力为导向。竞争取决于企业能向公众提供什么样的产品，是有与无的竞争，很多产品被独家垄断，别的企业无法染指，因而企业发展主要看生产力的发展情况。这一时期导向的核心是科技。

第二个时期以行销力为导向。因阻碍着科技的发展与社会的前进，垄断被不断打破。一个企业能生产的产品，其他企业也能生产，关键看价格、渠道与促销技能。这一时期导向的核心为利润。

第三个时期以形象力为导向。科技进一步发展，市场竞争逐步达到同时代化、同质化，你能生产的，我也能生产，你有什么价格、渠道和技能，我也同样能做到。这时就需要进行形象竞争，既然产品质量价格相差无几，于是公众往往就更注意选择形象好的名牌企业的产品，于是形象力导向就上升为决定竞争成败的关键因素，其导向核心是文化。

第二节　CI 要素的实施

CI 是各种形式的连锁店必不可少的管理形式，是输出管理的重要内容，是无形资产的重要组成部分。CI 的构成要素，即理念识别（Mind Identify）、行为识别（Behavior Identify）、视觉识别（Visual Identify）。

一、企业理念的应用

企业理念的应用，实质上是理念识别渗透于企业与员工行为及视觉标识的过程。理念识别的实施目的在于将企业理念转化为企业共同的价值观及员工的心态，从而树立良好的企业形象。

（一）企业理念的确立过程

企业理念的确立要经过企业全体员工的了解、领悟和实践。

了解企业理念是渗透工程的第一步。要使企业理念内化为员工的信念和自觉行动，必须让员工知晓企业的经营方针、发展目标、行为准则、企业口号，以便使企业理念初步为员工所认识。通常，决定企业理念构筑有三个主轴，它们是：本公司是什么企业？本公司将是什么企业？本公司应是什么企业？通过对这些问题的认识、探讨，可以让员工初步了解企业的理念。西方国家的大企业往往把企业理念概括得越来越抽象，但实际上它把无形的思想变成了有形的"刻度"放在眼前，作为统一的意志和行动的"焦点"，深入人心。员工对企业理念的了解程度从企业内部讲主要取决于两个方面：一是企业领导对企业理念传播的态度，二是企业信息的沟通渠道及传播媒体。两者从主观决策者到信息载体，构成企业理念传播渗透的必要条件和基础。

领悟是企业理念确立的高级阶段。企业不仅要促使员工了解企业理念及其具体内容，还要让员工对企业理念的把握上升到领悟阶段。领悟的途径有多种，如通过企业领导或先进模范通过切身体验和感受阐释企业理念，从而引导员工领悟理念。不仅要让企业员工领悟，而且要尽可能地成为社会公众的焦点。尤其是在企业引入 MI 的初期，可以让员工经常朗读企业理念手册，或者请专业播音员朗读或做成录音带在企业内部播放，也可以把企业理念制成歌让员工吟唱。以这种灌输教育的方式迫使员工较快地领悟企业理念的内涵。

（二）企业理念的实施方法

企业理念的实施和渗透工程有种种方法，其目的是真正有效地将企业理念转化为企业共同的价值观和员工的共同心态。目前广泛采用的实施方法有反复法、翻译法、环境法、游戏法和英雄式领导法。

反复法通常采用所谓"唱和"的做法，朗读企业理念的小册子，宣读张贴在墙上的企业理念。但在实施前，要考虑时机、频率、对象层的选择。因为唱和容易使人产生某种强制的感觉，同时也会让人怀疑实施对象的低层次水平，况且新老职工站在一起唱和会造成老职工的心态不平衡，因而持反对态度。在朗读企业理念的时候，要求采用简练、精简的口语化方式，要有亲切感，避免命令式口吻。

反复法不仅指唱和、朗读，也可利用立体音响，借助传播工具请传播员朗读，在公司里播放给全体员工听，或利用流行歌曲形式进行演唱。

翻译法是指结合自己的切身体验阐释自己公司的理念，使共有的企业理念化为每个员工的理解，使自己的工作实际与企业抽象理念融为一体，并在此理念引导下，重新审视自己的工作，寻找正确的方针。做法有：找出自己应该具有的方针，然后在小范围内发表感想；或者将这些感想刊载于瓝新闻或公司的刊物上，再对此进行讲评或评奖。在采用征文形式的同时，也可以用明信片形式。

环境法是将企业理念视觉化，使之适用于企业环境。例如以图案来象征企业理念，做成匾额、壁画或海报，设置于办公室、工厂或其他工作地方的墙上。

仪式及游戏法就是将企业理念的传播融进仪式或游戏活动之中，以增强凝聚力。

英雄式的领导法是利用英雄式领导起到示范作用。若董事长或主管只会在口头上阐释企业理念，而不能切身体验，实现这个理念，企业员工便不可能见贤思齐，企业理念也就只能沦为装饰性的、虚有其表的空洞仪式。一般企业中要有一个英雄式的领导者，最好是中层主管，因为他是众人的楷模，要使他成为众人模仿的对象，要使人产生"有为者亦若是"的观念，才具有现实意义。英雄式领导法的本意是向人们昭示：企业内的人只要努力，就有像眼前看得见的那个人一样好的希望；即使不能完全一样，也应当相当接近。

二、企业行为的实施

行为识别是企业 CI 系统中的"做法"，是企业理念诉诸计划的行为方式在组织制度、管理培训、行为规范、公共关系、营销活动、公益事业表现出来，对内对外传播。组织无不以活动体现或贯彻其理念。

行为识别涉及的许多问题都是企业管理与公共关系理论中探讨的问题。然而又与二者有着范畴与角度上的区别。与企业管理中思考的员工行为不同，CI 行为识别关注的是企业人员行为的传播功能，与公共关系讨论的员工行为不同，CI 行为识别的意义在于建设行为识别的一致性与示差性。一两次成功的公关活动并不一定具有行为识别的业绩，关键是看你是否有识别的统一化效果，是否具有助于 CI 关系中情报一体化的建设。从传播角度来看，CI 行为识别可以根据传播性质与渠道分为企业对内与对外的行为识别。对内行为识别是对外行为（活动）识别的基础；对外行为（活动）识别则是对内行为识别的延伸和扩展。

在 CIS 中，行为识别是最宽泛的领域，也是迄今为止理论探讨最缺乏系统性的范畴。企业行为或活动识别应具有的特点是：一是行为（活动）识别的统一性。首先表现在企业一切行为（活动）要与企业的理念（MI）保持高度一致性，不能与企业的经营理念相违背。其次，企业的一切行为（活动）应当做到上下一致，即全体职工以及企业各部门所开展的一切活动都要围绕一个中心，即为塑造企业良好形象服务，任何与这一目的相违背的行为，都会有损或者破坏企业形象的统一性。二是企业行为（活动）识别的独特性。企业要在对手如林的商战中取胜，就应当在企业理念的指导下，使企业的行为（活动）识别体现出与其他企业不同的个性，而这种独特的个性，正是社会公众识别企业的基础，否则就容易陷入无差别的境界，企业就淹没在商品的海洋之中。所以，企业应当注意创立企业活动的独特性、差异性，因为广大消费者正是通过这种独具个性的活动来认识企业的。

在 BI 实施过程中，首先要明确实施原则和落实机构，并在整体上加以协调，以最优效率达到 BI 规划设定的目标。

在制定实施原则和落实机构中，最重要的就是职责说明、控制幅度和授权。

职责说明必须明确在实施行为识别规范管理的过程中，大到一个部门，小到一个人的职责是什么。他们在什么场合、什么工作中应如何表现。人际关系、部门之间、员工、部门对外服务与交流时，应遵循哪些规范。这些行为规范的恰当含义是什么。在具体执行时应如何把握"度"的合理性，以及他们必须履行的责任的含义和尺度。

控制的幅度是指相应执行单位的负责人的落实及同一负责人管理的员工人数。一般来说，原来企业的部门也就自然成为行为识别规范管理的执行单位。而比较适合的方法是，委托一位部门副职主管负责 BI 落实问题。如销售员的行为规范落实由营销部副经理负责，客房部、餐饮部也分别由该部门的副职负责人负责。

授权是指企业最高主管与 CI 专案负责人根据 BI 执行的性质、规模、协调性等考虑授予下属主管人员监督执行 CI 行为识别规范的权力，以期高效率地完成 BI 计划。BI 管理中的授权必须明确：每个 BI 执行单位有效管理的人数限制和管理幅距；从企业主管、CI 专案负责机构等组织的顶部向下部署应有明确的授权线，即梯状管理；每位具体负责人的 BI 督导职责必须明确说明，大家都清楚地知道自己该做什么；责任与权力必须同时赋予下属负责人；责任不仅包括自己部门行为识别规范的执行，还应时时注意到企业整体 CI 计划的协调性。

三、企业视觉形象的实施

无数实例证明，Ⅵ导人可以使企业魅力无穷，光彩照人。Ⅵ系统设计在决定一个企业能否成功地树立自己的形象中显得尤为重要。其中企业名称、企业标志、企业标准字、企业标准色、企业造型（吉祥物）的设计最为重要，这五项要素的设计完成了，其他因素的设计也就迎刃而解了，因为其他基本要素和应用要素的内容设计都是这五项内容的变体、组合和实施的应用。

（一）企业名称

一个企业、一种商品品牌其名称如果取得好，其本身就是一笔巨大财富。企业的名称是企业外观形象的重要组成部分，因为企业名称是人们经常要记忆而且能给人突出印象的一种符号密码，是视觉设计时首先要考虑的问题。而品牌是可供顾客识别的产品形象，它的基本功能是把不同企业之间的同类产品区别开来，以便不使竞争者之间的产品发生混淆。尽管品牌是一个笼统的名字，不仅包括品牌名称，还包括以符号、图像、图案、颜色对比等所显示的标志，但品牌名称作为可以用语言表达的称谓，在品牌形象中具有先声夺人的作用。

企业命名要有利于产别化战略的演进，避免同其他企业混淆。一家企业要取得成功，企业本身和它的产品、商品、服务内容在人们心目中的形象是至关重要的，而树立这种形象的一个主要方面，就是名字的选择。一个与众不同的名字，自然会使公众对这个企业留下深刻的印象，而一个平庸的名字，则会带给他人一种本能的反感和厌倦。一个看似简单的名字，实际上会极大地影响企业的发展和效益。

（二）企业标志

CI 视觉识别系统的目的之一，就是尽可能地将企业的个性强调出来，以便于迅速扩大影响力，在市场中拥有清晰的形象。企业名称作为企业的外层视觉识别因素更应如此。

企业标志是代表企业形象、特征、信誉、文化的一种特定符号，标志是Ⅵ的主角，也是企业与市场情报沟通与资讯传递的核心，更是消费者心目中对企业认知、认同的代表物。

（三）企业标准字

标准字本来是印刷术语，意指两个以上的文字铸成一体的字体。按当今的设计意义而言，是泛指将某事物、团体的形象或全名整理、组合成一个具有特殊形态的文字群。从企业经营的规模、性质和经营理念、精神出发，透过文字的可读性、说明性等明确特征，创造出具有独特风格的字体，以达到企业识别、塑造企业形象的目的。

考虑到企业发展的国际化、经营领域的多样化、市场占有率的扩张以及保护企业形象等方面的需要，很多企业并不把企业名称作为其所有商品的品牌，而是另立品牌，以强化品牌的知名度为重点来达到促销的目的。因此，设计品牌标准字就成为这类公司业务发展的需要。

（四）企业标准色

标准色是用来象征公司或产品特性的指定颜色，是标志、标准字体及宣传媒体专用的色彩。在企业信息传递的整体色彩计划中，具有明确的视觉识别效应，因而具有在市场竞争中制胜的感情魅力。

企业标准色具有科学化、差别化、系统化的特点。因此，进行任何设计活动和开发作业，必须根据各种特征，发挥色彩的传达功能。

（五）企业造型（吉祥物）

"企业造型"又称特形图案。它是通过平易近人、亲切可爱的造型，给人制造强烈的记忆印象，成为视觉的焦点，塑造企业识别的造型符号，直接表现出企业的经营管理理念和服务特质。比如，麦当劳专卖店门前的"麦当劳叔叔"，肯德基专卖店门前的老爷爷。

企业造型的功能在于通过具象化的造型来理解产品的特质及企业理念，因此，在选材上须慎重。造型的设定上，须考虑宗教信仰和忌讳、风俗习惯与好恶等。

企业造型图案设计应具备如下要求：

第一，个性鲜明。图案应富有地方特色或具有纪念意义。选择的图案要与企业内在精神有必然联系，如：日本的麒麟啤酒，美国麦当劳等。

第二，图案形象应有亲切感，让人喜爱，以达到传递信息，增强记忆的目的。海尔的两个中法儿童吉祥物的设计，即具有活泼、亲切、可爱的形象，对海尔产品形象的推广起了极大作用。

第三节 导入 CI 的时机与战略选择

一、企业导入 CI 的时机

随着市场竞争的日趋激烈，越来越多的企业认识到品牌是企业生存和立足之本。晶牌竞争已成为企业间竞争的最高表现形式，品牌战在商界被誉为"最后的商战"。同时，由竞争引发的问题也越来越多地摆在企业面前，诸如企业如何出奇制胜、如何保持较强的获利能力、如何打造强势品牌、如何依靠品牌战略赢得市场、如何增强凝聚力等等。迫于竞争压力和上述问题困扰，很多企业把希望寄托于导人企业形象识别系统（CIS），于是一些企业在企业内部增设了企划部门，对外与一些专业形象策划设计公司合作，导人 CIS 以增强企业的生存能力、适应能力和竞争能力。在很多企业眼里，CIS 似乎是企业的"救命稻草"，似乎是企业的一盏"引路明灯"，似乎可以解决企业存在的一切问题，于是掀起了阵阵 CIS 导人热潮。应该承认，企业发展到一定阶段，导人 CIS 的想法是好的，同时导人CIS 的作用也是不容置疑的，但企业导人 CIS 毕竟是一项策略性极强的系统工程，人力、物力和财力的投入量很大，仅凭企业和策划公司的满腔热情是不够的，还需要把各种资源进行最佳整合，还要讲究 CIS 导人时机，讲究"应天时"，讲究技巧和策略。时机选择得好，企业导人 CIS 所发挥的空间更大，能起到事半功倍的作用。实践证明，企业适宜在以下六个时机导人 CIS：

时机一：企业成立、变更或重组；

时机二：重塑理念，创建活力企业；

时机三：企业实施晶牌兴企战略；

时机四：企业实施形象强企战略；

时机五：企业实施规模经营战略；

时机六：企业实施其他战略举措。

二、企业导入 CI 的战略计划

（一）正确认识 CI

CI 的真正精神在于激励企业全体员工和确立经营理念、方针与策略，透过企业的行为与活动特性，充分展现企业的精神、文化。同时，配合整体的视觉与传达系统，有效地将企业特性与魅力塑造出企业新形象。为此引入 CI 必须正确认识 CI：

CI 是一项战略系统工程，不是简单的一个标志、一种标准字体或一本视觉手册那么表象。真正的 CI 策划必须自企业的各层面而人，研究企业的经营方向、事业领域、发展目标，并以此为依据，去调查分析、研究企业形象和品牌运作方面存在的问题，提出公司未来的形象战略目标、形象定位、品牌路线等重大问题。

CI 是投资，不是费用。要作 CI，必须作出相应的投资预算。"种瓜得瓜，种豆得豆"，真伪效果截然不同。对 CI 认识的深度，决定 CI 开发的力度，由此决定 CI 的效益与收获。透过 CI 表层，了解 CI 的真谛。将 CI 作为一种征战市场的现代经营战略去学习、投入、实施、管理，方能体味到什么是 CI。

CI 是过程。真正的 CI 是将瓢战略策划路线、理念精神、视觉形象、行为规范以贯之，整体规划，长期施行，并在 CI 导人过程中实施战略性管理，使 CI 推广始终沿着公司形象塑造的主线进行，外显形象、内强素质，企业竞争优势明显增强，品牌价值与日俱增，公司知名度、美誉度不断提升。

CI 是创立品牌的直达列车。真正的 CI 是从研究企业品牌资源这一核心问题人手，从晶牌资源整合、品牌形象设计、晶牌传播推广、晶牌扩张与延伸与品牌战略性管理的"全过程 CI"。其结果是使企业品牌一步步由区域性品牌成为全国知名品牌、著名品牌，直至国际品牌。

（二）导人 CI 战略的准备条件

CI 是一项复杂的系统工程。CI 的重点是要创造企业个性。导人 CI 是企业意识的改革，是体制的改善，是设计的延续和升华。如果把 CI 仅仅局限在识别系统，则是一个危险的误区。同时，CI 战略的导人并非每个企业都可行，它有明确的条件限制和前提。为此，企业导人 CI 战略，必须做好以下工作：

1. CIS 策划的准备

以公司经营者为中心的筹划委员会，先研究 CIS 计划，慎重讨论企业必须实施 CIS 的理由，了解实施 CIS 的意义和目的。然后，再决定 CIS 计划的大概范围：是只改良企业标志、象征造形，还是要彻底、重新检讨整个企业理念？

CIS 筹划委员会的成员，一般而言都是从公司内各部门的中级主管中选出，以 5-10人为最适合。同时，企业还可以请专家来公司演讲，或派人到已经实施 CIS 的企业请教学习。

一旦决定要实施 CIS，就要组织 CIS 委员会，以设计今后计划的预定时间表，并同时决定由哪一家专业 CIS 设计公司负责。一般 CIS 计划的导人时间约需一年半左右，最短也需一年的时间。

2. 企业现状分析

现状分析包括企业内部环境和外部环境。关于企业内部环境的分析，必须先进行意识调查，企业最高负责人必须与各部门主管进行会谈，甚至和员工面谈，再进行企业形象调查、视觉审查等等活动，找出公司当前面临的课题，使 CIS 计划中的主题明确化。

企业外部环境的分析，是指对现代社会的分析，如当前市场状况的分析、其他企业的形象分析等等相关分析活动，以确实掌握本公司在行业中的地位，并探索、检讨公司今后的存在位置。

3. 理念和领域的确定

根据第二阶段对现状的把握，便可进而重新检讨企业理念和事业领域。以企业的经营意志和社会、市场背景等为基础，预测 10 年后、20 年后的情况，以确定公司的事业领域。同时，将现存的企业理念和现在、未来相对照，据此规划出企业的活动范围。

4. 企业结构的调整

根据企业理念、事业领域来检讨企业内部的结构后，着手改善企业素质的工作就必须紧接着展开。在外界 CIS 专业公司或幕僚人员的协助下，设定企业内的组织和体制，以及讯息传递系统，以塑造新的企业素质。

（三）CI 战略导人的考虑因素

1. CI 总体设计的独特性

典型的案例如健力宝的公关策略型 CI 战略。健力宝的 CI 特色在于大手笔地策划一系列大型公关宣传活动。同万众瞩目的体育运动联姻，借助奥运会、亚运会、全运会，将健力宝优良的企业形象和卓越的产品形象推向巅峰，形成叱咤风云、雄风千里的形象力，由此树立起"中国魔水"产品形象和"饮料王国"的品牌地位。

2. 慎重设立企业理念

企业理念是得到社会普遍认同的、体现企业自身个性特征的、促使并保持企业正常运作以及长足发展而构建的反映整个企业明确的经营意识的价值体系。对内是企业内在凝聚力，对外则是企业识别的尺度。它是企业战略的核心所在。系统的 CI 工程，从理念识别开始，不管在理论结构还是操作程序上，它都是一个起点。因而瓶战略实施中首先是企业理念的设定。设定的理念应该包括以下三个内容：

（1）企业的存在意义：必须明示企业的事业核心，及其经营性质、经营领域、经营目标和社会文化使命。

（2）企业的经营方针：必须明确企业如何实现其存在意义与价值的方针与方法。

（3）企业的行为基准：必须把明确的经营方针落实到企业员工实际工作的一系列规范标准中。

3. 科学表达企业形象

制定出适当的企业理念，并将其形象定位后，接着就要将其表达，而视觉识别系统是企业形象最直接也是最直观的表现。

视觉识别将企业的理念和价值观通过静态的、具体化的视觉传播形式，有组织、有计划地传达给社会，树立企业统一性的识别形象。其目的是要通过人们的视觉器官，使人们一看就知道这是哪个公司的标志，哪个公司的产品。视觉识别一般由三个要素组成：图案、颜色、标准字，这三者可单独使用或者综合使用，以构成一个能代表企业或代表某种产品的标志。这样，当人们一看到这个标志，就能联想到它所代表的产品或该企业的产品，把传达到意识层中的企业理念化作为形状、色彩、声音，使看过这些形象的人都能过目不忘。如果设定好企业理念，不能找到完善的表达方式，瓶战略仍可能功亏一篑。

4. 传播形象与内部整合相结合

当企业形象概念具体化后，就要用视觉识别设计要素来装饰企业所有的可见物及企业在外面的广告和活动场所。企业视觉识别因素以企业标记或品牌商标为核心，包括企业名称中英文标准字体、标准装饰图案和线条、标准色以及若干套变形。企业所有可见物包括：厂房、建筑物、车间、门市、园区、橱窗、框台、办公室、会议室、接待室、陈列室、指示牌、路标、厂服、工作证、名称、印章、徽章、旗帜、账簿、企业介绍、产品说明书、年鉴和企业其他出版物，交通车辆、商品及包装、海报、包装袋、信封、信笺、档案袋、文件夹、笔记本、笔及其他办公用品等。企业在外的活动场所主要是指企业举行各种产品发布会、新闻发布会、技贸合作洽谈会的会场布置以及企业参加各种展览会、博览会的展区、展台布置。这是设计系统全面应用的具体化，是促使人们的视觉认知同这些标准化形象，即等同于认识企业本身，久而久之，随着时间的推移，使社会公众对企业产生认同感。

5. CI 委员会的组成

在导人 CI 时必须设置一个推进 CI 计划的主体，由它来确认导人 CI 的方针、目标和所要解决的主要问题，并负责 CI 计划的具体推进。CI 委员会是负责 CI 战略的核心机构，具有权威性和协调性，主要负责确定和协调企业推进 CI 战略过程中的各项具体问题，包括 CI 基础知识的普及及培训，实施对企业外部的调研，落实 CI 推进过程中的运行程序，协调 CI 各系统的设计开发，预算 CI 计划的费用投入和落实，以及负责对 CI 推进过程中各阶段工作的核对等。此外，在 CI 推导过程中，负责企业内外部的协调沟通，以促进相互间的通力合作。

（1）CI 委员会的组成原则

①权威性：CI 的推进都是自上而下进行的，为了最大限度地排除推进的阻力，CI 委员会应具有权威性，这种权威性直接表明了企业高层对导人 CI 的重视。为了体现 CI 委员会的权威性，很多成功地导人 CI 的企业都直接由企业高层主管负责 CI 委员会的组织领导工作。

②代表性：CI 导人一般都需要全体员工的广泛参与。员工的行为在很大程度上决定着企业形象策划能否成功。因此，在导人 CI 时，应让各职能部门干部和全体员工都对 CI 有深入的了解和认识，并积极配合 CI 的推进，要达到此目的，在设置 CI 委员会时，在人员组成上就应体现出代表性，即企业各部门都应有代表参加 CI 委员会。

③多样化的知识结构：一个企业导人 CI 的总目标可能是比较单一的，但是在 CI 导人的具体作业中，则要求对企业的许多问题从统合的角度来加以解决。这些问题可能既有企业理念的问题，也有生产、营销、组织结构、行为规范、企业识别等方面的问题，鉴于此，髓委员会要能够在相互交流和学习的基础上，从整体上把握 CI 战略。

（2）CI 委员会的组成方式

CI 委员会对瓤战略推导的特殊地位，决定了 CI 委员会要由特定的个人或单位来担任，最好由以下三种人组成：一是企业高层主管与部门负责人；二是企业外的 CI 问题专家；三是专业公司人员。

（3）CI 委员会的职能

CI 委员会并非是一个企业的专职部门，而是一个企业内部起协调作用的社团性机构，它往往带有准职能部门的性质，但在其实际运作中的力度和授权的范围则远比其他职能部门更大、更实。

CI 导人成功与否在很大程度上取决于 CI 委员会的工作成效，因此，应高度重视 CI 委员会的设置，以科学理性的态度来组建瓤委员会。可以认为，如果一个企业能够组织起一个科学、合理、充满积极性，具有高度的创造力的 CI 推进主体，那么，导人 CI 也就成功了一半。

第四节　CI 的策划与实施

一、制定 CI 手册

建立规范而又切合实际的企业视觉识别系统，有赖于企业识别手册——CI 手册。

CI 手册是设计开发作业的最后阶段，它是综合全部识别系统开发项目作业和各种运用规范、方法，编辑成册的设计指引。CI 手册是 CI 实施的技术保障，是 CI 管理的依据。

CI 手册有三种类型：

一是涵括多种设计要素与应用项目，制定各种规范，编辑成一册。

二是依照基本要素、应用要素的不同，分成两册。

三是根据各个设计要素与应用项目的标准及规范分成数册，详细记载制作的程序与使用方法。

二、设计、开发委托书的制作

依照指名委托方式，指定设计师进行设计开发时，必须要预先表明委托内容及应该发表的重点，这部分乃是企业界和设计师间须确认的契约条件。因此，这是归纳整理出如下的"CI 设计开发委托书"要领。

（一）CI 的设计、开发目标

第一，记述该公司为何要以 CI 作开发的对象，并阐明其背景、理由。

第二，记述该如何解决 CI 设计、开发过程中所发生的问题。

第三，记述该设计、开发计划在公司的 CI 计划中所占的位置，并按照需要来叙述与其他计划和战略间的关系。

（二）事前调查结果的概要

第一，记述有关调查的目标及实施经过。

第二，调查结果中主要部分即"该公司以前的形象及其他的问题点"的说明。

第三，详细说明该公司的有关调查结果中对设计部分的评价。

第四，记述该公司以前的设计系统及识别系统的问题点。

第五，详述该公司关于项目方面的特性。

（三）CI 总概念

第一，经过瓢委员会、高级主管委员会对调查结果的讨论，最后才得到 CI 的总概念。

第二，企业理念识别系统。

第三，记述该公司今后应该有的形象。

（四）公司的基本识别系统

基于整体概念，明确说明该公司的新识别系统。

（五）设计、开发中应有的基本设计要素

第一，明确表示设计、开发应有的基本设计要素，并详细记述其必要条件。

第二，叙述各设计要素间的相互关系。

三、CI 设计与开发方式

CI 的设计开发方式要注意以下三点：

第一，设计开发委托方式的选择。

第二，设计作业的分配方式。

第三，设计开发的程序。

有关以上三点，负责设计者应该对 CI 做最适当的解释及经营、管理。一般而言，CI 的设计开发采取委托方式，也可由一个设计者独自担当整个设计作业；或由一人监督下的

设计集团担当设计作业；也可考虑由不同的设计者或设计集团分别负责设计作业。

四、CI 的作业流程计划

CI 导人计划有其预定的实施期限，且包括许多复杂的项目，必须循序渐进，才能得到合理的结论和优秀的视觉系统。此外，为了配合企业目的，在计划阶段应注意如下各项：

（一）进人实施成果阶段前的期间不可太仓促

所谓"先下手为强"，企业活动亦然。但是在公司确认 CI 的导人方针后，如果匆忙而机械地勉强排定计划，反而会产生反面效果。

（二）设计开发作业的时间不可太仓促

CI 的设计开发作业中，最重要的是在基本设计开发期间由参加设计者充分地检查。在设计开发作业的最初阶段中，为了让大家能提出优秀的构想，做设计造型的探索等，就要安排充分的检查时间；之后，进入实际作业时，也须有足够的时间，不可订立机械性的不合理计划，强迫工作人员仓促赶工，使得实施作业困难重重。

（三）重视逻辑性，循序推进 CI 作业

CI 的计划过程、背景、导人的必然性和成果等结论，以及 CI 开发的经过，都必须利用对内、外发表的机会加以反复说明，绝不可马马虎虎地推行 CI，丧失公司本身对员工和外界人士的说服力。尤其在推进 CI 计划时，如果有关企业问题的探索、调查工作、根据调查结果而作判断的过程进行得不理想，日后便很难对内部员工或外界人士说明清楚，同时也会使得 CI 的成效不彰。因此，不论高级主管们如何地要求赶工、赶时间，CI 作业都必须确实执行，重视逻辑整合性而循序渐进。

（四）变更公司名称、品牌时，必须办理法律手续，安排充足的作业时间

公司名称的变更须通过股东大会的决议，而品牌的更新也须办理有关商标权的法律手续。尤其是商标权的确定，如果办理得不顺利，往往会历经两三年的时间，这种花时间的作业，事先必须考虑周详，才能制定出实用性强的 CI 计划。

（五）发现 CI 计划不合理时，应尽快重新制定

CI 计划的流程安排，必须考虑前后作业间的关联性，因为前面的作业结果必然会影到下一步作业。根据调查结果，有时也须安排追加调查；综合性地检查结果，有时会产生需要变更公司名称的情况；识别系统的企划，也会影响设计开发的条件；有些设计须先做各种测试，或重新进行设计开发作业。因此，如有必要，应重新编列流程图，如果一开始就想制定出完美的流程图，可以说绝无可能。所以，负责的相关人员应时常考虑实际状况，出现必须追加或删改的重要作业时，应毫不犹豫地重新计划，并制定出最适当的计划。

第五节　CIS 与企业文化

一、CIS 与企业文化的关系

（一）从功能看二者的关系

企业文化的功能是指企业文化发生作用的能力，也即企业这一系统在企业文化导向下

进行生产、经营、管理中的作用。

首先是导向功能。企业文化对企业员工行为具有导向的功能，体现在规定企业行为的价值取向、明确企业的行动目标、确立企业的规章制度和行为方式方面。导向功能同时也包括对员工的约束、自控、凝聚。它们分别指企业通过制度文化、伦理道德规范约束企业全体员工的言行，使企业领导和员工在一定的范围内活动；企业通过广大员工认可的价值观而获得的一种控制功能来达到企业文化的自我控制；企业文化将企业员工紧紧联系在一起，同心协力，共同奋斗，具体通过目标凝聚、价值凝聚、理想凝聚来实现。

其次是激励功能和调适功能。激励功能是指最大限度地激发员工的积极性和首创精神。具体包括信任激励、关心激励和宣泄激励。调适功能是指为员工创造一种良好环境和氛围，给员工以心理调适、人际关系调适、环境调适、氛围调适。

最后是辐射功能。企业文化还有不断向社会发散的功能，主要途径有：（1）软件辐射，即企业精神、企业价值观、企业伦理道德规范等发散和辐射；（2）产品辐射，即企业以产品为载体对外辐射；（3）人员辐射，即通过员工自觉或不自觉的言行所体现的企业价值观和企业精神，向社会传播企业文化；（4）宣传辐射，即通过具体的宣传工作使企业文化得到传播。

企业文化的功能与CIS的功能多有重复或相近似之处，而CIS作为企业文化的核心，其主导与提携作用是十分明确的。CIS的核心地位为世界上一批又一批企业的成功经验所证明。正确的CIS是企业存在和运行的精神支柱，是企业发展的动力之源。

与企业文化相似，CIS为企业行为提供导向作用。在激烈的市场竞争中，企业如果没有一个自上而下的统一目标，是很难参与市场角逐的，更难于在竞争中求得发展。CIS的作用正是将全体员工的事业心和成功欲望化为具体的奋斗目标、信条和行为准则。

企业的效率是其生命所在，没有效率的企业不可能在激励的市场竞争中获胜。而企业低效率的原因在于企业能否调动员工的工作努力程度，提高员工劳动积极性。未来企业的成功需要看能否聚集创意，是否激励员工和管理人员一起从事创造性的思考而定，而企业员工积极性、创造性的根源，又在于能否树立正确的CIS。

CIS之所以成为企业活力的源泉，成为调动员工积极性的动力，就在于理念一方面能把广大员工的潜力发掘出来，使之服务于该企业共同的事业；另一方面是使个人目标和企业目标得到统一，减少企业的"内耗"。

在一个企业里，什么样的行为受欢迎，什么样的行为会被禁止，用什么方法比别人得到更多的赞赏，什么样的行为才能为周围的人群所接受，CIS可以发挥规范性的作用。

一盘散沙的企业与关系协调、融洽的企业其经营业绩是不大相同的，两种不同的企业状况反映出两种不同的理念。强调凝聚力的企业，必定重视企业内部的干部教育、员工教育、全体员工个人的思想感情和命运与企业的命运紧密的联系在一起，使他们感到个人的工作、学业、生活等任何事情都离不开企业这个集体，从而与企业同甘苦、共命运。企业理念不仅使企业领导层之间，也使干部与员工之间产生凝聚力、向心力，使员工有一种归属感。这种向心力和归属感反过来又可以转换成强大的力量，促进企业发展。

（二）从定义看二者的关系

为了弄清楚企业文化与CIS的关系，有必要梳理一下理论界对企业文化的各种表述：

第一种表述：广义的企业文化是指一个企业所创造的独具特色的物质财富和精神财富之总和；狭义的企业文化是指企业所创造的具有特色的精神财富，包括思想、道德、价值观念、人际关系、习俗、精神风貌以及与此相适应的组织和活动等。

第二种表述：企业文化由两部分构成，外显文化指企业的文化设施、文化用品、文化教育、技术培训、文化联谊活动等；内隐文化指企业内部为达到总体目标而一贯倡导、逐步形成、不断充实并为全体成员所自觉遵守的价值标准、道德规范、工作态度、行为取向、基本观念，以及由这些因素汇成的企业精神。

第三种表述：企业文化是一种与民族文化、社区文化、政治文化、社会文化相对独立而存在的经济文化，反映的是企业经济组织的价值观与目的要求，以及实现目标的行为准则和习惯。

第四种表述：企业文化由企业的行为文化、心理文化、物质文化三部分组成，其中心是企业的心理文化，即企业经营管理中形成的浸入企业全体员工灵魂的价值观念和行为准则。

第五种表述：企业文化是由许多文化要素即企业劳动者所创造的不同形态的物质所构成的社会学意义上的概念，是通过企业员工主观意志去改造、适应和控制自然物质和社会环境所取得的成果。

第六种表述：企业文化是一种观念形态的价值观，是企业长期形成的一种稳定的文化理念和历史传统，以及特有的经营风格。

第七种表述：企业文化是受企业经济活动及外界文化因素影响的由企业员工所创造的物质财富、精神产品、内部组织结构和规章制度。

第八种表述：企业文化是在一定社会历史的环境条件下，企业及其员工在生产经营中逐渐形成的价值体系和各种观念文化的总和。

第九种表述：企业文化是企业群体在长期生产经营活动中创造的适合于员工自身发展的一种生活模式，是企业哲学、企业精神、企业行为方式的内在统一。

第十种表述：企业文化是在企业生产经营中形成的某种文化观念和优秀传统。

西方学者对企业文化的定义，大都指一个组织，例如企业、公司内形成的独特的文化观念、价值、历史传统、习惯、作风、道德规范和生产观念，并依赖于这些文化组织各种内部力量，统一于共同的指导思想和经营哲学之中。如美国学者彼得斯和沃特曼把企业文化定义为：汲取传统文化精华，结合当代先进管理思想与策略，为企业员工构建一套明确的价值观念和行为规范，创设一个良好的环境气氛，以帮助整个企业进行经营活动。他们都强调企业文化的内涵主要是价值观。

从企业文化的诸多定义中，我们可以看出企业文化与 CIS 的关系：

首先，CIS 是企业文化的核心。几乎所有的企业文化的定义都提到价值观，这里的价值观的概念和 CIS 的概念基本是一致的。企业的成功来自于成功的企业理念，作为核心地位的企业理念无时无刻不在起指导作用。没有企业价值观，CIS 概括的企业文化起码是低层次的，经不起竞争磨砺的短视文化，也是没有企业特色的。

其次，CIS 统驭企业的行为、经营方向以及企业与外界的联系等，换言之，CIS 指导企业的内部与外部的各项工作，指导企业文化的方向，影响企业文化的形成、传播和发展。最后，企业的外显文化、典礼、仪式、企业英雄、管理仪式、工作仪式都是 CIS 的外化、直观和感觉形象。

此外，CIS 和企业文化一般都强调人本的核心作用。

【个案分析】

烟与文化的有机结合
——为极品香烟的传播增加一张王牌

一、金装双喜的文化情结

先来看极品烟——"金装双喜"的目标消费群，年龄约 35—60 岁的成熟男人，事业有成，在工作单位有一定的地位，收入较高，有丰富的人生阅历，经历了上山下乡、文革、三反五反、社会大改造的时期，但也经历过文化断层的时代。他们缺少属于自己的文化、缺少带着他们自己生命烙印的、描述他们经历的故事、电影和音乐，缺少他们心声体现、心路历程的表达载体，总的来说，他们需要情感共鸣，需要展示属于自己的真性情。

在心理上，他们需要找到情感共鸣和心路历程的宣泄、内心表白，更需要别人认同。在客观上，他们有自己的事业、地位、身份、生活与家庭，很多顾虑，不像年轻人一样放纵和宣泄，他们用他们自己的方式——音乐去表白心声。无论成功与失败、拥有与失去，人生不在乎收获多少，只要认真经历过、付出过，经历是最值得珍惜的财富，"弥足珍惜"也就是这个内涵。有经历的人就是得意的人，他的人生也是得意的人生，拥有喜悦之情。

在金装双喜惠东地区推广过程中，就从这点出发，以他们的经历着手，运用了"情感共鸣结合文化"这一思路，创造了属于他们经历体现的语句——"人生得意金装双喜"、创作了属于惠东人的音乐——《一方水土惠东人》、属于男人的歌和故事——MTV《人生得意》。还拍摄了记载惠东人改革开放 20 年的辛勤拼搏、兴家创业，惠东县发展振兴、经济腾飞的故事——《一方水土惠东人》之《鞋城记事》等系列专题片。

并且在专题片、MTV 推出前期播出四篇男人故事 TVC《回家篇》、《友情篇》、《真情篇》、《豪情篇》预告片。以及推出报纸《一方水土惠东人》，对男人与香烟、香烟文化有更深刻的诠释和演绎。引起惠东人民密切关注和共同的话题，更直接地打动了目标消费群的情感，启动了他们的消费欲望。

金装双喜在惠东地区的顺利上市和推广，有赖于香烟与文化的有机结合，为其传播增加了有力的一张王牌。

二、金装双喜品牌与文化的沟通

现今社会是一个沟通的社会。生产商注意与经销商、消费者的沟通，在这个过程中，实际是品牌与销售渠道、消费需求的直接沟通，金装双喜的品牌价值与品牌内涵，在于它与文化的互动与沟通。

金装双喜作为广东数一数二的极品烟，与文化有着不解的情结，首先"双喜"的标志，就是中国传统文化中喜庆、吉祥、欢乐、满意的象征，已经是约定俗成的符号，蕴涵巨大的文化内涵和民族情结。"双喜"有其独特的人文性、传播性、延续性，代代相传，正如传统文化的延续一样。"双喜"在人们心目中有惯性的意义，喜庆的节日、重要的时刻、升职加薪、家人团聚、老友见面、事业有成、结婚生子、新张开业、寿星摆酒，都可派上用场，"双喜双喜，人人欢喜"。

"双喜"牌系列卷烟是广东省产量最大、家喻户晓的名牌产品，以其始终如一的香醇烟味和独具民族传统喜庆色彩的包装而深受海内外消费者的喜爱。"金装双喜"是广州卷烟二厂为满足高品味消费者需求而精心设计的高档烤烟型卷烟，金底红字的包装延续了传统的喜庆特色，金碧辉煌的外观使其更显得雍容华贵、璀璨生辉、气宇不凡。其次金装双喜作为广州卷烟二厂的精品，饱含了岭南地区、羊城西关文化独有的含蓄、内敛、不张扬、富而不骄的情绪，是珍贵和矜贵，而不是尊贵、富贵，有深厚的文化内涵和独特品位，满足了人们追求喜庆、喜悦、愉快的愿望；品牌包装上，重视与文化的沟通结合，作为男人的经历体现的载体和思想寄托支点，满足男性的需求。金装双喜的品牌价值"珍贵·喜悦"，就存在于它与文化的结合上，归结表现为"人生得意·金装双喜"。

三、用新的元素全方位注入烟草文化中

利用新颖、巧妙、限制少的传播载体，为"金装双喜"的品牌推广与全省上市销售，拉出广阔的空间，在诸多阻挠、限制的围城中跳出来，更好地利用可用的资源、更密切地与消费者沟通。

1. 与省级、地级报纸、杂志合办栏目、写专栏文章，关于男性的话题，男性与女性的情感内容、男性与烟文化、男性与酒文化、男性的个性物件、生活装备、男性与汽车、男性心理话题等。在九运会举办期间（11月11日—11月25日两周），与当地报纸合办《人生得意·金装双喜—九运金牌榜》，每天报道各省金牌排位情况、最后结果，与报纸举办"谁是九运会金牌第三名"竞猜活动，并在活动截止时抽出幸运观众并公布名单。

2. 终端形象应用：香烟柜（摆放出售香烟）、吊旗、海报、促销展示台、台式POP牌、促销单张、小册子，商店门楣横幅、挂幅、大太阳伞、品牌专柜、招牌即时贴等。

3. 电视特别节目赞助，与电视台联合举办活动，买断电视时段并冠名。或者指定正点、半点时刻报时，例如每晚20：00在电视台插播："现在是人生得意金装双喜时间——晚上八点整"，标板画面是"人生得意·金装双喜"广告和烟盒包装。

4. 日常生活物品（礼品）：例如烟灰缸、打火机、纸巾盒、牙签筒、留言便笺、圆珠笔、水杯、杯垫等，礼品麻将、礼品烟斗、年历卡、挂历、台历。

5. 结婚、满月、祝寿等喜庆宴会请嘉宾、亲友的请柬、信封，或节日给亲友利事封、礼品包装纸、送礼包装袋或者生日卡、祝福卡等载体印刷信息。

6. 酒楼饭店里的菜式介绍牌、桌牌、菜谱封底、门口大水牌等地方。

7. 通手机短讯。

只有用全新的观念、思维、想法、方式、行销手段，才能让烟草与文化有机结合，为烟草的有力传播增加一张王牌，为烟草的传播开辟无限的天空。

问题：
1. 作为管制型行业的代表，香烟行业的企业文化构建有何特点？
2. 香烟传播还可以运用哪些方式进行传播？

【关键名词】

企业形象　企业理念　CI 委员会　CI 手册　企业标志　企业文化

【思考与讨论】

1. CI 具有哪些功能？
2. 企业理念有哪些实施方法？请举例说明。
3. 请举例说明对企业标志、标准字、标准色的理解。
4. 你如何理解 CIS 与企业文化的关系？
5. 什么是 CI 委员会？在 CI 的推进过程中，它将起到什么作用？

参考文献

[1] 马国柱，马坚进．现代企业经营管理学．上海：立信会计出版社，1998．

[2] 彭好荣．工商企业经营管理．北京：经济管理出版社，1997．

[3] 菲利普·科特勒（美）．营销管理．上海：上海人民出版社，1990．

[4] 中国企业管理研究会企业管理编写组．企业经营管理．北京：经济科学出版社，1998．

[5] MBA 核心课程编译组．经营战略．北京：中国国际广播出版社，1997．

[6] 黄津孚．现代企业管理原理．北京：首都经济贸易大学出版社，1996．

[7] 罗锐韧，曾繁正．管理控制与管理经济学．北京：红旗出版社，1997．

[8] MBA 核心课程编译组．新产品开发．北京：中国国际广播出版社，1997．

[9] MBA 核心课程编译组．MBA 管理方法．北京：中国国际广播出版社，1997．

[10] 汤姆森·斯迪克兰德（美）．段盛华等译．战略管理．北京：北京大学出版社，2000．

[11] 吴勇，车慈惠．市场营销．北京：高等教育出版社，2000．

[12] 戴维·贝可赞，等（美）．公司战略经济学．武亚军总译校．北京：北京大学出版社，1999．

[13] 徐二明．企业战略管理．北京：中国经济出版社，1998．

[14] 宋云，陈超．企业战略管理．北京：首都经济贸易大学出版社，2000．

[15] 陆剑清．市场营销理论与实务．上海：立信会计出版社，2001．

[16] MBA 核心课程编译组．经营战略．北京：中国国际广播出版社，1997．

[17] 余凯成．市场营销学．辽宁：大连理工大学出版社，2000．

[18] 彭好荣．工商企业经营管理．北京：经济管理出版社，2003．

[19] 张小南，梁时伟．工商企业管理实务．成都：西南财经大学出版社，2002．

[20] 秦雄海．现代商业企业经营与管理．上海：立信会计出版社，2003．

[21] 陈阳，邓丽明，张建军．现代企业管理学．北京：经济时报出版社，2002．

[22] 尹丽萍，肖霞．现代企业经营管理．北京：首都经济贸易大学出版社，2005．

[23] 周耀烈．现代企业管理学．杭州：浙江人民出版社，2000．

[24] 汪茹贤．工业企业经营管理．天津：南开大学出版社，1990．

[25] 王中亮．现代市场营销．上海：立信会计出版社，1998．

[26] 谭卫东．经济信息学导论．北京大学出版社，1989．

[27] 邹志仁．信息学概论．南京大学出版社，1996．

[28] 罗时进．信息学概论．苏州大学出版社，1998．